JN056490

山川

歴史総合

用語解説

山川歴史総合用語解説編集委員会 編

山川出版社

まえがき

　今回の学習指導要領では，すべての教科・科目において，「どのように学ぶか」が問われています。とくに新科目である歴史総合では，「歴史的な見方・考え方」を身につけるために世界史・日本史の枠を取り払って，近現代についての歴史を総合する思考・判断・表現する学びが求められています。

　歴史総合の教科書を使用したどのような授業が展開されるにしても，今回の学習指導要領が求めている「問いを表現する」学習には，歴史に対する見通しや歴史への振り返り，授業時における教師と生徒との対話など，さまざまな学習の局面でそれらの橋渡しとなる教材が必要となるでしょう。

　この用語解説は，世界史・日本史の両面から教科書の叙述を補い，歴史的背景を今一歩深く説明することで，新たな疑問や興味関心を追究しようとする生徒に寄り添い，生徒と教師の両方をサポートする最適な教材として編集しました。

　解説した用語は，山川出版社が刊行した３つの歴史総合の教科書の章や節のテーマにあわせ，時系列そして地域・国別に配列しているので，これを時代順・地域ごとに学習していけば，近現代史の大きな流れがつかめるようになっています。各教科書に共通して使用されている基本的な歴史用語は赤字で示しました。予習の教材として使用すれば，あらかじめ時代の特徴や構造が理解でき，授業時における問いかけや学習の方向性に対する見通しが立てられるでしょう。復習として読めば，もう一度生徒自身が歴史への問いを深めるための素材となるでしょう。

　最後に，用語解説が教科書によって示された歴史的な見方・考え方を発展させ，歴史総合のねらいが達成されることを願っています。

2021年9月

編者

第 Ⅰ 部　近代化と私たち

概観年表

年代	世界	日本
1700		
1760年代	イギリス，フランスに勝ってインドでの優位を確立	
1770年代	イギリス，産業革命が始まる	
76	アメリカ独立宣言	
87	アメリカ合衆国憲法制定	寛政の改革(～93)
89	フランス革命が勃発	
1800		
04	ナポレオンが皇帝に即位	レザノフ，長崎来航
14	ナポレオンが退位，ウィーン会議開催(～15)	
20頃	ラテンアメリカ諸国が独立	
21	ギリシア独立戦争(～29)	
39	オスマン帝国，タンジマート開始(～76)	蛮社の獄
40	アヘン戦争(～42)	
48頃	ヨーロッパ各地でナショナリズムが高揚	
49	アメリカ，カリフォルニアでゴールドラッシュ	
51	太平天国の乱(～64)	
53	クリミア戦争(～56)	ペリー来航
56	第2次アヘン戦争(～60)	
57	インド大反乱(～59)	
58		日米修好通商条約
61	アメリカ，南北戦争(～65) イタリア王国成立 ロシア，農奴解放	
67		大政奉還
68		戊辰戦争(～69)
69	アメリカ，大陸横断鉄道開通	
69	スエズ運河開通	
71	ドイツ帝国成立	日清修好条規 新貨条例 廃藩置県 岩倉使節団(～73)
72		富岡製糸場開設
73		地租改正
74		自由民権運動(～89)
76	オスマン帝国，ミドハト憲法発布	日朝修好条規
77	インド帝国成立	西南戦争
79		琉球処分(沖縄県設置)
82	イギリス，エジプトを保護国化	
83		大阪紡績会社開業
85		日本銀行兌換銀行券発行
87	フランス領インドシナ連邦成立	
89		大日本帝国憲法発布
89		東海道線全通
94		日清戦争(～95)
97	大韓帝国成立	
1900		
02		日英同盟
04		日露戦争(～05)
06	イラン立憲革命	鉄道国有法
10		韓国を併合
11	辛亥革命	関税自主権を回復

第1章 結びつく世界

❶ アジア諸地域の繁栄と日本

イスラーム教の展開

イスラーム(イスラーム教) Islām 7世紀の前半に預言者ムハンマドによって開かれた宗教で,唯一神アッラーへの信仰を説く。「イスラーム」とは,「身を委ねる」という意味で,唯一神アッラーに絶対的に身を委ね,その教えを守ることをあらわす。中国では回教とも呼ばれる。アッラーの教えは,預言者ムハンマドを通して啓示され,聖典『クルアーン(コーラン)』に記されている。西アジアの一神教の伝統を受け継ぐ宗教として,ユダヤ教やキリスト教の影響を受けており,神アッラーは人類の祖アダムをはじめ,アブラハム・モーセ・イエスなどの預言者に啓示をくだしてきたが,究極の教えを最後の預言者であるムハンマドに啓示したとされる。現在,イスラームはアラビアを中心に,東にはインドからインドネシアなどの東南アジア,西には北アフリカ一帯に広まっており,キリスト教・仏教と並ぶ世界3大宗教の1つである。

ムハンマド Muḥammad 570頃~632 イスラーム教の開祖。インド洋・東アフリカ・地中海の交易でメッカの富裕な商人に成長していたクライシュ族ハーシム家の出身。40歳頃,メッカ郊外の洞窟で瞑想生活を送っていた時に神の啓示を体験し,「アッラーの使徒」と名乗って預言者としての活動を始めた。反対派からの暗殺を逃れるため,西暦622年信徒とともにメディナに移り,彼を長とする信仰共同体(ウンマ)を設立した。しだいに信徒を増やし,630年メッカを征服し,632年にメディナで没した。

アッラー Allāh イスラーム教の唯一絶対の神。アッラーとはアラビア語で神の意味。世界を創造した創造主。この世の終りの日には,最後の審判をおこない,人間を天使の記録した生前のおこないに従って天国へ行く者と地獄に落す者を振り分ける。

『クルアーン(コーラン)』 Qur'ān イスラーム教の聖典。神アッラーが預言者ムハンマドを通して示した教えを記したもの。クルアーンとは,アラビア語で「声を出して読むべきもの」を意味する。イスラームの教えや信仰生活をはじめとして,結婚・遺産相続・子どものしつけなど,日常生活の規則が記されている。

ムスリム Muslim 「神に帰依する者」という意味で,イスラーム教徒を指す。ムスリムは「帰依する者」,つまり神アッラーの教えを守り,神に絶対的に身を委ねる者を意味する。民族は違っても,イスラームの教えに従えば,皆平等の信徒として受け入れられる。

イスラーム法 宗教的儀礼から刑罰・結婚・相続・子どものしつけなど,イスラーム教徒の守るべき掟を体系的にまとめた。聖典『クルアーン』や預言者ムハンマドの生涯の記録である「ハディース」をもとに体系化された。

カリフ caliph, khalīfa 代理人・後継者の

意味。預言者ムハンマドの死後，ウンマ（イスラーム共同体）の最高指導者の地位を継いだアブー゠バクルが「アッラーの使徒の代理人（後継者）」と名乗ってから，ウンマの代表者をカリフと呼ぶようになった。預言者ムハンマドのような宗教的権威はないが，ウンマの政治的・社会的指導権は認められた。最初の4代のカリフは選挙で選ばれたが，ウマイヤ朝以後は世襲となった。スンナ派法学者は，1258年のアッバース朝滅亡後のカリフ（制）を認めていない。

スルタン sultan 主としてスンナ派の政治権力者の称号。セルジューク朝の建国者トゥグリル゠ベク（在位1038〜63）がアッバース朝カリフから授かって以後，教権の保持者たるカリフに対し，世俗的支配権の保持者を指した。

スンナ派（スンニー）Sunna イスラーム教徒の約85〜90％を占める主流派。分派の登場に対して，イスラーム共同体の団結と，スンナ（ムハンマドの言行）に従うことを重視し，結果として多数派を形成するようになった。

シーア派 Shī'a 第4代正統カリフのアリーと彼の子孫のみを，イスラーム共同体の宗教的・政治的指導者（イマーム）と考える一派。「アリー党」の意味。7世紀末にイマームを政治的指導者とする考えが生まれて1つの宗派となった。なおアリーの子孫の誰をイマームと認めるかで諸派に分裂した。現在，ペルシア湾岸地域を中心にイスラーム教徒の約10〜15％を占めている。

西アジアのイスラーム帝国

イスラーム帝国 イランからアラビア半島，北アフリカまでを支配したアッバース朝（750〜1258）の支配体制を指して用いられる用語から始まる。イラン人を中心とする新改宗者が官僚や政府高官を占め，軍隊の非アラブ化が進むなど，民族による差別は廃止され，全ムスリムに平等な社会進出の機会が与えられた。

コンスタンティノープル Constantinople ボスフォラス海峡にのぞむビザンツ帝国の都。330年にローマ帝国のコンスタンティヌス帝が遷都して以来，政治・経済の中心として，また東西文明の十字路として繁栄した。オスマン帝国の占領後はイスタンブルの名称が一般化した。

ビザンツ帝国（東ローマ帝国）Byzanz 395〜1453 首都コンスタンティノープルの旧称ビザンティウムにちなむ東ローマ帝国の別称。ローマ帝国の東西分裂後も正統な後継を主張してキリスト教文化圏の先進地域であり続け，6世紀のユスティニアヌス大帝の時代には「地中海帝国」が復活した。7世紀以降はイスラームなど諸勢力の侵入により領土は縮小したが，ギリシア正教を柱とする独自の世界を維持した。13世紀，第4回十字軍の首都占領以降は衰退が進み，1453年オスマン帝国に滅ぼされた。

オスマン帝国 Osman 1300頃〜1922 アナトリア（小アジア）・バルカン半島を中心に発展したスンナ派ムスリムの政権。オスマン1世が建国した。1453年にビザンツ帝国を滅ぼした。以後16世紀のスレイマン1世の時代を最盛期として，西アジア・東地中海の「世界帝国」的存在として君臨した。17世紀末以降はヨーロッパ列強の圧力に屈し，衰退していった。19世紀にはヨーロッパ列強の干渉と領内の民族運動に苦しめられた。第一次世界大戦で敗戦国となり，1922年にスルタン制が廃止されて滅亡した。

スレイマン1世 Süleyman 1494〜1566 オス

マン帝国の第10代スルタン（在位1520～66）。国内では諸制度を整備して「立法者」，ヨーロッパ諸国からは「壮麗王」と呼ばれ，帝国の最盛期を現出した。バルカンではハンガリーを征服してウィーンを包囲，東方ではサファヴィー朝からイラク南部を奪った。さらに東地中海にも進出し，その制海権を握った。

カピチュレーション capitulation ムスリムの君主がヨーロッパ諸国に与えた通商上の恩恵的特権。オスマン帝国ではスレイマン1世の時代に一般化した慣習を，1569年にセリム2世がフランスに公認したものが最初。オスマン帝国の衰退とともにヨーロッパ人の治外法権や関税自主権喪失に拡大解釈され，帝国主義時代には事実上の不平等条約となった。

ウィーン包囲（ほう）《第2次》1529年9～10月にかけてスレイマン1世によるウィーン包囲が第1次。寒さが襲い，食料不足で撤退。1683年の軍事行動が第2次ウィーン包囲。ハンガリー領有を巡り，オーストリアと衝突を繰り返えしたオスマン帝国の軍事行動。堅牢な城壁で防御するオーストリアの抵抗とポーランドなどの援軍の参戦で，オスマン帝国は敗北した。翌1684年，オーストリアはポーランド・ヴェネツィアと同盟を結び，オスマン帝国への反撃を強化した。

神聖（しん）**ローマ帝国**（せい）（てい）（こく）Holy Roman Empire 962～1806 962年のオットー1世戴冠を起源とする中世・近世ドイツの呼称。名称自体は13世紀以降に用いられたもので，15世紀末からは「ドイツ国民の神聖ローマ帝国」と呼ばれた。1648年のウェストファリア条約で国内の分裂が決定的になり，1806年ナポレオンのライン同盟結成により消滅した。

ハプスブルク家 Habsburg オーストリアの名門王家。神聖ローマ帝国皇帝が実質的に不在だった大空位時代後のルドルフ1世の皇帝即位（在位1273～91）に始まり，バルカン半島に進出してきたオスマン帝国に対してオーストリアを家領としたために対峙し続けた。1438年からは1806年に滅亡するまで神聖ローマ皇帝位をほぼ世襲した。

サファヴィー朝（ちょう）Ṣafavī 1501～1736 シーア派を国教とし，イラン高原に拠点を置いたムスリムの政権。サファヴィー教団の指導者イスマーイールが，トルコ系遊牧民キジルバシュの支持を得て建国した。当初の都はタブリーズ。アッバース1世の治世下で，新首都イスファハーンを建設して最盛期を迎えたが，18世紀にアフガン人の侵入により滅亡した。

イスファハーン Eṣfahān イラン中部の都市。16世紀末にサファヴィー朝の都となり，商業・文化の中心地として繁栄し，隆盛期を迎えた。

「イスファハーンは世界の半分」 イスファハーンの繁栄ぶりを表現した言葉。王の広場を中心に壮麗なイスラーム建築群に彩られ，17世紀には国際商業の中心都市に成長した。市域の人口は約50万人に達し，17世紀の世界ではイスタンブルやパリと肩を並べる大都市であった。

ガージャール朝 Qājār 1796～1925 ザンド朝を倒し，サファヴィー朝滅亡後のイラン高原における政治的混乱を収拾したトルコ系王朝。首都テヘラン。19世紀にはロシアとイギリスを中心とする列強の進出に苦しみ，内政も不安定な状況が続いた。1925年，混乱を収拾したレザー＝ハーンのパフレヴィー朝に交代した。

テヘラン Tehran イラン高原北部の都市。ガージャール朝時代にその首都となった。パフレヴィー朝・イラン＝イスラーム共

和国においても首都とされた。

アフシャール朝 Afshār 1736〜96 サファヴィー朝のアッヴァース3世の摂政だったナーディル＝シャーが1736年、アッヴァース3世を退位させて即位し、開いた王朝。1796年ガージャール朝に滅された。

ナーディル＝シャー Nādir Shāh 1688〜1747 イランのトルコ系騎兵集団のアフシャール族の部族長である。アゼルバイジャンとジョージアに侵入したオスマン帝国軍を撃退し、アフシャール朝を創始。一時はアフガニスタンやムガル帝国へも侵攻した。

南アジアのイスラーム帝国

ムガル帝国 Mughal 1526〜1858 インドのほぼ全域を支配したイスラーム王朝。名称はモンゴル帝国に由来する。バーブルにより建国され、第3代のアクバルから第6代のアウラングゼーブまでが最盛期であった。綿織物生産を中心とした手工業が発展したが、18世紀以降は各地の地方勢力との対立や欧米勢力の進出で急速に衰えた。

アクバル Akbar 1542〜1605 ムガル帝国の第3代皇帝(在位1556〜1605)。帝国の実質的な確立者。ヒンドゥー教徒のラージプート勢力を平定・連合し、その軍事力を利用して征服事業を展開した。都をアグラに移し、位階に応じた給与と保持すべき騎馬の数を定め、官僚・軍人など支配階層を組織化、土地測量に基づく税制改革を進め、中央集権体制を確立した。宗教的には寛大政策を採り、ジズヤを廃止するなど諸宗教の融合を目指した。

ジズヤ jizya ムスリムが統治する政権の下で、イスラーム教徒以外の宗教を信仰する者が支払う人頭税(各個人が一律に同じ税額を支払う税のこと)。ムハンマド

が、ユダヤ教徒とキリスト教徒の自由身分の成年男性に課税したのが始まり。正統カリフ時代以後、征服地のすべての異教徒が対象とされた。

人頭税(ジズヤ)の廃止 アクバルの政策。彼は「万民との平和」を掲げて諸宗教勢力の融和を目指し、1564年に非ムスリムへの人頭税(ジズヤ)を廃止した。しかし、第6代アウラングゼーブがこれを復活したため、非ムスリムの反発を招いた。

ヒンドゥー教 Hinduism バラモン教に、インド各地の先住民の土着信仰が吸収・融合されて成立した宗教。特定の開祖を持たない。多神教であるが、シヴァ神・ヴィシュヌ神などが中心となっている。冠婚葬祭などの日常生活にかかわっている。

アウラングゼーブ Aurangzeb 1618〜1707 ムガル帝国の第6代皇帝(在位1658〜1707)。父シャー＝ジャハーンを幽閉して即位。「アーラムギール(世界の征服者)」と称し、インド南部も支配下に置いて帝国の最大版図を築いた。厳格なスンナ派イスラーム信仰を公けにし、人頭税を復活させたため、ヒンドゥー教国のマラーター王国やヒンドゥー教とイスラーム教を融合したシク教のシク王国の反抗を受けた。治世の後半は農民反乱や貴族層の困窮化が進み、支配は揺らいだ。

人頭税(ジズヤ)の復活 アウラングゼーブの政策。1679年に復活させ、アクバル以来の宗教寛容政策を転換した。

東南アジア諸国とヨーロッパ・日本

アジア域内貿易 アジアの地域内でおこなわれていた貿易。南シナ海、東シナ海では中国商人をはじめベトナム東南アジア諸国、琉球王国、日本の商人が活

動していた。南シナ海にはマラッカを通
してイスラーム商人も入り込んでおり，
さまざまな諸勢力がアジア域内貿易に介
在していた。

港市国家 port polity　交易に基盤を置く，
港を拠点に成立・発展した国家やその連
合体。沿岸部や河川などの交易ルート沿
いに，中継港や風待ち港が成立し，しだ
いに発展して港市が誕生した。周辺の港
市と同盟を組み，緩やかな連合体を形成
することが多かった。林邑・扶南・シュ
リーヴィジャヤ・マラッカ王国などが代
表的な港市国家である。

マラッカ(ムラカ)王国 Malacca　14世紀末
〜1511　マレー半島南西岸に建てられたイ
スラーム国家。マレー人の国。鄭和が遠
征艦隊の基地としたことで，中国への朝
貢貿易の拠点となった。インド洋のムス
リム商人と東・南シナ海の中国人商人の
ネットワークを結びつける，東西貿易の
中心的港市として繁栄した。1511年，ポ
ルトガルにより占領された。

アユタヤ朝 Ayutthaya　1351〜1767　アユタヤ
を都に建てられたタイ人の王朝。アユタ
ヤはバンコク北方の水上交通の要衝。15
世紀にカンボジアのアンコール朝やタイ
北部のスコータイ朝を支配下に入れ，17
世紀には米の生産，中国・日本やヨーロ
ッパ諸国との商業活動で繁栄した。その
後，ビルマのコンバウン朝に滅ぼされた。

マニラ Manila　スペインのフィリピン経営
の拠点とされたルソン島の港市。1571年
レガスピが占領し城郭都市を建設，
総督府を置いた。メキシコのアカプルコ
とのガレオン貿易の拠点として繁栄した。

ガレオン船 galleon　スペイン・ポルトガ
ルの遠洋航海に用いられた帆船。大型帆
船の先駆けとして商船・軍艦に利用され
た。長く突き出された船首倉をガレオン

といった。

アカプルコ貿易 Acapulco　スペイン商
人がアカプルコ(メキシコ)とマニラを結
んでおこなった貿易。主にガレオン船が
使用されたことから，ガレオン貿易とも
呼ばれる。アカプルコからマニラへメキ
シコ銀を運び，中国商人がマニラに運ん
だ絹・陶磁器などと交換した。中国商品
は，メキシコを経由して最終的にスペイ
ンに運ばれた。

商館　代理人や委託した商人を駐在さ
せた貿易や取引きのために外国に置かれ
た営業所。外交を担うこともある。イギ
リス東インド会社がインド各地や日本の
平戸に，オランダ東インド会社がインド
ネシアのバタビア(現在のジャカルタ)や
日本の長崎の出島に置いたものがその例。

香辛料　調味料や香り付けに利用する
植物の実や種。中世ヨーロッパでは肉や
魚の保存・香り付けの目的で必要とされ
た。特に需要が高かったものは，胡
椒・シナモン(桂皮)・クローヴ(丁
子)・ナツメグ(肉豆蔲)などで，ヨー
ロッパでは入手できない貴重品であった。
ジャワ島やスマトラ島を中心に成立した
諸王国は，モルッカ諸島で産出される香
辛料を貴重な交易品とした。

モルッカ(マルク・香料)諸島 Moluc-
cas　スラウェシ島とニューギニア島の間

に位置し，香辛料を豊富に産する島々。クローヴ・ナツメグなどの主産地で，1512年のポルトガル来航後，スペイン・イギリス・オランダも往来し，激しい争奪戦が繰り広げられた。17世紀前半オランダが支配下に置くが，18世紀には香料産地が他にも増え，モルッカ諸島の重要性は低下した。

蘇木(そぼう) インドや東南アジアに自生する蘇芳(そぼう)の木の心材。赤味がかった染料や漢方薬として利用した。日本へは東南アジアから琉球の中継貿易でもたらされた。

特許(とっきょ)会社 イギリスの東インド会社のように，エリザベス1世の特許状によって成立した特権的貿易会社。貿易の独占，海外植民地における行政権や軍事権まで与えられ，貿易地・植民地においては本国政府の代理機能もはたした。

東(ひがし)インド会社 17世紀頃よりヨーロッパ諸国で設立され，アジアとの貿易や植民地の経営に従事した会社。1600年設立のイギリス，02年設立のオランダが代表的である。

東インド会社《イギリス》 East India Company 1600年，エリザベス1世の特許状により成立した特権的貿易会社。喜望(きぼう)峰・マゼラン海峡間の貿易を独占し，海外植民地では法律制定・貨幣鋳造(ちゅうぞう)・軍事権などを与えられ，政府と同じような性格を持った。主にインド・中国貿易で栄えたが，やがて国内で自由貿易の要求が高まると権利を縮小され，1858年のインド大反乱勃発を機に解散させられた。

東インド会社《オランダ》 East India Company 1602 多数の会社が連合して形成された貿易会社。世界初の株式会社であり，東南アジアではジャワ島のバタヴィアを拠点に香辛料(こうしんりょう)貿易を独占，南アフリカでもケープ植民地を築き，17世紀オランダの繁栄を支えた。18世紀，オランダはフランスやイギリスの繁栄に遅れを取り，会社は内部の混乱も重なって1799年に解散した。

メキシコ銀(ぎん)（スペイン銀） 広義には，スペインのアメリカ大陸領有以後，ラテンアメリカで鋳造(ちゅうぞう)された大型銀貨を総称し，狭義には独立後のメキシコで鋳造された銀貨をいう。国際通貨として広く流通し，16世紀後半からフィリピンのマニラを拠点とした交易により中国にも大量に流入した。近代の東アジア諸国で採用された「円」「元」などの貨幣単位の呼称は，メキシコ銀貨の形状を元にしている。

ポトシ銀山 Potsí 1545年に発見されたアメリカ大陸最大の銀山。現在のボリビアにあるが，一時は世界最大の銀産出量を誇った。ヨーロッパに大量輸送された銀は，ヨーロッパの物価騰貴である価格革命を起こす一因となった。19世紀初頭には枯渇(こかつ)した。

日本銀(にほんぎん) 明代後半，日本から中国へ輸出された日本産の銀。中国国内の銀山が枯渇する中で，商取引きや諸税の徴収による需要増大に対応するため，石見(いわみ)(島根県)や但馬(たじま)(兵庫県)などから産出された銀が大量に中国へ持ち込まれた。銀を延べてなまこ形にした丁銀(ちょうぎん)の形で海外に輸出された。

石見銀山 石見国（島根県）大森にあった銀山。1533（天文2）年，博多の豪商神屋寿禎が技術者を連れて開発に乗り出した。戦国大名が奪い合う中で豊臣秀吉が直轄領とし，江戸幕府も直轄領とした。以後，産出量は拡大し年間3600貫（13.5 t）にも達し最盛期となるも，17世紀中頃には産出額は衰微し始めた。

黒人奴隷貿易（奴隷貿易） ヨーロッパ商人がアフリカ西岸で得た黒人を，南北アメリカ大陸やカリブ地域などに奴隷として売った貿易。16世紀にポルトガル・スペインが，18世紀にはイギリスが中心となった。ブラジル及び西インド諸島のサトウキビ＝プランテーションに黒人奴隷の約80%が，北アメリカに約6%が運ばれたとされ，1000〜2000万人ともいわれる青壮年層を奪われたアフリカ大陸諸地域は甚大な社会的被害を受けた。

明の朝貢体制

モンゴル民族 Mongolian モンゴル高原東部を原住地とした騎馬遊牧民。言語はアルタイ語族に属する。中国文献では唐代に「蒙兀」「蒙瓦」で初出する。モンゴル系遊牧諸部族の1つに過ぎなかった「モンゴル」は，13世紀初めにチンギス＝ハンの大モンゴル国（ウルス）の建国を契機に，さまざまな部族を取り込み民族大集団へと発展した。

元 1271〜1368 フビライによって改称された，大モンゴル国宗主国の中国式名称。駅伝制と新運河・海運の整備によって，大都（北京）を発着点とするユーラシア大陸の物流ネットワークをつくり，銀と交鈔（紙幣）を基本とする貨幣制度を定着させた。また，ムスリム官僚を重用して経済政策を展開する一方，モンゴル語を表記するためのパスパ文字の制定，チベット仏教やイスラーム学術の盛行など，多元的な文化・社会を形成した。しかし，14世紀半ばに起こった紅巾の乱とその後の明の成立で，1368年大都を放棄してモンゴル高原に退いた。

明 1368〜1644 元をモンゴル高原に追い，江南を拠点に中国を統一した王朝。初代洪武帝は都を南京に置いたが，1421年には北京に移された。漢人による皇帝支配体制の再建が目指され，第3代永楽帝の時代には積極的な対外拡張政策が採られた。中期以降は北虜南倭の外圧，宦官勢力の台頭による内政の混乱により弱体化し，李自成の乱により滅亡した。

漢人（漢族・漢民族） みずからを黄帝の子孫とみなし，漢王朝の文化を受け継ぐ民族。歴史上，多くの民族を同化して取り込み，現在は世界最大の民族集団となっている。

朝貢貿易 諸国の支配者が中国皇帝に貢物をし，返礼の品を授かるという形態で進められた周辺諸国との恩恵的な貿易。明代の朝貢貿易は，年度や規模，品目や経路など厳しい制限が定められていたが，正式の使節団以外に，同行する商人が中国国内で交易することも認められていた。

海禁 明・清両王朝が採った海上交通や交易を制限する政策。広義には大型船建造禁止や武器輸出禁止など，海上交通に関する禁令全般を指す。狭義には民間の対外交易・海外渡航を全面的に禁止する政策を指す。明朝は狭義の海禁政策を採り，朝貢貿易のみを認めたが，16世紀中頃，私貿易の取締りが倭寇の大規模な侵入を引き起こしたため，政策は緩和された。清初には明の復興を目指す鄭氏の反清活動を抑え込むため狭義の海禁が厳格におこなわれたが，鄭氏の降伏後は解除

された。

鄭和(てい)(わ) 1371～1434頃 永楽帝に仕えたイスラーム教徒の宦官(かんがん)。雲南(うんなん)出身。靖難(せいなん)の役の活躍で抜擢(ばってき)され，永楽帝から命じられて南海遠征をおこない，東南アジアやインド洋沿岸地域の情報を明にもたらした。

南海諸国遠征(なんかいしょこくえんせい) 1405～33 鄭和の率いる大艦隊の遠征。前半3回は東南アジアからインド西岸まで，後半4回はペルシア湾に至り，一部はアフリカ東海岸に到達した。「宝船(ほうせん)」と呼ばれた大型の帆船で船団を組み，第1回は60数隻(せき)，乗員2万数千人という大艦隊であった。根拠地としたマラッカを経由した南洋諸国からの朝貢貿易が盛んになり，華僑(かきょう)進出のきっかけともなった。

コロンブスのサンタ・マリア号

鄭和の宝船

女真(じょ)(しん)**人(満洲人)** Jurchin 中国東北地方に居住したツングース系民族。狩猟・農耕生活を営み，12世紀に建国した金がモンゴルに滅ぼされた後，明朝の間接統治下で建州(けんしゅう)・海西(かいせい)・野人(やじん)の部に分かれた。

清の成立

満洲(まん)(しゅう) ヌルハチが建州部を統一して名付けた国の名称。女真人が信仰していた文殊菩薩(もんじゅ)(マンジュシリ)に由来するともいわれる。清の第2代皇帝ホンタイジ以降は，民族名も満洲族と称するようになり，女真は使用されなくなった。

金(きん)**(後金**(こう)(きん)**)** 清の建国初期の名称。12世紀に女真人が建国した金朝の後身として命名された。もとの金朝と区別して一般に後金と呼ばれる。満洲語ではアイシン(「金」の意)国という。

清(しん) 1616(36)～1912 明にかわって中国を支配した満洲人の王朝。中国東北地方においてヌルハチが女真を統一して金(後金)を建国，ホンタイジが1636年に国号を清，民族名を満洲と改めた。1644年に北京に入城し，17～18世紀の康熙(こうき)・雍正(ようせい)・乾隆(けんりゅう)の3皇帝の時代に支配領域を拡大し，ほぼ現在の中国にあたる版図(はんと)を築いた。19世紀中頃から列強諸国の圧力を受けて半植民地化が進み，辛亥(しんがい)革命により1912年に滅亡した。

辮髪(べん)(ぱつ) 頭髪を剃り，後頭部の一部をおさげ状に結ぶ満洲人の習俗。清朝は漢人を中心とする支配領域の成人男性に対し，服従の証明としてこの髪型を強制した。

康熙帝(こうき)(てい) 1654～1722 清の第4代皇帝(在位1661～1722)。幼少で即位後，60年以上の在位期間に清朝の統治を安定・確立させた。三藩の乱や台湾の鄭氏(ていし)を平定して国内を統一し，外モンゴルのジュンガルを破り，ロシアとはネルチンスク条約を結んで北辺の国境を定めた。内政や文化事業にも力を注いだ。

乾隆帝(けんりゅう)(てい) 1711～99 清の第6代皇帝(在位1735～95)。内政では大規模な編纂事業など文化を奨励し，外政ではジュンガル・ウイグル人地域といった東トルキスタン全域を制圧するなど10回に及ぶ遠征により清朝の領土を拡大させた。豊かな国家財政に支えられて清の最大版図(はんと)を築き上げたが，晩年は政治腐敗が進んで清は衰退へ向かった。

藩部(はん)(ぶ) モンゴル・青海・チベット・新疆(しん)(きょう)の総称。これらの非漢人が優勢な地方には自治を認め，統轄する中央機関で

ある理藩院から将軍・大臣などが派遣されて，軍事・行政を監督した。

新疆（しんきょう） 清朝が藩部とした東トルキスタン一帯の地域。「新しい領土」を意味し，乾隆帝の時代に統治下に置かれた。1884年に新疆省，現在は新疆ウイグル自治区となっているが，トルコ系イスラーム教徒の反抗が繰り返えされてきた。

チベット人（チベット族） パミール高原の東に位置する高原地帯に住む民族。インド・シナ語族中のチベット・ビルマ語族に属するチベット語を話す。シャーマニズムの変化したボン教を長く信仰。7世紀頃よりしだいに仏教と融合したラマ教（チベット仏教）を確立した。

チベット仏教（ラマ教） チベットで信仰された大乗（だいじょう）仏教の一派。密教と民間信仰が混交して発展し，元朝の保護を受けた。新しく生まれたチベット仏教四大宗派の1つである黄帽派（こうぼうは）は，16世紀中頃からモンゴル地方に広まった。

活仏（かつぶつ） 転生（てんしょう）活仏の略語。生まれ変わり（転生）によって地位が継承されるチベット仏教の高僧。中でもダライ＝ラマは観世音菩薩（かんぜおんぼさつ）の化身（けしん）として崇拝されるようになり，最大の権威と権力を持った。

ダライ＝ラマ Dalai Lama 黄帽派チベット仏教の最高権威者の称号。ダライはモンゴル語で「大海」，ラマはチベット語で「師・高僧」を意味する。1578年にモンゴルのアルタン＝ハンがソナムギャムツォにこの称号を贈ったことに始まり，観世音菩薩の化身として転生（てんせい）していくと信じられている。

明・清の社会と経済

広州（こうしゅう） 華南第一の海港都市。唐代に市舶司（しはくし）が置かれ，1757年乾隆帝によりヨーロッパ船の来航が許される唯一の港となった。欧米では「カントン」と呼ばれることが多い。

白蓮教徒（びゃくれんきょうと）の乱 1796～1804 四川・湖北・陝西（せんせい）省境の新開地で発生した反乱。反乱鎮圧のために清の財政は困窮し，社会不安を招いた。また満洲族の皇帝直属軍である八旗（はっき）・緑営（りょくえい）にかわって，義勇軍である郷勇（きょうゆう）が活躍したが，鎮定に莫大な費用を要し，国庫は窮乏した。清朝の弱体化が露呈（ろてい）した。

大運河（だいうんが） 江南の経済地帯と北方の政治・軍事の中心地を結んだ水路。隋では文帝（ぶんてい）・煬帝（ようだい）の2代にわたって，洛陽（らくよう）から天津（テンシン）に至る永済渠（えいさいきょ）の建設に始まり，広通渠（こうつうきょ）・通済渠（つうさいきょ）・山陽瀆（さんようとく）・江南河（こうなんが）の建設で，長安と江南の余杭（杭州）を結んだ。その後，フビライは大都（北京）と江南との交通輸送のため，さらに済州河（さいしゅうが）・会通河（かいつうが）の新運河を開かせた。

四川（しせん） 長江上流の諸支流にまたがった盆地を形成。四川省の省都は成都（せいと）。古来「天府の国」と呼ばれ，土地は肥え，天然資源に富んだ土地である。

景徳鎮（けいとくちん） 江西省北東部に位置する中国第一の陶磁器生産地。古来より陶磁器の生産地として有名であったが，宋代の景徳年間に名付けられた。明代に政府直営の工場が建てられ，質・量ともに中国随一の窯業（ようぎょう）都市として繁栄した。その名は世界的にも知られた。

マイセン焼 マイセンの磁器は，1710年に景徳鎮や日本の有田焼（ありたやき）に魅せられた神聖ローマ帝国ザクセン選帝侯で，ポーランド王を兼ねていたフリードリヒ＝アウグストの命によって生まれた。マイセン焼はヨーロッパで最初に白磁をつくり出すことに成功した磁器である。

山西（さんせい）商人 山西省出身の商人集団。北辺の軍糧補給と専売塩を扱う政商として勢

力を拡大し，金融業界の中心としても繁栄した。徽州(新安)商人とともに特権商人の代表とされた。

徽州(新安)商人 安徽省徽州府(旧名新安)出身の商人集団。専売塩の販売から業務を拡大し，血縁・地縁の結び付きを利用した遠距離交易で巨万の富を築いた。

シノワズリ(中国趣味) chinoiserie 17世紀後半から18世紀にかけてヨーロッパで流行した，中国風の意匠を取り入れた美術様式。家具・壁面装飾・陶磁器などにみられるが，中国風のデザインをヨーロッパ的に解釈・改変したものといえる。

『天工開物』 明代の産業技術書。1637年刊。宋応星著。中国の伝統的な生産技術を18部門に分け，豊富な図版を用いて生産工程を解説している。

宋応星 1590頃〜1650頃 明末の学者。地方官を務めながら国内の諸産業を見聞し，『天工開物』を著した。

トウモロコシ アメリカ大陸原産の食物。アメリカの古代文明では聖なる食べ物とされ，酒の材料にもなる。海抜3000mまではトウモロコシが，それ以上の高地ではジャガイモが主として栽培される。

サツマイモ アメリカ大陸原産の食物。大航海時代以降，ヨーロッパ人によって中国や日本へ伝えられた。やせた土地でも栽培できるため，日本では飢饉用の作物として普及した。

近世以前の日本

神武天皇 天照大神の子孫で，九州の日向を発ち，諸賊を平定して，前660年に大和の橿原宮で即位し，最初の天皇になったという。実在性は疑問。

冊封体制 東アジアにおいて，中国の皇帝が周辺諸国の支配者との間で形成した国際体制。周辺諸国の支配者が中国皇帝に朝貢の使節を送り，中国皇帝は官爵・印綬・返礼品を与えて君臣関係を結び，彼らによる統治を認めた。冊封とは冊(竹簡・木簡の文書)の命によって封建されたという意で，もとは中国国内でおこなわれていたものを，周辺諸国にも拡大・適用したものである。19世紀にアヘン戦争で清が敗れ，中国が主権国家体制に組み込まれるまで存続した。

朝貢 周辺諸国の支配者が，中国皇帝に対し，漢文の正式な外交文書をつくり，使節とともに貢物を送ること。朝貢側には，朝貢品の数倍の返礼品と朝貢品以外の物品の入手が期待でき，文化的交流もできるなど多くの利益があった。冊封を受けた国は原則的に朝貢の義務があるが，日本の遣隋使・遣唐使のように冊封されていない国も朝貢することだけは認められた。

邪馬台国 『魏書』に邪馬壹国と記され，『後漢書』などに邪馬臺(台)国とある。3世紀に29の小国を従え，女王卑弥呼が支配する邪馬台国連合を形成し，南の狗奴国と対立した。魏使は帯方郡から朝鮮半島南部の狗邪韓国を経て，九州北部に上陸した。

卑弥呼 諸国から共立された邪馬台国連合の初代女王。鬼道(呪術)を事とした巫女でもあった。239(景初3)年に大夫難升米を魏に遣迎，冊封を受け(称号を授けられ服属すること)，「親魏倭王」の金印紫綬と銅鏡100枚(三角縁神獣鏡か)などを賜わった。死ぬと大きな塚に葬られたという。

遣隋使 600?・607・608・614年に隋に派遣された倭(日本)の外交使節。朝鮮3国に対する優位を保つため中国皇帝に臣従しない形式をとった。607年には小野妹

子が「日出処天子……」の国書を持って渡海し，翌年，答礼使の裴世清とともに帰国。608年には妹子が留学生を従え渡海。614年には犬上御田鍬を派遣。

遣唐使 日本から唐に派遣された正式な外交使節。630〜894年の間に19回任命され，15回渡海した。一行は盛時には大使以下留学生ら4隻500人にも及び，「よつのふね」と呼ばれた。経路は北路から南島路，ついで南路と変わり，894年，菅原道真の上表で中止。律令国家の政治・文化の発展に大きく寄与した。

室町幕府 1336年に足利尊氏が建武式目で武家政権の再興を示し，38年の征夷大将軍就任をもって幕府が発足したが，南北朝動乱で不安定であった。3代将軍義満に至り，朝廷の持っていた京都市政権や段銭賦課権を吸収して公武統一の全国政権となった。しかし，その後は動揺が絶えず，応仁の乱以降は著しく弱体化し，1573年に15代将軍義昭が織田信長にその地位を追われて滅んだ。

足利義満 1358〜1408 3代将軍(在職1368〜94)。山名・大内氏など有力守護を粛清して幕府権力を確立。南北朝の合体や，日明間の国交を樹立して，勘合貿易を実現するなどした。京都室町に花の御所を構え，出家したのち北山殿を営んだ。武家として平清盛以来の太政大臣に就任，准三后ともなり，妻を後小松天皇の准母とするなど，権勢を誇った。死後，朝廷が贈ろうとした太上法皇の称号は4代将軍義持が辞退した。

大航海時代 15〜17世紀前半，ポルトガル・スペインなどが国家的事業として航海・探検をおこなった時代。バルトロメウ＝ディアスの喜望峰回航，コロンブスの西インド諸島(アメリカ大陸)到達，ヴァスコ＝ダ＝ガマのインド洋航海，マ

ゼラン隊の世界周航などがある。

倭寇 14〜16世紀，主に朝鮮半島から中国東南沿岸で活動した海賊・私貿易の集団。「倭」は日本人の意であるが，中国・朝鮮人も加わって武装化した。14世紀後半を中心にした日本人主体の前期倭寇，16世紀中頃を中心とする中国人主体の後期倭寇に分けられる。日本の豊臣秀吉の海賊取締令(1588年)により活動は鎮静化した。

織豊政権期の日本

南蛮人 南方の外国人の意。ポルトガル・スペイン・イタリアなど南欧系の来日者の呼称。のちに渡来するオランダやイギリスなど北欧系の紅毛人と区別した。

ポルトガル ヨーロッパ西端，イベリア半島南西部の国。15世紀末よりアフリカ・インド・東南アジア及びブラジルに進出。1543年，ポルトガル人の乗った船が種子島に漂着。以後，九州各地に来航し，貿易をおこなう。パンなど，ポルトガル語に由来する外来語の多いことから，ポルトガルとの交渉の深さが知られる。1639年に来航禁止。

南蛮貿易 南蛮船(主にポルトガル船)による貿易。日本へもたらしたものは中国産の生糸が多く，鉄砲，ついで皮革など戦国大名の求める西洋・中国・南洋の物産を産地から日本へ運ぶ中継貿易であった。入港地は島津氏の鹿児島，大友氏の府内，松浦氏の平戸，大村氏の横瀬浦など。1571年以後は長崎が中心になる。

織田信長 1534〜82 尾張の守護代織田氏は岩倉織田家と清洲織田家に分裂していたが，信長は清洲織田家の奉行織田信秀の子。1560年，桶狭間で今川義元を討ち，「天下布武」の印判を用いつつ，全国統一の事業を進めた。1573年，室町幕府

を滅ぼし，畿内平定を達成したが，82年，本能寺の変で明智光秀に討たれた。

豊臣秀吉 とよとみひでよし 1537〜98 尾張中村に生まれ，藤吉郎と名乗る。今川氏の部将松下嘉兵衛に，のち信長に仕え，羽柴秀吉と名乗って近江浅井氏の旧領の長浜城による。本能寺の変ののち，全国を平定。後陽成天皇より豊臣の姓を賜わる。検地・刀狩などで全国統一を推進。朝鮮出兵をおこなうが，病死した。

文禄・慶長の役 ぶんろく・けいちょう 1592〜93, 97〜98 2度にわたる豊臣秀吉の朝鮮出兵。明攻撃の先導を朝鮮側が拒否したことを理由に，秀吉は朝鮮半島に侵攻した。当初鉄砲でまさる日本軍は勝利を重ねたが，明の参戦に加え，李舜臣率いる水軍や民間の義兵に苦戦し，結局秀吉の死後に撤兵した。長期の戦乱は朝鮮全土に大きな被害をもたらした。朝鮮側の呼称は壬辰・丁酉倭乱という当時の干支から命名された。

日本の幕藩体制

江戸時代 えど 1600年，関ヶ原の戦い以後，1867年の大政奉還まで，徳川氏が江戸にあって全国を支配した約270年間をいう。江戸幕府の時代の意味で，1603年の家康の将軍就任に始まるとの考えもある。

江戸幕府（徳川幕府） 徳川家康の開創から15代将軍慶喜までの265年間（1603〜1867年）の幕府。幕藩体制を確立し，鎖国により封建的な体制の維持をはかるが，18世紀後半から動揺が目立つ。

徳川家康 とくがわいえやす 1542〜1616 江戸幕府初代将軍（在職1603〜05）。岡崎城主の長子で，元服後に松平元康，のち徳川と改姓。幕府を創設。駿府に引退後も大御所として実権を掌握。死後，静岡県の久能山に葬られ，翌年日光に改葬。東照大権現として日光東照宮に祀られる。

征夷大将軍 せいいたいしょうぐん 古代には畿内の朝廷に服属していない蝦夷征討のための臨時の将軍。797年任命の坂上田村麻呂が有名。戦闘地域においては天皇に准じる臨時の行政・軍事の大権を持つとされた。そのため，この地位に就くことで権力を握る名目を手に入れることができた。以来，幕府を開くために必要な官職とされた。

幕藩体制 ばくはん 江戸時代の政治・社会体制。幕府・諸藩が本百姓を基盤にして封建的支配をおこない，厳格な身分制度の上に統制の厳しい支配体制を維持した。

武家諸法度 ぶけしょはっと 江戸幕府の大名に対する根本法典。1615年，2代将軍秀忠の元和令を初めとし，3代将軍家光の寛永令で参勤交代が整備された。城郭修築禁止などの政治規制・治安規定・儀礼規定を含み，違反者は厳罰に処せられた。将軍の代替わりごとに発令した。

禁中並公家諸法度 きんちゅうならびにくげしょはっと 1615年に幕府が出した朝廷・公家の統制法。17条。金地院崇伝が起草。天皇の学問専念や公家の席次，官位・紫衣・上人号の授与などを規定。また大名や寺社への接近を警戒した。

検地帳 けんちちょう 検地の結果を村ごとにまとめた土地台帳。田畑の一筆ごとに等級・面積・石高・耕作者などを記載。山林・沼沢などを調査記載した例もある。近世においては土地と農民支配の基本になり，水帳ともいう。

石高（制） こくだか（せい） 田畑・屋敷地などの生産高を玄米の収穫量で示したもの。村の石高の総計が村高で，年貢は村高に課された。全国の土地は石高で一元的に表示され，近世封建制の体制原理となる。大名や武士の知行も石高で表示され，課される軍役も統一的なものとなった。

村請制 むらうけせい 村全体の責任で，年貢・諸役

を納入する制度。一村の石高である村高に税率を乗じてその村の年貢高を定め，名主が持高に応じて村人に割り振り，年貢納入責任者となって納入した。

軍役（ぐんやく） 大名や旗本が将軍に提供しなければならない軍事的負担。石高に応じた人馬武器類を日常的に準備しておかなければならなかった。例えば1649年の幕府の規定では，10万石で2155人の兵力と定められている。また，土木工事などのお手伝普請（てつだいぶしん）や参勤交代なども軍役とされた。

天領（てんりょう） 江戸幕府の直轄地の俗称。幕領とも呼ばれる。明治維新の時，幕領が天皇のものとなったことから天領といわれるようになったという。正式には御料（ごりょう）（御領）といった。幕府の大名改易などで増加し，元禄年間に約400万石となった。その中心は関八州（かんはっしゅう）の約100万石である。

身分制（みぶんせい） 江戸時代の身分制は士農工商といわれるが，大きく支配身分と支配される身分に分けられる。支配身分である武士は将軍を頂点に，大名・旗本・御家人（ごけにん）などいくつもの階層で構成される。大名の家臣である藩士も，上士身分（じょうしみぶん）と下士身分（かしみぶん）に分かれる。また，被支配身分は百姓・職人・都市の家持町人（いえもち）の3つを含め，こうした身分秩序を「士農工商」と呼ぶこともある。

武士（ぶし） 武芸・戦闘を専業とする身分，あるいはその身分に属する人々をいう。平氏政権を経て鎌倉幕府の成立により軍事警察部門を担う国家公権を生んだ。時代が下るとともに，武士の担う公権力の領域は拡大し，江戸幕府の登場で武士は社会の全領域の公権力を担う階層となった。

百姓（ひゃくしょう） 江戸時代，農村に居住して田畑を耕作し，農業経営をおこなう人々。その土地を検地帳に登録された者が百姓身分とされた。漁業や林業に従事したり，在郷町（ざいごうまち）で商業を営む者であっても，田畑を持ち検地帳に記載されている者は身分的には百姓である。

百姓一揆（ひゃくしょういっき） 江戸時代の農民の抵抗運動。農民は過重な年貢賦課・村役人の不正・高利貸資本の圧迫などに対し，集団で抵抗した。江戸時代前期には村の指導者が村民にかわって訴える代表越訴型一揆，中期には全村民や数カ村の村民が村役人の指導の下に起こす惣百姓一揆（そうびゃくしょういっき），末期の幕藩体制の変革まで求める世直し（よなおし）一揆など，時期により形態が変遷する。現在では約3000件以上が知られている。

町人（ちょうにん） 江戸時代に江戸・大坂をはじめ各地の城下町などで武士の需要に応える物流を担う商人，武士へ製品を供給する職人など，町人地に住む者を町人といった。正式には町で土地や家を持つ住民のみを町人といったが，家持の町人は住民の少数を占めるに過ぎなかった。

大名（だいみょう） 江戸時代の大名は石高1万石以上の領地を与えられた者をいう。最大の大名は加賀藩（前田氏）の102万石。徳川家康の出身地である三河以来の家臣や織田信長や豊臣秀吉に滅ぼされた武田氏や今川氏の家臣で，家康に仕えた大名を譜代，関ヶ原の戦い前後に徳川氏に臣従した大名を外様（とざま）という。

藩（はん） 江戸時代の大名領地やその支配機構を指す。中国古代に皇帝から領地を授けられた封建諸侯が王室の藩屏（はんべい）であったところから出た言葉。藩屏とは王室を守護する者をいう。大名は藩主，家臣は藩士という。

参勤交代（さんきんこうたい） 江戸幕府の大名統制策の1つ。1635年に制度化，幕末まで続く。大名は江戸（在府）と国元（在国）1年交代を原則とし，妻子は江戸の大名屋敷に住むことを強制される。華美な大名行列や江

戸の藩邸(大名屋敷)の経費は，大名の財政窮乏の原因となるが，江戸や街道の宿場町の繁栄をもたらした。

徳川秀忠（ひでただ）1579～1632 家康の3男で2代将軍(在職1605～23)。武家諸法度・禁中並公家諸法度などを定め，幕政確立に努める。

徳川家光（いえみつ）1604～51 秀忠の2男で3代将軍(在職1623～51)。春日局は，その乳母。法制・職制・兵制・参勤制などの幕藩体制をほぼ完備させ，キリシタンを禁圧した。

徳川吉宗（よしむね）1684～1751 8代将軍(在職1716～45)。紀伊藩主光貞の子。紀伊藩主として，藩政改革を実施。将軍となって享保の改革を断行。財政再建や殖産興業に努め，また米価安定に努力。米将軍(米公方)と呼ばれた。幕府中興の英主とされている。

享保の改革（きょうほうのかいかく）8代将軍徳川吉宗による1716～45年の幕政改革。将軍が直接指揮して，倹約・新田開発・年貢増徴などによる財政の再建，都市商業資本の支配統制に努め，法制の整備などもおこなった。

株仲間公認（かぶなかまこうにん）享保の改革の政策の1つ。元禄時代に急速に発展した商業を取り込むため，問屋商人に株仲間の結成を願い出させ，独占的な営業を認めた。この政策は次の田沼意次の商業政策の先駆となる。

新田開発（しんでんかいはつ）検地済みの本田畑(本田)のほかに，新たに田畑・屋敷地などを造成すること。幕府や藩の奨励で江戸前期に盛んになり，大開発時代とも呼ばれる。本田畑の耕作を妨げないことを条件に官営・民営の2形式で開発。原則として開発後3～5年は免税。享保の改革の時期にも盛んにおこなわれ，武蔵野新田・下

総東金新田・武蔵見沼新田などが開発され，各地で干拓もおこなわれた。

検見(取)法（けんみ(とり)ほう）坪刈り(田畑の一部を刈り取り収穫状況をみること)をして，一年ごとに作柄を調べて毎年税率を決める方法。収入が不安定の上，手数が煩雑で，不正を誘発するため，幕領では享保以後に定免法を採用した。

定免法（じょうめんほう）豊作・凶作に関係なく，過去3～10年位の収穫高を基準として，税率(免という)を一定にする方法。定免法を適用する期間を定免年季と呼んだ。これにより年貢率の引上げをはかり，年貢の増徴を目指した。

冥加（みょうが）商工業者の営業免許税。本来は営業の許可や独占を願い出る献金で，年季を限って毎年金額を決めないで上納するもの。しだいに金額や税率が定まり，定率上納の運上と同様の性格になる。

運上（うんじょう）税率一定の各種営業税で，水車運上，問屋運上，池運上，鳥運上，油船運上，酒運上，海苔運上など多様な種類があった。雑税である小物成の一種。免許料的性質のものもある。金納。

江戸時代の対外関係

キリスト教禁止と鎖国への歩み

1587(天正15)	6	秀吉のバテレン追放令
1596(慶長元)	12	サンフェリペ号事件，26聖人殉教
1612(慶長17)	3	家康幕領に禁教令をしく
1613(慶長18)	12	禁教令を全国に及ぼす
1616(元和2)	8	明船の外，入港地を平戸・長崎に限る
1623(元和9)	11	イギリス，平戸商館を閉鎖して退去
1624(寛永元)	3	スペイン船の来航を禁ず

1630（寛永7）―	キリスト教関係書籍輸入の禁止
1631（寛永8）閏10	奉書船制度始まる
1633（寛永10）2	鎖国令（Ⅰ）（奉書船以外の渡航を禁じる）
1634（寛永11）5	鎖国令（Ⅱ），長崎に出島築造
1635（寛永12）5	鎖国令（Ⅲ）（日本船海外渡航全面禁止）
1636（寛永13）5	鎖国令（Ⅳ）（ポルトガル人を出島に集める）
1637（寛永14）11	島原の乱起こる
1639（寛永16）7	鎖国令（Ⅴ）（ポルトガル船来航禁止）
1641（寛永18）10	オランダ人を出島に集める（鎖国完成）

宗門改め（しゅうもんあらため） キリスト教を信じていないかどうかを確める目的の信仰調査。1640年に宗門改役を置いて宗門改帳を作成し，64年から諸藩でも実施された。

檀家（だんか）（**檀徒**（だんと）・**檀那**（だんな）） 梵語 danapati の当て字で，僧侶や寺へ施し物をする施主（せしゅ）の意。檀家は決められた寺院（檀那寺）と強制的な関係を結び，葬儀や供養をおこなってもらわなければならなかった。また，忌日の法要や寺院の修理費のほか，本山納付金も納めなければならなかった。

檀那寺（だんなでら） 檀家が所属している寺院のこと。檀家からはほとんど強制的になっている寄進や施しなどの経済的な支援を受けるとともに，檀家がキリスト教徒ではないことを確認し，証明することもおこなった。

鎖国（さこく） キリスト教の禁教と貿易統制を目的に，日本人の海外渡航禁止と外国船来航規制を断行した政策のこと。1641年，オランダ人の出島（でじま）移住で完成。1854年まで清・オランダ2国のみに長崎貿易を許可。朝鮮と琉球王国からは使節が来日。

鎖国の語は，19世紀初め，蘭学者の志筑（しづき）忠雄がケンペルの『日本誌』の一部を「鎖国論」として抄訳（しょうやく）したのが最初の使用例である。蘭学によって世界へ目が開かれた時，日本は「国を鎖している」ということが意識された。

四つの窓口（よっつのまどぐち） 鎖国体制下の日本で，海外に開かれていた4つの窓口。長崎口，対馬口，薩摩口，松前口をいう。長崎口ではオランダ・清との貿易，対馬口は朝鮮との国交と貿易，薩摩口では琉球を通した貿易，松前口ではアイヌを通した山丹（さんたん）交易がおこなわれた。

長崎（ながさき） 鎖国政策の下で唯一の貿易港。戦国時代は肥前の大村氏領で，1570年からポルトガル船が来航。1580年に大村氏の寄進でイエズス会領となるが，秀吉は没収して直轄都市とし，江戸幕府もこれを引き継ぐ。鎖国後，幕府はオランダ人を平戸から長崎の出島に移し，中国人も唐（とう）人屋敷に集住させて貿易活動を長崎に限定した。

長崎貿易（ながさきぼうえき） 鎖国後，長崎を通じておこなわれた貿易。相手国は清・オランダ。輸入品は長崎会所（かいしょ）で特権的貿易商人の団体が一括購入し，入札で国内商人に売却した。

銀（ぎん）《日本銀》中世まで日本で銀の採れる所は対馬のみであった。1533（天文2）年，石見（いわみ）銀山で銀の製錬法が確立してから日本の銀産出は急増した。銀の多くは輸出され，鉄砲や生糸の輸入は近世日本社会を大きく変化させた。

銅（どう） 江戸時代，銀の産出が減少すると銅の輸出が奨励された。幕府は長崎輸出銅を確保するため，大坂に銅座を置き統制した。秋田（阿仁（あに）），盛岡（尾去沢（おさりざわ）），別子（べっし）（立川（たてかわ）で産出された銅は，大坂の吹屋（さおどう）（精錬所）で輸出用の棹銅（さおどう）にされ，長崎へ

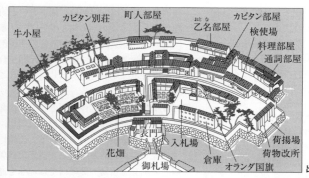

カピタン別荘　町人部屋　乙名部屋　カピタン部屋　検使場　料理部屋　通詞部屋　牛小屋　表門　入札場　倉庫　花畑　御札場　オランダ国旗　荷揚場　荷物改所

出島の模式図

送られた。棹銅は輝くピンク色をしており，ヨーロッパでもてはやされた。

出島 長崎港内の扇形埋立地。1634年の建設。1636年，ポルトガル人を収容したが，ポルトガル人追放後，1641年にオランダ商館が移された。役人・指定商人ら以外の日本人は立入禁止となる。

俵物 俵に詰めた海産物。中国料理の材料であるいりこ（なまこの腸を抜き，煮て乾燥したもの）・干し鮑・ふかひれの３品をいう。輸出品としての銀や銅の不足を補うため，老中田沼意次は1785年に長崎俵物役所を組織させて清に輸出し，貿易振興をはかった。

長崎奉行 豊臣秀吉，ついで江戸幕府が設置した直轄地長崎の地方長官。初めは貿易を担当し，ポルトガル人を監視する役職として重視された。３代将軍家光の時期から旗本２人が任命され，長崎の町政や貿易を担当するほか，西国のキリスト教徒の探索や異国船警備に関して九州の大名の指揮にあたる任務が加わった。

オランダ商館長（カピタン） 「甲比丹」とも記す。初め平戸，1641年以降は長崎にあったオランダ東インド会社の日本支店長。多くは在任１年。カピタンは，毎年江戸に参府し，将軍に拝謁した。江戸では日本橋室町の長崎屋に宿泊し，蘭

学者などとの交流もあった。

オランダ風説書 オランダ船が入港するたびに，オランダ商館長が幕府に提出した海外事情報告書。長崎奉行を通じて提出された。オランダ通詞により翻訳され，非公開が原則。1641年から1859年までつくられた。

対馬藩 府中藩ともいう。藩主は中世以来の島主宗氏で15代にわたる。対馬国府中（現在の長崎県厳原町）を城地とする。朝鮮通信使の接待や送迎，朝鮮との外交・貿易関係の業務を独占的に担うために，10万石以上の格式を与えられた。石高は約３万石だが，朝鮮との外交貿易の特権を利用して収入を補完した。しかし，江戸時代中期以降は貿易不振で財政難となった。

宗氏 鎌倉〜江戸時代に対馬国に勢力を持った。室町時代に対馬国守護となり，15〜16世紀，朝鮮政府の通交や貿易統制に協力し，朝鮮との通交や貿易に独占的地位を築いた。江戸時代には対馬と肥前国の分領で約３万石の大名となったが，朝鮮との外交や貿易を管理して10万石以上の格式を持つとされた。

朝鮮通信使（通信使） 朝鮮から江戸幕府へ送られた使節。1605年に講和が成立し，07年に来日。以後，将軍代替わり

ごとに来日し，家斉まで12回を数えるが，4回目からは通信使と呼ばれた。なお最初の3回の使節は，朝鮮出兵で日本に連行された朝鮮人を連れ帰ることも目的であり，回答兼刷還使とも呼ばれた。

蝦夷地と琉球

蝦夷ヶ島（蝦夷地） 蝦夷とは日本の東北部に住んでいた先住民をヤマト政権以降の中央政権が異民族視して呼んだ言葉で，5〜6世紀には関東北部と新潟県北部を結ぶ線以北であった。しだいに北方へ縮まり，鎌倉時代末期には津軽海峡以北に縮まった。この頃から北海道以北を指す言葉として蝦夷ヶ島が用いられ，やがて和人の勢力が及ぶ道南の地域を除いて呼ばれるようになった。近世では蝦夷地の言葉が多く用いられた。

アイヌ 樺太・千島列島・北海道に古くから住む，アイヌ語を母語とする民族。アイヌとは神に対する「人間」を意味する。15〜16世紀には大首長と首長（コタンコロクル）に率いられた社会を形成し，コタンと呼ばれる共同体（集落）を営んで生活した。

和人（シャモ） 蝦夷地に移住した，本州系日本人の呼称。アイヌはシサム（隣人），転じてシャモと呼んだ。道南部の和人居住地域は，和人地（松前地）と呼ばれた。

蠣崎氏 15世紀以降，蝦夷ヶ島に居住した小豪族。1457年，蠣崎季繁に武将として招かれた武田信広はコシャマインの蜂起を鎮圧し，蠣崎氏を継いで蝦夷ヶ島の支配者となった。蠣崎慶広の時，豊臣秀吉から蝦夷島主の待遇を受けた。

松前氏 1599年，蠣崎慶広は松前氏と改姓。1604年，家康からアイヌとの交易独占権を認められて藩を形成し，松前藩と称した。城下は福山（現在の松前町）。

18世紀末から，ロシアの接近とそれにより紛争が起きると蝦夷地は幕府直轄となり，松前氏は陸奥国伊達郡に移封される。1821年に直轄が解かれて旧領に復し，明治維新の際，館藩と称した。

シャクシャインの戦い 1669年，染退（現在の静内町）の総首長シャクシャインが全道のアイヌを糾合して松前氏に反抗したが，松前矩広に鎮圧された。蝦夷地では最大の蜂起であったが，以後，松前藩のアイヌ支配は強化された。

クナシリ・メナシの蜂起 1789年，和人の収奪に抵抗して，国後島と知床半島のメナシ（目梨）のアイヌが蜂起。アイヌ最後の蜂起となる。

千島列島 カムチャツカ半島と日本列島の間の23島からなる列島。19世紀初め頃の領域は，択捉島までを日本，新知島までをロシア，得撫島は中立地帯と考えられていた。

樺太（サハリン） 宗谷海峡の北に位置する島。1808年に間宮林蔵がシベリアとの間に間宮海峡を発見。1854年に日露和親条約で日露両国民の雑居地，75年に樺太・千島交換条約でロシア領となった。1905年，ポーツマス条約で北緯50度以南を日本が領有したが，45年にソ連が占領。サンフランシスコ平和条約で，日本は正

式に樺太を放棄した。

昆布 「こぶ」ともいわれる。料理のダシ
を取るとともに食用ともする。蝦夷地の
特産品で、北前船によって本州に運ばれ
る。中華料理用として中国でも需要が多
く、薩摩藩から琉球にも運ばれ、琉球の
清への朝貢品として最も重要なものであ
った。

山丹 山丹は、北蝦夷地（北海道北部）の
北方、樺太から間宮海峡を越えたアムー
ル川（黒竜江）下流域を指す。そこに居
住する民族集団を山丹人という。山丹人
は現在ロシアにおいて公認された先住民
族の1つである「ウリチ」を指している。
蝦夷地や樺太南部に住むアイヌや、樺太
中部に住むウィルタが「サンダ」「シャン
タ」といったことから「山丹」になったと
される。

山丹交易 清朝はアムール川下流域に
住む先住諸民族を支配下に置くため、諸
民族に貢納品を納めさせ、それに応じた
官職や褒賞を与えて編成した。清朝が
最も求めた貢納品は貂や獺・狐など
の毛皮で、その対価として絹織物の龍
紋衣の官服や青玉を与えた。先住民のウ
リチはこれらの絹製品をアイヌの毛皮と
交易し、アイヌはウリチの龍紋衣などの
絹製品を和人の鉄製品と交換した。

蝦夷錦 アイヌがウリチから入手し、
和人にもたらした龍紋の絹織物を蝦夷錦
（山丹錦）という。松前藩主はこれを将軍
や諸大名への贈答品に用いたが、一般に
も流布し、僧の袈裟や茶道の袱紗として
珍重された。江戸幕府は清へ入貢してい
なかったため、長崎貿易では清朝の龍紋
衣の官服を手に入れることはできなかっ
た。

山丹服

蠣崎波響 1764〜1826 江戸後期の画家。
松前藩主松前資広の5男で、家老蠣崎広
武の嗣子となる。絵は南蘋派の宋紫石に
学び、のち上洛して円山応挙に入門した。
1807（文化4）年、松前藩が陸奥国伊達郡
へ転封となるに及んで、家老として藩の
松前復帰に尽力した。代表作に「夷酋列
像」がある。

イオマンテ（熊送り） アイヌの儀礼の1
つ。子熊から大切に育てたヒグマを殺し
て、その魂＝カムイを神々の世界に送り
帰すアイヌの集落をあげておこなう盛大
で神聖な祭りである。イオマンテはアイ
ヌの言葉で「カムイをいかせる」という意
味である。

アットゥシ オヒョウ（ニレ科の落葉喬
木）の樹皮から採った繊維を糸にしてつ
くった織物。アイヌが衣服に用いた。

琉球 沖縄の古称。『隋書』に流求とあ
るのが初見。対象は北方の奄美から沖縄
本島、宮古、八重山諸島。台湾まで含め
る場合もある。14世紀後半に中山王察
度が明の冊封を受けた頃から琉球の呼称
が定着。16世紀のポルトガルの地図には
「レキオ」と表記されている。

琉球王国 1429年から1879年にかけ
て、沖縄諸島に成立した王国。北山・中
山・南山の三山に分立していた琉球を、
中山王尚巴志が統一。1609年に薩摩の
島津氏に服属したが、名目上は独立を保

ち，明（のち清）との冊封関係は続けられたので，日明（清）両属の立場となる。1879年，沖縄県設置によって日本に帰属した。

首里〔しゅり〕 琉球王国の王府。1406年以降，尚巴志が整備し始め，首里城正殿，王城正門の守礼門が建てられた。正殿は度々焼失しており，現在の建物は1992年に復元されたが2019年に焼失。

那覇〔なは〕 琉球王国の王府首里の外港。15〜16世紀に琉球貿易が盛んになると，中国・日本・南海を往来する船で賑わった。明治期の琉球処分で県庁所在地となり，沖縄県の政治・経済・文化の中心となった。

朝貢〔ちょうこう〕**貿易** 朝貢とは，宗主国に臣下の礼を採っている国が使節を派遣し，土産の物を献じて臣下の礼を表明することに対して，宗主国が返礼としてさまざまな品物を給付した。これを一種の貿易とみなして朝貢貿易と呼ぶ。

冊封〔さくほう〕 「さっぽう」ともいう。中国の皇帝が周辺諸国の君主に対して中国の官職などの称号を授け，臣下として国王に封じること。冊封によって生じる関係を冊封関係といい，中国と諸国は君臣関係となる。

琉球進貢船〔りゅうきゅうしんこうせん〕 琉球王国にとって，清との朝貢貿易にいく進貢船には大きな期待がかけられていた。進貢船が琉球にもたらした清の物品は薩摩藩を通して江戸時代の日本に運ばれて琉球にも大きな利益をもたらした。

中継貿易〔なかつぎ（ちゅうけい）ぼうえき〕 自国産品を輸出するのではなく，他国から輸入した物品を，別の国に輸出して利益を得る貿易形態。

万国津梁〔ばんこくしんりょう〕**の鐘** 「万国津梁」とは世界の架け橋の意味。1458年に鋳造され，首里城正殿に架けられていた。東南アジアにおける琉球の立地を活かし，中継貿易によって繁栄する琉球が万国の架け橋となる精神がその銘文に刻まれている。

紅型〔びんがた〕 紅型は，一枚の型紙から黄色や赤色が特徴的で色鮮ざやかで多彩な模様を染め分ける琉球の伝統的な染色技法。特に琉球王国の身分の高い人々の衣服に用いられた。

薩摩藩〔さつま〕**（鹿児島藩**〔かごしま〕**）** 薩摩・大隅2国を領有する大藩。77万石。藩主の島津氏は鎌倉時代から摂関家領島津荘の地頭職，薩摩国の守護職などに補任された家。義久〔よしひさ〕の代に秀吉に服し，家久〔いえひさ〕の代に琉球を服属。幕末に重豪・斉彬〔なりあきら〕らの名君を出し，雄藩となる。斉彬の弟久光が公武合体策をもって国事に奔走した。のち長州藩と結んで倒幕派を形成した。

島津氏〔しま〕 始祖の惟宗忠久〔これむねただひさ〕は近衛家の家司出身で，源頼朝の御家人として島津荘惣地頭職に補任。のち薩摩・大隅・日向3国の守護を務めた。蒙古襲来の際に3代久経〔ひさつね〕が九州に下り（西遷御家人），南北朝期は武家方（北朝方）として活動。内紛を経て15代貴久が薩摩・大隅の戦国大名の地位を確立。16代義久は九州北部にも進出するが，1587年の九州征討で豊臣秀吉に服属した。

謝恩使〔しゃおんし〕 琉球国王が新しく即位した時，徳川将軍に国王の即位を感謝するために送られた使節。慶賀使と同じような行列で江戸を往復した。

慶賀使〔けいがし〕 徳川将軍の代替わりごとに，将軍就任を祝うために琉球国王が薩摩藩の監督の下に江戸へ送った使節。江戸へ向う使節の行列は，異国風の服装・髪型をはじめ，管楽器と打楽器によるめずらしい音色の演奏など，あたかも「異民族」としての琉球人が将軍へ入貢するようにみせた。

江戸時代の社会・経済

三都(さんと) 江戸・京都・大坂を総称していう。近世においては，他の都市と比較して隔絶した人口規模と経済力があった。

江戸 最大の城下町。18世紀，人口100万人を超える。武士50万人，町人50万人といわれる。中世初期は江戸氏の根拠地。太田道灌の築城で開け，家康入府(にゅうふ)より急速に発達し，1657年の明暦の大火後に市域は一層拡大した。

大坂 秀吉の大坂城築城後に発展。日本の商業・経済の中心で，「天下の台所」と称される。幕府直轄で人口40万人に達す。河川・運河が多く，「大坂八百八橋」の称がある。古代で難波，15世紀末より大坂と称し，明治初年に大阪と改める。

京都 平安時代から江戸時代までの宮都。公家の政治・文化の地として栄え，商工業も発達。足利氏の室町幕府も置かれ，応仁の乱後は町衆(まちしゅう)の町として西陣織・陶芸・高級調度品の商工業が発達した。江戸時代には京都所司代の下に幕府の直轄となる。仏教では各宗派の本山が所在する宗教都市であり，西陣織のほか，京染・京焼など最大の手工業都市でもあった。

天下の台所(てんかのだいどころ) 西日本ばかりではなく，全国の物資の集散地として栄えた大坂を称する言葉。江戸時代の大名屋敷や大寺院・大商人の商家は多くの人々を抱えて食事をまかなわなければならなかった。そのため大名屋敷・大寺院・大商人の広く大きい台所には米をはじめ，酒・醤油(しょうゆ)・野菜が集積されていた。そこから多くの物資が集まっている大坂を「天下の台所」というようになった。

蔵屋敷(くらやしき) 諸藩・旗本などが，年貢米・国産物を販売するために置いた倉庫兼取引所。大坂に最も多く，諸大名の蔵屋敷は中之島(なかのしま)に集中した。

年貢米(ねんぐまい) 江戸時代に田畑や屋敷地にかけられた租税で，本年貢・本途物成(ほんとものなり)ともいった。米納が原則である。大名は年貢米を大坂の蔵屋敷へ運び，売って金に換え，大名の生活・参勤交代や江戸の屋敷の支出に充てた。

納屋物(なやもの) 蔵物に対し，民間商人の手を経て集められた商品をいう。米以外にもさまざまな商品作物が集められた。米の場合が納屋米。蔵屋敷を持たない小大名や旗本・寺社などの物資もあった。

遠隔地海運(えんかくちかいうん) まだ交通体系が整備されていない江戸初期までは，生産地と消費地との間にある価格差を利用してもうける遠隔地海運であった。江戸中期以降，流通経済が発展する中で遠隔地の生産品を大量に消費地へ運ぶ廻船が発達した。

菱垣廻船(ひがきかいせん) 1619年，堺商人が創始したといわれる大坂・江戸間の廻船。元禄年間に江戸十組問屋と提携。積荷の落下防止のため，両舷(りょうげん)に菱組の垣を付けていた。千石積の船を使用したが，太平洋沿岸の各地に寄航したため，到着が遅く樽廻船に押された。

樽廻船(たるかいせん) 源流は寛文年間に摂津に起こった小早(こはや)という廻船。1730年，江戸の十組問屋より酒店組(さけだな)が分離して樽廻船が独立。主に酒荷を上方から江戸へ輸送した。200〜400石船で，荷積みが迅速で，大坂

から江戸へ直行し早く着いたため，菱垣廻船を圧倒した。

北前船きたまえぶね 江戸中期〜明治前期，北海道や東北の物資を，松前(北海道南西部)や日本各地に寄港し，下関を廻って大坂などに輸送した船のこと。船主自身が，物資を買い積み，各地の相場の高い所で売るという方式が中心であったため，臨機応変に対応し，利益が大きかった。

在郷商人ざいごうしょうにん 17世紀末より農村内に成長した商人。在方商人ともいう。農村で商品生産が発達するにつれて，農村の中の生産品の集積地や交通の要衝に町(在方町)が生まれた。ここから成長した新興の商人を在郷商人という。都市の株仲間・問屋に対抗して成長した。

農村工業のうそんこうぎょう 江戸時代の農村工業には，いくつかの発展段階がある。原料と生産に使う道具とともに自前のものであった農村家内工業の段階から，問屋商人が原料・道具を生産する農家にあらかじめ貸し与え，出来あがった生産品を買い上げる問屋制家内工業の段階へ発展した。

製糸業せいしぎょう 製糸は，繭から生糸をつくる作業をいう。生糸をつくるには繭を煮て柔らかくし，蚕が吐き出した繊維を引き出して生糸をつくる。江戸時代は農家の子女が手指で糸を繰る手挽きが一般的であった。

織物業おりものぎょう 主に綿織物業と絹織物業がある。綿織物業は江戸中期から急速に各地に広まり，小倉織・有松絞(尾張)・久留米絣などの名産品が生まれた。絹織物業も江戸中期から西陣織の技術が地方へ広がり，桐生や足利の地方都市でも高級絹織物が生産された。

商品作物しょうひんさくもつ 農家が商品として売ることを目的として栽培した作物。四木三草のほか，綿花・たばこ・菜種・野菜類・

甘蔗(日本のさとうきび)などが主なもの。四木は繭を育てる桑，塗り物に使う漆，茶，紙の材料となる楮，三草は麻，染料の原料となる藍と紅花をいう。

綿めん**(木綿**もめん**)**  綿花から白い毛の繊維と実(綿実)が採れた。15世紀に朝鮮から綿布，ついで綿種が伝えられた。朝鮮では木綿を「モンメン」といった。戦国時代に三河地方から栽培が始まり，さらに伊勢などの西国一帯で広く栽培された。

菜種なたね  アブラナの種子。アブラナそのものもいう。菜種から採った菜種油は，食用，灯油などに広く使われ，江戸時代の代表的な商品作物である。

人参にんじん**(朝鮮人参**ちょうせんにんじん**)** 朝鮮や中国東北部の山林の樹下に自生するウコギ科の多年草で，根を乾燥させて薬用にする。江戸時代の日本では採れず，朝鮮からしか入ってこない高価な薬種であった。

生糸きいと 蚕の繭糸を数本まとめて繰糸の状態にした絹糸。南蛮貿易の主要な輸入品。中国産の生糸は白糸といって質が高く，日本の西陣織などの高級織物の原料となった。江戸時代に改良が進み，日本の生糸は良質になった。近代日本の最も重要な輸出品となった。

藩札はんさつ 諸藩・旗本領内で発行・通用した紙幣。金札・銀札・銭札などがあり，濫発の傾向がある。1661年，越前藩が最初に発行。1871年には244藩・14代官所・9旗本領，計1700余種に達した。民間で発行された私札が流通する地域もあった。

❷ ヨーロッパの主権国家体制成立とヨーロッパ人の海外進出

主権国家体制の形成

主権国家 明確な領域（国土）を有し，確立した主権が存する近代国家のこと。主権は，国内では最高権力としての性格を，対外的には独立性を持つが，背景に，中世末以降のローマ教皇や神聖ローマ皇帝など普遍的な権威が衰退したことがある。

国民国家 Nation State 一定の領域に，国民を主権者として成立する近代国家。国家間の政治的・経済的競合が激化する中で領域内住民の統合が進み，国民という観念が生じると，そこに国民国家が出現する。国民の観念は，革命など，住民の自発的意志から生じることもあるが，国家の働きかけで政策的に形成・強化されることもある。このため，国民国家では，代議制が発達する一方で，国家に対して住民が受け身になる状況も生まれる。国民国家は18世紀のヨーロッパに登場し，19世紀以降，ヨーロッパ以外へと広まった。

多民族国家 複数の民族によって構成されている国のこと。国家としての統合が難しく，また多数民族による少数民族の弾圧や少数民族の分離独立運動などで民族間の対立から民族紛争を起こすことがある。世界の国々の多くは，複数の民族が居住する多民族国家である。

民族 人類を言語・社会・経済・宗教・習俗など，主に文化的な要素によって分類，区分したもの。言語・文化を共有し，同じものに属しているという帰属意識を持つ集団。歴史的な過程で形成されることが多い。

ローマ帝国 地中海周辺から西ヨーロッパにかけて栄えた古代の国。ローマ人がローマ市にたてた都市国家に始まる。しだいに周辺の諸民族を征服し，紀元前2世紀頃から西ヨーロッパ・アフリカ・西アジアに領土を広げ，地中海を中心とする大帝国となった。ローマ帝国は3世紀末頃から衰え，その統一が難しくなったのでテオドシウス帝が国を395年，東西の2つに分け，2人の子どもに治めさせて分裂した。

西ローマ帝国 395〜476 ローマ帝国の分裂後，西の部分を支配した国。ローマを都とする。ゲルマン人の侵入によって乱れ，やがて滅ぼされた。

東ローマ帝国 395〜1453 ローマ帝国の分裂後，東の部分を支配した国。コンスタンティノープル（今のイスタンブール）を都とする。西ローマが滅んだのち約1000年間も存続したが，アジアからオスマン帝国が侵入し，コンスタンティノープルが陥し入れられ滅亡した。

神聖ローマ帝国 962〜1806年まであった国。962年のオットー1世の戴冠を起源とする中世・近世ドイツの呼称。ドイツは領邦国家の集合体に近いので，神聖ローマ帝国はドイツ各地の諸侯をまとめる力はなく，ほとんど分裂状態であった。

同君連合 複数の国家が同一人物を君主として結んだ連合関係。

領邦 Territorialstaat 13世紀から近代までドイツを構成した地方主権国家。神聖ローマ帝国の中央集権化は進まず，諸侯領や自由都市など，このような独立した小国家は最盛期には300を数えた。

プロイセン（プロシア）Preussen 13世紀，ドイツ騎士団領を基に形成されたドイツ北部のバルト海沿岸の国。1701年，スペイン継承戦争での神聖ローマ帝国に対する軍事援助を背景に王国への昇格を許さ

れ，フリードリヒ1世が初代プロイセン国王として即位した。

オーストリア Austria 神聖ローマ帝国の南東部に位置する強国。8世紀末，フランク王国のカール大帝が東方の防衛線として建設した領土「オストマルク」を起源とし，1278年以降はハプスブルク家の所領となった。

ピューリタン(清教徒) Puritans イングランドにおけるカルヴァン派の呼称。国教会改革を不十分とし，さらなる宗教改革や教義の純化を望んだことに由来する。

ピューリタン革命 Puritan Revolution 1640～60 イギリス絶対王政を崩壊させた市民革命。イギリス革命ともいう。短期議会・長期議会におけるチャールズ1世の強権政治に対する不満から，1642年には内乱に発展した。1649年のチャールズ1世の処刑で共和政へ移行し，クロムウェルの軍事独裁を経て60年に王政復古に至った。革命の成功により，イギリスに近代的市民社会への途が開かれた。なお，ピューリタン革命と名誉革命とを併わせてイギリス革命という場合もある。

名誉革命 Glorious Revolution 1688～89 ピューリタン革命に次ぐ2度目の革命。ジェームズ2世の強権政治に反発した議会は，ジェームズ2世の娘で新教徒のメアリと夫のオランダ総督ウィレムをイギリスへ招請した。ジェームズ2世はフランスへ亡命し，イングランドにおいては流血の惨事を伴わなかったため名誉革命と呼ばれる。この後，議会の王権に対する優位が確立した。

権利の章典 Bill of Rights 1689 権利の宣言を若干補足した議会制定法。ジェームズ2世の悪政を列挙した上で，議会が同意しない課税や法律の否定，恣意的な逮捕・裁判の禁止など従来の権利を確認し，さらにカトリック教徒の国王即位を禁じた。議会の王権に対する優越を明確にし，立憲王政の基礎となった。成文憲法を持たないイギリスの重要な基本法の1つ。

ルイ14世 Louis 1638～1715 フランス国王(在位1643～1715)。治世前半にはフロンドの乱などで苦しむが，1661年以降の親政期には，財務総監コルベールの下，重商主義政策を推し進め王権を強化した。ヴェルサイユ宮殿を拠点に貴族の従属化を進め，「自然国境説」を論拠に対外拡張策を強行したが，度重なる戦争により治世後半には財政状況を悪化させた。1685年ナントの王令廃止で多数のカルヴァン派であるユグノーを国外移住に追いやり，フランス産業・経済の停滞を招いた。

ヴェルサイユ宮殿 Versailles ルイ14世の命で建設され，1682年以降宮廷が置かれたバロック式宮殿。パリ南西約20kmに位置し，フランス革命勃発の1789年まで王宮とされた。豪華な建築様式や屋内装飾，幾何学的な庭園が特徴的で，当時の芸術様式の粋を示している。多くの貴族が王と行動をともにし，宮廷生活様式や文化の発信地ともなった。

立憲君主政(制) 憲法に従って君主が統治権を行使する政治形態。「制限君主制」ともいわれることがある。議会に実権が移行しているイギリス型もあれば，プロイセンや大日本帝国憲法下の日本のように，実質的な権力が君主に集中している外見的立憲制もある。

議院内閣制 議会の多数を制する政党が内閣を組織する制度。イギリスでは国王の権威を重んじるトーリ党と議会の権利を主張するホイッグ党の今日の政党の起源となる2つの党派が生まれた。ま

た，内閣は国王にではなく，議会に対して責任を負う責任内閣制も形成される。

制限選挙（せいげんせんきょ） 議員の選挙権が財産などによって決定される選挙。選挙権に差別がないのが普通選挙。制限選挙の選挙権は普通，納税額によって決定されることが多い。

共和政（制）（きょうわせい） 国家の政治活動が，国民多数の意志により決定し，行使される政治の仕組み。共和制ともいう。国民国家成立以前では貴族たちによる共和政もおこなわれ，ヴェネツィアのように貴族の選挙で選ばれる世襲でない国家元首が存在する。世襲の単一者である君主によって統治される「君主制」に対する政治形態。

ロシア ヨーロッパ東部のスラブ人の国。13世紀にモンゴル人に支配されたが，15世紀末に独立した。その後，シベリア方面に領土を拡大するとともに，東ヨーロッパで最も強力な国となった。

宗教改革

宗教（しゅうきょう）**改革** Reformation 16世紀にヨーロッパに広がった，ローマ＝カトリック教会の腐敗（はい）を批判し，個人の純粋な信仰心に基づいて信仰を浄化しようとした運動。14〜15世紀のウィクリフ・フスらの反教皇運動を先駆（せんく）とし，1517年にドイツの神学者ルターが「95ヵ条の意見書」をヴィッテンベルク教会において公表して，カトリック教会の腐敗を批判したことに始まった。スイスでは，ツヴィングリやカルヴァンによって展開された。宗教改革によって，キリスト教会はカトリック（旧教）とプロテスタンティズム（新教）に分かれた。またイギリスでは，ヘンリ8世によってイギリス国教会がカトリック教会から分離した。宗教改革は中世的な教皇権の支配から個人の信仰心を解放した

点で，ルネサンスとともに近代的な個人の自覚をもたらし，個人の自由の意識を高める精神的な原動力となった。

プロテスタント Protestant カトリック教会から分離した，教皇権を認めない宗派の総称。「抗議する者」の意で，1529年シュパイアー帝国議会でカール5世がルター派を禁止したことに対する抗議に由来する。また，宗教改革後，カトリック教会から分離し，成立したキリスト教改革諸派を新教ともいう。

ローマ＝カトリック教会 Roman Catholic カトリックはギリシア語の「普遍的」を意味するカトリコスに由来する。ローマ教会がキリスト教の正統な継承者を自認し，ローマ教皇を最高の権威として認める教会組織。ローマ帝国末期にテオドシウス帝がカトリックを国教化して以降，ゲルマン布教や修道院運動を背景に権威を確立し，西欧キリスト教世界を支配した。また旧教は宗教改革により成立した新教に対して，カトリック側を表わす言葉。

ラテン語 Latin 古代ローマ帝国及びカトリック教会の公用語。中世西欧においては知識界の共通語として使用され，イタリア語・フランス語・スペイン語などの基となった。

イエズス会（ジェズイット教団） Jesus 宗教改革を起したプロテスタントの勢力拡大に対抗するカトリック側の旗手となった修道会。1534年，イグナティウス＝ロヨラらによって創設され，40年に教皇に認可された。海外伝道を積極的に進め，ヨーロッパの広範囲における再カトリック化にも成功し，数百の大学を設立するなど教育活動にも力を入れた。

科学革命

科学（かがく）**革命** 16世紀の地動説を初めて唱え

たコペルニクスに始まり，17世紀に本格化したヨーロッパにおける近代的合理主義の思想・学問の発展・確立の状況。実験・観察や数学的思考法が重視される一方，錬金術や占星術への関心も継続しており，現代科学への過渡期ともいえる。

ガリレイ（ガリレオ＝ガリレイ）Galileo Galilei 1564～1642 イタリアの天文学者・物理学者。ピサ大学などで教鞭をとる中，物体落下の法則を主張し，ピサ大聖堂の斜塔での実験で証明した。1609年には32倍率の望遠鏡を製作し，地動説を唱えるコペルニクスの正しさを確信した。1633年，コペルニクスの地動説を擁護したため異端として宗教裁判にかけられ，自説の放棄を迫られた。その後，幽閉され，病没後は葬儀や墓標の設置も禁止された。教皇庁は1992年，みずからの誤りを認め，彼の名誉回復をおこなった。

ニュートン Newton 1642～1727 イギリスの物理学者・数学者。万有引力の法則の発見・提唱を始め，微積分法や光の性質などの分野でさまざまな研究業績を残し，近代物理学の創始者とされる。1703年以降，イギリスの王立協会会長職を務めた。

ヨーロッパ人の海外進出

大航海時代 15～17世紀，ヨーロッパ人が大西洋を起点にインドやアメリカ大陸に到る航路を開拓し，その後，世界各地に進出していった時代をいう。ポルトガルは東へ向い，スペインは西に向って航路を開拓した。

マルコ＝ポーロ Marco Polo 1254～1324 元を訪れたヴェネツィア生まれの商人・旅行家。1271年父と叔父に連れられて出発し，陸路で元の大都（現在の北京）に到達して17年間フビライに仕えた。1290年南シナ海から海路ペルシアに到り，95年に帰国した。

『世界の記述』（『東方見聞録』）マルコ＝ポーロの旅行記。帰国してジェノヴァ軍の捕虜となり，獄中で彼が述べた見聞談を，同囚のピサ出身者が記述し，のちに出版された。13世紀のユーラシア大陸に関する貴重な証言を含み，西ヨーロッパ人の東方世界観に大きな影響を与え，ヨーロッパ人の東方への関心を高めた。

「黄金の国」ジパング Zipangu 『世界の記述』における日本の呼称。黄金が無尽蔵であること，真珠を大量に産することなどが伝聞として書かれ，西ヨーロッパ人の関心をかき立てた。

黒人奴隷 16～19世紀，南北アメリカ大陸やカリブ地域などにアフリカ大陸から労働力として強制的に運ばれて奴隷とされた人々。西インド諸島やブラジルのサトウキビ＝プランテーション，スペイン領アメリカの鉱山採掘，北アメリカの綿花・タバコ・米のプランテーションなどで酷使された。

プランテーション（大農園・大農場制度）plantation 植民地・半植民地などでおこなわれた，商品作物栽培のための大農園制。17～18世紀以降，カリブ海諸島やブラジルなどでは先住民や黒人奴隷を使役してサトウキビ＝プランテーションが，北アメリカでは黒人奴隷を酷使して綿花・タバコ・米などのプランテーションが展開された。奴隷貿易を拡大させる背景ともなった。

伝染病 ウイルスや細菌で感染する，伝染力の強い病気。大航海時代，ヨーロッパからアメリカ大陸に，それまで存在しなかった天然痘やインフルエンザなどが持ち込まれ，抵抗力のない先住民が大量に死亡した。一方で，梅毒がアメリカ

大陸からヨーロッパに持ち込まれ，一気に広まった。

トウモロコシ アメリカ大陸原産の食物。アメリカの古代文明では聖なる食べ物とされる。海抜3000m程度まではトウモロコシが，それ以上の高地ではジャガイモが主として栽培される。

トマト アメリカ大陸原産の食物。トマトのほかにもトウモロコシ・ジャガイモ・サツマイモ・カカオ・カボチャ・トウガラシ・アボカドなどは，いずれもアメリカ大陸原産。

ジャガイモ アメリカ大陸原産の食物。水を抜き乾燥させることで保存食ともなる。地下に育つため，天候や戦争の被害を受けにくく，ヨーロッパで広く普及した。

サツマイモ アメリカ大陸原産の食物。大航海時代以降，ヨーロッパ人によって中国や日本に伝えられ，やせた土地でも栽培できるため，土地の開発や人口増が各地で起こることとなった。日本では，沖縄ではカライモ，薩摩ではリュウキュウイモ，本州に入るとサツマイモと呼ばれ，伝播の様子がわかる。

「世界の一体化」（せかいのいったいか） 大航海時代以降，主導権を握るものと従属下に置かれるものの２極分化を伴いながら，世界各地が政治的・経済的に不可分に結ばれていく過程のこと。19世紀中葉から20世紀初めにかけては，イギリスを中心とするヨーロッパが主導権を握り，南北アメリカ・アジア・アフリカ各地域を経済的・政治的に従属化させ，全世界の動向が相互連関の中で展開した。交通・通信の発達がはたした意義も大きい。

第2章 近代ヨーロッパ・アメリカ世界の成立

① ヨーロッパ経済の動向と産業革命

ヨーロッパ経済の動向とイギリス産業革命の前提

大西洋世界 ヨーロッパとアメリカ大陸が大西洋を挟んで経済的・社会的・文化的にも一体化し，結び付きを深め，1つのまとまりを意味する言葉。

地中海貿易圏 北イタリア諸都市と地中海東岸地域との遠隔地貿易を柱とする商業圏。ヴェネツィアやジェノヴァ，コンスタンティノープルといった都市とアレクサンドリアなどの間で，主に香辛料や絹織物など奢侈品が取引された。大航海時代以降，大西洋の重要性が高まり，地中海貿易圏は衰退した。

重商主義 mercantilism 16～18世紀にかけて，主にヨーロッパの絶対王政諸国でおこなわれた経済政策。官僚制と常備軍維持の財源を確保し国富を増やすために，政府が積極的に経済に介入した。重商主義政策の形態は国や時期により異なり，初期の重金主義から貿易差額主義へと移行し，貿易で有利な商品を確保するために産業保護主義も採られた。

東インド会社 17世紀頃よりヨーロッパ諸国により設立され，アジアとの貿易や植民地の経営に従事した会社。1600年設立のイギリス，1602年設立のオランダが代表的である。

綿織物（キャラコ） calico 綿の繊維を原料としてつくられた布。インドのカリカッ

トを産地とすることから，この呼称が付いた。丈夫で洗濯にも強く，染色性にすぐれていたためヨーロッパで人気を博したが，毛織物業者の怒りを買い，1700年にはインド産木綿の輸入禁止が，20年には着用禁止が法で定められた。18世紀後半には「輸入代替」として木綿をイギリス国内で生産する動きが強化され，産業革命が進展した。

七年戦争 1756～63 オーストリア・プロイセンを主軸に，フランス・イギリスなどの諸国が参戦した国際戦争。イギリス・フランスはこれに呼応してインド・北アメリカでも戦い，勝利を収めたイギリスがフランス勢力を駆逐した。イギリスとフランスの戦いは，1763年のパリ条約で終った。

三角貿易《大西洋》 収支のバランスを取ることを目的として，3地点間でおこなわれる貿易。17～18世紀の大西洋を舞台に，西ヨーロッパの武器・雑貨を西アフリカで黒人奴隷と交換し，それを南北アメリカ大陸・カリブ地域へ運んで砂糖・綿花などを得，それを西ヨーロッパに運ぶ貿易がおこなわれた。イギリスなどが三角貿易で得た富は，産業革命の展開を促した一因とされる。

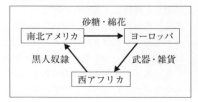

手紡ぎ 羊毛や綿を糸車にかけ，手で回転させてその繊維を引き出し，撚をかけて糸にすること。

農地囲い込み 18〜19世紀のイギリスで起きた土地の囲い込み運動を第2次囲い込みという。第1次囲い込みは領主や地主が羊毛工業へ供給する羊の牧羊地にするために囲い込んだ。第2次囲い込みは産業革命によって発展した都市への穀物増産を目的とした。第1次は非合法だが，第2次は議会の承認の下で合法化された。地主が農業資本家として確立する一方，土地を追われた農民は都会へ出て工業労働者となった。

大地主 イギリスでは，支配層の一翼を担った地方地主層をジェントリー（gentry，郷紳）という。身分的には平民であるが，上層のジェントリーは地方政治を担い，のちには医者や弁護士，聖職者も含まれるようになり，富をなした商工業者も地主となりジェントリーとなった。産業革命期には土地を囲い込み，資本主義的大農業経営者となった。

毛織物業 14世紀以降に発達したイギリスの主産業。イギリスは，14世紀後半より未加工の白地毛織物を輸出していたが，17世紀頃加工・仕上げ分野が発達して完成品製造が可能となった。18世紀イギリスは最大の毛織物工業国として台頭した。

産業革命 Industrial Revolution 18世紀後半のイギリスで最初に興こった産業革命とは，人力に代わって機械の動力を使用した機械制工場生産の確立のことである。これにより，長い間自然の力によって生産力を制限されていた人間の社会は，農業中心から工業中心の経済へ転換した。そして，次々と技術革新をおこなって生産力を発展させる産業社会に入った。

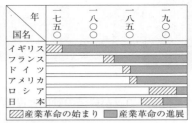

各国の産業革命

機械制工業生産 人力や動物の力に代わり，動力を使用して機械を動かして生産をおこなうこと。動力は初期には水車を使用したが，動力として安定せず，蒸気機関の発明によって初めて安定的な動力を得られるようになった。動力と機械の使用によって安価で均質な商品の大量生産が可能となった。

蒸気機関 蒸気を利用して発生させた運動を，動力に転換する装置。18世紀にニューコメンが実用化し，ワットがこれを改良して石炭の使用量を大量に削減するとともに往復運動のみだったものを回転運動に転換させ，大きく安定した動力が得られるようにした。綿工業を中心とした第1次産業革命期の動力の主役として，さまざまな機械に応用された。

ワット Watt 1736〜1819 機械技術者・発明家。ニューコメンが考案した蒸気機関の修理からヒントを得て，1769年熱効率が倍以上，石炭使用量を大幅に削減する，新たな蒸気機関を発明した。1781年には蒸気による往復運動を歯車利用の回転運動に転換させる技術を開発し，蒸気機関を広汎な機械への応用が可能なものとした。併せて，馬力の単位も考案した。

「世界の工場」 19世紀初めのイギリスを指して使った言葉。ヨーロッパを初め，世界の市場で売られている製品の多くの生産工場がイギリスにあるというこ

とをいい表わしている。いち早く産業革命を経験したイギリスでは，工場制機械工業が発達し，良質で安価な工業製品が大量につくられるようになった。これを世界中の市場で売りさばいたことから，こう呼ばれた。

資本家（しほんか） 資本主義社会における支配的階級。資本を投下して工場・機械・道具・材料などの生産手段を所有し，労働者の労働力を雇って商品を生産・流通させ，利潤を得る人々を指す。

労働者 生産手段を持たず，資本家に雇用されて働く人々。資本家階級としだいに対立していった。

交通革命（こうつう） 蒸気機関車・蒸気船の発明，運河網の拡大，道路の改良などにより推進された，交通環境の飛躍的発展を指す。工業化の進展は大量の製品・原料の短時間での輸送を必要とし，交通機関や交通網の発展を促した。

スティーヴンソン Stephenson 1781〜1848 イギリスの鉄道技術者。1814年，炭坑貨車牽引（けんいん）のための蒸気機関車をつくり，25年にはロコモーション号で客車の牽引に成功，蒸気機関車の実用化が達成された。

蒸気機関車（じょうききかんしゃ） 蒸気機関を動力とする機関車。すでに炭坑では馬や人力によってレール上を貨車が牽引されていたが，19世紀初め，トレヴィシックがレール上を走る蒸気機関車を開発し，スティーヴンソンが貨車・客車の牽引で実用化に成功した。1840年代には鉄道投資が激増し，鉄道網が急速に拡大する鉄道敷設ブームの「鉄道狂時代」が始まった。

鉄道（てつどう） 各国の産業革命を推し進める原動力となった交通機関。1830年イギリス・アメリカ，32年フランス，35年ドイツ・ベルギー，37年オーストリア，37年ロシア，39年イタリア・オランダの順に，蒸気機関車の営業運転が開始された。そのため，1830年代は鉄道時代の始まりといわれる。

地下鉄（ちかてつ） 郊外から都市中心部に人を運ぶ際，混雑した市内の道路をさけて地下につくられた鉄道。1863年，ロンドンで世界初の蒸気機関車による地下鉄「メトロポリタン鉄道」が開通した。日本では地上の東京の人口増加で市電の輸送が限界に達したことに対して，1927年，早川徳次（とくつぐ）の東京地下鉄道会社によって，東京の浅草・上野間で開通。

フルトン Fulton 1765〜1815 アメリカの発明家・技術者。1807年，外輪式蒸気船クラーモント号建造に成功し，ハドソン川を航行させた。

蒸気船（じょうきせん） 蒸気を動力にして航行する船。当初，内陸・沿岸の航行に利用された外輪式蒸気船は，19世紀前半には大西洋横断に成功し，スクリュー式蒸気船も建造されて高速化を達成した結果，蒸気船は帆船を凌駕（りょうが）していった。

スエズ運河（うんが） エジプトに建設された，地中海と紅海を結ぶ運河。スエズ運河株式会社が1859年に着工し，69年に完成した。

軍事革命（ぐんじ） 近世ヨーロッパで起こった軍事面の変化。火器の使用と規律的な隊形の導入という軍事上の変化やその普及，及び戦術上の変化が，中央集権の進展や騎士の没落などの社会的変化を引き起こしたことを指す。

産業革命とその影響

通信革命（つうしん） 電信が実用化され，情報の伝達のスピードが早くなり，情報量の拡大も伴った。ヨーロッパとアメリカ，イギリス・インド間に海底電信の電線が敷設された。中国まで伸びていた海底電線が，1871年には長崎・上海間に開通し，国際

電信が可能となった。

電信でん 文字や数字を符号化し，電気信号でん きしんごうに換えて電送し，相手はそれを文字や数字に置き直して情報を伝達する。電線による有線と電波による無線がある。

モース(モールス) Morse 1791〜1872 アメリカの発明家。1837年に電磁石を応用した最初の電信機とモールス信号を考案し，44年ワシントン・ボルティモア間に世界最初の電信線を架設したかせつ。

海底電信かいていでんしん**ケーブル** 海を隔てたへだ通信のため海底に設けた電線。1851年世界最初のものがドーヴァー海峡(英—仏間)に敷かれ，以後，大洋航路に沿って66年に大西洋間，70年，イギリス・インド間に敷設ふせつされた。

輸入代替工業化ゆにゅうだいたいこうぎょうか 外国からの輸入に頼っていた工業製品を，国内の工業部門を育成することで国産化し，輸入していた工業製品を自国で生産しようとする政策。

保護ほご**主義(保護貿易)** 国家が貿易に干渉し，特に輸入の制限をおこなうことで国内産業の成長を助け，国内産業を保護すること。ドイツの経済学者リストは，イギリスの工業力からドイツの国内産業を守るために，輸入品に高い関税を課すことを主張した。

リスト List 1789〜1846 ドイツの経済学者。『経済学の国民的体系』で，国民の発展段階を，原始的未開状態，牧畜状態，農業状態，農工業状態，農工商業状態の5段階に分ける考え方を示した。この経済発展段階説を基に，当時，後進工業国であったドイツが，貿易でイギリスに対抗するためには，国家による干渉が必要であると考え，保護貿易を主張した。

ドイツ関税同盟かんぜいどうめい Zollverein ドイツ国民の経済を創出するためのドイツの諸領邦による経済同盟。1818年にプロイセンと加盟国間で関税撤廃の第一歩が始まり，この同盟を含む3つの同盟が統合されて，34年にドイツ関税同盟が発足した。発足には，イギリス経済に対抗するため保護貿易主義を唱えた歴史学派経済学者リストの理論が貢献した。その後1868年頃までに，オーストリアを除く全ドイツ地域の経済的統一が達成された。

エネルギー革命かくめい 使用するエネルギーを生み出す資源をより効率化するため，燃料を転換する大きな変革をいう。動力革命ともいう。産業革命期に，蒸気力を生み出す燃料が薪からより火力の高い石炭に変わった。

第2次産業革命だいにじさんぎょうかくめい 軽工業である綿工業から，製鉄・造船・機械の重工業や火薬・化学肥料・薬品の化学工業へと産業構造が高度化する19世紀後半からの産業革命をいう。

❷ アメリカ独立革命とフランス革命

アメリカ独立革命

市民革命しみんかくめい 17〜18世紀の近代ヨーロッパにおいて，資本主義の発展によって経済力を付けた市民階級が絶対王政を倒して，政治的自由の民主主義に基づく近代市民社会を確立した革命。イギリスのピューリタン革命(1640〜60)・名誉革命(1688〜89)，アメリカの独立戦争(アメリカの独立革命，1775〜83)，フランス革命(1789〜99)などがある。

アメリカ独立革命 American Revolution 1775〜83 イギリス13植民地と本国との間で，植民地の独立を巡って1775年，戦争が始まった。独立宣言やのちの合衆国憲法において自由主義や基本的人権などが

認められ，共和政実現をみるなど社会変革を伴い市民革命の性格を併わせ持つことから，独立革命と呼ばれる。フランス革命やラテンアメリカの独立運動などにも影響を与えた。

北アメリカ植民地 17〜18世紀前半，大西洋岸に成立した13のイギリス領植民地。北部では農業・造船などの工業や海運業が，南部では奴隷制を基礎にしたプランテーションが発達した。成立の事情や形態はそれぞれ異なり，互いに独立していた。

プランテーション（大農園・大農場制度）《北アメリカ》plantation 北アメリカ南部で発達した，商品作物生産を目的とする大規模農場。当初は白人年季奉公人が労働力の中心を占めたが，17世紀末頃から黒人奴隷が多数使用された。主にタバコ・米・藍などが栽培されたが，19世紀以降はイギリス産業革命の影響で綿花需要が拡大し，綿花プランテーションが全体の7割以上を占めるようになった。

黒人奴隷《北アメリカ》主に西・南西アフリカ地域から南北アメリカ及びカリブ地域などに運ばれ，プランテーションなどにおいて奴隷として酷使された黒人たち。北アメリカでは，1619年ヴァージニア植民地に黒人奴隷がもたらされ，やがてアメリカ南部では白人の年季奉公人に取って代わった。19世紀初めにイギリスで奴隷貿易が禁止されたものの，イギリスの産業革命による綿花需要の増大は奴隷制拡大を促すものとなった。

印紙法 Stamp Act 1765 あらゆる印刷物に印紙を貼ることを義務付けた法律。北アメリカに駐屯するイギリス軍の費用の一部に充てることを目的に，本国が発行した。この法は多くの植民地人に直接影響と負担を及ぼしたため，イギリス製

品不買運動などの激しい反発を招く結果となり，翌1766年撤廃された。

アメリカ独立戦争 1775〜83 13植民地がイギリス本国から独立を勝ち取った戦争。植民地戦力の中心は民兵で，当初は苦戦が続いたが，トーマス＝ペインによる独立を鼓舞する『コモン＝センス』の発行や独立宣言の発布が植民地人の独立の気運を高め，ヨーロッパ諸国の参戦や革命支持の動きが，戦況を植民地優位に転換させた。最終的に1783年のパリ条約で植民地の独立が承認された。

ミニットマン　アメリカ独立戦争期の民兵。家や農場から1分以内に戦場に駆けつけるのでミニットマンという。アメリカの初代の大陸間弾道弾の名称でもある。

ボストン茶会事件 Boston Tea Party 1773 アメリカ独立革命の発端となった事件。茶の販売権を東インド会社に独占させたことに抗議するボストン市民が先住民に扮してボストン港に停泊中の東インド会社船を襲い，積んであった茶箱をすべて海に投げ捨てた。これに対して，本国政府はボストン港の封鎖などの弾圧姿勢をとり，本国と植民地の関係は悪化した。この事件がアメリカ独立革命へとつながった。

大陸会議 Continental Congress 13植民地の代表により構成された連合組織。独立戦争期や独立後にかけて各植民地の統一的な行動を指導し，中央政府的な役割をはたした。第1回会議は1774年に開かれ，ボストン茶会事件に対する本国の弾圧法の撤廃を求めた。第2回は75年に開かれ，

ワシントンを植民地軍総司令官に任命した。独立後は連合会議と呼ばれ、さらに憲法制定後は合衆国議会へと引き継がれた。

ワシントン Washington 1732〜99 アメリカ合衆国初代大統領(在任1789〜97)。フレンチ＝インディアン戦争で民兵指揮官として活躍したことから、第2回大陸会議で植民地軍総司令官に任命され、装備の不十分な植民地軍を統率して戦果をあげ、独立戦争を勝利に導いた。憲法制定議会では議長を務め、1789年、合衆国初代大統領に就任した。

アメリカ独立宣言 Declaration of Independence 1776 7月4日、第2回大陸会議で採択された宣言。トマス＝ジェファソンが中心となって起草し、フランクリンやジョン＝アダムズが補筆、修正した。ロックの自然法思想に基づき基本的人権や革命権について述べた上で、ジョージ3世の暴政を弾劾し、最後に独立を宣言して、のちのフランス人権宣言にも大きな影響を与えた。なお、起草段階で奴隷制を批判する内容もあったが、実際の独立宣言では削除された。

ヨークタウンの戦い Yorktown 1781 独立戦争における植民地側勝利を確定した戦い。ヴァージニアのヨークタウン港において、アメリカ・フランス連合軍が陸と海からイギリス軍を包囲し、最終的に降伏させた。

パリ条約 1783 アメリカ・イギリス間で結ばれた独立戦争の講和条約。イギリスはアメリカの独立を承認し、ミシシッピ川以東のルイジアナをアメリカに割譲した。なお、アメリカを援助したフランス・スペインとはヴェルサイユ平和条約を結んだ。

アメリカ合衆国憲法 Constitution of the United States 1787年の憲法制定会議で採択された近代的成文憲法。翌年9州の批准を得て発効した。(1)外交・通商規制・徴税権などを与えて連邦政府の権限を強めたこと、(2)中央政府が強くなり過ぎぬよう三権分立を定めたこと、(3)人民主権による共和政を定めたこと、の3点が特徴としてあげられる。改正時には、本文は変えず修正条項を加える。

アメリカ大統領 President of the United States 国家元首かつ行政府の長で、陸海軍最高司令官も兼ねる役職。任期は4年で間接選挙で選出される。1789年にはワシントンが初代大統領となり、1951年の憲法修正第22条で3期以上務められないとされた。

アメリカ合衆国 United States of America 13植民地が統合されて成立した国家。1777年のアメリカ連合規約で13植民地が州(共和国)として緩やかに統合されたが、87年に制定された合衆国憲法と89年の連邦政府樹立により、連邦共和国として正式に発足した。

アメリカ連邦政府 Federal government of the United States 1789年に発足した合衆国の行政機関。憲法によって設置された中央政府で、大統領を長として運営された。

連邦制 2つ以上の国、または州が1つの主権の下に統合して形成する国家。アメリカ合衆国では、独立戦争が各州の連合軍によって戦われたことによって、各州に強力な自治権が認められている。連邦政府の権限は合衆国憲法によって限定されていて、各州は独自の憲法、法律、議会、裁判所を持っている。

三権分立 政治権力を複数の機関に分散させ、それぞれの間に抑制と均衡の関係を保たせる権力分立制のこと。これに

基づいて国家の政治権力を立法権・行政権・司法権に分け，権力の濫用を防ぎ，国民の権利・自由をできるだけ保障しようとする仕組み。それを具体化した各国の制度はさまざまで，アメリカのように徹底した三権分立制もあれば，イギリスや日本の議院内閣制のように議会優位の場合もある。

フランス革命の推移

フランス革命 la Révolution française 1789〜99 絶対王政の矛盾に根差して起こったフランスの革命。多様な対立をはらみ複雑な経過を辿った。この革命によって，絶対王政が倒れ，封建的束縛は撤廃された。近代市民社会の原理が浸透し，自由主義改革として有産市民層の主張は貫徹したが，民主化などの多くの改革の実現は後世に託された。

旧制度（アンシャン＝レジーム） Ancien Régime 絶対王政下の16世紀からフランス革命前までのフランスの身分制度の社会をいう。第一身分（聖職者）と第二身分（貴族）は免税などの特権を持ち，領主として広大な土地を所有し，重要な官職を独占していた。国民の9割以上を占める第三身分（平民）は不平等な扱いを受けた。同一身分内でも経済的な格差が広がり，利害対立も深まっていた。

第一身分 聖職者。総人口2500万人のうち約12万人を占める。高位聖職者は貴族出身者が多く，国王から俸禄を受け，平民出身者の多い下位聖職者とは待遇面に格差があった。革命勃発後，第三身分側に立った平民出身聖職者も多かった。

第二身分 貴族。総人口のうち約40万人を占め，全土の約2割の土地を所有していた。豊かな貴族と零細な貴族との差は大きく，内部での対立も存在した。富裕貴族が自由主義的，零細貴族が保守的といった傾向もみられた。

第三身分 平民。当時の総人口の約98％を占めていた。農民と都市の下層市民であるが，そのほか経済力を蓄わえた商工業者ブルジョワジーが台頭し，それぞれの内部でも格差が拡大していた。租税負担の義務がある一方で，社会的発言権が認められず，特権身分（第一身分・第二身分）への不満が募っていた。

ブルジョワジー（有産市民）bourgeois 市民とは，もとは都市（ブール）の住民の意。18世紀フランスの市民階級は，特権商人・大地主・法律家などの上層ブルジョワジー，新興商工業者・知識人などの中層ブルジョワジー，労働者・職人などの下層市民に分かれていた。革命当初は上層ブルジョワジーが自由主義的改革を求めて革命の主体となったが，やがて下層市民層が影響力を強め，革命は急進化した。

三部会 États généraux 14世紀に初めて設置されたフランスの身分制議会。1614〜15年を最後に，王権の強化を背景に長く招集されなかったが，1789年5月，特権身分の免税特権廃止案を審議するため175年ぶりに開催された。第三身分代表の人数は，財務総監ネッケルの提案で従来の倍となっていた。

ルイ16世 Louis 1754〜93 フランス革命時の王（在位1774〜92）。オーストリア皇女マリ＝アントワネットと結婚した。ルイ16世下のフランスの財政破綻はアメリカ独立革命参戦で決定的となり，その後の財政改革も失敗した。革命下に処刑された。

バスティーユ牢獄襲撃 Bastille 1789 7月14日，フランス革命の発端となった事件。国王の軍隊招集やネッケル罷免に

反発したパリ市民が市民軍をつくり，武器弾薬を求めてバスティーユ牢獄を襲撃した。当時，バスティーユは，絶対王政の象徴とされていた。第三共和政期になって7月14日は国民の祝祭日とされた。

国民議会 Assemblée nationale 1789〜91 第三身分議員が三部会から分離して結成した議会。三部会が議決方法を巡り空転する中，第三身分議員たちがみずからをフランス国民全体の代表と宣言して国民議会を名乗り，特権階級の一部も合流した。最終的に国王もこれを承認し，三部会議員全員に合流を促した。7月9日以降は憲法制定国民議会と改称され，憲法制定に着手した。

1791年憲法 1791 国民議会が制定したフランス初の憲法。立憲君主政，納税額による制限選挙，一院制議会などを主な内容としている。これにより，憲法制定国民議会は解散された。

人権宣言（人間及び市民の権利の宣言） Déclaration des droits de l'homme et du citoyen 1789 8月26日，国民議会によって採択された，フランス革命の理念を表わす宣言。前文と17条で構成され，91年憲法の前文にも掲げられた。自由・平等・抵抗権などの自然権を確認し，その維持は政府の義務とされた。法の前の平等，国民主権，三権分立，私有権の不可侵などが規定されている。

世界市民主義せかいしみん cosmopolitanism すべての人間は普遍的な理性（ロゴス）を分け持つ限り，国家・民族・階級などの社会的制約を超え，皆等しい同胞であるとみる思想。ギリシアのポリス（都市国家）が没落したヘレニズムの時代に生まれた国家や民族の枠を超えて普遍的な世界国家に生きる個人としての自覚。

国民軍こくみん 封建社会の身分的秩序を打倒

した市民革命によって確立した，自由で平等な人々が国や郷土を守るために自発的に武装してできた軍隊。

『ラ＝マルセイエーズ』こくか La Marseillaise 現在のフランス国歌。1792年，士官ルージェ＝ド＝リールが「ライン軍軍歌」として作詞・作曲した。フランス革命に干渉するため，オーストリア・プロイセン軍が国境を越えてパリに迫った時，それを防衛しようとマルセイユからの義勇軍が歌いながらパリに入城したため，この名が生まれた。1879年，正式に国歌となった。

国民公会こくみんこうかい Convention nationale 1792〜95 立法議会に代わり設立されたフランスの議会。初の男性普通選挙が実施されて成立し，王政廃止と共和政を宣言した。

1793年憲法 1793年6月 ジャコバンが主導し，国民公会で制定された憲法。人民主権・男性普通選挙・抵抗権などが盛り込まれ，人民投票で圧倒的な支持を受けた。反革命の動きや対外戦争を理由に施行が延期され，実施には至らなかった。

第一共和政 1792〜1804 初の男性普通選挙が実施されて成立した国民公会が共和政宣言をおこなってから，ナポレオンの皇帝即位までの期間における，フランス初の共和政治体制をいう。

男性普通選挙だんせいふつうせんきょ**制** 1793年憲法に盛り込まれた規定の1つ。21歳以上の男性すべてに選挙権を付与するもので，憲法の条文としてはフランス初のものであった。

ロベスピエール Robespierre 1758〜94 フランス革命の代表的政治家。弁護士出身で三部会議員となり，以後，民衆運動の側に立った。1791年，国民公会で主導権を握った急進的共和派のジャコバン派（ジャコバン派は議場の高い場所に席を占めたため山岳派という）指導者となり，

93年7月，公安委員会で主導権を握って恐怖政治を遂行した。厳格な性格で反対者に厳しく，山岳派内の敵対者も処刑した。94年7月テルミドール9日のクーデタで逮捕され，処刑された。

恐怖政治 La Terreur 1793〜94 ロベスピエールを中心におこなわれた，山岳派主導の独裁政治。反革命的動きの阻止や，国民総動員令での革命防衛を目指した。ロベスピエールは公安委員会・保安委員会・革命裁判所の主導権を握って，反革命容疑者や反対者を次々と処刑した。マリ＝アントワネット・ロラン夫人・エベール・ダントンらが処刑され，その数は約1万6000人にのぼる。

徴兵制への実施 国民の兵役を義務化した制度。1793年2月，国民公会は対外戦争への対応策として30万人規模での募兵を実施し，ジャコバン政権下では同年8月の「国民総動員令」の下で徴兵制が実施された。

テルミドール9日のクーデタ le 9 thermidor 1794 革命暦テルミドール9日（7月27日），反ロベスピエール派によるクーデタ。国境付近の外国軍が一掃され，国内の反革命運動が抑えられてフランスの軍事的危機が去ると，国民公会内の穏健共和派の山岳派独裁に対する反発が表面化した。ロベスピエールやサン＝ジュストが逮捕・処刑されて山岳派は失脚し，穏健共和派が国民公会の主導権を握った。

王政復古 1795年，新議会の3分の2は国民公会議員で構成するという決定に反発した王政の復活をねらう王党派が起こした武装蜂起があった。ナポレオンによって鎮圧され，ナポレオンが台頭する契機の1つとなった。

第一統領 ナポレオンが総裁政府を倒したブリュメール18日のクーデタ

（1799年11月9日）で樹立された統領政府（統領3人制）のナポレオンが就任した，統領政府の第一人者。行政・立法の最終決定権や軍隊統帥権・宣戦講和権を有した。統領政府の実態は，第一統領ナポレオンの独裁であった。

ナポレオン＝ボナパルト Napoléon Bonaparte 1769〜1821 コルシカ島生まれの軍人，のちフランス皇帝。パリ士官学校卒業後，1793年トゥーロンの反革命運動や95年王党派の反乱を鎮圧して抜擢され，96年イタリア方面軍司令官，98年エジプト遠征軍司令官となった。99年ブリュメール18日のクーデタで総裁政府を倒し，統領政府を樹立して第一統領となり独裁権を握った。1802年終身統領，04年皇帝に即位した。対外戦争などの勝利でヨーロッパのほとんどを支配下・勢力下に置いたが，やがてナポレオンの支配や政策に対する反発が高まり，最終的に15年ヨーロッパ諸国との戦いに敗れた。流刑先のセントヘレナ島で21年に没した。

ナポレオン1世 在位1804〜14，15 ナポレオンの皇帝号。ナポレオンは革命の成果護持のためには世襲皇帝が必要と説き，国民投票での圧倒的支持を受けて皇帝に即位した。これより第一帝政となった。1815年は百日天下も帝位とみる。

フランス民法典（ナポレオン法典） Code Napoléon 1804 ナポレオンが制定した民法典。全2281条。法の前の平等，私有財産の不可侵，契約の自由など，革命によって確立した近代市民社会の法の諸原理を内容とし，部分的改定を経ながら現行の「民法典」へつながっている。スペイン・オランダ・日本など各国の民法典にも影響を与えた。

大陸封鎖令 Blocus continental 1806 イギリス経済に打撃を与えようと，ベル

リンで発せられたナポレオンの勅令。1806年11月，大陸諸国にイギリスとの通商・通信やイギリスへの寄港を禁じ，同時にフランス産業による大陸市場の支配を目指した。イギリス市場を失った諸国の不満が募り，密貿易が横行し，ポルトガル・ロシアの離反を招いた。

スペイン反乱<ruby>はん<rt></rt></ruby><ruby>らん<rt></rt></ruby> 1808〜14 ナポレオンの侵略に対するスペイン民衆の抵抗。大陸封鎖令に従わないポルトガルへの出兵を決行したナポレオンは，さらにスペインに侵入し，兄ジョゼフをスペイン王とした。スペイン民衆はゲリラ戦で抵抗し，イギリスの反乱援助を受けつつ，1811年以降はフランス軍を破って苦しめ，ナポレオン支配を動揺させた。

ロシア遠征<ruby>えん<rt></rt></ruby><ruby>せい<rt></rt></ruby> 1812 大陸封鎖令に違反したロシアに対する，ナポレオンの軍事遠征。1810年穀物輸出に苦しむロシアが対英貿易を再開したことを受け，制裁としてロシア遠征を決行し，退却を続けるロシア軍を追いモスクワを占領した。ロシアの戦略でモスクワ大火が起こり，糧道を断たれたナポレオンは初雪を機に撤退を決意するが，寒さと飢え，ロシア軍と農民ゲリラの攻撃で兵士の大半を失い，遠征は失敗した。

解放<ruby>かい<rt></rt></ruby><ruby>ほう<rt></rt></ruby>**戦争** Befreiungskrieg 1813〜14 ナポレオンのロシア遠征失敗を受け，第4回対仏大同盟に結集したヨーロッパ諸国が，ナポレオン体制を崩壊に至らしめた一連の戦争。

百日天下<ruby>ひゃくにち<rt></rt></ruby><ruby>てんか<rt></rt></ruby> 1815年3月〜6月 エルバ島を脱して復位したナポレオンが実現した，一時的なフランス支配。ワーテルローの戦いに敗れ，再び退位するまでの期間が約100日であったことに由来する。

ワーテルローの戦い Waterloo 1815 現在のベルギーのワーテルローで展開された，ナポレオン軍とイギリス・オランダ・プロイセン連合軍の戦い。1815年6月，この戦いに敗れたナポレオンは，再び退位に追い込まれた。

❸ 19世紀前半のヨーロッパ

ウィーン体制

ウィーン体制 1815〜48 ウィーン会議で形成された19世紀前半のヨーロッパの国際秩序。フランス革命前の各国の王朝と体制を正統とみなし，その状態に戻そうとした正統主義と各国の勢力均衡の考えに基づき，オーストリアの外相でウィーン会議を議長として主催したメッテルニヒが主導して自由主義とナショナリズムの運動の抑圧をはかった。ウィーン体制は貴族の支配を脅かす革命と戦争の再発を防ぐことを目標とした。

ウィーン会議 Wien 1814年9月〜15年6月 フランス革命とナポレオンによる一連の戦争後のヨーロッパ秩序再建のために開かれた国際会議。領土問題を巡る各国の利害対立で会議は難航したが，ナポレオンのエルバ島脱出が伝わると，ウィーン議定書が調印された。

自由主義

自由主義 Liberalism 個人の自由を尊重し，それを集団や国家に優先させようとする思想。19世紀にはブルジョワ階級を中心に広まり，ブルジョワジーの優位の考え方から参政権獲得，所有権の確立，経済活動の自由などが追求された。

民主主義<ruby>みんしゅ<rt></rt></ruby><ruby>しゅぎ<rt></rt></ruby>**（デモクラシー）** democracy 民主主義の語源は，ギリシア語のdemos（民衆）をKratia（権力・支配）を結合したもので，国民の意思に従って政

治をおこなう政治体制。市民革命以後の近代民主制は，人権の尊重，権力分立，法の支配，国民主権などの原則と結び付いて発達した。

七月革命^{しちがつかくめい} 1830 ブルボン復古王政を打倒したパリ市民による革命。国王シャルル10世が未招集の議会を解散し，出版の自由の制限や選挙制度の改悪を定めた七月王令を発すると，共和主義者に率いられたパリ民衆が市街戦に勝利し，国王はイギリスに亡命した。新政府の樹立に際しては立憲君主派が主導権を握り，共和政を阻止するため自由主義者として知られ，ルイ16世の処刑に賛成投票をしたオルレアン家の当主ルイ＝フィリップを国王に即位させた。

七月王政^{しちがつおうせい} 1830〜48 七月革命で成立したフランスの立憲王政。反教権主義の下でカトリックの影響力を退け，やや民主化された制限選挙制によって，銀行家など大ブルジョワジーが社会の支配層を占めた。一方，産業革命が本格化する中，社会改革を求める中小資本家や労働者などによる選挙法改正運動が，1847年の夏以降高まった。

『民衆を導く自由の女神^{めがみ}**』** ドラクロワの代表作。七月革命を題材に描いた作品で，別名「1830年7月28日」。同時代の劇的な事件を強烈な色彩と躍動的な構図で描いた。フランス国旗を持つ女神の左で銃を持つ男はドラクロア自身といわれている。

ドラクロワ Delacroix 1798〜1863 フランスの情熱的・幻想的な作風のロマン主義絵画の画家。光り輝く色彩と自由な技法で，ギリシア独立戦争支援を訴える「キオス島の虐殺」も描いた。

ナショナリズム Nationalism 国民または民族という政治的共同体の価値を最高のものとして，重視・尊重する意識や運動。地域と時代によって，民族の統一，国民国家の形成・拡大，他国支配からの解放・独立を求めるなどの違いがみられる。近代国家確立期には，国民主義として国民国家の形成を目指すものであった。

国民主義^{こくみんしゅぎ} 近代国家の確立期において，みずからの民族統一や国家の独立を目指す思想。「民族主義」ともいわれる。

民族主義^{みんぞくしゅぎ} 民族の独立と統一を最も重視する思想や運動のこと。分裂している民族の統一，あるいは外国などの支配からの独立運動として展開された。

国民国家^{こくみんこっか} 18〜19世紀にヨーロッパで誕生した近代国家。一定の領域に国民を単一の制度で統一し，言語・生活様式・法制度などで国民としての一体感のある国家のこと。

フィヒテ Fichte 1762〜1814 ドイツの哲学者。ベルリン大学教授・初代総長を務めた。フランス軍占領下のベルリンで「ドイツ国民に告ぐ」という講演を14回にわたっておこない，ドイツ人の国民意識を高揚^{こうよう}させた。

「ドイツ国民に告ぐ」 Reden an die deutsche Nation 1807〜08 フィヒテがおこなった連続講演。ナポレオン支配に対抗しようと，教育改革による国力強化などを訴え，ドイツ人の国民意識を鼓舞した。

初等教育^{しょとうきょういく} 教育として最も基礎的な段階。国民一般の基礎となる知識を蓄積することで「国民」意識が形成される。

徴兵制^{ちょうへいせい} 国民に兵役に服する義務を強制的に課し，国民全体から兵員を徴集する制度。

ギリシア独立戦争 1821~29 オスマン帝国支配からの独立を目指したギリシアの戦い。1821年，ギリシア独立を目指す国外の秘密結社が蜂起し，翌年ギリシア地域の国民議会が独立を宣言。25年，オスマン帝国が鎮圧のためエジプトに派兵を要請すると，26年からイギリス・フランス・ロシアがギリシアを支援して介入した。27年のナヴァリノの海戦でオスマン帝国が列強に敗れ，ギリシアは29年に独立を実現した。

ベルギー独立 ウィーン会議でオランダに併合された，南ネーデルラント地域の独立。七月革命の影響下，1830年に同地域で武装蜂起が発生し，独立を宣言した。31年にレオポルド1世が即位し，自由主義的なベルギー憲法が制定されて立憲王国となった。

ウィーン体制の崩壊

1848年革命 1848年は19世紀ヨーロッパの転換点である。ヨーロッパ全域の革命運動の共通した潮流が，自由主義とナショナリズムであることがヨーロッパの人々の目に明らかになった。革命そのものはすべて挫折したが，ブルジョワジーをはじめ，貴族などの保守勢力も新しい時代の到来を認識し，労働者・民衆の存在を無視できなくなった。ヨーロッパはもうそれ以前の状態に戻ることはなかった。

諸国民の春 1848年のヨーロッパでは，フランスの二月革命の影響から諸民族による分離・独立を求める運動が拡大した。オーストリア・ドイツで三月革命が起こった。ウィーンでは3月に暴動が発生してメッテルニヒは亡命した。オーストリア支配下のベーメン(ボヘミア)・ハンガリー・イタリアの各地で民族運動が起こった。ベルリンでも3月に暴動が起こり，

プロイセン王は憲法制定を約束した。ドイツ各地の自由主義運動の代表が集まってフランクフルト国民議会が開かれた。

二月革命 1848 パリの共和派市民・労働者・学生などが蜂起して，第二共和政を樹立した革命。1848年2月，改革宴会禁止令に反対して民衆蜂起が起こると，首相のギゾーと国王ルイ=フィリップがイギリスへ亡命して七月王政が倒された。革命はヨーロッパ諸国に波及して，自由主義とナショナリズムの運動を高揚させ，ウィーン体制を崩壊させた。

三月革命《プロイセン》 1848 二月革命の影響下，ベルリンで起こった革命。市民を代表する自由主義内閣が成立し，王令で憲法制定が約束されると，憲法制定議会が開かれた。しかし，パリ6月蜂起の鎮圧で保守派が力を盛り返し，11月の議会弾圧でプロイセンの革命は終った。

三月革命《オーストリア》 1848 二月革命の影響下にウィーンの学生・市民・労働者が起こした革命。メッテルニヒを追放してウィーン体制を崩壊させ，皇帝に憲法制定と自由主義的改革を約束させた。しかし，パリ6月蜂起の鎮圧後，皇帝と保守派が弾圧に転じ，革命派は10月に鎮圧された。

イタリア民族運動 1848年3月からイタリア諸国で始まった独立運動。イタリア諸国で憲法制定の動きが進む中，ウィーン三月革命の報が伝わると，ミラノ・ヴェネツィアで蜂起が始まり，他のイタリア諸国もオーストリア軍との戦いを開始した。しかしイタリア諸国の運動は，49年7月のフランス軍によるローマ共和国の崩壊を最後に，すべて終息した。

ハンガリー民族運動 1848~49 1848年の革命時に展開されたハンガリーの独立運動。48年3月にハンガリーは樹立した責

任内閣の承認をオーストリアから勝ち取り，自立を目指して49年4月に完全独立を宣言した。同時にコシュートを執政として独立戦争を戦ったが，8月，オーストリアを救援したロシア軍に敗北した。

フランクフルト国民議会 Deutsche Nationalversammlung 1848年5月からフランクフルトで開かれた，全ドイツの統一と憲法制定のための，ドイツで初めての立憲議会。各領邦から選ばれた議員の多くは，自由主義的な官吏・学者・市民層であった。議会は，ドイツ統一方式を巡って，オーストリアのドイツ人地域とベーメン（ボヘミア）を含める大ドイツ主義か，プロイセンを中心にオーストリアを排除する小ドイツ主義かで紛糾したが，49年3月に「小ドイツ的」なドイツ帝国憲法を採択した。しかし，プロイセン王の帝位就任拒否にあい，国民主導のドイツ統一は失敗した。

第二共和政 1848～52 フランスの二月革命で成立した臨時政府から，第二帝政開始までの共和政体。共和派は産業ブルジョワジーを代表する穏健な自由主義者と労働者を代表する急進的社会主義者からなっていたが，国民の大多数を占める小農民は4月の普通選挙で自由主義者を支持し，第二共和政の政府は保守化した。

四月普通選挙 フランスで1848年4月に実施された，憲法制定議会のための男性普通選挙。急進的なパリの事態を懸念する地方の世論を反映して，自由主義者を中心とする穏健共和派が過半数を占め，社会主義勢力が惨敗した。

ルイ＝ナポレオン Louis Napoléon 1808～73 ナポレオン1世の弟（オランダ王ルイ）の子。二月革命後にイギリスから帰国し，ナポレオン1世の名声を利用して，1848年12月の大統領選挙に圧勝した。軍

部を掌握して，51年12月にクーデタで議会を解散し，国民投票で圧倒的に承認された。52年に新憲法を制定し，帝政復活が国民投票で可決されてナポレオン3世と称し皇帝に即位した（在位1852～70）。

❹ 19世紀後半のヨーロッパ

ロシアの南下

南下政策 18～19世紀にロシアが展開した，黒海の制海権を獲得し，さらに地中海進出をはかった政策。イギリスによってすべて阻止され，1878年のベルリン条約で最終的に挫折した。

クリミア戦争 Crimea 1853～56 クリミア半島でロシアとオスマン帝国が開戦し，イギリス・フランス・サルデーニャの連合軍がオスマン帝国を支援して戦った戦争。ロシアがオスマン領内のギリシア正教徒保護を名目に出兵すると，イギリス・フランスがロシアの南下を警戒して参戦，ロシア劣勢のうちにパリで講和条約が結ばれた。

ギリシア正教徒の保護 オスマン帝国支配下のバルカン地域へ干渉する際の，ロシアの口実。正教徒のリーダーを自任するロシアは，この地域に多く居住している正教徒の保護を，介入の口実として利用した。

セヴァストーポリ要塞 Sevastopol' ク

リミア半島南端の要塞・港市。ロシア黒海艦隊の軍港で,クリミア戦争最大の激戦地となった。

パリ条約 1856 ロシア・オスマン帝国間で締結されたクリミア戦争の講和条約。オスマン帝国の領土保全,黒海の中立化,1840年のロンドン条約の再確認,ロシアのベッサラビア放棄,ドナウ川の自由航行などが定められた。

黒海の中立化 1856年のパリ条約の内容。黒海沿岸でのロシアの軍事基地保有と軍艦航行が禁止された。

イギリスの繁栄

パクス゠ブリタニカ Pax Britannica 19世紀半ばを中心とした,イギリスが圧倒的な経済力と軍事力を持っていたことを指す言葉。「パクス゠ロマーナ」にならったラテン語で,「イギリスの平和」の意。

穀物法 Corn Laws イギリスにおける国産農業保護法。この種の法律は中世から存在したが,1815年制定の法が最も有名。ナポレオン没落後の大陸封鎖令廃止による安価な大陸産穀物の流入で国産穀物価格が下るのを防ぐため,地主や農業家の働きかけで,輸入穀物に高関税を課した。しかし,産業資本家層を中心とする自由貿易運動が高まる中で46年に廃止された。

自由貿易体制 貿易に関する国家の管理や統制を排除し,貿易を自由におこなえる国際経済体制。重商主義下の貿易を批判してアダム゠スミスやリカードによって主張され,19世紀半ば以降,イギリス貿易政策の基調となった。

保守党 Conservative Party トーリ党の後身で,第1回選挙法改正後に使われ始めた党名。地主階級を基盤とし,穀物法廃止に際して党内は分裂したが,19世紀後半,ディズレーリの指導下で党勢拡大に転じ

た。

自由党 Liberal Party 19世紀イギリスの二大政党の1つで,ホイッグ党の後身。第1回選挙法改正と穀物法廃止を通じてホイッグ党中心の政治的連繋が進み,この呼称が使われ始めた。1868年の第1次グラッドストン内閣以降,名実ともに自由主義政党となった。

二大政党制 議会制民主主義の下で,2つの大政党が政権獲得を競合し合う政治状態のこと。イギリスの保守党と自由党(自由党退潮後には労働党),アメリカの共和党と民主党などが代表例。比較的に安定した政権交代がなされるといわれている。

ロンドン万国博覧会 1851年に開催された,世界初の万国博覧会。40カ国が参加したこの博覧会は,イギリスの技術力の象徴となった総ガラス張りの「水晶宮」を主会場に開かれた。また,トマス゠クックら旅行業者が企画して多くの団体客を送り込み,見学者が600万人を数えるイベントとなり,旅行が大衆の娯楽となる契機にもなった。

フランス第二帝政と第三共和政

ナポレオン3世 Napoléon 1808〜73 フランス第二帝政の皇帝(在位1852〜70)。サン゠シモン主義の影響を受け,社会政策の充実で大衆の支持確保に努め,国家主導の産業化政策を推進した。また外交的・軍事的成果を追求したが,プロイセン゠フランス(普仏)戦争のスダンで捕虜となり廃位された。

第二帝政 1852〜70 国民投票をおこなって即位した皇帝ナポレオン3世による治世。男性普通選挙による議会は存在するが,行政・立法の実権を握る皇帝が国民投票によって国民に責任を負う独裁体制。

治世は，カトリック勢力と小農民層を支持者として言論や労働者への統制を強化した権威主義体制の1850年代と，経済自由化に合わせて自由主義的改革を認めた60年代に区分される。産業革命の完成とフランスの栄光の再現を目指して積極的な対外政策を推進したが，70年のプロイセン＝フランス(普仏)戦争中に，皇帝自身が捕虜となり崩壊した。

プロイセン＝フランス戦争 1870〜71 プロイセン主導のドイツ諸領邦とフランスとの戦争。フランスはナポレオン3世がスダンで捕えられて敗北した。

王党派・共和派《フランス》第二帝政が崩壊したのちに成立した臨時政府は，ブルジョワ共和派が主導したが，まだ王政の復活を望む王党派も力があった。パリ＝コミューン後，共和派がしだいに勢力を固め，1875年に任期7年の大統領制などが決められた第三共和国憲法によって第三共和政が確立した。

パリ＝コミューン Commune de Paris 1871 革命化したパリ民衆が樹立した自治政権。臨時政府軍によるパリ国民兵の武装解除を契機にパリ民衆が蜂起し，1871年3月に全市民の選挙でコミューン議会(パリ市議会)を樹立して，臨時政府から自立を宣言した。知識人を中心に都市民衆も参加した自治政権は，公務員の選挙とリコール制，労働者による仕事場の自主管理などを打ち出した。しかしドイツの支援を受けた臨時政府との「血の週間」と呼ばれた市街戦ののち，5月末に崩壊した。

第三共和政 第二帝政崩壊後に成立し，フランス革命の理念を原点として国民統合を目指した政体。開始年代については，(1)共和政を宣言した臨時国防政府成立の1870年9月説，(2)ティエールが初代大統領に就任した71年8月説があり，研究者

の間では近年後者が有力である。初め王党派の抵抗が強かったが，80年代より共和派の支配が確立した。しかし，小党派分立と対独報復主義の風潮が強まった。なお，第三共和政は第二次世界大戦中の1940年まで続いた。

イタリアの統一

「青年イタリア」 Giovine Italia 1831年，マッツィーニが亡命先のマルセイユで組織した政治結社。共和主義と民族統一を掲げ，民衆の支持を得ようと度々蜂起したが，ことごとく失敗に終った。弾圧を受けて衰退し，43年に再結成されたが，48年実質的に消滅した。

サルデーニャ王国 Sardegna 1720〜1861 トリノを首都とした北イタリアの王国。1720年にサヴォイア家がサヴォイア・ピエモンテ・サルデーニャを領域として樹立した。18世紀を通じて富国強兵に努め，ウィーン会議ではジェノヴァを獲得した。1848年革命時には，3月に国王カルロ＝アルベルトの下で憲法を定め，オーストリアに宣戦したが敗北した。1859年の対オーストリア戦争で北イタリアを獲得し，61年イタリア統一に成功した。

ガリバルディ Garibaldi 1807〜82 イタリアの共和主義者・革命家。「青年イタリア」に加入し1834年にジェノヴァで蜂起するが失敗して南米に亡命した。1848年革命時に帰国し，翌年ローマ共和国の防衛戦に加わるが鎮圧され，再び南米に亡命した。帰国して59年のイタリア統一戦争に参加したが，フランスとの密約に失望してサルデーニャ軍から離反し，60年に千人隊を率いてシチリア・南イタリアを解放した。しかし，カヴールが教皇領と両シチリア王国領で併合のための住民投票の手続きを済ませていたため，ガリバル

ディは占領地をサルデーニャ国王に「献上」し，これがイタリア統一につながった。

両シチリア王国の占領 Due Sicilie
両シチリア王国は12世紀からイタリア南部とシチリア島を支配した王国。支配王家や両地域の分離・再統一の複雑な変遷ののち，1815年のウィーン会議でスペイン＝ブルボン家が統一を回復し，両シチリア王国を称した。しかし，60年ガリバルディの義勇軍（千人隊，赤シャツ隊）に征服され，61年イタリア王国に統合された。

ヴィットーリオ＝エマヌエーレ2世
Vittorio Emanuele 1820〜78 サルデーニャ国王（在位1849〜61），初代イタリア国王（在位1861〜78）。首相にカヴールを登用してサルデーニャを強国化し，1861年イタリア統一に成功した。

カヴール Cavour 1810〜61 サルデーニャ王国の首相（在任1852〜61）。貴族出身の自由主義的な立憲主義者。首相に登用されると国内の近代化をはかる一方，外交では国際的地位向上に努めた。1861年，ガリバルディを説得し，イタリア統一を宣言した。

イタリア王国 1861〜1946 ヴィットーリオ＝エマヌエーレ2世を初代国王（在位1861〜78）とした統一王国。1861年2月，トリノでヴェネツィアと教皇領を除くイタリアの代表による国会が開かれ，サルデーニャ憲法をそのまま用いるイタリア王国の成立が宣言された。首都はトリノ（1861〜65），フィレンツェ（65〜71），ローマ（71〜1946）と変遷した。

「未回収のイタリア」 Italia irredenta 1870年の全土統一後，イタリア人居住地の中でオーストリア領に残ったトリエステ・南チロルなどに対するイタリア側の呼称。

フランクフルト国民議会 1848年5月からフランクフルトで開かれたドイツで初めての立憲議会。全ドイツの統一と憲法制定が議題。ドイツの統一方向を巡って対立し，プロイセン国王も帝位就任を拒否したために失敗に終った。

プロイセン王国 1701年，プロイセン公国が昇格して成立した王国。以後，勢力を伸ばし，フリードリヒ2世下でドイツの強国へと成長した。19世紀にはドイツ統一を主導し，1871年に統一を達成，ドイツ帝国を成立させた。

ユンカー Junker エルベ川以東の土地貴族の呼称。西ヨーロッパ向けの輸出用穀物栽培をおこない，農民保有地を奪って直営地を増やした農場領主制（グーツヘルシャフト）の下で富を得，18世紀以降プロイセンの官僚・軍隊の中心勢力として保守層を形成し，政治における支配階級を構成した。第二次世界大戦後，土地改革により消滅した。

シュレスヴィヒ・ホルシュタイン
Schleswig-Holstein ユトランド半島基部の2地域。デーン人の多い北部のシュレスヴィヒと，ドイツ系住民の多い南部のホルシュタインは，15世紀以来，連合公国となりデンマークと同君連合を形成してきた。プロイセンとオーストリアはデンマークに勝利すると住民の意志を無視し，シュレスヴィヒはプロイセンに，ホルシュタインはオーストリアに分轄管理された。

ユトランド半島
シュレスヴィヒ
ホルシュタイン
キール
ハンブルク
コペンハーゲン

プロイセン＝オーストリア（普墺（ふおう））戦争

争 1866 ドイツ統一の主導権を巡るプロイセンとオーストリアとの戦争。シュレスヴィヒ・ホルシュタイン問題をきっかけに，北ドイツ諸領邦とイタリア王国がプロイセンに，中・南ドイツ諸領邦がオーストリアについて，6月に開戦した。7週間でプロイセンが圧勝してプラハ条約が結ばれ，オーストリアを排除しプロイセン中心の小ドイツ主義に基づくドイツ統一が優勢となった。

オーストリア＝ハンガリー帝国 1867〜

1918 アウスグライヒで成立したオーストリアとハンガリーの同君連合国家。ハンガリー王国の自立を認めた二重体制国家で，オーストリア皇帝がハンガリー国王を兼ね，外交・軍事とそれに必要な財政は共通内閣が統轄した。そのほかの事項はそれぞれの国の議会と政府の業務とされた。

北ドイツ連邦（れんぽう） Norddeutscher Bund 1867

〜71 プロイセン＝オーストリア戦争後，ドイツを横断するマイン川以北の22国で結成された連邦国家。プロイセン国王を連邦首席とし，男性普通選挙による連邦議会と連邦参議院を設けた。

プロイセン＝フランス（普仏（ふふ），ドイ

ツ＝フランス）**戦争** 1870〜71 ドイツ統一過程の最終局面で勃発した，プロイセン主導のドイツ諸領邦とフランスとの戦争。1870年7月，ナポレオン3世からの

宣戦布告で始まったが，圧倒的な世論を背景に南ドイツ諸領邦もプロイセンと同盟して戦った。9月にはナポレオン3世がスダンで捕らえられるなど，ドイツ側が勝利を続ける中，71年1月にドイツ統一が宣言された。

ヴィルヘルム1世 Wilhelm 1797〜1888 プ

ロイセン王（在位1861〜88），初代ドイツ皇帝（在位1871〜88）。軍備拡張を巡る政府と議会下院との対立の際，ビスマルクを首相に登用し，軍制改革を強行してドイツ統一を実現した。

ドイツ帝国 Deutsches Reich 1871〜1918 プ

ロイセン＝フランス戦争中の1871年1月，ヴェルサイユ宮殿で成立が宣言された国家。帝国は22君主国・3自由市と直轄地アルザス・ロレーヌから構成され，プロイセン国王が皇帝を，プロイセン首相が帝国宰相を兼ねた。中央政府は，帝国構成諸領邦の既得権を犯さないという条件の下で設けられた。

連邦国家（れんぽうこっか）《ドイツ》 ドイツ帝国は連

邦国であるため，ドイツ帝国を構成する各君主国と都市国家の代表で構成された連邦参議院が設置された。連邦参議院は帝国宰相を議長とし，立法・行政上大きな権限を持ち，選挙で選ばれた国民代表はドイツ帝国議会に優越していた。

ビスマルク Bismarck 1815〜98 プロイセ

ン・ドイツ帝国の政治家。ユンカー出身で，プロイセン首相（在任1862〜90）として軍備拡張を実行し，オーストリア・フランスとの戦争に勝利してドイツ統一を達成。ドイツ帝国初代宰相（在任1871〜90）として国民統合を目指す内政を実施する一方，勢力均衡とフランスの孤立を目指す外交策を展開し，19世紀後半のヨーロッパ国際政治の中心人物でもあった。

鉄血（てっけつ）政策 ビスマルクのドイツ統一を目

指す軍備拡張政策の別称。この名称は、首相任命直後(1862年9月)の議会演説、「現下の大問題は演説や多数決によってではなく、鉄(武器)と血(兵士)によって決定される」に由来した。

文化闘争 Kulturkampf 1871〜80 ビスマルクが国家統合のために進めた、政教分離政策に反対する南ドイツのカトリック勢力との戦い。名称はこうしたカトリック勢力の姿勢に対し、国家統合を強めようとした自由主義者たちが「(近代)文化のための闘争」と称したことに由来する。

ドイツ社会主義労働者党 Sozialistische Arbeiterpartei Deutschlands 1875年に成立した社会主義政党。社会主義者鎮圧法で弾圧されたが、さまざまな運動で党勢を伸ばした。

社会主義者鎮圧法 Sozialistengesetz 1878 ビスマルクが制定した社会主義者を弾圧するための法。皇帝狙撃事件を口実に制定され、社会主義的な政党・労働組合の活動を厳禁した。1890年にビスマルクの引退で廃止された。

ドイツ社会民主党 Sozialdemokratische Partei Deutschlands 1890年、ドイツ社会主義労働者党が改称して成立した社会主義政党。マルクス主義理論と組織力で第2インターナショナルの中心勢力となった。

社会保険制度《ドイツ》 ビスマルクが採用した、国家による労働者及び国民の労働・生活に対する保護政策。災害・疾病・養老などの社会保険制度に代表され、労働者を社会主義運動から切り離し、国民統合を進める目的もあった。

ビスマルク外交 フランスの孤立とヨーロッパの勢力均衡を目的にしたビスマルクによる外交。ビスマルクは1870年代〜90年までのヨーロッパに同盟網による国際

体制をつくり上げた。

三帝同盟 1873 ドイツ・オーストリア・ロシア3国の皇帝が締結した同盟。フランスの孤立をはかるビスマルクの意図に沿って成立した。バルカンを巡るオーストリアとロシアの対立の中、78年のベルリン会議で事実上解消、81年に新三帝同盟(三帝協商)として復活するが、87年に崩壊した。

ロシア=トルコ(露土)戦争 1877〜78 黒海の制海権とバルカンの支配権を巡るロシアとオスマン帝国の戦争。オスマン帝国が敗北し、1878年にサン=ステファノ条約、列強の干渉後にベルリン条約が締結され、オスマン帝国はバルカンの領土の大半を失った。

サン=ステファノ条約 San Stefano 1878 ロシア=トルコ戦争の講和条約。ルーマニア・セルビア・モンテネグロの独立と、ロシア保護下でのブルガリアの自治国化が認められ、ロシアがバルカン半島で勢力を拡大し、ロシアの南下政策がいったん成功したかにみえたが、イギリス・オーストリアの激しい反発を招き、ビスマルクの仲介でベルリン会議が開かれた。

ベルリン会議 1878 ロシア=トルコ戦争後にビスマルクが調停役となって開いた国際会議。サン=ステファノ条約でのロシアの南下成功に反発したオーストリア・イギリスの意向を受けて開かれた。

ベルリン条約 1878 ベルリン会議で、サン=ステファノ条約を破棄し、ビスマルクの仲介で結ばれた条約。ルーマニア・セルビア・モンテネグロの独立承認、ブルガリアの領土縮小とオスマン帝国下での自治国化、オーストリアによるボスニア・ヘルツェゴヴィナの、イギリスによるキプロス島の占領や行政権などが認められた。この条約でロシアのバルカン半

島での勢力拡大は抑えられた。

保護国 外交上，条約締結権などを持たない半主権国をいう。強国が他国の干渉排除を目的として保護下に置いた国。

三国同盟 1882〜1915 ドイツ・オーストリア・イタリアが結んだ軍事的相互援助同盟。フランスのチュニジア占領に反発して，1882年イタリアがドイツ＝オーストリア同盟に加わり成立した。しかし，第一次世界大戦勃発後，「未回収のイタリア」獲得を目指すイタリアが協商国側と密約を結び，三国同盟を離脱して，1915年に崩壊した。

再保障条約 Reinsurance Treaty 1887〜90 ドイツとロシアが結んだ秘密軍事条約。三帝同盟の崩壊に際し，ドイツ・ロシアの友好関係維持と，ロシアのフランスへの接近阻止のため，ビスマルクが成立させた。1890年，ヴィルヘルム2世の更新拒否により，期間満了で消滅した。

ロシアの近代化

アレクサンドル2世 Aleksandr 1818〜81 ロシア皇帝（在位1855〜81）。クリミア戦争中に即位し，戦争敗北後，1861年の農奴解放令の発布で「上からの」近代化改革を断行した。63年のポーランドの民族主義者が起こした蜂起を鎮圧した後も改革は進められたが，しだいに反動化した。外交では親ドイツ政策を採り，バルカン進出を目指した。

農奴解放令 1861 アレクサンドル2世が発布した，農奴に身分的自由を認めた勅令。しかし分与地の取得は，「買い取り金」支払いによる有償とされた。分与地の多くは「買い取り金」完済まで，ミール（農家の戸主の集まり，租税や賦役を連帯責任で負う地縁的共同体）に引き渡され，また「買い取り金」返済をミールが連帯保証するため，農民は解放後もミールに縛られた。しかし，この勅令で始まった「大改革」は，農奴制の廃止，工業化の推進，地方自治機関の設置など，ロシアが近代的社会制度を導入する契機となった。

テロリズム 秘密工作員・結社・グループなどが，政治的目的を実現するために，暗殺や暴力などを認める考え方。暗殺や暴力によって政治的目標が達成できるという主張や行動。

国際的な諸運動の展開

第1インターナショナル The First International 1864〜76 ロンドンで結成された国際的な労働者組織。1863年のポーランド民族蜂起を支援したイギリス・フランスの労働組合活動家が，1864年，ロンドンの国際労働者集会で設立を決定し，出席していたマルクスが創立宣言と規約を起草した。パリ＝コミューン鎮圧後の各国政府の弾圧激化と協会内での無政府主義的なバクーニン派の強大化により，72年ハーグ大会で実質的に解散した。正式解散は76年のフィラデルフィア大会。

国際赤十字 The International Red Cross 初め戦時における傷病者の救護を目的に設立された国際的組織。創設者はスイスのデュナン。1863年ジュネーヴに創立された医療福祉団体が母体で，64年に赤十字条約が結ばれて加盟各国に赤十字社が置かれた。その後活動は，捕虜の保護，平時の疾病・災害への対処，衛生思想の普及などへと広がった。

デュナン Dunant 1828〜1910 スイス人銀行家で，国際赤十字運動の創始者。イタリア統一戦争(1859)の時，負傷者の救助をおこなったことから，戦場における中立の救護機関の設置を提唱し，1864年のジ

ュネーヴ条約により国際赤十字を創設した。1901年に第1回ノーベル平和賞を受賞した。

ナイティンゲール Nightingale 1820〜1910 イギリスの看護師で近代看護制度の確立者。ロンドンの病院で看護師長となったのち、陸軍の要請で1854年からクリミア戦争の戦地に赴き、傷病兵の看護と野戦病院の改革に貢献した。帰国後、学校を創設して近代的看護制度を確立したほか、その活動はスイスのデュナンに大きな影響を与えた。

国際オリンピック大会 スポーツを通じた国際親善を目指して、4年ごとに開かれる国際競技会。フランスのクーベルタンの提唱で、1896年にアテネで第1回大会が開かれ、現在に至る。

19世紀の文化・科学・社会

身分制社会 人が生まれた時の血統や家柄によって区別される社会。先天的な身分で職業や社会的評価が定まっている社会。自然法思想や社会契約説によって否定された考え方。

自然法思想 natural law 自然法とは、人間や人間社会の本性に根差し、人間がいつでも従うべき普遍的な法。自然法思想とは、自然法こそ最も普遍的規範であり、人間が定める法律の基盤をなすという考え方。国王の支配権は神から授けられたもので、その権力は法に拘束されないという王権神授説を批判し、社会契約説を導く根拠となった。

社会契約説 theory of social contract 社会や国家は自然状態にあった諸個人の契約によって成立したとする説。ホッブズ、ロック、ルソーによって唱えられた政治理論で、近代市民革命を支える思想となった。

資本主義 私有財産制、経済活動の自由、利潤追求の自由がその原理となる経済体制。18世紀末から19世紀初頭にかけて成立した。生産手段を私有する資本家と労働力を売ることによって生活する労働者との経済的格差が問題とされた。

労働運動 資本主義社会の成立に伴い、劣悪な労働条件の改善や労働者の地位向上を目指した労働者階級の運動のこと。

社会主義思想 socialism 19世紀前半の西ヨーロッパに出現した、資本主義の生み出す諸矛盾を解消し、労働者を中心として平等・公正・友愛に基づく社会を実現しようとするさまざまな思想。理論的には、私有財産制の廃止、生産手段(土地や機械)の共有・共同管理によって、経済的に平等で調和の取れた社会を実現しようとする考え方。19世紀後半からは、この思想を唱える労働運動が広まった。

マルクス Marx 1818〜83 ドイツの社会主義者。1848年革命後、イギリスに亡命。資本主義社会の分析から、その弊害により社会主義への移行が必然であるとの理論を提唱した。その後の社会主義の思想と運動に最も大きな影響を及ぼした。

「共産党宣言」 Das Kommunistische Manifest 1848年2月にマルクスとエンゲルスが発表した、共産主義者同盟の綱領宣言。これまでの歴史を階級闘争の歴史とみなし、社会主義社会建設のために「万国の労働者よ、団結せよ」と呼びかけた。

『資本論』 Das Kapital マルクスの経済学の主著。商品と貨幣の分析から出発して、資本の分析をおこない、資本家による労働者の搾取のメカニズムを解明した。資本主義社会の没落と社会主義社会の必然性の体系化を試みた。

エンゲルス Engels 1820〜95 ドイツの社会主義者。1848年革命後、イギリスに亡命。

マルクスの親友・同志として，多くの著作と実践活動によって，マルクス主義の確立と普及に貢献した。

『イギリスにおける労働者階級の状態』
1842年，父親の経営するマンチェスターの工場で働き始めたエンゲルスのみた苛酷な労働者の労働や生活の実態を生き生きとまとめた。そして，しだいに組織化されていく労働運動と社会変革への展望が述べられている。

マルクス主義 marxism マルクスとエンゲルスによって提唱された思想と理論，及びその後継者たちによる新しい解釈と理論的発展により形成された諸系列をいう。資本主義の必然的没落，労働者階級が資本家を打倒する階級闘争による権力の奪取，プロレタリア（労働者）独裁による階級のない共産主義社会の樹立などを説いたマルクス，エンゲルスの思想。

功利主義 utilitarianism 功利とは，利益・快楽・善・幸福を増大させることに役立ち，損害・苦痛・悪・不幸を減少させる性質を指す。快楽や幸福を増大させる行為を是認し，苦痛や不幸をもたらす行為を否認する功利の原理を道徳的判断の基準とする考え方。市民が自由に利益と幸福を追求するイギリス市民社会を背景に，ベンサムやミルによって体系化された。

ベンサム Bentham 1748〜1832 イギリスの功利主義哲学の創始者。人生の目的である幸福は量的に測定できると考え，第1回選挙法改正など，現実社会の改革に理論的基礎付けを与えた。

「最大多数の最大幸福」 the greatest happiness of the greatest number ベンサムが唱えた功利主義の標語。その実現を道徳の原理と考えた。

古典派経済学 Classical school of Politi-cal Economy アダム＝スミスが開いた国家の経済活動への介入を排除し，自由な経済活動が個人や国を富ませるという自由主義経済学のこと。資本主義の構造を分析・体系化し，マルサス・リカード・ミルらの手を経て発展・統合された。経済学の原点に当たるという意味で「古典派（古典学派）」と呼ばれる。

リカード Ricardo 1772〜1823 イギリスの経済学者。古典派経済学を代表する1人。各国はそれぞれ生産費が相対的に安くつく財を生産・輸出し，ほかは外国から輸入するのが最も利益が大きくなるという比較生産費説を展開した。貿易に対する国家の干渉をやめ，自由貿易をおこなうことを主張した。

弁証法哲学 Dialektik 本来は対話法・問答法を意味する。ヘーゲルはすべてのものが矛盾・対立を契機として変化・発展していく理性的な運動の論理と考えた。すべてのものはある立場が肯定され（正），それを否定し対立する立場（反）が現われ，両者の矛盾・対立を統一するより高い次元（合）へ止揚されて発展する。止揚（アウフヘーベン）とは2つの矛盾・対立する立場を総合・統一すること。

ヘーゲル Hegel 1770〜1831 ドイツの哲学者でドイツ観念論哲学の大成者。弁証法哲学を提唱し，世界を絶対者＝精神の自己展開の過程と捉え，絶対的観念論を説いた。

ランケ Ranke 1795〜1886 ドイツの歴史家。厳密な史料批判によって科学的に史実を求めることを主張した。歴史学は「本来そうであったまま」に叙述するものと唱え，近代歴史学の基礎を確立した。

ダーウィン Darwin 1809〜82 イギリスの博物学者。ビーグル号に乗って南半球を巡り，動植物の変異の観察から生物進化を

確信し，1859年に進化論として発表した。

『種の起源』 Origin of species ダーウィンが自然淘汰・適者生存の原理による生物進化論を例証した主著(1859年刊)。

パストゥール Pasteur 1822〜95 フランスの化学者・微生物学者。発酵・腐敗が微生物によって起こることを証明し，生物からの自然発生説を否定した。また狂犬病の予防接種に成功するなど，感染症の予防・治療に貢献した。

炭疽菌 ワクチン 炭疽菌は，炭疽の病原菌となる細菌。炭疽は皮膚，肺，腸，髄膜へ感染し，臓器障害を起こす敗血症となって死亡する感染症。細菌が病気の原因になることが証明された最初の細菌。コッホがその培養に初めて成功し，パストゥールが弱毒性の菌を用いたワクチンを開発した。

コッホ Koch 1843〜1910 ドイツの医師・細菌学者。1876年から炭疽菌・結核菌・コレラ菌などを発見した。また純粋培養法・染色法・顕微鏡写真撮影法などを開発したのち，ツベルクリンを創製した。さらに多くの感染症研究をおこない，近代細菌学の祖と呼ばれる。

レントゲン Röntgen 1845〜1923 ドイツの物理学者。1895年，不透明体を通過する放射線を発見した。この業績で1901年最初のノーベル物理学賞を受賞した。

X線の発見 レントゲンが発見した透過力の強い放射線。医学への応用が認められて大発見となった。

ジャポニスム(日本趣味・日本熱) 欧米における日本趣味として，日本の美術品などに対する関心などが高まった。19世紀後半，パリ万国博覧会を機に流行し，特に浮世絵はモネ・ゴッホらのフランス印象派の画家に影響を与えた。モネの「ラ゠ジャポネーズ」やゴッホの「タンギー爺さん」はその代表的絵画。

ゴッホ Gogh 1853〜90 オランダ生まれの後期印象派の画家。1886年のパリ移住後，印象派と日本の浮世絵技法に強い影響を受けた。2年後に南フランスに移ってからは，大胆な色彩の絵を描いた。しかし精神を病み，自殺した。代表作に「ひまわり」などがある。

「タンギー爺さん」 1887年に製作されたゴッホの油絵。背景には浮世絵が描かれ，ジャポニスムの影響が最もよく表われた作品とされている。背景の浮世絵作品は不確定のものもあるが，確定しているものは中央上は歌川広重「富士三十六景・相模川」，右上は歌川広重「東海道五十三次名所図会，四十五石薬師」，右下は渓斎英泉「雲龍打掛の花魁」(裏焼き)，左中央は歌川国貞「三世岩井粂三郎の三浦屋高尾」。

⑤ 19世紀のアメリカ大陸

新大陸への移民

「新大陸」 ユーラシア・アフリカの旧大陸以外の大陸に対する，ヨーロッパ人からの表現。南北アメリカ大陸を指すことが多いが，のちにオーストラリア大陸も新大陸と呼ばれた。

インディオ(インディアン) Indio(Indian) アメリカ大陸先住民に対する呼称。コロンブスが「インド(インディアス)」に到達したと誤解したことから名付けられた。苛酷な労働や「征服者」(コンキスタドール)のもたらした感染症で，人口が激減した。

奴隷貿易 廃止《イギリス》 1807 福音主義者ウィルバーフォースらの努力によって成立した奴隷貿易停止法。なお，奴

隷制の廃止まで完全廃止の措置は取られなかったが，1833年，グレイ内閣による奴隷解放法の成立でイギリス帝国全域の奴隷制が廃止された。

ラテンアメリカ諸国の独立

ラテンアメリカ ラテン系のスペイン・ポルトガルの住民が植民地をつくり，先住民との混血が進んでもその文化的影響が色濃く残ったメキシコ以南の中央アメリカ及び南アメリカ諸国・地域を指す。

ラテンアメリカ諸国の独立 1810年頃から始まった，ラテンアメリカ地域での独立運動。20年代にはキューバを除くほとんどの国が独立を達成し，大西洋を隔てながらもウィーン体制に動揺を与えた。

トゥサン＝ルヴェルチュール Toussaint L'Ouverture 1743～1803 ハイチ独立運動の指導者。サン＝ドマングで奴隷として生まれ，1791年に始まった黒人奴隷の武装蜂起を指揮し，1801年に事実上の独立を宣言した。しかし翌年，ナポレオンの派遣した鎮圧軍に敗れ，フランスに幽閉され，独立達成直前に獄死した。

ハイチの独立 Haiti ラテンアメリカ地域最初の独立。イスパニョーラ島西部は17世紀末にフランス領となり，サン＝ドマングと呼ばれた。1791年に黒人奴隷の反乱が勃発し，独立運動へと発展した。1804年に黒人共和国ハイチとして独立。フランスが25年の独立承認後も経済制裁をおこなったため，ハイチは困窮が続いた。

クリオーリョ criollos スペイン領ラテンアメリカ植民地生まれの白人の呼称。地主階級が多く，彼らの独断専行を恐れたスペイン王室が本国生まれの白人優遇策をとったため，不満を抱き独立運動の主役となった。

ボリバル Bolivar 1783～1830 ベネズエラ出身のラテンアメリカ独立運動の指導者。1810年からの自国の独立革命に参加し，亡命後，19年に大コロンビア共和国を樹立して大統領となる。25年にはボリビアの完全独立を達成したが，30年に大コロンビア共和国が解体し，ラテンアメリカの統一という彼の理念は挫折した。

モンロー宣言 アメリカ合衆国大統領モンローが1823年の年次教書で発した声明。西半球に対するヨーロッパ諸国の非植民地主義及び非干渉主義，ヨーロッパの国内問題に対する合衆国の不干渉主義の3原則からなる。これにより，ラテンアメリカ諸国の独立を間接的に支援した。

モンロー主義 モンロー教書(宣言)で確立されたアメリカ外交の基本路線。ヨーロッパとの関係でみた場合，孤立主義外交を意味した。

アメリカ合衆国の発展

西部 The West 独立時は13州の西側すべて，19世紀半ばまではアパラチア山脈以西のうちの五大湖周辺からオハイオ川にかけての地域を指した呼称。商工業の発達した東部，奴隷制の南部に対して，小農民的性格を特徴とした。西部開拓に伴い対象地域も変わり，今日では一般に大平原より西を指す。

ルイジアナ購入 Louisiana ミシシッピ川以西のフランス領地域の購入。1803年，大統領ジェファソンがナポレオンから1500万ドルで購入し，国土が倍増した。

オレゴン併合 Oregon 1846年にアメリカとイギリスがおこなった共同占有地の分割領有。西部農民による全オレゴン獲得要求で両国の緊張が高まる中，北緯49度線で分割され，南半部がアメリカ領となった。現在，北半分はカナダである。

テキサス編入 Texas 1845 合衆国がおこなったメキシコ領土の併合。メキシコの奨励策でテキサスに移住したアメリカ系住民が，1836年に独立を宣言してテキサス共和国を発足させた。その後，共和国から併合の要請を受けた合衆国政府は，45年末に併合し，州として連邦加入を認めた。

アメリカ＝メキシコ(米墨)戦争 Mexican war 1846～48 アメリカのテキサス併合に伴う国境問題から発生した戦争。勝利したアメリカは，1500万ドルでカリフォルニア・ニューメキシコ両地方を獲得した。

カリフォルニア獲得 California 1848年にメキシコから獲得した太平洋岸の地域。人口急増で，50年には早くも州となった。

ゴールドラッシュ Gold Rush 金鉱発見地域への人口の大移動現象。1848年初めにアメリカ軍占領下のカリフォルニアで金鉱が発見されると，49年に全世界から人々が殺到し，同年末には人口が10万人に達した。

西漸運動(西部開拓) 19世紀を通じて合衆国がおこなった，西部への拡張とそれに伴う人口移動の総称。西部開拓は，白人入植者が先住民の生活圏を奪っていく過程でもあった。

先住民強制移住法 1830年にジャクソン大統領が制定した，先住民にミシシッピ川以西への移住を強制した法律。「涙の旅路」と呼ばれたチェロキー族のオクラホマへの移動は特に苛酷で，途上で約4分の1が死亡したといわれる。

「涙の旅路」 Trail of Tears 強制移住法に伴い先住民が受けた悲惨な移動を指した言葉。1838～39年のチェロキー族の移動(約1300km)では，4000人が病気と飢餓で命を落としたため，「涙の旅路(道)」と呼ばれた。

保留地 強制移住させられた先住民に居住地として与えられた荒地。保留地に移住させる政策は，先住民政策として南北戦争後に一般化した。

南北戦争

南部 The South ヴァージニア以南の大西洋岸諸州とアパラチア山脈以西のオハイオ川以南の地域。奴隷制プランテーションによる綿花生産が中心産業で，自由貿易と州の自治を強く要求した。

奴隷制《アメリカ》 合衆国南部諸州の根幹をなした社会経済制度。イギリスへの綿花輸出に伴い，18世紀末から綿花プランテーション経営の下で拡大した。主に西・南西アフリカ地域から労働力として運ばれた黒人とその子孫は南北戦争直前には南部で500万人以上がプランテーションで酷使されていた。

アメリカ連合国 Confederate States of America 1861～65 合衆国を脱退した南部諸州が結成した連邦。7州が州権と奴隷制の正当性を認める憲法を制定し，南北戦争開始後，4州がこれに加わった。

民主党 Democratic Party 共和党と並ぶ合衆国の2大政党の1つ。西部の小農民や南部の大農園主らのジャクソン支持者が1820年代に結成した政党。南北戦争まで2期を除いて大統領を輩出したが，戦争後は共和党政権優位の中，支持基盤を南部から徐々に北部の都市部に移していった。

北部 The North ニューイングランドと中部大西洋岸を合わせた地域。商工業が発達し，保護貿易政策と連邦制及び奴隷制反対を唱え，南部との対立が激化した。

アメリカ＝イギリス(米英)戦争 1812～14 ヨーロッパ大陸でのナポレオンによ

る一連の戦争中に勃発した，アメリカとイギリスの戦争。ナポレオンの大陸封鎖令に対抗するためイギリスがアメリカの通商を海上封鎖で妨害すると，合衆国内でイギリス領カナダへの領土拡張を掲げる強硬派が台頭して戦争となったが，ナポレオンの没落に伴い両国は講和した。この戦争を機に，合衆国の工業化と保護貿易主義が開始された。

共和党 Republican Party 民主党と並ぶ合衆国の2大政党の1つ。1854年，連邦派と旧ホイッグ党メンバーなど奴隷制に反対する人々が組織した政党。北部諸州を基盤とした。

リンカン Lincoln 1809～65 第16代合衆国大統領(在任1861～65)。ケンタッキー州の貧農出身で，下院議員となったのち共和党結成に参加し，1860年に同党の大統領候補として当選した。連邦維持のため奴隷解放に消極的であったが，南北戦争開始後，内外情勢を判断して63年に奴隷解放宣言を出した。南北戦争を北部の勝利に導いたが，戦争終結直後，南部人に暗殺された。

南北戦争 Civil War 1861～65 南部のアメリカ連合国と北部のアメリカ合衆国との戦争。リンカンの考えはあくまで「連邦の維持」であったが，南軍が戦端を開いて始まった。戦況は，初め南軍有利に進んだが，まもなく人口や経済力にまさる北軍有利に逆転した。戦争は1865年，ヴァージニア州で南軍のリー将軍が北軍のグラント将軍に降伏して終了した。近代的総力戦となり，戦死者は62万人を数えた。

ゲティスバーグ Gettysburg ペンシルヴェニア州最南部の小村。1863年7月，ここで南北戦争における最大の激戦がおこなわれた。

「人民の，人民による，人民のための

政治」 Government of the people, by the people, for the people アメリカ民主主義を象徴する言葉。1863年11月，ゲティスバーグの追悼式典で演説したリンカンの言葉。

奴隷解放宣言 Emancipation Proclamation 1863 1月1日にリンカンが発表した，反乱状態にある南部の州と地域の奴隷を自由にするとした宣言。合衆国に残っていた奴隷州の奴隷を除いた400万人ほどの奴隷の解放と，戦争目的として奴隷解放を内外に表明した点で，大きな意義を有した。

大陸横断鉄道 transcontinental railroads 合衆国の東西を結ぶ鉄道。1869年に最初の大陸横断鉄道が開通し，東部工業地帯と太平洋岸が結ばれ，西部開拓が促進された。この時の鉄道建設に際して，東からはアイルランド人移民が，西からは中国系のクーリー(苦力)が，主な労働力として使われた。

クーリー(苦力) 中国人やインド人などのアジア系移民に対する欧米人の呼称，転じて蔑称となった。彼らは南北アメリカ・西インド諸島・南アフリカ・オーストラリアなどで，低賃金で過酷な労働を強いられた。

第2章

---

❻ オスマン帝国の動揺とインド・東南アジアの植民地化

ヨーロッパの西アジア進出

「東方問題」 Eastern Question オスマン帝国の領土・民族問題を巡るヨーロッパ列強間の外交問題の総称。主に1820年代のギリシア独立戦争から，70年代のロシア＝トルコ(露土)戦争までの一連の出来事を指す。

ムハンマド゠アリー Muḥammad'Alī 1769～1849 オスマン帝国のエジプト総督で、ムハンマド゠アリー朝の創始者。ナポレオンのエジプト遠征に抵抗し、1805年にオスマン帝国からエジプト総督に任命され、18年にはオスマン帝国の要請でワッハーブ王国を滅ぼした。近代化政策を推進し、ギリシア独立戦争でオスマン帝国を支援した代償にシリアを要求した。2度のエジプト゠トルコ戦争でエジプト総督の世襲権を認められたが、ヨーロッパ列強の干渉も招いた。

エジプト゠トルコ戦争 エジプトとオスマン帝国間の2度の戦争。ヨーロッパ諸国の干渉に大きく左右された。〔第1次〕1831～33 ムハンマド゠アリーがシリアの行政権を要求したことから開戦。ロシアがオスマン帝国を支援して南下をはかると、これを警戒したイギリス・フランス・オーストリアが干渉、ムハンマド゠アリーはシリアを占領した。〔第2次〕1839～40 報復をはかるオスマン帝国のマフムト2世がエジプトを攻撃。戦いはフランスの支援を受けたエジプトが優勢だったが、エジプトの台頭を警戒するイギリス・ロシア・プロイセン・オーストリアが干渉、1840年のロンドン条約でエジプトのシリア領有は阻止された。

ムハンマド゠アリー朝ちょう 1805～1952 ムハンマド゠アリーを開祖とするエジプト最後の王朝。1914年にイギリスの保護国となり22年に独立したが、52年のエジプト革命で打倒され、エジプトは共和制に移行した。

トルコ゠イギリス通商条約 1838 オスマン帝国とイギリスとの間に結ばれた通商条約。イギリス側に領事裁判権を認め、オスマン帝国の関税自主権を奪う不平等なもので、オスマン帝国の西ヨーロッパへの経済的従属が進む契機となった。また、名目的にオスマン帝国の宗主権下にあるエジプトにも適用され、エジプトも打撃を受けた。

スエズ運河うん Suez フランス人レセップスが建設した地中海と紅海を結ぶ全長162kmの運河。1859年に着工し69年に完成、ヨーロッパとアジアの距離を短縮した。スエズ運河株式会社の株式は、フランス政府とエジプト政府が所有したが、75年にイギリスは財政難のエジプト政府から株式を購入し、エジプトへの介入を強めた。

ウラービー(オラービー)**運動** 'Urābī 1881～82 軍人ウラービーが起こした、エジプト民族運動の原点となった運動。ウラービーは「エジプト人のためのエジプト」を掲げ、イギリスのエジプト支配に抵抗して武装蜂起ほうきした。しかし、イギリス軍に鎮圧され、エジプトは事実上イギリスの保護国となり、その軍事支配下に置かれた。ウラービーはセイロン島に流刑となった。

「エジプト人のためのエジプト」 ウラービー運動のスローガン。

東海散士とうかいさんし 1852～1922 本名は柴四朗しばしろう。会津藩士、自由民権家。渡米して1885年に帰国、『佳人之奇遇』を発表した。のち憲政党などに属し、政界で活躍した。

『佳人之奇遇』かじんのきぐう 1885～97年作。アメリカ遊学中の憂国の青年東海散士が世界を周遊し、世界各地の弱少民族の悲憤やその抵抗運動に共感を示しながら時世を慨嘆するロマンあふれる小説。

タンジマート Tanzimat 1839～76 アブデュ

ルメジト1世が開始した上からの西欧化・近代化改革。オスマン帝国の司法・行政・財政・軍事にわたる改革。帝国臣民の法の下での平等，生命・財産の保障など，西欧型の近代化を目指したこれらの改革にはスルタンの宗教的権威を法に従属させようとする立憲思想がみられた。しかし，急激な改革はかえって社会の混乱を引き起こした。

オスマン主義 オスマン帝国内のムスリムと非ムスリムにかかわりなく全住民の平等に基づく，オスマン人意識を高めてオスマン帝国を再統合しようとする思想。タンジマート以降のオスマン帝国で支配層によって掲げられたが，オスマン帝国内における諸民族が自覚・自立を求める民族主義の高揚により力を失った。

ミドハト＝パシャ Midhat Paşa 1822～84 オスマン帝国の宰相（在任1872，76～77）。地方官を歴任後，宰相に就任，ミドハト憲法を制定したが，憲政を嫌うアブデュルハミト2世と対立して失脚した。

ミドハト憲法 1876 近代化を内外に示すため，宰相ミドハト＝パシャが起草したオスマン帝国最初の憲法。上下両院の議会設立などを規定したが，78年，ロシア＝トルコ戦争を口実に停止された。

アブデュルハミト2世 Abdülhamit 1842～1918 オスマン帝国第34代スルタン（在位1876～1909）。立憲運動の高まりを受け，ミドハトを宰相に任用して憲法を制定したが，ロシア＝トルコ戦争を口実に憲法を停止した。専制政治をおこない，諸民族の反抗やたび重なる敗戦による領土喪失などに批判が高まった。青年トルコ革命時に憲法を復活させたが，1909年に廃位された。

カリフ 預言者ムハンマドの代理人・後継者のことで，イスラームの最高指導者と

してウンマ（イスラーム共同体）を指導した。のち政治的実権は世俗君主であるスルタンに移り，カリフはイスラーム共同体における宗教的権威となる。

スルタン 主としてイスラーム教スンナ派の政治権力者の称号。教権の保持者たるカリフに対して，世俗的支配権の保持者を指した。アブデュルハミト2世は，オスマン帝国のスルタンが全世界におけるイスラーム共同体の指導者であるカリフ位も兼ねる「スルタン＝カリフ」であることを強調して専制政治をおこない，オスマン帝国の危機を乗り越えようとした。

イランの変革

ガージャール朝 Qājār 1796～1925 トルコ系遊牧民のガージャール族の有力者がイラン高原に建国した政権。首都はテヘラン。19世紀にはロシアとイギリスを中心とする列強の進出に苦しみ，列強からの干渉を強く受けた。

「イスラーム世界の危機」 新しく革新された科学・技術，思想，制度を持ったヨーロッパはイスラーム世界への圧力を強めた。ヨーロッパ思想の浸透によってイスラーム法の絶対性が崩れ，ヨーロッパの法体系が力を持ち始めた。こうした事態はイスラームの教え自体が堕落し，結果として西欧列強への従属を招いたと考え，イスラームの教えが本来持っているはずの力を回復し，改革しようとした考え方。

パン＝イスラーム主義 Pan-Islamism ヨーロッパ植民地主義に対抗するため，イスラーム教徒はスンナ派・シーア派の別なく一致協力して「イスラーム世界」を打ち建てるべきだとする思想と運動。19世紀後半にアフガーニーの提唱で始まったが，同世紀末のオスマン帝国ではこの思

想は政治的に利用されたため，過度の盛り上がりは抑えられた。

アフガーニー Afghānī 1838〜97 イスラーム改革と反帝国主義を唱えた思想家・革命家。イラン出身だが，アフガーニー（アフガン人）を自称した。パン＝イスラーム主義を提唱し，ムスリム知識人の思想や政治・社会改革運動に大きな影響を与えた。オスマン帝国のアブデュルハミト2世はイスラーム世界の統一を掲げたアフガーニーを招聘したものの，のちに拘束して死ぬまで軟禁状態に置いた。現実政治ではアフガーニーのパン＝イスラーム主義は危険思想だった。

ウラマー ‘ulamā’ イスラーム諸学（特に法学）を修めた学者・知識人。ムスリムが多数を占めた社会では，イスラーム法に精通した法官として，社会秩序の維持に大きな役割をはたした。政権とウラマーの間で，相互依存的な協調関係が成立することもしばしばあった。

タバコ＝ボイコット運動 1891年末〜92年に展開されたイラン＝ナショナリズム最初の運動。ガージャール朝が，タバコの原料買い付け・加工・販売・輸出などの独占的利権をイギリス商人に与えると，商人・ウラマー・職人など広範な民衆が抵抗運動を展開した。民衆は利権廃棄に成功したが，賠償金支払いのためにガージャール朝の財政は逼迫（ひっぱく）した。

イラン立憲革命（りっけんかくめい） 1905〜11 イギリス・ロシアの侵略とガージャール朝の専制支配に反対したイラン民衆の政治闘争。1906年に議会が開設され，憲法制定と国民国家の宣言がおこなわれた。しかし，イギリス・ロシアの干渉で議会が解散され，11年末に挫折した。

イギリスのインド植民地化

ムガル帝国 Mughal 1526〜1858 バーブルがデリーを都に建てたインド最後のイスラーム王朝。18世紀初めの第6代アウラングゼーブ帝の死後，各地で諸侯の自立傾向が強まり，各地に有力な地方政権が割拠（かっきょ）した。また，イギリスやフランスが領土支配を進めたため，1757年のプラッシーの戦い以後は実質的な統治力を失い，インド大反乱中の1858年，イギリスに滅ぼされた。

東インド会社《イギリス》 East India Company 1600年，エリザベス1世の特許状により設立された貿易会社。インド貿易と中国貿易に力を入れ，1757年のプラッシーの戦いを契機にインド征服戦争を進めた。イギリスの植民地獲得が進むにつれ，現地の領土支配を目的とする準政府的な組織へと性格を変えていった。

プラッシーの戦い Plassey 1757 イギリス東インド会社軍が，フランス軍を後ろ楯（だて）としたベンガル太守（たいしゅ）を破った戦い。イギリスはベンガルの実質的な支配権を手に入れ，フランスはインドシナ進出に転じた。

ベンガル Bengal ガンジス川下流のデルタ地帯で，現在の西ベンガル州とバングラデシュ。ムガル帝国時代，最も豊かな地域の1つといわれた。ムガル帝国のベンガル太守（州の長官）は1764年の戦いでイギリスに敗れ，翌年徴税権（ディーワーニーという）を奪われ，イギリスの傀儡（かいらい）とされた。

マイソール王国 Mysore 17世紀初頭，ヴィジャヤナガル王国から分離した南インドのヒンドゥー教国。ハイダル＝アリー，ティプー＝スルタン父子の統治下でイスラーム化したが，マイソール戦争に敗れ，

イギリスの支配下に入った。

マイソール戦争 1767〜69, 80〜84, 90〜92, 99 マイソール王国とイギリスの間の4次にわたる戦争。イギリスが勝利し, 南インド支配を確立した。

マラーター同盟 1708〜1818 デカン高原西部のマラーター諸侯が形成した緩やかな同盟。ムガル帝国の衰退に乗じ, 一時はインドの覇権を握ったが, 3次にわたるイギリスとのマラーター戦争に敗れて滅亡した。

マラーター戦争 1775〜82, 1803〜05, 17〜18 マラーター同盟とイギリスの3次にわたる戦争。勝利したイギリスはデカン高原西部を支配したが, マラーター諸侯の多くは藩王国として残った。

シク王国 1799〜1849 シク教徒がパンジャーブ地方に建てた王国。イギリスと2度戦ったが敗れ, 滅んだ。イギリスはこの勝利でインドの全域をほぼ掌握した。

シク戦争 1845〜46, 48〜49 イギリスがシク王国を破り, パンジャーブをイギリス領インドに併合した。イギリスがインド征服のために戦った最後の戦争。

シパーヒー sipāhī イギリスが植民地支配のために雇用したインド人傭兵。ペルシア語・ウルドゥー語で「兵士」の意味。比較的上位カーストのヒンドゥー教徒や上層のイスラーム教徒が多かった。

シパーヒーの反乱 1857〜59 インド最初の民族的大反乱。デリー北東部のメーラトに駐屯するシパーヒーが反乱を起こし, 宗教的対立を超えてムガル皇帝を擁立, イギリスに宣戦した。これに呼応して各地のシパーヒーが蜂起し, イギリスの支配に不満を持つ旧支配層や農民, 都市の民衆も加わり, 反乱は北インド全域に広がった。しかし, 軍事力・組織力にすぐれるイギリスは, 体制を立て直して反乱

を鎮圧した。1858年, ムガル帝国は滅亡, インドはイギリスの直接統治下に置かれた。

ムガル帝国滅亡 1858 ムガル皇帝が捕えられ, イギリス国王への反乱罪でビルマに流刑となった。これにより帝国は名実ともに滅亡した。

東インド会社解散《イギリス》 1858 東インド会社はインド大反乱の責任を問われ, インド統治改善法の成立により活動を停止した。以後, インドはイギリス政府の直接支配下に置かれた。

ヴィクトリア女王 Victoria 1819〜1901 大英帝国最盛期の女王(在位1837〜1901)。その治世はヴィクトリア時代と呼ばれ, 1877年からインド皇帝(在位1877〜1901)を兼任した。

インド皇帝 インド直接統治への移行を印象付けるため, イギリス国王が使うことを認められた称号。1877年, ヴィクトリア女王がインド皇帝即位を宣言した。

インド帝国 1877〜1947年のインド植民地の呼称。ヴィクトリア女王のインド皇帝即位で成立した。イギリス国王を皇帝に戴くという特別扱いは, イギリス帝国におけるインドの重要性を示している。

東南アジアの植民地化

────《インドネシア》────

強制栽培制度 オランダ領東インド総督のファン=デン=ボスが, 財政立て直しのため1830年からジャワ島を中心に実施した経済政策。村落にコーヒー・サトウキビ・藍などの作物栽培を割り当て, 安い価格で買い上げた。オランダ経済は回復したが, ジャワでは場所によって食料自給が難しくなり飢饉が生じた。一方, 村落の編成が強化され, 大きな戦乱も起きなかったため, 人口増加につながった。

《マレー半島》

海峡(かいきょう)植民地 Straits Settlements 1826〜

1946 マレー半島にイギリスが築いた植民地。ペナン・マラッカ・シンガポールからなる。1867年に直轄(ちょっかつ)植民地となった。

ペナン Penang
マラッカ海峡北部，マレー半島の西方に位置する島。1786年にクダー王国のスルタンからイギリスに割譲(かつじょう)され，交易の中心に発展した。

マラッカ Malacca
マレー半島南西岸の港市。1400年頃にマラッカ王国の都として形成され，鄭和(ていわ)の遠征に応えて明(ミン)に朝貢，15世紀中頃に東南アジアの交易の中心となった。1511年にポルトガルに占領され，1641年にオランダ，1824年からはイギリスの植民地となった。

シンガポール Singapore
マレー半島南端のシンガポール島と周辺の小島からなる港市(こうし)。1819年，イギリス人ラッフルズが上陸，24年のイギリス＝オランダ協定でイギリス領となった。26年にペナン・マラッカと合わせて海峡植民地を形成し，イギリスのマレー半島における拠点となった。

マレー連合州(れんごうしゅう) Federated Malay States
1895年，イギリスがマレー半島のムラユ（マレー人）4カ国と協定を結び，翌年に保護領とした地域。豊富に錫(すず)を産出したが，19世紀末からはゴム栽培も盛んになった。

ゴムのプランテーション
20世紀にマレー半島で盛んになったプランテーション。19世紀末，イギリスがブラジルから天然ゴムの苗を持ち込んだ。労働力はインド南部のタミル人が活用された。

錫(すず)開発
産業革命の進展に伴い，工業原料として錫の需要が急増したため，イギリスがマレー半島でおこなった鉱床の開発。労働力不足を補うために，広東(カントン)や福建(けん)から多数の中国人がクーリー（苦力）としてマレー半島に移民として渡った（華僑(かきょう)）。

《ビルマ》

ビルマ戦争
1824〜26, 52〜53, 85 コンバウン朝はタイのアユタヤ朝を破り，雲南を巡って清を撃退するなど，ビルマ史上最大の版図を実現した。イギリスとコンバウン朝は3回にわたる戦争をおこなった。コンバウン朝は，第1回でサルウィン川以南のアラカン・テナセリムを，第2回でイラワディ川下流域の下(しも)ビルマを失った。その後，コンバウン朝はフランスに接近したが，警戒したイギリスに第3回の戦争をしかけられ滅亡し，ビルマ最後の王朝となった。

ビルマ併合
1886 さしたる戦闘もなしに，第3回ビルマ戦争でコンバウン朝は滅ぼされ，ビルマはインド帝国に併合された。

《フィリピン》

マニラの開港(かいこう)
18世紀末，スペインはマニラ貿易にヨーロッパ人商人の部分的参入を認め，1834年には正式に開港した。以後マニラは，国際貿易港として本格的な発展を遂げた。

マニラ麻(あさ)
フィリピン原産のバショウ科の多年草。葉の表皮下の繊維からつくられるロープは耐水性が強く，船舶用ロープや漁網などに用いられる。

《ベトナム・カンボジア・ラオス》

阮福暎(げんふくえい)
1762〜1820 阮朝の初代皇帝嘉(か)

隆帝（在位1802〜20）。西山の勢力（西山政権は1778〜1802年）に滅ぼされた広南王国阮氏の生き残り。タイに亡命し，ラーマ1世やフランス人宣教師ピニョーの支援で西山政権を破り，ユエ（フエ）で即位した。

阮朝（げんちょう） 1802〜1945 ベトナム最後の王朝。都はユエ（フエ）。清の朝貢国であったが，1858年からフランスの侵略が始まり，83〜84年のユエ条約で保護国とされた。1945年，最後の皇帝バオダイの退位で滅亡した。

黒旗軍（こっきぐん） 19世紀後半，ベトナムでのフランス軍への抵抗戦争で活躍した中国人部隊。阮朝に帰順した中国軍人の劉永福が，1867年に農民を主力に安南で組織した。

劉永福（りゅうえいふく） 1837〜1917 清末・中華民国初期の軍人。広東の客家出身で天地会の反乱に参加した。太平天国の滅亡後，ベトナムに亡命して阮朝に帰順，黒旗軍を組織して対フランス抵抗戦争に参加した。阮朝が敗れると帰国し，日本の中国進出に対する抵抗運動でも活躍した。

宗主権（そうしゅけん） 宗主国が支配下の国に行使する権限。内容は時代・地域によってさまざまである。従属国に自治を認めながら，外交・軍事・内政などに干渉することが多かった。

清仏戦争（しんふつせんそう） 1884〜85 ベトナムの宗主権を巡る清とフランスの間の戦争。フランスがユエ条約でベトナムを保護国にすると，清とベトナムの国境付近で清仏両軍が衝突，これを機に両国は開戦した。戦いはフランス優位に進んだが，清がしだいに劣勢を挽回した。しかし李鴻章は講和を急ぎ，イギリスの仲介で天津条約を結んだ。

天津条約《清仏戦争》（てんしんじょうやく） 1885 清とフラン

ス戦争の講和条約。イギリスの仲介で，清の李鴻章，フランスのパトノートルが調印。清は宗主権を放棄して，ベトナムに対するフランスの保護権を認めた。また，清国南部での通商・鉄道建設などにフランスの特権を与えた。

カンボジア保護国化（ほごこくか） 1863 ベトナムに対抗するため，カンボジア王はフランスの保護国化を受け入れた。その後，1887年にカンボジアはフランス領インドシナ連邦に組み入れられた。

フランス領インドシナ連邦 1887〜1945 コーチシナ・アンナン・トンキン・カンボジアを合わせて1887年に成立したフランスの植民地。99年にはラオスも統合された。総督府はハノイに置かれた。

ラオスのフランス領インドシナ連邦への編入 1899 ランサン王国の分裂後，ルアンプラバン王国など3王国はタイの支配を受けた。1893年，フランスはラタナコーシン朝と条約を結び，メコン川以東をフランス領ラオスとし，99年にフランス領インドシナ連邦に編入した。

────────《タイ》────────

ラーマ4世 Rama 1804〜68 ラタナコーシン朝第4代国王（在位1851〜68）。イギリス・フランスの勢力均衡をはかり，積極的な近代化政策を取ってタイの独立を守った。1855年にイギリスと不平等なボーリング条約を結び，ほかの欧米諸国とも同様の条約を結ぶ一方，国王の中国貿易独占を廃して自由貿易政策を取り，諸制度の改革に取り組んだ。

ボーリング条約 Bowring 1855 タイとイギリスの修好通商条約。イギリス全権ジョン＝バウリングの名にちなむ。イギリスは領事裁判権，すべての港における交易と居住の権利，輸入貨物に対する3％の従価税率を獲得した。1856年フランス・

アメリカも同様の不平等条約を結んだ。

ラーマ5世(チュラロンコン) Rama (Chulalongkon) 1853〜1910 ラタナコーシン朝第5代国王(在位1868〜1910)。イギリス・フランスの圧力に苦しめられながら，中央集権体制の確立，奴隷制の廃止，行政・司法・軍事の西欧化を推進した。不平等条約の一部改正に成功，イギリス・フランスの勢力均衡政策にも助けられ，独立を維持した。

❼ 中国の開港

アヘン戦争

広州こうしゅう 中国南部，珠江デルタ地帯の港市。1757年，乾隆帝がヨーロッパ船の来港を広州に限定し，対欧米貿易が集中した。

マカートニー Macartney 1737〜1806 イギリスの政治家・外交官。1793年，貿易関係改善を求めて熱河の離宮で乾隆帝に謁見した。しかし清朝側は朝貢と冊封の姿勢を崩さず，交渉は失敗した。

アヘン ケシの汁液を原料とする麻薬。中国では鎮痛剤としても用いられ，17世紀後半からは吸飲の習慣が広がった。中毒性・習慣性があり，人体に多大な悪影響を及ぼすため，清朝はその製造や販売，吸飲を禁止していた。

三角貿易さんかく《イギリス・中国・インド》

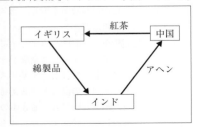

19世紀初めからイギリスが中国・インドとの間でおこなった貿易。イギリスは中国から産業革命の進展とともに疲れをとるため労働者間に砂糖を入れた紅茶を飲むことが広がり，大量の紅茶を輸入したが，見合う輸出品がなく，毎年多額の銀が流出していた。産業革命の進展に伴って資金需要が高まると，赤字が続く中国貿易への批判が強まった。そこで東インド会社は，インド産アヘンを中国に，中国の紅茶を本国へ，イギリスの綿製品をインドへ運ぶ三角貿易に再編して，イギリスの貿易赤字をなくそうとした。中国へのアヘン流入は急増し，その害毒が広まるとともに，1830年代からは中国から銀が流出し始めた。そのため中国では銀価が高騰し，社会不安が拡大した。

林則徐りんそくじょ 1785〜1850 清の政治家。湖広総督時代にアヘン厳禁論を奏上し，道光帝から欽差大臣(欽は皇帝，差は派遣のこと)に任じられた。1839年，広東でアヘンの没収と廃棄などを強行し，成果を上げたがイギリスに開戦の口実を与える結果となった。40年，解任されてイリ地方に左遷されたが，のちに許されて大官に復帰した。50年，太平天国討伐を命じられ，赴任途中に病死した。

アヘン戦争 1840〜42 アヘンの密輸問題から起こったイギリスと清の戦争。中国の開国の起点とされている。林則徐が広東で厳しいアヘン取締りを強行すると，イギリスは自由貿易体制の擁護を大義名分に掲げて遠征軍を派遣した。イギリスが広東から北上し，寧波や上海，鎮江を攻略して南京に迫ると，清は敗北を認め，42年8月に南京条約が締結された。

汽走軍艦きそうぐんかん 蒸気機関を動力とする蒸気船の軍艦。機動性が高く，作戦行動が迅速にできた。しかし，この時代はまだ船

体そのものは木造船から鋼鉄船への過渡期である。

ジャンク船ジャン junk 10世紀頃から中国で建造された遠洋航海用の大型木造帆船。竜骨の使用，横隔壁構造，蛇腹式に伸縮する縦帆などの特徴を持っている。なお近年では，ジャンク船の東南アジア起源説が有力視されている。

焼夷ロケットしょうい 家屋や船体に当たると発火する焼夷剤を弾体内に入れたロケット弾。中に入れる焼夷剤は，黄燐や油脂である。推進剤は火薬である。

南京条約ナンキン 1842 アヘン戦争の講和条約。南京沖に停泊するイギリス軍艦上で1842年8月に調印された。清は，(1)上海・寧波・福州・厦門・広州の5港の開港と領事の駐在，(2)香港島の割譲，(3)賠償金支払い，(4)公行（広州で外国貿易を独占した中国人の特許商人の組合）の廃止，(5)イギリスの戦費の支払い，(6)中英両国官憲の対等交渉など13条を認めた。ただし，アヘン輸入問題については規定されなかった。

5港開港 上海・厦門・広州が1843年，寧波・福州が44年に開港した。

香港島の割譲ホンコン かつじょう 香港島は珠江の河口にある島。この後，イギリスは香港島の対岸や周辺の島々も割譲，租借により勢力圏としていった。

不平等条約 約を結ぶ国の力関係が対等でなく，一方にとって有利な内容を持った条約。19世紀，ヨーロッパ諸国は非ヨーロッパ世界に多くの不平等条約を強制した。

領事裁判権りょうじ 外国人が滞在国の裁判権・行政権に服することをまぬがれる治外法権の一種。その地に駐在する外交官である領事が自国民を本国の法で裁き，滞在国の司法の介入を認めないこと。

最恵国待遇さいけいこくたいぐう 条約締結国の一方が，最も有利な待遇を与えた第三国と同等の待遇を自動的に相手国に対して与える取決め。清は，南京条約の追加条約である虎門寨追加条約でイギリスに片務的な最恵国待遇を認めた。

関税自主権かんぜいじしゅけん**の喪失** 関税は国家が主権に基づいて決めることができる貿易上の権利。その関税制度を国家が定め，運営する権利を失うこと。中国の場合，虎門寨追加条約で5％の税率を決められたのが始まりである。

租界そかい さまざまな特権を認められた外国人居留地きょりゅうち。1845年にイギリスが上海に開設したのが最初で，日清戦争後に激増した。治外法権や経済活動の特権を認められ，列強の中国における活動拠点となった。

アロー号事件 1856 アロー戦争の発端となった清とイギリス間の紛争。1856年10月，清朝官憲が，イギリス国旗を掲げて広州に停泊中の帆船はんせんアロー号の水夫を海賊の疑いで逮捕した。イギリス領事は，清がイギリス船籍のアロー号の船員を不当に逮捕，国旗を侮辱ぶじょくしたとして抗議した。

第2次アヘン戦争（アロー戦争） Arrow 1856～60 アロー号事件を口実に，イギリスがフランスと連合して起こした戦争。南京条約後も中国への工業製品輸出は伸びず，条約改定の機会をうかがっていたイギリスは，アロー号事件を口実に遠征軍を派遣した。フランスも宣教師殺害事件を口実に参戦し，連合軍は1858年に広州・天津を占領し，天津条約を結んだ。しかし，批准ひじゅん書交換を巡って清軍の攻撃を受け，イギリス・フランス両軍は戦争を再開して北京を占領，北京郊外の離宮である円明園えんめいえんを破壊して清朝を屈服させ，北京条約を結んだ。

天津条約《アロー戦争》 1858 アロー戦争に関し，清とロシア・アメリカ・イギリス・フランスが結んだ条約。主な内容は，(1)イギリス・フランス両国への賠償金600万両の支払い，(2)開港場の増加，(3)外国人の内地旅行の自由，(4)外交使節の北京常駐，(5)キリスト教布教の自由など。条約調印後，諸外国が撤退すると北京では主戦派が台頭し，59年に条約批准のために訪中した各国全権を攻撃した。このため，イギリス・フランス両国は再び軍事行動を起こした。

北京条約《アロー戦争，イギリス・清》 1860 アロー戦争の講和条約。天津条約の確認に加え，(1)賠償金を600万両から800万両へ増額，(2)天津の開港，(3)九竜半島南端の市街地をイギリスに割譲，などを定めた。

外国公使の北京駐在 外交官で公使はこれまで香港・広州・上海でのみしか活動できず，清朝の地方官吏のみと交渉していた。この条約で，北京の中央政府と直接交渉が可能になった。

開港場の増加 天津条約で中国北部の牛荘・登州，長江沿岸の漢口・九江・鎮江・南京，汕頭，台湾の淡水と台南など計10カ所が開港となった。北京条約で天津が加わり，開港場は11港となった。

キリスト教布教の自由 中国人の信仰の自由と内地におけるキリスト教布教が認められた。これ以後，外国人宣教師の布教に対する反発が義和団の戦いの原因となる。

アヘン貿易の公認 天津条約，上海の税則会議で，「鴉片」から「洋薬」と名を改めて輸入が合法化され，輸入税が課された。

アイグン条約 Aigun 1858 アロー戦争中にロシアと清がアイグンで結んだ国境に関する条約。ロシアはアロー戦争を利用して清に圧力を加え，黒竜江左岸をロシア領，ウスリー川以東(沿海州)を共同管理地と定めた。

沿海州 シベリアの東南端に位置する日本海沿岸の地域。ロシアと清との北京条約でロシア領となった。極東の海軍基地として建設されたのがウラジヴォストーク。

北京条約《アロー戦争，ロシア・清》 1860 清が，アロー戦争でイギリス・フランスとの講和を斡旋したロシアの要求で結んだ条約。アイグン条約で共同管理地とされたウスリー川以東(沿海州)をロシア領にした。

太平天国と洋務運動

拝上帝会 洪秀全が広西省で組織し，太平天国運動の中心となったキリスト教的宗教結社。広西移民社会の下層民衆の支持を集めて，太平天国の母体となった。洪秀全は上帝(ヤハウェ)を唯一の神として偶像崇拝を否定したが，拡大の過程で土着信仰の要素を加えていった。

洪秀全 1813〜64 太平天国の創始者。広東省の客家出身で科挙に失敗している。キリスト教の影響を受け，独自の解釈を加え，広西省で宗教結社の拝上帝会を組織した。偶像破壊運動を開始して清朝と対立，1851年，天王を称して太平天国を建てた。56年以降内紛が激化すると，攻勢に出た清朝に対する有効な策を打てず，64年の南京陥落前に病死した。

太平天国の乱 1851〜64 清末，宗教結社拝上帝会を率いる洪秀全が中心となって起こした大規模な農民反乱。洪秀全が組織したキリスト教的宗教結社の拝上帝会は広西省の移民社会において支持を集めた。広西省金田村で蜂起し，1851年，国号を太平天国と定め，勢力を拡大しな

がら北上した。53年に南京を攻略し，天京と改称して首都とし，華中・華南を支配した。太平天国は男女平等に土地を均分する「天朝田畝制度」を発布するなど，理想社会建設を目指したが，やがて権力の腐敗が進み内紛により力を弱めた。また，清朝が郷勇を編制して反撃を開始し，外国勢力も北京条約以後は中立・不干渉から清朝支援に転じたため，しだいに追い詰められて64年に滅亡した。反乱の被害は大きく，清朝の国家体制にも大きな影響を与えた。

曽国藩 1811〜72 湘軍を組織し太平天国鎮圧に貢献した清末の政治家。両江総督・直隷総督・内閣大学士などを歴任した。洋式兵器工場を建て，洋務運動の先駆者となった。

李鴻章 1823〜1901 清末の政治家。淮軍を率いて太平天国や捻軍鎮圧に活躍した。軍事力を背景に清朝の実権を握り，洋務運動を主導した。中国の外交を担い，日清戦争でも下関条約の全権を務めた。その後，政界から身を引いたが，1896年にロシア・清秘密条約を結び，義和団事件後に全権として辛丑和約に調印した。

郷勇 清代，正規軍の八旗・緑営が無力を露呈したため，これを補うために組織された義勇軍。曽国藩の組織した湘軍，李鴻章の組織した淮軍が有名。地方官や郷紳が組織し，嘉慶帝の即位した1796年に起こった白蓮教徒の乱や太平天国鎮圧に活躍した。

常勝軍 太平天国鎮圧のために上海で組織された，欧米人を指揮官とする義勇軍。1860年，アメリカ人ウォードが上海の商人たちの要請で外国人兵士による洋槍隊を組織した。やがて中国人を兵士として徴募し，常勝軍と改称した。ウォード戦死後の63年3月，イギリスの軍人ゴ

ードンが指揮官となり，淮軍とともに太平天国軍と戦い，64年に解散した。

洋務運動 1860年頃から清で始まった，ヨーロッパの近代技術導入を中心とする富国強兵運動。曽国藩・李鴻章・左宗棠らの漢人官僚が中心となって運動を進めた。軍事工業部門から始まり，70年代には軽工業にも拡大，鉄道建設や鉱山開発も進められた。しかし，運動は近代西洋技術の移植のみで清朝の支配体制維持を目指すものであった。

「中体西用」 洋務運動の基本思想。西洋文明導入を合理化するために，伝統的な中華文明が「本体」であり，西洋文明は利用すべき技術・手段に過ぎないとした。

総理各国事務衙門（総理衙門）1861 清で新設された対外国交渉のための官庁。国家の儀式・祭祀を統轄し，外交も兼務していた礼部と非漢人地域である藩部を統轄する理藩院に代わって外交を管轄した。1901年，外務部の新設により廃止された。

朝鮮の動向

大院君（テウォングン）1820〜1898 李氏朝鮮の国王高宗の生父。1863年，高宗即位に当たり，摂政となった。対内的には中央集権・王権強化をおこない，対外的には列強の接近に対して強硬な鎖国政策を推進した。閔氏一族と対立し，一時勢力を失った。

斥和碑（斥洋碑）1871年，朝鮮の政権を握っていた大院君が西洋諸国の侵攻に対して，「非戦即和なら，それは主和売国である」と刻んだ石碑を朝鮮全土に建立し，断固として鎖国攘夷を継続する意志を示した。

❽ 日本の開国

列強の接近

ラ〔ッ〕クスマン Laksman 1766〜96？ ロシア軍人。1792年，女性皇帝エカチェリーナ2世の命により，日本に対する通商要求を目的に大黒屋光太夫ら漂流民を伴い，根室に来航した。翌年，松前で幕府の役人と交渉したが，通商は拒否され，長崎入港を許可する証明書である信牌を受けて帰国した。

大黒屋光(幸)太夫 〔だいこくや こうだゆう〕 1751〜1828 伊勢の船頭。1782年，伊勢から江戸へ向かう途中で遭難した。漂流8カ月，アリューシャン列島でロシア人に救われ，首都ペテルブルクで女性皇帝エカチェリーナ2世に謁見する。その後，ラクスマンの船で根室に帰着した。

レザノフ Rezanov 1764〜1807 露米会社の支配人。1804年，アレクサンドル1世の遣日使節として津太夫ら4人の日本人漂流民を伴い，ラクスマンの持ち帰った信牌を持って長崎に来航する。通商を要求したが，中国・オランダ以外とは通商しないのを祖法(先祖伝来の法)とするとして受け入れられず，翌年退去した。

異国船打払令 〔いこくせんうちはらいれい〕**(無二念打払令)** 〔むにねんうちはらいれい〕 1825年，清・オランダ船以外は二念なく(ためらうことなく)撃退することを命じた法令。無二念打払令ともいう。フェートン号事件に続く1818年のイギリス人ゴルドンの通商要求，24年の常陸大津浜〔おおつはま〕・薩摩宝島〔たからじま〕でのイギリス捕鯨船が牛や野菜などを強奪し，持ち去った事件などに対する対応措置。

天保の薪水給与令 〔てんぽうのしんすいきゅうよれい〕 幕府による異国船取扱い令。異国船の穏便な帰帆，漂流船への薪水(燃料と水)・食料支給を命じた。1806年の文化の薪水給与令(文化の撫恤令〔ぶじゅつれい〕)は25年の異国船打払令で廃止する。アヘン戦争の結果，幕府は1842年に天保の薪水給与令を出し，25年の異国船打払令を緩和した。

朱子学 〔しゅしがく〕 12世紀に南宋の朱熹〔しゅき〕が大成した儒学の一派。身分秩序を重視し，身分秩序の安定こそが社会の安定につながるとの大義名分論を強調した。鎌倉時代に伝来。五山僧に普及し，江戸時代には林羅山〔はやしらざん〕の幕府登用により幕藩体制維持のために幕府が重視した学問となる。

水戸藩 〔みとはん〕 御三家の1つ。家康の11男頼房〔よりふさ〕が初代。2代光圀以来，尊王の気風が強く，幕末の斉昭の時，尊王論や天皇制イデオロギーの源流となる水戸学が最盛期を迎え，斉昭は尊王攘夷論の先頭に立った。斉昭の死後は藩内の抗争が激しく，藩としての統一行動が乱れ，多くの志士を失った。

『大日本史』 〔だいにほんし〕 水戸藩主徳川光圀が始めた水戸藩編纂の漢文体・紀伝体の歴史書。397巻。徳川光圀が始め，明治年間に完成。江戸藩邸内の彰考館〔しょうこうかん〕で編纂。史実考証にすぐれ，尊王を基本にした大義名分論で貫く。江戸後期以降の政治状況を背景に，尊王攘夷思想を生み，幕末期の政治思想や近代日本の天皇制国家の思想に大きな影響を与えた。

会沢安 〔あいざわやすし〕**(正志斎** 〔せいしさい〕**)** 1782〜1863 水戸学者。藤田幽谷〔ゆうこく〕に学び，藩主徳川斉昭〔なりあき〕の藩政改革に尽力する。『大日本史』編纂事業をおこなう。彰考館総裁。主著『新論』で尊攘論を唱えた。

『新論』 〔しんろん〕 会沢安の主著。尊王攘夷思想による日本の危機打開策を提示した。中でも民衆の宗教意識を天皇を祭主とする国家的祭祀に取り込み，民心を国家の側へ

牽引しようとする考え方は，近代天皇制思想の原形をなすものである。

国体ﾋﾟ 日本は古代から天皇中心の国家体制であること。天皇の絶対化をはかり，日本は天皇中心の家族国家とする運命共同体ということを表現する言葉。

尊王攘夷論ｿﾝﾉｳﾖｳﾛﾝ 尊王論(天皇尊崇思想)と攘夷論(外国人排斥思想)とが幕藩体制の動揺と外国の圧迫という危機に際して結合し，形成された政治思想。幕末期，長州藩の下級武士を中心とした尊攘派(尊王攘夷派)は，尊攘運動(尊王攘夷運動)を倒幕運動に発展させて明治維新を導いた。

ペリーの来航と開国

オランダ国王の開国勧告ｵﾗﾝﾀﾞｺｸｵｳﾉｶｲｺｸｶﾝｺｸ 1844年のオランダ国王ウィレム2世による，12代将軍家慶への開国勧告。親書を特使が長崎に持参した。これに対し，幕府は翌年，鎖国厳守を貫き，拒絶した。

ペリー Perry 1794～1858 アメリカ東インド艦隊司令長官。1853年，蒸気軍艦(外輪船)サスケハナ号に乗って太平洋横断航路の開設などを目的に，相模の浦賀沖に来航する。久里浜に上陸，国書を提出して退去した。翌1854年，ポーハタン号を旗艦として再来日し，日米和親条約の締結に成功する。

老中ﾛｳｼﾞｭｳ 幕府の政務を統轄する常置の最高職。初め年寄という。4～5名。2万5000石以上の譜代大名から選任される。月番で，町奉行・勘定奉行・大目付などを統轄した。

阿部正弘ｱﾍﾞﾏｻﾋﾛ 1819～57 備後国福山藩主。1843年に老中，45年に老中首座となる。ペリー来航以後，幕政の責任者として外交方針を指示する。諸大名・幕臣にも方針を諮問して挙国一致策を採り，公議世

論の政治をおこなう。和親条約締結後は幕府独裁を改めて公武協調をはかり，品川台場の築造や軍艦の発注，長崎海軍伝習所や陸軍のための講武所，欧米思想や技術のための蕃所調所の設立などの安政の改革を実施する。

台場ﾀﾞｲﾊﾞ 大砲を据えつける砲台。ロシアの北方侵略に対し，1810年に江戸湾防備のため，初めて築造。幕末期には全国で1000カ所に及ぶ。品川台場は1853年のペリー来航を機に，防衛のため江川太郎左衛門らの献策で築造。品川沖に5つの台場が実際につくられたが，実用には至らなかった。

日米和親条約ﾆﾁﾍﾞｲﾜｼﾝｼﾞｮｳﾔｸ 1854年，林韑(大学頭)とペリーが神奈川近くの横浜村で調印した条約。永代不朽の和親，下田・箱館の開港，漂流民の救済と必需品の供給，最恵国待遇の供与，領事駐在権の容認などを規定した。イギリス・ロシア・オランダとも類似の条約を締結。神奈川条約ともいう。

下田ｼﾓﾀﾞ 伊豆半島南端の港。江戸時代は幕領で，17世紀初めに番所が設置され，下田奉行が置かれた(のち浦賀に移転)。1854年に日米和親条約の締結で開港され，58年の日米修好通商条約の締結で横浜が開港されるに伴い，閉鎖された。

箱館ﾊｺﾀﾞﾃ 北海道渡島半島南端の港。松前三湊の1つ。19世紀初め，蝦夷地支配のため箱館奉行を設置する。日米和親条約の締結により，1855年開港。戊辰戦争の五稜郭の戦いの舞台。1869年に函館と改名した。1882年，開拓使廃止に伴い函館県を設置した。

最恵国待遇(条項)《日米和親条約》ｻｲｹｲｺｸﾀｲｸﾞｳ 他国に与えている最も良い待遇と同等の待遇を締約国にも与えること。和親条約で，日本側だけが一方的にこれを

強制され，通商条約に引き継がれた。

プ〔ウ〕チャーチン Putyatin 1804〜83 ロシア極東艦隊司令長官。1853年，長崎に来航し，条約締結を要求した。1854年，下田にディアナ号で来航し，日露和親条約を調印する。下田にいたディアナ号は安政の大地震の津波で大破したため，日本で帆船ヘダ号(伊豆半島の戸田で建造)をつくり，帰国する。1858年に再来日し，江戸で日露修好通商条約を締結した。

日露和親条約(日露通好条約) 1855年に締結。正しくは日露通好条約という。日米和親条約に準じ，下田・箱館・長崎を開港。このため長崎は，最恵国待遇によりアメリカ・イギリスにも開かれた。千島は択捉・得撫島間を国境とし，樺太は国境を定めず雑居地とした。

カムチャツカ

樺太
(両国民雑居)

占守島

択捉島
得撫島
国後島
色丹島
歯舞群島

0   400km

ハリス Harris 1804〜78 アメリカの外交官。アジア貿易に従事し，のち1856年初代アメリカ駐日総領事として下田に着任する。清がアロー戦争の結果，天津条約を結んだ報が伝わると，それを利用して幕府に通商を迫り，1858年，日米修好通商条約の調印に成功した。

日米修好通商条約 1858年調印。箱館・神奈川(のち横浜，下田は閉

鎖)・長崎・新潟・兵庫(実際は現在の神戸)の開港，江戸・大坂の開市(商取引を許す)，領事裁判権の設定，自由貿易，協定関税，公使の江戸駐在と領事の開港地駐在などを規定する。条約の改正交渉開始期限を明記。関税率などは別冊の貿易章程に拠った。

開市 外国人商人が開市された都市に入って自由に日本人商人と商取引きができることをいう。市が開かれる訳ではない。

自由貿易 《日本》貿易が国家や政治権力の介入・干渉を受けることなく，自由におこなわれることをいう。日米和親条約では，アメリカ人は下田・箱館で必要な物資を調達できるが，それは幕府の役人がおこない，一般人との取引きはできないので自由貿易は許可されていない。日米修好通商条約で自由貿易が認められた。

居留地 条約の締結国が外国人に一定地域を限って居住・営業を許可する地域。通商条約締結後，長崎・横浜が最初である。ここでの貿易を居留地貿易と呼び，居留地に住む外国人を居留民といった。東京では，開市に伴い築地に居留地が設けられた。

横浜 1859年の開港。攘夷派の武士が往来している東海道沿いの神奈川を避けて，小漁村の横浜に開港した。幕末貿易の80%を占める。運上所を中心に，外国人居留地と日本人街と呼ばれる日本人居留地からなる。

神戸 兵庫の港。江戸・大坂，兵庫・新潟の開市開港延期交渉により1867年5月兵庫に開港勅許が出て，12月に開港した。兵庫港東隣の神戸村に居留地を設け，そこが中心になったので神戸港が公称になった。

幕末の輸出品

生糸	原料から製品になるまで，すべて国内のものなので，輸出額すべてが利益となる。世界恐慌まで日本の輸出品の柱であった。
茶	最初は物めずらしさで外国へ輸出されたが，緑茶であったため，人気がなくなった。
蚕卵紙 （さんらんし）	蛾の卵を生み付けさせた紙。卵が孵化すると蚕となり繭をつくる。農家はこれを購入して養蚕をおこなった。当時のヨーロッパで蚕の病気が流行していたため，日本産が求められた。

幕末の輸入品

綿織物	機械制生産による，安価で良質のため多量に輸入され，江戸時代以来の日本の綿織物は各地の特産品を除き駆逐された。
毛織物	日本で生産されていなかった。幕末，幕府・諸藩の兵士用の軍服として必要とされた。
武器・ 艦船	幕府や諸藩の軍事力充実のために輸入された。

不平等条約（ふびょうどう）《日本》法権・関税自主権などで締結国相互が対等でない条約をいう。日本は日米和親条約で片務的な最恵国待遇を，修好通商条約で領事裁判権を認め，両国で相談して関税を決定する協定関税を容認して関税自主権も失った。これらの回復が明治時代の条約改正の重要課題となった。

外国奉行（がいこくぶぎょう）幕府の外交をつかさどる職。1858年の日米修好通商条約の締結後，海防掛（かかり）を廃止，新設された。初め水野忠徳（ただのり）・永井尚志（なおゆき）・岩瀬忠震（ただなり）らが任命された。

安政の五カ国条約（あんせいのごかこくじょうやく）1858（安政5）年に締結した5つの修好通商条約の総称である。1858年にアメリカと，続いてオ

ランダ・ロシア・イギリス・フランスと締結した。内容は日米修好通商条約とほぼ同じ。

咸臨丸（かんりんまる）約300tの幕府の木造蒸気軍艦。1857年にオランダから購入した。1860年に日米修好通商条約批准書を交換するために渡米した遣米使節の随行艦（司令官は木村喜毅（よしたけ），艦長は勝海舟（かいしゅう））となり，初めて太平洋横断に成功した。

幕末の政局

大老（たいろう）幕府最高の職。常置ではなく，非常の時に老中の上位に置く。酒井・土井・井伊・堀田の10万石以上の譜代大名より選任される。

井伊直弼（いいなおすけ）1815〜60 譜代大名の最高の石高である35万石の彦根藩主。1858年，大老に就任。同年，勅許を得ずに通商条約に調印し，将軍継嗣問題では南紀派（なんき）として徳川慶福（よしとみ）を推挙する。朝廷や反対派大名の家臣などを弾圧する目的で安政の大獄を断行したが，桜田門外で殺された。

将軍継嗣問題（しょうぐんけいしもんだい）病弱であった13代将軍家定に後継ぎの男子がなく，1857年から公然となった将軍の世継ぎ問題。徳川慶福を推す南紀派と徳川慶喜を推す一橋派が争い，朝廷にも工作する。1858年，井伊直弼の大老就任で南紀派が勝利し，慶福が14代将軍家茂となる。

徳川慶福（家茂）（とくがわよしとみ（いえもち））1846〜66 14代将軍（在職1858〜66）。紀伊国和歌山藩主。当時の将軍家は紀伊藩から将軍となった8代将軍徳川吉宗の血筋であったため，大老井伊直弼らに推されて1858年に将軍となり，家茂と改名する。1862年に和宮と結婚し，第二次長州征討の時，大坂城で病死した。

徳川（一橋）慶喜（とくがわ（ひとつばし）よしのぶ）1837〜1913 15代将軍（在職1866〜67）。水戸藩主徳川斉昭

の7男。1847年に一橋家を継ぎ，将軍継嗣問題で一橋派に推されたが実現せず。文久の改革では将軍後見職に就き，1864年に朝廷を守る禁裏御守衛総督・摂海防禦指揮に任命された。1866年，将軍に就任，翌年，大政奉還をおこなった。

福井藩（越前藩） 越前国福井を領域とする幕末には32万石の大藩。1601年，家康の2男結城秀康が入封する。2代目以降，松平氏を名乗る。幕末の14代松平慶永(春嶽)の時，領内の商人らと結んで財政再建や人事刷新をおこない，由利公正・橋本左内・横井小楠らを招いて藩政改革を推進する。13代将軍の後継ぎ問題では，徳川慶喜を支持し，藩主慶永は安政の大獄で隠居・謹慎となった。その後，政界に復帰し，明治維新政府の要職に就いた。

安政の大獄 1858～59年におこなわれた政治弾圧をいう。主として大老井伊直弼の専制に反対し，徳川慶喜(一橋慶喜)を支持する親藩・外様大名・志士らを処断し，連座100余人に及ぶ。吉田松陰・橋本左内らが刑死した。

桜田門外の変 1860年，安政の大獄に憤激した尊攘派志士(水戸浪士17人・薩摩藩士1人)が，江戸城桜田門へ登城中の大老井伊直弼を暗殺した事件。これにより幕府の権威は失墜した。

公武合体 雄藩の大名を中心として諸大名が幕府の政治に参加する公議政体論を背景とする公(朝廷)・武(幕府)の提携による政局安定策をいう。井伊大老の死後，老中安藤信正らの公武合体派は公武合体論を唱え，和宮降嫁を具体化して幕威の回復をはかった。安藤信正が江戸城坂下門で襲われ負傷した坂下門外の変で挫折した。

孝明天皇 1831～66 在位1846～66。公武合体の立場を採り，通商条約に強く反対した。妹和宮の降嫁を認め，尊攘急進派を抑制したが，第二次長州征討中に急死し，幕府の痛手となった。

和宮 1846～77 孝明天皇の妹。若くして有栖川宮熾仁親王と婚約。幕府の要請で1862年に家茂と結婚。和宮降嫁(降嫁とは皇女などが皇族以外の男性に嫁ぐこと)と呼ばれた。戊辰戦争では朝幕間の斡旋に尽力する。家茂の死後は仏門に入り，静寛院宮となる。

文久の改革 1862年，孝明天皇の勅命により実施された幕政改革をいう。徳川慶喜を将軍後見職，松平慶永を政事総裁職，松平容保を京都守護職に任用する。在府期間を3年1勤とする参勤交代の緩和や軍制改革などをおこなった。

将軍後見職 将軍の補佐役。1862年，文久の改革により徳川慶喜が任じられ，慶喜の政治活動を保障した。1864年に廃止される。

尊王攘夷運動 天皇を政治の中心にしようとする尊王運動には天誅組の変(1863.8～9)，生野の変(1863.10)，水戸・天狗党の乱(1864.3～12)などがあり，攘夷運動には米国通訳官ヒュースケン暗殺(1860.12)，イギリス仮公使館東禅寺焼打ち(1861.5)，生麦事件(1862.8)，品川御殿山イギリス公使館焼打ち(1862.12)などがある。

東禅寺事件 1861年，水戸藩浪士14人が，イギリス仮公使館の江戸高輪の東禅寺を襲撃した事件。この結果，品川御殿山に各国公使館を移転することとなった。

イギリス公使館焼打ち事件 1862年に高杉晋作ら約10人が，品川御殿山に建築中のイギリス公使館を襲撃して全焼させた事件。

薩摩藩さつまはん（鹿児島藩かごしまはん）《幕末》薩摩・大隅2国を領有する大藩。77万石。幕末に重豪・斉彬しげひで・なりあきら らの名君を出し，雄藩となる。斉彬の弟久光が公武合体策をもって江戸幕府の改革に奔走するも江戸からの帰途に生麦事件を起こした。その報復によって薩英戦争となり，鹿児島が焼き払われた。イギリスの実力を知った薩摩藩は攘夷の不可能を悟った。のち長州藩と結んで倒幕派を形成した。

生麦事件なまむぎじけん 1862年，薩摩藩の島津久光一行が江戸からの帰途中に，その従者の武士が横浜近郊の生麦で，イギリス人4人の行列への非礼をとがめ，3人を殺傷した事件。これが原因で翌年にイギリス東洋艦隊が鹿児島を攻撃する薩英戦争が起こり，薩摩藩は鹿児島の大半を焼失し，賠償金の支払いと犯人の処刑を確約した。

薩英戦争さつえいせんそう 1863年，生麦事件の報復のため，イギリス艦隊が鹿児島沖に来航して交戦となる。双方ともかなりの被害を受け，講和が成立する。薩摩は攘夷の無謀を理解し，講和後に両者は接近した。

西郷隆盛さいごうたかもり 1827〜77 薩摩藩士。下級武士として尊攘運動に活躍し，薩長連合を結ぶ。戊辰戦争の参謀。1871年に参議となり，廃藩置県に尽力する。しかし征韓論により下野げや，1877年，西南戦争を起こして敗れ，自刃した。

大久保利通おおくぼとしみち 1830〜78 薩摩藩士。薩長連合・王政復古に活躍。廃藩置県を建議。岩倉使節団に参加。帰国後，征韓論に反対し，参議兼内務卿として殖産興業に尽力する。藩閥政府の中心として権力を奮ったが，東京の紀尾井坂きおいざかで暗殺された。

長州藩ちょうしゅうはん（萩藩はぎはん）萩を城下とし，周防・長門2国を領有する外様の大藩。37万石。毛利元就もとなりは戦国時代に中国地方の10カ国を領したが，輝元てるもとの代に関ヶ原の

戦いで2国に削封される。幕末期の藩主敬親たかちかは財政難を克服し，薩摩藩とともに雄藩として倒幕運動を推進した。1863年，城を山口に移す。

毛利敬親もうりたかちか 1819〜71 長州藩主。村田清風せいふうを登用する。藩校明倫館めいりんかんを充実させ，兵制を改革して藩政を刷新。攘夷の決行に当たり，下関でアメリカ・フランス・オランダ船攻撃を実行する。朝廷のとがめを受けたが，のち倒幕派となる。

長州藩外国船砲撃事件ちょうしゅうはんがいこくせんほうげきじけん（下関事件しものせきじけん）長州藩が朝廷の命を受け，攘夷決行期日の文久3（1863）年5月10日，関門かんもん海峡を通るアメリカ・フランス・オランダ船を砲撃し，若干の損害を与えた事件。のちに，その報復として，四国艦隊下関砲撃事件が起こる。

禁門の変きんもんのへん（蛤御門の変はまぐりごもんのへん）八月十八日の政変で薩摩藩と会津藩に京都を追われた長州藩の急進派が，1864年の池田屋事件を契機に入京した。薩摩・会津・桑名の藩兵と天皇の邸宅である御所の蛤御門付近から交戦し始め，敗走した武力衝突事件。天皇の御所へ向けて発砲したため朝敵となる。

四国艦隊下関砲撃事件しこくかんたいしものせきほうげきじけん（下関戦争しものせきせんそう）長州藩の外国船砲撃事件の報復と関門海峡通行の安全を確保するため，1864年にイギリス・フランス・アメリカ・オランダの四国連合艦隊が下関を砲撃し，陸戦隊を上陸させて下関の砲台などを占領した事件。この結果，長州藩では開国を主張する勢力が台頭した。

長州征討（追討）ちょうしゅうせいとう（ついとう）《第一次》禁門の変を理由に，征討令（長州征討の勅命）を受けた幕府が征長軍を組織し，1864年に長州藩を攻めた戦争。その結果，四国艦隊下関砲撃事件後に長州藩の政権を握っていた俗論派ぞくろんは（上層保守派）は藩内の

尊攘派を弾圧し，恭順（慎しんで従う意）の態度をとった。

長州征討《第二次》 1865年，高杉晋作らが再び長州藩の実権を握り，倒幕の動きを強めたため，幕府が長州再征の勅許を得て，再び征討令を発して長州藩を攻めた戦争。1866年6月に戦闘が始まり，芸州口・石州口・小倉口で交戦したが，幕府側は連敗，将軍家茂の病死を機に，8月に停戦した。

奇兵隊 長州藩の正規の藩士の兵以外で組織された軍隊。1863年に高杉晋作が下関の豪商白石正一郎の後援を得て組織する。隊員の約30％は庶民。第二次長州征討・戊辰戦争で倒幕軍の主力として活躍，1870年解散した。

高杉晋作 1839～67 長州藩士。松下村塾に学び，尊攘運動で活躍してイギリス公使館を焼き打ちした。1863年に奇兵隊を組織し，第一次長州征討後に下関で挙兵する。藩の主導権を保守派から奪い，藩論を倒幕に転じさせた。第二次長州征討の時，同隊を率いて抵抗したが，病死した。

木戸孝允（桂小五郎） 1833～77 長州藩士。吉田松陰に学ぶ。西郷・大久保らと薩長連合を結び，倒幕運動に活躍。維新後は参与・参議となり，版籍奉還・廃藩置県などに尽力した。

薩長連合（同盟・盟約） 第二次長州征討に当たり，結ばれた薩摩・長州両藩の同盟をいう。1866年，京都で坂本龍馬・中岡慎太郎らの斡旋により，薩摩の小松帯刀・西郷隆盛，長州の木戸孝允が会盟，相互援助を約し，倒幕の主力を形成した。

坂本龍（竜）馬 1835～67 土佐の郷士（農村に住みながら武士身分を与えられた者）出身。土佐勤王党に参画したが，脱藩する。1864年，長崎に結社である亀山社中（のちの海援隊）を組織し，いろは丸などを使って海運・貿易事業を展開する。1866年，薩長連合を斡旋し，翌年「船中八策」を起草する。大政奉還・公議政体を唱えて活躍中，中岡慎太郎とともに京都河原町で暗殺された。

中岡慎太郎 1838～67 土佐藩の尊攘派志士。1861年，武市瑞山の土佐勤王党に参加する。1867年に陸援隊を組織し，倒幕運動に尽力したが，坂本龍馬とともに京都河原町で暗殺された。

幕末の社会

世直し 世均しの理想を込め，社会的変革を求める民衆運動を指す。消極的な世直りも含む。幕末の慶応から明治初期にかけては，世直し一揆・打ちこわしの形態を取った。貧民が地主・特権商人を攻撃，年貢減免などを要求した。

世直し一揆（世直し騒動） 幕末・維新期に世直しの実行を求めて起こした百姓一揆。特に慶応年間には米価の高騰もあり，江戸・大坂を中心に一揆・打ちこわしが頻発した。1866（慶応2）年には武州世直し一揆や奥州の信夫・伊達郡の一揆（信達騒動・信達一揆），出羽国村山郡の一揆など，100件を超す江戸時代最高件数の一揆が起こった。

打ちこわし 都市の下層町人や貧農が，金融業者・米商人や名主などを襲い，家屋や家財を破壊する行動をいう。18世紀後半から多発し，幕末には「世直し」を叫んだ。

ええじゃないか 1867年秋から冬にかけて，東海道・近畿・四国地方に広がった民衆の狂乱をいう。「ええじゃないか」と連呼・乱舞し，京坂一帯が無政府状態となり，その間に倒幕運動が進展した。

幕末の文化

蘭学 オランダ語を通じて学ばれた学術などの総称である。8代将軍吉宗の実学奨励策で発展し，『解体新書』の訳述などの成果を生む。19世紀に入り，蛮書和解御用が設置され，官学化したが，民間にも多くの蘭学塾が生まれた。学問としては初めは医学中心であったが，のち物理学・化学などの自然科学，軍事学へと広がった。

高島流砲術 高島秋帆(1798〜1866)は，長崎の町年寄兼鉄砲方の家に生まれる。オランダ人に砲術を学び，高島流砲術を確立する。1841年，幕府に招かれ，江戸郊外徳丸が原(現在の板橋区高島平)で日本で最初の洋式銃陣の訓練をみせた。ペリーが来航すると，1857年，講武所砲術師範となる。

反射炉 溶鉱炉の一種で，大砲を製造するため幕末期に築造された。炉内で火炎を反射させて，鉱石や金属を熱するところからこの名がある。1850年，佐賀藩がオランダの本から学んでつくったのが最初で，薩摩・水戸・伊豆の韮山でも築造された。韮山の反射炉は，伊豆の代官江川太郎左衛門が築造し，品川台場の大砲などをつくった。

海軍伝習所 1855年，長崎西役所に設置した海軍教育機関。オランダ寄贈の軍艦観光丸(スンビン号)を使い，訓練した。カッテンディーケらのオランダ海軍士官が指導に当たった。勝海舟・榎本武揚や諸藩士も参加した。

講武所 幕府の武術訓練機関。1854年に講武場，56年に講武所として江戸築地に正式に発足した。国防強化のため，幕府直参とその子弟に剣・槍のほか，西洋砲術・洋式軍事訓練をおこなった。1857年に軍艦操練所を併設する。

蕃書調所 幕末の幕府の洋学教授・翻訳所。1855年，蛮書和解御用を洋学所とし，56年に蕃書調所と改称し，翌年に開校した。当初は軍事科学の導入に重点が置かれ，旗本の子弟・藩士が入学し，英学・蘭学・科学技術などを教授した。

長崎製鉄所 幕府が軍艦修理の必要から1857年に起工し，オランダから機械一式を購入して，61年に完成した修理工場を製鉄所といった。1868年に明治新政府に引き継がれ，71年に工部省所管となった際に，長崎造船所と改称した。のち，官業払下げで三菱の所有となった。

横須賀製鉄所 幕府が海防政策のため，フランス人指導の下で1865年に設立した艦船の修理工場を製鉄所といった。のち明治新政府が接収し，ドックを建設して1871年に横須賀造船所と改称する。1903年，横須賀海軍工廠と改名された。

明治維新と日本の立憲体制

❶ 明治維新と諸改革

明治新政府の発足

公議政体論(こうぎせいたいろん) 公議(公衆の認める議論)によって政治をおこなおうとする主張。洋学者などによる議会政治思想の影響による。薩長らによる15代将軍徳川慶喜(よしのぶ)を政権から完全に排除する武力倒幕派に対し，土佐藩が公議政体派として徳川将軍家を含めた雄藩連合政権を主唱した。すなわち，将軍を議長とする諸侯(大名)会議が政権を担うことを構想する。

土佐藩(とさはん)(**高知藩**(こうちはん)) 土佐1国を領する外様の大藩。24万石。幕末の藩主山内豊信(やまうちとよしげ)が現れて，吉田東洋ら「おこぜ組」と呼ばれる改革派の藩士たちを起用し，藩政を改革。藩財政の強化と軍備増強に努めて開成館をつくり，国産貿易をはかった。薩摩藩・長州藩とともに幕末の政局を動かした。土佐藩を脱藩した坂本龍馬・中岡慎太郎が薩長同盟を実現させた。また，山内豊信は公武合体策を進め，大政奉還を実現させた。

大政奉還(たいせいほうかん) 15代将軍慶喜が征夷大将軍を辞し，朝廷へ政権を返上したこと。1867年10月，土佐・安芸両藩が土佐藩前藩主山内豊信(よしのぶ)を通して慶喜に大政奉還を建白した。これ以後も諸侯(大名)会議によって権力維持を考えていた慶喜は，10月14日，これを受け入れて上表した。

岩倉具視(いわくらともみ) 1825〜83 幕末・明治期の政治家，公家。公武合体を策し，のち倒幕論に転向する。薩長倒幕派と結んで15代将軍慶喜を政権から完全に排除する王政復古のクーデタを画策した。明治維新後，明治政府の右大臣となり，1871年，岩倉使節団の大使として欧米を視察し，帰国後は征韓論に反対した。欽定憲法・天皇制の確立に努めた。

王政復古の大号令(おうせいふっこのだいごうれい) 薩長の武力倒幕派が計画し，1867年12月に発表された政体変革の命令書。摂政・関白の廃止，幕府の廃絶，三職(さんしょく)の設置，諸事神武創業の昔への復帰などを宣言した。徳川幕府を完全に否定する権力奪取クーデタである。天皇中心の新政府樹立を目指した。

小御所会議(こごしょかいぎ) 1867年12月，王政復古の大号令が発令された夜に京都御所内の小御所で開催された会議。公議政体派を退け，辞官納地(徳川慶喜の内大臣辞任と幕領収入の半分返上)を決定した。徳川慶喜は征夷大将軍を辞職した上に内大臣を辞すと無位無官の一般人となり，新政府の政権からは完全に排除される。また，当時は石高の2分の1しか年貢収入はないので，幕領(幕府直轄領)の収入の半分返上は幕府収入がまったくなくなることを意味した。この会議決定で慶喜や旧幕府側は開戦を決意した。

戊辰戦争(ぼしんせんそう)(**戊辰の内乱**(ないらん)) 1868年(戊辰の年)，鳥羽・伏見の戦いから翌年の五稜郭の戦いまでの新政府と旧幕府勢力間の戦争をいう。官軍の東征，江戸開城，越後の長岡城の戦い，奥羽越列藩同盟の中心会津若松城攻撃などがあり，1869年，五稜郭の戦いで旧幕府軍は降伏した。

鳥羽・伏見の戦い（とば・ふしみのたたかい） 慶喜への辞官納地の処置に憤激した大坂の旧幕府の兵が，1868年正月に大挙入京し，京都近郊の鳥羽・伏見で薩長の兵と交戦し，敗退した戦い。これを機に朝廷側の慶喜追討令が出され，東征軍が形成された。戊辰戦争の発端となる。

勝海舟（かつかいしゅう）**（義邦**（よしくに）**）** 1823〜99 幕臣。号が海舟。明治以降は安芳。1860年に咸臨丸艦長として遣米使節に随行する。戊辰戦争の際，江戸高輪（たかなわ）で西郷隆盛と会見し，江戸無血開城に努力した。明治政府で参議兼海軍卿となる。枢密顧問官などを歴任した。

奥羽越列藩同盟（おううえつれっぱんどうめい） 戊辰戦争の際に，輪王寺宮能久親王（よしひさ）を擁して結成された奥羽諸藩の反新政府同盟。1868年5月に仙台・米沢の両藩の主唱により東北25藩が盟約，越後6藩が参加した。仙台藩領白石（しろいし）に公議府を設置した。9月に仙台・米沢両藩が降伏して崩壊した。最後に会津若松城が落城した。

会津藩（あいづはん） 陸奥（むつ）国若松（現在の福島県会津若松市）を城域とする23万石の親藩の大藩。9代藩主の松平容保（かたもり）が京都守護職となって幕末の幕政を支える。戊辰戦争では奥羽越列藩同盟の中心として官軍と戦うが，会津若松城が落ち，降伏した。

松平容保（まつだいらかたもり） 1835〜93 会津藩主。京都守護職。薩摩藩と協力して尊攘派を京都から追放（八月十八日の政変）する。公武合体の立場で幕府を支えた。戊辰戦争の時，会津若松城で抗戦，敗れて謹慎に処分された。

会津の戦い（あいづのたたかい） 戊辰戦争における東北での最後の戦い。会津・庄内藩への追討命令に対し，東北諸藩は奥羽越列藩同盟を結んで，抵抗した。1868年8〜9月に会津若松城で激戦となり，会津藩は飯盛山（いいもり）

で自刃した少年の白虎隊（びゃっこたい）や女子の娘子軍（ろうし）も参加したが敗れる。諸藩も降伏して同盟は崩壊した。

五稜郭の戦い（ごりょうかくのたたかい） 1868年，箱館の五稜郭における旧幕府の軍艦を率いた榎本武揚（たけあき）と官軍とが抗戦する。翌1869年5月に五稜郭は陥落して旧幕軍は降伏した。戊辰戦争が終った。

明治維新（めいじいしん） 薩長など西南雄藩の革新的下級武士の主導で，1868年に江戸幕府を倒し，中央集権国家を目指して「百事御一新」を掲げて進められた近代国家形成の契機となった政治変革。以後，殖産興業・富国強兵をスローガンに近代化政策を推進する。西南戦争後，自由民権運動を経て，1889年明治憲法による立憲国家体制を確立した。御一新とも呼んでいる。

中央集権国家（ちゅうおうしゅうけんこっか） 政治権力と財源が中央政府に一元化されている国家。日本では明治維新によって明治政府が成立したとされる。

明治天皇（めいじてんのう） 1852〜1912 在位1867〜1912。1868年，五箇条の誓文を宣言し，69年，東京遷都をおこなう。1872〜85年に全国巡幸（じゅんこう）をおこない，89年に明治憲法を制定する。1890年，教育勅語の発布，日清・日露戦争の勝利など，在位45年間に天皇制の基盤を築き，近代日本の発展を

みた。

御誓祭（ごせい） 1868年3月14日，京都御所の紫宸殿（ししんでん）でおこなわれた天神地祇誓祭（てんじんぎぎせいさい）（神々を祀る祭祀）のこと。ここで，明治天皇が文武百官を率いて天地神明に誓うという形で五箇条の誓文が示された。

五箇条の〔御〕誓文（ごかじょうの〔ご〕せいもん） 1868年3月発布の新政府の基本方針。初め諸侯会盟（大名を集めての盟約）の議事規則として由利公正（ゆりきみまさ）が原案を起草し，福岡孝弟（たかちか）が修正した。木戸孝允が福岡案の「列侯会議ヲ興シ」を「広ク会議ヲ興シ」とし，列藩同盟の形を国の進むべき方針の形に改め，明治天皇が神に誓う形式で発布した。天皇中心の国家体制をつくることを内外に明らかにした。

三条実美（さんじょうさねとみ） 1837〜91 公卿。八月十八日の政変で失脚し，長州に逃れた（七卿落ち）。王政復古後，議定（ぎじょう）となり，1868年3月14日の御誓祭で五箇条の誓文を読み上げた。1871〜85年太政大臣。征韓論収拾に苦慮した。1884年に公爵（こうしゃく）となる。1885年以後は内大臣となる。

五榜の掲示（ごぼうのけいじ） 1868年，五箇条の誓文公布の翌日に掲げられた人民の心得を表わす五枚の木でつくられた高札のこと。(1)五倫道徳遵守，(2)徒党・訴訴・逃散禁止，(3)キリスト教を邪宗門として厳禁，(4)外国人への暴行禁止，(5)郷村脱走禁止。旧幕府の民衆統制を継承し，キリスト教（切支丹）邪宗門などが示された。

太政官（だじょうかん） 1868〜85年の最高官庁。政体書で立法・司法・行政の3権を統轄する官庁として設置，下に七官を置く。王政復古を目指す立場から古代律令国家の最高官庁の名称を用いた。1869年の版籍奉還後の官制で6省を管轄する官庁となり，左・右大臣，大納言，参議が政治に参画する。1871年，三院制に移行する。

府藩県三治制（ふはんけんさんちせい） 明治新政府の基本的政治体制を規定した政体書の地方制度。戊辰戦争中ではあるが，新政府の直轄地に編入された土地のうち，東京・大阪・京都などの重要地に府，他に県を設置し，それぞれに知府事と知県事を置き，藩は従来通り諸侯（藩主）が治める。

東京遷都（とうきょうせんと） 1868年7月，江戸を東京と改めて東京府を開設した。翌年3月に天皇が鳳輦（ほうれん）（天皇行幸（ぎょうこう）の際の正式な乗物）に乗って東京に移り（東京行幸），政府も東京に移ったが，東京遷都の正式な発表はなかった。

大阪（おおさか） 近世にはほとんど大坂と表記されることが多いが，大阪の文字が広く用いられるようになったのは，1877(明治10)年前後である。

一世一元の制（いっせいいちげんのせい） 天皇一代の間に，元号は1つにして変えない制度。1868年，明治改元の詔で確定した。

廃藩置県

版籍奉還（はんせきほうかん） 1869年，諸藩主が土地（版図（と））と人民（戸籍）を返上した改革をいう。大久保利通・木戸孝允らが建議した。薩長土肥4藩主が奉還を出願，他藩主もならった。旧藩領には藩主が改めて新政府から知藩事に任命される形をとった。

知藩事（ちはんじ） 版籍奉還後，旧藩主をそのまま任命した旧藩領を支配する地方官。廃藩置県により廃止される。

御親兵（ごしんぺい） 明治新政府の直属軍のこと。1871年，廃藩置県に備えて薩長土3藩の兵1万人で組織した。兵部省の管轄。1872年に近衛兵と改称する。

廃藩置県（はいはんちけん） 1871年，幕藩体制を解体し，全国を政府の直轄地とする改革。木戸・大久保らが提唱した。薩長土3藩から御親兵を集めて武力を強化し，藩の廃止を

断行，中央集権国家となった。旧藩の債務は新政府に引き継がれた。全国3府302県，すぐ3府72県に整理した。1888年3府43県となる。

府知事（ちじ）廃藩置県後に府に置かれた地方長官。廃藩置県後の府は，東京，大阪，京都である。明治新政府に任命され，赴任した。

県令（けんれい）廃藩置県後，旧藩の知藩事は東京集住を命じられ，それに代わって新政府から地方長官として任命された。幕末・維新の功労者が多かった。1886年，府県ともに地方長官の名称は知事となった。

四民平等への諸改革

士農工商（しのうこうしょう）江戸時代の職能に基づく身分制をいう。社会を構成した主要な身分である武士・農民・職人・商人を指し，総称して四民という。公家・僧侶・神職は，武士に準じる身分とされ，農工商の下には賤民としてえた・非人があった。

四民平等（しんみびょうどう）明治維新により士農工商（四民）の封建的身分制度が撤廃され，華族・士族・平民の3つの戸籍上の分類に再編されたこと。平民に苗字，華士族との通婚，職業移転の自由を認めた。

華族（かぞく）1869年，江戸時代の公卿・大名に与えた戸籍上の名称。1884年の華族令公布で特権的身分として五爵（公爵，侯爵，伯爵，子爵，男爵）を設け，維新の功臣にも授与した。議会が開設されると貴族院議員となった。1947年に廃止される。

士族（しぞく）1869年，旧幕臣・旧藩士に与えた戸籍上の名称。江戸時代以来の俸禄支給をなくした秩禄処分後は生活が困窮し，社会問題を引き起こす。

卒（そつ）1869年，旧足軽以下の下級武士に与えた戸籍上の名称。1872年に世襲していた者を士族，一代限りの足軽は平民に編入して廃止された。

平民（へいみん）1869年，農工商に属する庶民に与えた戸籍上の名称。1871年に従来のえた・非人とされた人々も平民とされたが，差別はその後も残った。

えた・非人の称を廃止（身分解放令（みぶんかいほうれい）**）** 1871年，えた・非人の称を廃し，身分・職業ともに平民同様にするという太政官布告のこと。しかし，その後も経済的・社会的差別はなくならなかった。そのため解放令反対一揆が起こり，被差別部落襲撃事件も発生した。

えた（穢多） 農業従事者もいるが，皮革処理や牢屋の牢番・行刑役などを主な生業とした。かわた・きよめなどと呼ばれる賤民を含む。えた頭（がしら）の支配下にあり，一般人との交際や居住地を制限された。1871年のえた・非人の称廃止時に28万人余という。

ひにん（非人） 物乞い・遊芸・清掃などに従事した賤民。村や町の番人を務めることもあった。貧困で借金の返済ができずにいた者や犯罪の刑罰として非人となる者もあった。関東では，えた頭の支配に属する非人頭（ひにんがしら）が支配した。1871年のえた・非人の称廃止時に約2万3000人という。

戸籍法（こせきほう）1871年の制定。各府藩県ごとにおこなわれていた戸籍作成の規則を，全国的に統一した法規。町村を管轄する戸籍区が設置され，その責任者に戸長が当てられた。1898年の民法施行後，数度の改正を経て現在に至る。

苗字（みょうじ）**（名字**（みょうじ）**）** 中世の武士は自分の住んでいる所や自分の経営する所領によって名字を名乗った。本拠とする地を名(苗)字の地といった。明治期に入り，戸籍が作成される時，平民の名(苗)字は氏でも家名でも，また新たに屋号などからつく

った名(苗)でもよく，この登録された戸籍名が名(苗)字となった。

徴兵制（ちょうへいせい） 国家は国民が防衛すべきであるとの考え方から，兵役を国民の義務として負わせる制度。フランス革命を防衛するために始められた国民軍が原型。日本ではプロイセン＝フランス戦争(普仏戦争)後のヨーロッパの兵制にならって山県有朋が実現した。

徴兵告諭（ちょうへいこくゆ） 1872年11月，全国徴兵の詔に基づいて出された太政官布告。「……西人之ヲ称シテ血税ト云フ。其生血ヲ以テ国ニ報ズルノ謂ナリ」の血税という語の誤解(生血を取られると勘違い)もあって，血税一揆(騒動)が起こる。

徴兵令（ちょうへいれい） 1873年1月，徴兵告諭と全国徴兵の詔に基づき，国民皆兵の方針により，満20歳以上の男性を兵籍に編入し，兵役に就かせる法令。これにより徴兵制〔度〕が整備された。大村益次郎の発案，山県有朋が継承して実現した。

秩禄処分（ちつろくしょぶん） 封建的秩禄(家禄と賞典禄)制度を廃止すること。廃藩置県後，旧大名から引き継ぎ，政府が支給することになった華士族へ支給していた秩禄は国家財政の30％を超え，政府の負担となったため，富国強兵・殖産興業に充てる財源がなかった。政府は1873年に秩禄奉還の法を定めて整理を始め，76年に数年分の金禄をまとめた金禄公債証書を発行して秩禄制を強制的に全廃した。

秩禄（ちつろく） 廃藩置県後，明治政府は士族の江戸時代の俸禄を大名から引き継いだ家禄と，明治維新の功労者に新たに与えた俸禄である賞典禄とを合わせて秩禄と称した。

家禄（かろく） 版籍奉還の際，華族・士族・卒に，江戸時代以来の俸禄に代えて，政府が与えることになった世襲的な禄米。米で支給され，江戸時代以来の俸禄に比して大幅に減額された。

賞典禄（しょうてんろく） 維新期の功労者に賞として与えられた秩禄のこと。例えば，西郷隆盛は3000石の賞典禄を支給された。

金禄公債証書（きんろくこうさいしょうしょ） 1876年，秩禄を強制的に廃止するに当たり，その代償として支給された金禄公債の証書のこと。新貨条例制定に合わせ，それまで石高で表示していた秩禄を金額で表示し，金禄といった。金禄公債証書発行条例により，30年以内の償還が定められた。

廃刀令（はいとうれい） 1876年，明治政府が出した軍人・警察官以外の者が日常的に帯刀することを禁止する法令。刀は江戸時代の支配階級である武士の象徴。士族の身分的特権が消滅した。

貨幣・金融制度の整備

不換紙幣（ふかんしへい） 正貨(紙幣の価値を裏付ける金や銀)との兌換(引換え)が保証されていない政府紙幣のこと。1868年発行の太政官札や69年発行の民部省札がその例である。

太政官札（だじょうかんさつ） 1868年，由利公正の建議で発行された最初の木版刷りの政府紙幣をいう。10両や1両で表示された高額紙幣である。明治政府の信用がまだなく，金と交換できない不換紙幣であるため，価値は下落した。1879年に交換回収された。

民部省札（みんぶしょうさつ） 1869年，民部省が発行した木版刷りの政府紙幣をいう。太政官札を補助する分(1分は1両の4分の1)や朱(1朱は1両の16分の1)で表示された小額紙幣で，不換紙幣である。1878年まで流通した。

新貨条例（しんかじょうれい） 1871年公布。近代的・統一的貨幣制度を確立するための条例。金本位制の確立と貨幣制度混乱の収拾が目的。

伊藤博文の建議により，1円金貨を原貨とする新硬貨をつくり，金額表示を江戸時代以来の両・分・朱から円・銭・厘の十進法を採用した。実際は金銀複本位制で銀本位制に移行した。

円・銭・厘（えん・せん・りん）　新貨条例で江戸時代からの1両を1円と定めた。1円の100分の1が1銭，1銭の10分の1を1厘とし，通貨を10進法とした。

新紙幣（しんぺい）（**明治通宝札**（めいじつうほうさつ））　新貨条例制定後の1872年に政府が発行した不換紙幣。両に代わり円で金額を表示する。ドイツの最新の印刷機械で製造されたことからゲルマン紙幣とも呼ばれる。

貿易銀（ぼうえきぎん）　新貨条例では1円金貨を本位貨幣とする金本位制であったが，当時の東アジアでは銀が貿易決済に使われる銀本位制であった。そのため，貿易の支払いに便利な1円貿易銀貨を製造し，横浜・神戸・長崎などの開港場に限って，支払いのために無制限に利用できるようにした。

兌換銀行券（だかんぎんこうけん）　紙幣の価値を裏付ける正貨（金や銀）と引き換える（兌換という）ことができる銀行が発行した紙幣のこと。

国立銀行条例（こくりつぎんこうじょうれい）　1872年，殖産興業促進や不換紙幣を整理するために，渋沢栄一らの尽力で公布された条例。国立銀行券を発行できたが，兌換義務を採ったため，銀行の設立が難しく，初めは4行にとどまる。その後，不換銀行券も発行可能とし，国立銀行の設立は急増した。

国立銀行（こくりつぎんこう）　1872年の国立銀行条例により設立された銀行のこと。National Bank（ナショナル＝バンク）の直訳で，政府が認めた銀行の意味。私立銀行である。翌年から東京・横浜などに4行が設立された。当初は発行銀行券に正貨兌換を義務付けたが，1876年に兌換停止にな

ると，79年の第百五十三国立銀行まで設立された。

国立銀行紙幣（こくりつぎんこうしへい）　国立銀行の資本金は5万円以上で，その6割までをそれまで濫発していた太政官札などの政府紙幣で政府へ納付して同額の金札引換公債証書を下付され，これを抵当として国立銀行紙幣を発行することができた。しかし，残りの資本金の4割は正貨（金貨・銀貨）で兌換準備に充てる必要があった。国立銀行紙幣発行の目的は，不換紙幣として濫発された太政官札や民部省札を回収するためであった。金や銀の正貨を準備することは困難で，当初の国立銀行設立は4行のみだった。そのため，政府は国立銀行条例を改正し，正貨準備の設立条件をはずしたため，結局，国立銀行紙幣も不換紙幣の濫発に終った。

地租改正

地租改正（ちそかいせい）　従来の年貢収納制度に代わり，1873年の地租改正条例により実施された土地制度・課税制度の変革のこと。1881年までにほぼ完了した。土地を測量し，収穫量を調査して土地の等級を定め，その土地が売買される場合の価格（地価）を公定した。地券所有者が地価の3％の地租を，豊凶に関係なく金納した。政府の財政は安定したが，農民の負担は軽減せず，村人たちが共同で使用していた入会地は所有者が不明であるとの理由で官有地に編入されたため，農民の不満も大きかった。

地券（ちけん）　1872年に発行された土地所有権の確認証。土地の所在・所有者・地目・段別・地価が記載された証書。土地を売買する時には売り渡す相手にこの証書を渡して売買が成立する。1886年，登記法の実施で廃止された。

地価 田畑面積・収穫高・平均米価などを基に決定した公式の土地の価格。地租額を決定する時の基準となる。

地租 地租改正によって定められた地価から算出された金納の固定税のこと。地租率（税率）は地価の３％とされたが反対一揆が起こり，1877年には2.5％に減じられた。

富国強兵・殖産興業

富国強兵 明治初期の国家目標のこと。欧米列強に肩を並べるため，経済発展と軍事力の強化による近代国家の形成を目標とし，スローガン化した。

殖産興業 政府の官営模範工場や直営事業場を明治国家がおこなう上からの近代産業育成の政策のこと。富国強兵を目標として，国家がみずから資本主義化を推進するスローガン。内務卿として大久保利通が推進した。内務省と工部省により推進された。

大久保利通 1830〜1878 薩摩藩を率いて西郷隆盛とともに討幕運動をおこない，明治新政府を樹立する。岩倉使節団の副使として欧米を視察し，帰国する。西郷隆盛の征韓論に反対した。西郷らが明治新政府を去ったのち，参議兼内務卿として殖産興業に全力を注ぐ。1878年５月，東京の紀尾井坂で不平士族に襲われて死去した。

お雇い外国人 明治初期，西洋の学問・技術を導入するため，政府機関・学校などに雇われた欧米人のこと。お（御）雇い外国人と呼ばれた。ピークの1874年には，イギリス・アメリカ・フランス・ドイツ・イタリア人など858人。工部・兵部・文部省に多い。民間の学校や事業所に雇われた外国人も1897年には765人いた。

工部省 殖産興業関係の官庁。1870年に設置される。工部卿（工部省の長官）として伊藤博文が主導した。主に鉄鉱や炭鉱などの鉱工業部門，近代産業のインフラ整備のための鉄道敷設を担当する。産業の近代化に貢献した。1885年に廃止される。

工部大学校 欧米の最新の工業技術を教える高等教育機関。教師はほとんどがお雇い外国人で，1874年に工部省所管の工学校として開校した。1876年，工部美術学校を付設する。1877年，工部大学校となり，85年に文部省所管となる。1886年，東京大学に吸収され，帝国大学工科大学となる。卒業生に辰野金吾・高峰譲吉らがいる。

官営模範工場 殖産興業政策のため，政府が直営した工場のこと。特に軍事工業に力を注ぐ。輸出を伸ばして外貨を稼ぐことを目標として生糸の富岡製糸場のような軽工業の模範工場も経営した。1881年頃から払い下げられた。

富岡製糸場 1872年，群馬県富岡に開設した製糸の官営模範工場。お雇い外国人のフランス人技師ブリューナの指導やフランス製機械により，近代的熟練工を養成し，均質で良質な生糸を製造し，輸出することを目指した。集めた子女は士族の子女たちで，出身地へ帰り，故郷で生糸の生産技術を広めた。1893年，三井へ払い下げられる。2014年，絹産業遺産群とともに世界文化遺産に登録された。

鉄道開通 《日本》鉄道敷設計画は，イギリス人モレルの指導の下，大隈・伊藤らが進め，イギリスの技術とイギリスより100万ポンド（488万円）を借りておこなわれた。新橋駅と横浜駅間に敷設。狭軌鉄道（鉄道のレールの間隔が1.067mの線路，世界的な標準軌は1.435m）で，イ

ンドのイギリス植民地と同じ。1872年に完成し、当時、蒸気機関車は陸蒸気と呼ばれた。

郵便制度(ゆうびんせいど) 江戸時代の飛脚制度に代わる手紙や荷物を送り継ぐ近代的官営事業。順々に送り継ぐので、駅逓とも呼ばれた。駅逓頭前島密(えきていとうぜんじまひそか)の立案で1871年創業した。郵便役所(1875年郵便局と改称)を各地に設置し、ポスト(郵便箱)・郵便切手・郵便配達夫を採用して全国に郵便網を張り巡らし、全国均一料金制による確実な通信を可能にした。

電信(でん) 1869年、東京・横浜間に電信線が架設され、公衆電報の取扱いを開始した。初め工部省、1885年から逓信省の管轄となる。無線電信の開始は1900年頃で、1871年には海底電線が長崎・上海間に開通し、国際電信が可能となった。

電話(でん) 1877年に輸入され、官庁間で実験的に採用される。1889年に逓信省が東京・熱海間で公衆市外電話取扱いを開始した。翌年、東京・横浜間で交換業務を開始する。1900年に自働電話(公衆電話)が、新橋・上野駅に設置された。

横須賀造船所(よこすかぞうせんじょ) 旧幕府横須賀製鉄所を引き継いだ造船所。1871年に拡張してドックを完成し、横須賀造船所と改称す
る。フランス人技師ヴェルニーの指導により、艦船を建造した。工部省所管。のち横須賀海軍工廠となる。

軍艦清輝(ぐんかんせいき) 軍艦清輝は、1874(明治6)年11月に横須賀造船所で起工し、1876(明治9)年6月に竣工した最初の国産軍艦である。排水量897t。設計はフランス人だが、建造は日本人の職工の手による。1874(明治7)年の台湾出兵の時に、国産軍艦の必要性を痛感した西郷従道(さいごうつぐみち)がその建造を進言したという。また、日本で初めて1878(明治11)年11月から1年3
カ月のヨーロッパへの長期遠洋航海をおこなったことでも有名。

文明開化

文明開化(ぶんめいかいか) 明治初期の旧習打破や西洋文物移植の風潮をいう。国民の生活様式に変化が生じ、近代的な思想や学問が生まれた。しかし、当初は大都市に限られ、「日本橋近辺の文明開化」ともいわれた。

神道国教化(しんどうこっきょうか) 明治政府によって天皇中心の国家体制を強固にするため、推進された宗教政策。天皇の祖先神とされる天照大神(あまてらすおおみかみ)を祀る伊勢神宮を、全国の神社の中心に置き、神社神道を天皇信仰と結び付けて国教化をはかった。

天皇の神格化(てんのうのしんかくか) 天皇は天照大神を祖先神とし、天皇家は万世一系(ばんせいいっけい)として連綿(れんめん)と続き、すべてに超越した神のごときものであることを国民に浸透させようとしたこと。

神仏分離令(しんぶつぶんりれい) 1868年、政府は王政復古・祭政一致(神祇の祭祀と国家の政治が一致すること)から神道国教化の方針を採り、日本の神道信仰と仏教信仰を明確に分けて考えるため、奈良時代末から続く神と仏は一体だとする神仏習合を禁止した法令。神社を寺院から独立させた。

廃仏毀釈(はいぶつきしゃく) 仏教を排斥する行動や政策のこと。神仏分離令を機に廃仏運動が激化し、民衆による全国的な寺院・仏像などの破壊、藩による寺領の没収が続出した。

学制(がくせい) 1872公布、近代的学校制度を整備しようと定めた法令。フランスの学校制度にならい全国を8大学区に分け、各大学区に大学校1つ、中学校32を、中学区の中に小学校210を設ける規定であった。学制では全国の小学校は5万3760校となる。現実と乖離(かいり)した机上プランであ

った。現実の校舎はほぼ寺子屋を改造したものが多く，先生も読み・書き・算盤を教える寺子屋の師匠が大半であった。

学事奨励に関する太政官布告（がくじしょうれいにかんするだじょうかんふこく）（「**被仰出書**」（おおせいだされしょ））学制の序文である。国民国家を創立するために均質な初等教育を国民全体におこなう国民皆学を表明した。教育の機会均等の原則，実学の理念など，国民の開明化なども明示した。

小学校（しょうがっこう）明治期以降の初等教育機関。1872年の学制で創設されるが，初めはほとんど寺子屋教育と同じであった。しだいに文部省編纂の『小学読本』や福沢諭吉著『世界国尽』（くにづくし）などを教科書として使用し，掛け図（黒板や壁などに掛けて使う教材）が用いられるようになってきて，形が整った。1886年の小学校令で教育3〜4年（尋常小学校（じんじょうしょうがっこう））の義務が導入され，1907年に6年に延長された。1941年に国民学校と改称され，47年に再び小学校となる。

寺子屋（てらこや）江戸時代の庶民教育の施設。牢人・僧侶・医師・町人が，近所の子どもたちに読み・書き・算盤を主として教えた。寺子は6〜13歳で20〜30人程度。戦国時代の武士の子弟は寺院に入り住職から初等教育を受けたので，それを寺子といった。寺子屋に入学することも「寺入り」といった。女性の師匠もいた。

森有礼（もりありのり）1847〜89 政治家，外交官。旧薩摩藩士。西洋の近代思想の普及をはかる明六社創立を発議した啓蒙思想家でもある。1885年，第1次伊藤博文内閣の文相，翌年に学校令を制定し，小学校から大学までの教育体制を確立した。

福沢諭吉（ふくざわゆきち）1834〜1901 啓蒙思想家。豊前中津藩士。大坂の緒方洪庵に学んだ。欧米巡歴は3回。1868年，慶應義塾を創

設する。明六社創立に参加する。1879年に「国会論」を著し，民権運動に影響を与える。『時事新報』創刊。のち「脱亜入欧」（だつあにゅうおう）を主張して，日清戦争前頃から国権論に傾いた。

『学問のすゝめ』（がくもんのすすめ）福沢諭吉の啓蒙書。1872〜76年に17編まで刊行され，大ベストセラーとなる。実学を勧め，個人の独立，国家の隆盛は学問によって成り立つと説いた。

中村正直（なかむらまさなお）1832〜91 教育者，幕臣。号は敬宇。1866年にイギリスに留学し，帰国後，東京女子師範学校，ついで東京大学教授となる。明六社にも参加。個人主義の道徳を説き，自分の力で成功し，社会的に貢献する人物を『西国立志編』にまとめて，啓蒙思想の普及に努めた。

『西国立志編』（さいごくりっしへん）1871年刊行，中村正直によるイギリス人スマイルズの『自助論』（Self Help）の翻訳書。ワシントンやナポレオンなどの西洋史上の有名人物伝を挙げ，自立・自助の個人主義の道徳を説いた。

銀座煉瓦街（ぎんざれんががい）1872年，イギリス人のお雇い外国人ウォートルスの設計によってつくられた銀座通りの煉瓦造りの街並。火事から建物を守る耐火造りの街にするのが目的であったが，高温多湿の日本には合わなかった。

活版印刷（かっぱんいんさつ）1851年，本木昌造（もときしょうぞう）が，流込み鉛製活字の量産に成功した。これで鉛を溶かして活字を簡単につくれるようになった。これまでの木版や木刻活字の印刷から早く簡単に印刷物ができるようになり，日刊新聞も可能になった。

人力車（じんりきしゃ）人力で引く2輪の乗用車。和泉要助（いずみようすけ）が発明した。2人でかつぐ駕籠（かご）より簡便で，速い乗物として普及し，文明開化の象徴となった。

太陰太陽暦(たいいんたいようれき)（**旧暦**(きゅうれき)） 月の満ち欠けの周期を基にした太陰暦に，閏月(うるうづき)などの太陽の動きも取り入れた暦。江戸時代には日本独自の貞享暦(じょうきょうれき)などがつくられ，太陽暦に劣らず非常に正確な暦であった。明治初期は天保暦が使用された。

太陽暦(たいようれき)（**新暦**(しんれき)） 地球が太陽の周りを一周する期間を1年とした暦。日本では1872年に太陰太陽暦を廃止し，太陽暦の1つであるグレゴリオ暦を採用。明治5年12月3日を明治6年1月1日とした。1日24時間制，七曜制（1週7日制）を採用し，日曜を休日とした。しかし，農山漁村では旧正月などの旧暦の生活行事は残った。

❷ 明治初期の対外関係

岩倉使節団の派遣

岩倉〔遣外〕使節団(いわくら〔けんがい〕しせつだん) 1871年，条約改正の予備交渉などのために欧米に派遣された使節団。岩倉具視を大使とし，木戸孝允・大久保利通・伊藤博文・山口尚芳(なおよし)が副使となる。改正の予備交渉はできず，制度・文物の視察にとどまり(ひさよし)，1873年に帰国した。記録係の久米邦武(くめくにたけ)が『特命全権大使米欧回覧実記』を編纂した。

岩倉具視(いわくらともみ) 1825〜83 大久保利通らと王政復古のクーデタをおこない，明治新政府樹立の中心となった。維新後，副総裁・議定・大納言など新政府の要職に就いた。1871（明治4）年，右大臣となり，特命全権大使として条約改正のために使節団を率いてアメリカ・ヨーロッパを回った。帰国後，西郷隆盛らの征韓論に反対し，新政府の基礎を固めることを主張した。

右大臣(うだいじん)《明治》岩倉具視が岩倉使節団を率いてアメリカ・ヨーロッパへ向った時，岩倉具視は右大臣であった。太政大臣(三条実美)(さねとみ)，左大臣(島津久光)(ひさみつ)についで太政官の3番目の高官である。

大使(たいし) 外交官の階級。特派大使と常置大使がある。職務は公使と変わらない。特派大使は国家を代表して特に重要な任務を遂行する。岩倉具視が特命全権大使として欧米に派遣されたのが最初。普通，大使は常置大使を指し，本国を代表して外交交渉や自国民の保護をおこなう。

公使(こうし) 外交官の階級の1つ。格式と席次は大使につぐが，職務は大使と変わらない。

女子留学生(じょしりゅうがくせい) 岩倉使節団に随行（開拓使が募集）した上田悌子(ていこ)・吉益亮子(よしますりょうこ)ら5人の女子留学生のこと。山川捨松・永井繁子(しげこ)・津田梅子は10〜11年間留学して帰国した。

津田梅子(つだうめこ) 1864〜1929 岩倉使節団に随行した最初の女子留学生の1人。8歳で渡米し，1882年に帰国したのち，女子教育に尽力する。華族女学校(のち女子学習院)で英語教師となり，のち再渡米する。1900年に女子英学塾(津田英学塾，のち津田塾大学)を設立した。

岩倉使節団に加わった主な人々

津田梅子	女子英学塾（現在の津田塾大学）創設。
金子堅太郎	明治憲法草案の作成にかかわる。

団琢磨	三井合名会社理事長，日本工業倶楽部理事長。
中江兆民	ルソーの『民約論』を『民約訳解』として出版。
久米邦武	使節団の記録『特命全権大使米欧回覧実記』にまとめる。歴史学者。

ウィーン万国博覧会（ばんこくはくらんかい）　ウィーン万国博覧会は，オーストリア皇帝フランツ＝ヨーゼフ１世の治世25周年を記念して1873(明治６)年５月１日〜11月２日まで開かれた。ウィーン万博への公式参加要請を受けた明治政府の博覧会事務局は，大隈重信・佐野常民（つねたみ）を中心に日本の展示品を集めた。日本政府の派遣者は72名，そのほか技術者24名も送られた。岩倉使節団は６月３日〜18日にウィーンに滞在し，ウィーン万博を見学した。

北海道の開発

北海道（ほっかいどう）　1868年，明治新政府は箱館裁判所（のち箱館府）を設置した。1869年開拓使を置き，松浦武四郎（まつうらたけしろう）の案で蝦夷地を北海道と改称し，本格的な開拓に乗り出した。

開拓使（かいたくし）　北海道開発・経営の行政機関。1869年，東京に開拓使庁を設置し，箱館に出張所を置く。1870年に樺太開拓使を分置するが，翌年一本化し，使庁を札幌に移す。1882年廃止し，県制により札幌・函館・根室３県を，ついで農商務省が北海道事業管理局を設置した。

屯田兵〔制度〕（とんでんへい〔せいど〕）　北海道開拓とロシアに対する警備に当たった開拓農民で兵士のこと。1874年，開拓次官黒田清隆の建議で方針が決定された。翌年，屯田兵条例（例則）が定められて，屯田兵村が設置され，入植を開始。士族授産の意味もあり，初め宮城・青森・酒田３県の困窮の

士族が移住した。1904年，屯田兵条例は廃止された。

北海道庁（ほっかいどうちょう）　1886年，札幌・函館・根室の３県を廃止して設置された開拓の中心となる行政官庁。1886年，北海道土地払下規則を制定して希望者に土地を払い下げた。1901年，北海道会法の公布により，北海道会が設立され，自治が認められた。

樺太帰属問題（からふときぞくもんだい）　樺太は，1854年の日露和親条約で両国民の雑居地となる。1858年，ロシアが清から樺太の宗主権を引き継ぎ，樺太進出は優位となる。1870年，日本政府は樺太開拓使を設置したが，ロシア勢力は伸長し，75年に樺太・千島交換条約を締結する。樺太居住のアイヌのうち，日本への帰属を希望した者は対雁（ついしかり）(現在の江別市)へ移住した。

樺太・千島交換条約（からふと・ちしまこうかんじょうやく）　1875年の日露国境画定条約。黒田清隆は樺太放棄を建議し，駐露公使榎本武揚（えのもとたけあき）が交渉に当たり，樺太全島をロシア領，千島全島を日本領とした。

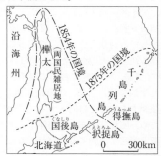

北方領土（ほっぽうりょうど）　日本が固有の領土としている国後島・択捉島・歯舞群島・色丹島をいう。日露和親条約で日本への帰属が決められた。

アイヌ同化政策（どうかせいさく）　固有の文化と生活を持つアイヌを，和人（わじん）に同化させようと

する維新後の政策のこと。アイヌの農民化を基本方針としたが，和人の進出や開拓政策の進展で，アイヌは生活圏を侵害され，窮乏化が進んだ。

北海道旧土人保護法_{ほっかいどうきゅうどじんほごほう}（**アイヌ人保護法**_{じんほごほう}）1899年制定。旧土人と呼ばれたアイヌの人々の保護を名目に制定された法令。しかし，実際は開拓使以来の同化政策上にあるため，アイヌ新法の制定が求められた。

アイヌ文化振興法_{ぶんかしんこうほう} アイヌ文化の振興と知識の普及を推進する法。アイヌ民族の自立と人権保護のために，北海道アイヌ協会（1961年に北海道ウタリ協会と一時期改名）は，新法の成立を強く求め，97年に成立し，アイヌ新法と通称される。北海道旧土人保護法は廃止された。

アイヌ施策推進法 2019（平成31）年4月に成立した法律。正式名称は「アイヌの人々の誇りが尊重される社会を実現するための施策の推進に関する法律」。同法では「日本列島北部周辺，とりわけ北海道の先住民族であるアイヌの人々」とされ，アイヌが先住民族であることが法律上初めて明記された。アイヌの人々が民族としての誇りを持って生活することができる社会の実現をはかり，アイヌ文化（アイヌ語，アイヌにおいて継承されてきた生活様式，音楽，舞踊，工芸など）を振興することを目的とする。この目的のため，国及び地方公共団体に，アイヌ施策を策定し実施する責務があることを明記している。

琉球処分

琉球米国修好条約_{りゅうきゅうべいこくしゅうこうじょうやく}（**琉米条約**_{りゅうべいじょうやく}）1854年，日米和親条約の締結後，ペリーが琉球王府との間に結んだ条約。内容は薪水の供給など，和親条約に近い。のちにフランス・オランダとも締結した。琉球王国は国際的には独立国として扱われていたことがわかる。

日清修好条規_{にっしんしゅうこうじょうき} 1871年，日清間で結ばれた最初の条約で，通商章程（通商をおこなうための細則）と海関税則を含む。日本代表は伊達宗城_{むねなり}，清は李鴻章_{りこうしょう}。領事の駐在・領事裁判権を相互に承認した初めての対等条約である。華夷秩序（中国を頂点とする国際秩序）の維持を主張する清との関係は円滑ではなく，日清戦争まで適用された。

琉球帰属問題_{りゅうきゅうきぞくもんだい} 江戸時代，薩摩藩の支配下にありながら，名目は清を宗主国（従属国の政治・外交に特殊な権限を有する国）とする両属関係にあった琉球王国を巡る帰属問題。日本が琉球処分により，帰属化したため，宗主権（宗主国としての権利）を持つ清が抗議した。アメリカなどの調停も合意に至らず，日清戦争により解決した。

琉球藩_{りゅうきゅうはん} 1872年に，日本政府は一方的に琉球王国を琉球藩とし，国王尚泰_{しょうたい}を藩王として，華族に列した。しかし，琉球藩を外務省の管轄下に置いたことで，日本に編入しながら清との関係を認めるという琉球の矛盾した国際的立場は継続した。

尚泰_{しょうたい} 1843～1901 琉球王国最後の王。侯爵。1872年の琉球藩設置に伴い，琉球藩王となり，華族に列せられる。1879年の沖縄県設置の際は上京を命じられ，84年に帰郷した。

琉球の内務省管轄_{りゅうきゅうのないむしょうかんかつ} 内務省は1873（明治6）年に設置された。初代内務卿（長官）は大久保利通である。初めは殖産興業政策を推進したが，のち地方行政・警察行政を管轄して大きな権限を持った。従って琉球が内務省管下に入った

ことは，琉球を国内の地方行政として扱うことを意味する。

琉球漂流民殺害事件（りゅうきゅうひょうりゅうみんさつがいじけん） 1871年，琉球王国の宮古島の漂流民66人が台湾に漂着，54人が先住民に殺された事件。清は殺害した台湾先住民を「化外の民」（けがい）（清朝の政治や文化などの影響力の及ばない所の住民）として責任を取らなかったので，台湾出兵の原因となる。

台湾出兵（たいわんしゅっぺい）（**征台の役**（せいたいのやく）） 1874年，明治政府による最初の海外出兵。西郷従道の指揮の下，琉球漂流民（漁民）殺害事件を機に日本軍が出兵した。欧米は極東貿易の混乱を懸念する。駐清イギリス公使ウェードの調停により，日清互換条款（かんじょう）を結び，解決した。

沖縄県（おきなわけん） 1879年，琉球藩を廃して設置した。明治政府は軍隊・警察を派遣し，首里城にある王府を接収し，琉球藩の解体と沖縄県設置を布告する。県政は，旧来の人頭税を残す旧慣温存策（琉球王国以来の古い慣習や制度を残す政策）をとったため，人頭税廃止運動が起こった。また地租改正や衆議院議員選挙法などの諸制度の改革も遅れた。

琉球処分（りゅうきゅうしょぶん） 明治政府による琉球王国の日本国への併合に至る一連の施策のこと。琉球帰属問題を解決するため，1871年，鹿児島県に編入し，翌年に琉球藩を設置した。79年には，沖縄県を設置して琉球処分を完成させた。近代的諸改革は実施されず，旧慣（古い慣習）を温存させた。

征韓論と朝鮮の開国

大院君（たいいんくん）（テウォングン） 1820〜98 朝鮮国王の高宗の生父。高宗の摂政として朝鮮の鎖国政策を推進したが，高宗の親政が始まると，王妃閔氏の一族に権力を奪われた。壬午

軍乱に乗じて閔氏勢力の一掃（いっそう）を企てたが，清軍の介入で失敗した。日清戦争後，日本の支援で親日政権をつくったが，短期間で失脚した。

斥和碑（せきわひ） 1871年，大院君によって朝鮮全土に建てられた攘夷の決意を示した石碑。のち高宗によって撤去された。

高宗（こうそう）（コジョン） 1852〜1919 朝鮮王朝の第26代国王（在位1863〜1907）。大院君の第2子。1873年までは摂政の大院君に，親政開始後は閔妃（ミンビ）の一族に実権を握られた。また，日露戦争後，日本に外交・内政の実権を握られ，1907年に日本に強制されて王位を太子に譲った。

留守政府（るすせいふ） 岩倉使節団が欧米へ派遣されたのち，政府をまかされた西郷隆盛を中心とする政府。岩倉使節団が派遣される前に帰国まで重要な改革政策は実行しないと決められたが，留守政府によって徴兵令，地租改正，太陽暦の採用などがおこなわれた。朝鮮に対する征韓論も留守政府の独走である。

征韓論（せいかんろん） 朝鮮の大院君による鎖国排外政策を武力で打破し，国交を開き，勢力を伸ばしていこうとする主張のこと。岩倉使節団の外遊中に，留守政府を預かった参議の西郷・板垣らが主唱した。内治優先論（国内政治の優先）を説く大久保・木戸らと征韓論争になる。

明治六年の政変（めいじろくねんのせいへん）（**征韓論政変**（せいかんろんせいへん）） 1873年の征韓論争により，政府内が分裂した政変のこと。西郷・板垣らが唱えた征韓論は，内治優先論を説く大久保・木戸ら内治優先派の反対で実現せず。征韓派は一斉に下野した。これ以後，大久保が政権を指導し，大久保政権と呼ばれる。

下野（げや） 政府の官職を辞して民間に下ることをいう。征韓論を主張した西郷隆盛を

始め，板垣退助，江藤新平などの新政府の要職を占めていた多くの政治家や軍人が政府を去った。

漢城（かんじょう） 朝鮮の都。漢江に面した要地で，朝鮮の政治・経済の中心として繁栄した。漢江を下ると，漢江の入り口には漢城防衛として重要な江華島がある。

江華島事件（こうかとう〔カンフワド〕じけん） 1875年，日本の軍艦雲揚号が艦長井上良馨らを中心に朝鮮の江華島で挑発行為をおこない，砲撃を受けたため，日本側が報復攻撃し，仁川港対岸の永宗島を占領した事件。翌年に日朝修好条規を締結する。江華府のある江華島は，首都漢城近くの漢江河口にある。

江華島・草芝鎮砲台

日朝修好条規（にっちょうしゅうこうじょうき）**（江華条約**（こうかじょうやく）**）** 1876年，江華島事件後，江華府で締結された日朝間の条約。代表は黒田清隆・井上馨。朝鮮を「自主の国」として清との宗属関係（宗主国と属国の関係）を否定した。釜山など3港の開港，日本の領事裁判権の承認，付属の通商章程による無関税特権の獲得など，不平等条約であった。のち釜山以外の開港場が仁川（済物浦）・元山に決定した。

釜山（ふざん）（プサン） 朝鮮半島南東端の港。15世紀初め，日本人が居留・貿易した三浦のうちの富山浦。文禄の役では上陸地点となり，江戸時代には倭館が唯一設けられた。1876年，日朝修好条規により開港され，居留地が置かれて日朝貿易の拠点となる。

領土の確定

小笠原諸島（おがさわらしょとう） 1593年，信濃深志城主小笠原貞頼の発見といわれる太平洋上の諸島。1861年に江戸幕府が日本領と宣言した。1876年にイギリス・アメリカへ通告し，統治を再開した。太平洋戦争後，一時，アメリカの施政権下に置かれたが，1968年に復帰した。また，硫黄島は1891年に編入し，96年発見の南鳥島は98年に編入された。

尖閣諸島（せんかくしょとう） 先島諸島の北方にある小島群。1895年，無人島で，他国が占領した形跡のないことから，日本領土に編入。1970年以降，台湾・中国が領有権を主張している。

竹島（たけしま） 島根県隠岐諸島の北西にある小島群。1905年，無人島で，他国が占領した形跡のないことから，日本領土に編入した。1952年，韓国の李承晩大統領が竹島と隠岐の間に境界線を引き（李承晩ライン），領有を主張して，以後，実効支配している。

移民（いみん） 労働を目的に海外に移住する者のこと。1866年に海外渡航の禁が緩和され，学術・商業目的の渡航が許可され，68年

のハワイへの砂糖植付け移民が最初である。1885年、ハワイ移民が本格化した。この時期は、政府がその業務をおこなったため、官約移民ともいわれた。以後、19世紀末にかけてアメリカ・カナダへの移民が急増した。

❸ 自由民権運動と立憲体制

士族の反乱

士族の反乱 武士の特権を奪われて明治政府に不満を持った士族が、1874〜77年に起こした武力反抗。

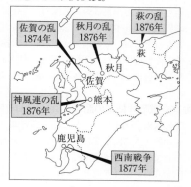

佐賀の乱 1874年、明治政府に不満を持つ佐賀の不平士族たちが、江藤新平を中心に起こした反乱。政府軍に敗れ、江藤は死刑になった。

神風連の乱 1876年、熊本の不平士族が起こした反乱。神風連というグループをつくり、廃刀令が出たことに怒って反乱したが、政府軍に押えられた。

秋月の乱 1876年、福岡県の秋月で不平士族が起こした反乱。神風連の乱に応じて兵を挙げたが、失敗に終わった。

萩の乱 1876年、山口県の萩で不平士族が起こした反乱。前原一誠が神風連の乱

と秋月の乱とに応じて兵を挙げたが政府軍に敗れた。

西南戦争 1877年、西郷隆盛を中心に鹿児島の私学校の不平士族が明治政府に対して起こした戦争。西郷軍は熊本城を囲んだが、政府軍に敗れて鹿児島に追い詰められ、西郷も死んだ。これをきっかけに士族の反乱は終ったが、多くの戦費が使われ、紙幣が乱発されて、インフレーションが起こった。

大久保利通暗殺事件 大久保利通は1877(明治10)年の西南戦争に際して、大阪で鎮圧の最高指揮をとった。そのため、不平士族のうらみを買い、翌1878(明治11)年5月14日、馬車で宮中に向う途中、東京・麴町清水谷の紀尾井坂で石川県士族島田一良らに襲われて死亡した。

自由民権運動の展開

自由民権運動 1870〜80年代におこなわれた近代的国民国家を目指す政治改革運動。藩閥政治をやめ、憲法を制定し、国会を開くことを要求して、士族から都市の実業家・農村の小地主や農民に及ぶ広がりを持つ政治運動となった。しかし、内部の分裂と政府の弾圧とによって衰えた。

板垣退助 1837〜1919 土佐藩出身。参議。征韓論争に敗れて下野した。民撰議院設立の建白書を提出し、立志社・愛国社を設立する。自由民権運動の中心人物として自由党を結成し、自由党総理となる。のち初期議会期に藩閥政府と妥協して第2次伊藤内閣の内相となり、その後、大隈重信と隈板内閣を組織した。

江藤新平 1834〜74 佐賀藩出身の政治家。司法卿・参議として司法の整備に尽力する。征韓論で下野し、板垣退助らと民撰議院設立建白書を提出したが、佐賀

の乱を起こし，刑死した。

後藤象二郎 ごとうしょうじろう 1838〜97 土佐藩出身。大政奉還に尽力する。明治政府の参議となり，征韓論争に敗れて下野する。民撰議院設立の建白書を提出し，自由党の有力メンバーとなる。1887年に大同団結運動を提唱し，1889年，黒田清隆内閣に入閣した。

副島種臣 そえじまたねおみ 1828〜1905 佐賀藩出身。参議・外務卿として外交面で活躍する。征韓論争に敗れて下野した。民撰議院設立建白書の提出に加わるが，民権運動には参加せず，のち第1次松方内閣の内相などを歴任した。

愛国公党 あいこくこうとう 日本最初の政党。1874年1月，板垣退助・後藤象二郎・江藤新平・副島種臣の4前参議に由利公正・小室信夫・古沢滋・岡本健三郎らが加わり，東京で結成された。古沢が起草した民撰議院設立の建白書を提出する。2月，江藤新平の佐賀の乱参加でまもなく解体した。

民撰議院設立の建白書 みんせんぎいんせつりつのけんぱくしょ 1874年1月，自由民権運動の口火を切った国会(民撰議院)開設の要求書。征韓論争で下野した旧土佐・肥前藩出身の板垣・後藤・副島・江藤ら8人が藩閥官僚の有司専制政治に反対し，愛国公党を結成して建白書を左院に提出する。翌日，新聞『日新真事誌』にも掲載されたが，政府は時期尚早として無視した。

公議所 こうぎしょ 明治新政府の立法機関。1869年，藩の代表である公議人を集め，廃刀令などの国事を審議した。同年，集議院と改称されたが，1873年，左院に吸収された。

立志社 りっししゃ 民権運動の代表的な政治団体・地方の政治結社(政社)。1874年，愛国公党が解散すると板垣退助が土佐に帰り，片岡健吉・植木枝盛・林有造らと設立した高知県の士族中心の政社。愛国社・国会期成同盟へと発展する民権運動の中心として活動する。自由党結成を機に1883年解散した。

愛国社 あいこくしゃ 1875年，立志社を中心に全国の有志が大阪で結成した主に西日本の政社が結集。最初は士族中心で，板垣が大阪会議後に政府に復帰したため事実上解散した。1878年再興，しだいに豪農層が参加し，やがて国会期成同盟と改称した。

大阪会議 おおさかかいぎ 1875年1月から2月にかけて，明治六年の政変と台湾出兵以後の政局の行き詰まりを打開するため，政府の実力者である内務卿の大久保利通と在野の板垣退助，木戸孝允の三者が大阪でおこなった会議。その結果，立憲制を目指すことが確認され，3月に板垣・木戸は参議に復帰し，立憲政体樹立の詔が出された。

漸次立憲政体樹立の詔 ぜんじりっけんせいたいじゅりつのみことのり 1875年の大阪会議後に出された詔。内容は，元老院・大審院を設け，地方官会議を招集して国会開設の準備を進め，「漸次ニ国家ヲ憲ノ政体ヲ立」てる(だんだんと立憲政治へ進めていく)旨を示した。

元老院 げんろういん 1875年の大阪会議の結果，左院を廃止して設けられた立法機関。議長・副議長・議官で構成される。1876年に憲法取調局を設け，憲法草案の作成にかかった。80年にイギリス風の憲法草案「日本国憲按」を作成したが，日本の国情に合わないとされた。帝国議会の開設により1890年に廃止された。

大審院 だいしんいん 1875年の大阪会議の結果，設けられた司法権を行使する最高機関。控訴事件の最終裁判をおこない，皇室に対する罪や内乱罪も裁判する。第二次世界大戦後の1947年，最高裁判所に引き継が

れる。

地方官会議(ちほうかんかいぎ) 大阪会議の時に木戸孝允の主張で開設された。1875年以来3回，国会が開設されるまでの間，地方民情を知るために府知事・県令を招集した。地方民会・地方三新法など，地方自治に関係あることを審議した。1881年に廃止となる。

讒謗律(ざんぼうりつ) 1875年の言論弾圧の法規。政府を擁護するため，著作・文書などで政府の官僚らを批判することは，讒謗(そしること)であるから，事実の有無にかかわらず，名誉を傷つけるものとして禁止し，刑罰を規定した。1882年，刑法施行で廃止される。

新聞紙条例(しんぶんしじょうれい) 1875年の言論弾圧の法規。自由民権運動の高揚に対処するため，政府を攻撃する新聞・雑誌の弾圧を目的として公布される。禁獄・発行停止を科す。1883年に条例を改正し強化された。1909年の新聞紙法に継承される。

地方三新法(ちほうさんしんぽう) 1878年制定の郡区町村編制法・府県会規則・地方税規則の総称のこと。統一的地方制度を意図したが，1888年の市制・町村制，90年の府県制・郡制による地方自治制の確立により廃止された。

郡区町村編制法(ぐんくちょうそんへんせいほう) 府県の地方行政単位を定めた法律。1871年の戸籍法による大区小区を改め，旧来の郡制を復活し，東京・京都・大阪には区を設置した。郡・区には官選の郡長・区長を配し，郡の下の町村には戸長を置いた。区には戸長は置かず，区長が戸長の事務を扱った。

府県会規則(ふけんかいきそく) 各地で自発的にできつつあった民会を，府県会として全国的な制度に法制化したもの。議員の選挙権は地租5円以上納付の満20歳以上の男性，被選挙権は地租10円以上納付の満25歳以上

の男性に与えられた。権限は地方税の審議，府県予算案の議定などだが，議決事項は府知事・県会の認可を必要とした。

地方税規則(ちほうぜいきそく) 府県税や民費(旧来の税を引き継いだ大小区・町村経費など)を，地方税に統一して徴収するよう定めた法令。この地方税の徴収方法・府県の予算を審議するなどを議論するのが府県会の主たる任務である。

府県会(ふけんかい) 1878年，府県会規則で定められた地方議会。自由民権運動の高揚によって認められたもので，議員は大・中地主など豪農から選ばれた。自由民権家も府県会議員になる者が多く，府県会で経験を積み重ね，国会が開設されると衆議院議員となった。

国会期成同盟(こっかいきせいどうめい) 1880年，愛国社第4回大会で愛国社を改称して設立された国会開設運動の全国的団体。土佐の片岡健吉・福島の河野広中らが中心となる。2府22県8万7000人が署名した国会開設請願書を太政官に提出したが，拒否された。国会期成同盟第2回大会では憲法私案(私擬憲法)を作成して持ち寄ることを決定する。翌1881年10月の第3回大会で自由党結成を決議した。

私擬憲法(しぎけんぽう) 明治前期の憲法私案の総称のこと。政党・政社・民間有志が憲法制定に参加しようと，それぞれの意見を発表した。現在約50編が発見されている。大部分は1880～81年に作成された。福沢諭吉系の実業家団体交詢社(こうじゅんしゃ)の『私擬憲法案』は，イギリス的な議院内閣制・二院制を規定している。最も急進的な植木枝盛の『東洋大日本国国憲按』は抵抗権・革命権も入る。東京の五日市(現在のあきる野市)でつくられた『五日市憲法』も有名である。

集会条例(しゅうかいじょうれい) 1880年4月公布。国会期

成同盟の活動による自由民権運動の拡大を恐れた政府が，集会・結社の自由を規制することをねらったもの。演説会は事前に警察に届けて許可を受け，演説会には警察官が臨検して集会の解散を命じることもできた。屋外集会も禁じられた。讒謗律や新聞紙条例とともに，自由民権派による国会開設運動の高揚を弾圧した。1882年の条例改正で規制を強化。1890年の集会及政社法，1900年の治安警察法に継承される。

開拓使官有物払下げ事件<ruby>開拓使官有物<rt>かいたくしかんゆうぶつ</rt></ruby><ruby>払下げ事件<rt>はらいさげじけん</rt></ruby> 1881年，開拓使10年計画の満期を迎え，北海道への投資総額1500万円にのぼる鉄道や鉱山などの開拓使官有物を，長官黒田清隆<ruby>清隆<rt>きよたか</rt></ruby>が五代友厚<ruby>友厚<rt>ともあつ</rt></ruby>らの関西貿易社に，38万円余・30年賦・無利息という条件で払い下げようとして問題化した事件。藩閥と政商の結託と批判され，世論の政府攻撃が激化し，10月に払下げは中止された。

明治十四年の政変<ruby>明治十四年<rt>めいじじゅうよねん</rt></ruby>の<ruby>政変<rt>せいへん</rt></ruby> 1881年10月，参議大隈重信が国会の早期開設，イギリスの議院内閣制を規定した憲法の制定など急進的な意見を左大臣有栖川宮熾仁親王<ruby>熾仁親王<rt>たるひとしんのう</rt></ruby>に提出しようとした。大隈重信が開拓使官有物払下げ問題を利用して政治の主導権を握ろうとして免官された事件。岩倉具視・伊藤博文を中心とする政府は払下げを中止するとともに，大隈派官僚の追放，欽定憲法の方針を決定して意志を統一し，薩長藩閥による権力体制を固めた。

国会開設の勅諭<ruby>国会開設<rt>こっかいかいせ</rt></ruby>の<ruby>勅諭<rt>つのちょくゆ</rt></ruby> 1881年10月，開拓使官有物払下げ事件で，世論の動向を察した伊藤博文らが天皇に勧めて，10年後の1890（明治23）年を期して国会を開くことを公約した。政府部内で早期国会開設，イギリス流議会政治を主張する参議大隈重信の考え方を否定し，国会開設の

時期を明示した。民権運動を牽制<ruby>牽制<rt>けんせい</rt></ruby>するとともに，漸進主義<ruby>漸進<rt>ぜんしん</rt></ruby>と政府の基本的方向を明確にした。

自由党<ruby>自由党<rt>じゆうとう</rt></ruby> 1881年に結党。国会期成同盟を中核に結成され，総理は板垣退助，副総理は中島信行。「自由党盟約」3章を定め，主権在民・一院制を掲げ，フランス流の急進論を主張した。地盤は主に農村にあった。自由党員の激化事件が各地で起こると，政府の弾圧を回避するため，1884年10月末に解党した。

立憲改進党<ruby>立憲改進党<rt>りっけんかいしんとう</rt></ruby> 1882年に結党。総理は大隈重信。明治十四年の政変で下野した官僚などが中心となる。君民同治（君主と人民が選んだ議会が共同で政治をおこなう）を説き，二院制，イギリス流の立憲君主制を主張した。地盤は都市部の商工業者・知識人が中心となる。1884年，自由民権運動への弾圧を避けるため，大隈は脱党した。初期議会では自由党や強硬外交を唱える対外硬派と連合する。1896年，対外硬派の少数政党と合流して進歩党を結成した。

大隈重信<ruby>大隈重信<rt>おおくましげのぶ</rt></ruby> 1838〜1922 佐賀藩出身。大蔵卿・参議を歴任する。1881年，国会開設意見書を左大臣に提出し，国会の早期開設を主張した。明治十四年の政変で明治政府を去り，立憲改進党の総理となる。黒田内閣の外相として条約改正に尽力する。1898年第1次内閣を組織した。第2次内閣の時，第一次世界大戦に参戦する。在野時代の1882年に東京専門学校（現在の早稲田大学）を創立した。

自由民権の思想

福沢諭吉<ruby>福沢諭吉<rt>ふくざわゆきち</rt></ruby> 1834〜1901 豊前中津藩士に生まれる。大坂の蘭学者緒方洪庵<ruby>緒方洪庵<rt>おがたこうあん</rt></ruby>に学ぶ。福沢は1860（万延元）年に咸臨丸で渡米し，翌年にヨーロッパへ，1867（慶応3）年に

再渡米している。3回にわたる欧米の視察・見学の後に，1868年，慶應義塾を創設する。明六社に参加して，西洋の思想から日本の近代化を説く。1879年に『国会論』を著し，自由民権運動に大きな影響を与えた。

『西洋事情』（せいようじじょう）福沢諭吉がみずから見聞した欧米の西洋文化・政治や社会のシステム，日常生活における日本との違いを紹介したもので，初版は1866（慶応2）年に刊行された。

ジョン＝ステュアート＝ミル John Stuart Mill 1806～73 イギリスの哲学者・経済学者。経済学者として自由貿易の実現を目指すいっぽう，ベンサム主義に修正を加え，高い質の幸福を追求する功利主義を説いた。女性の参政権も提唱した。

『自由論』（じゆうろん）ミルの主著で，1859年に刊行。人間の個性を自発的に発展させるためには，政治的・経済的自由のほかに精神的自由が必要で，思想・良心・言論・研究・結社などの自由を主張した。

中村正直（なかむらまさなお）1832～91 幕臣。1866年にイギリスへ留学する。帰国後，東京女子師範学校，ついで東京大学教授となる。明六社に参加し，イギリスの功利主義や自由について啓蒙活動をおこなう。

『自由之理』（じゆうのことわり）1871年刊，中村正直によるミルの『自由論』(On Liberty)の翻訳書。幸福を求める功利主義と自由の重要性を説く。

ルソー Rousseau 1712～78 フランスの啓蒙思想家・文筆家。ジュネーヴで生まれ放浪生活を送るかたわら，音楽・評論・教育・政治思想など幅広い分野で関心を育み，国家や教会の専制を激しく批判した。人民主権の主張や，政治的不平等に対する糾弾（きゅうだん）の姿勢は，フランス革命に大きな思想的影響を与えた。

『社会契約論』1762年刊行のルソーの主著。自然状態で各人が有する平等権・自由権の確保を目的に，各人が契約で政府を構成すべきこと，その際の人民主権の原則を打ち出した。フランス革命に大きな思想的影響を与えた。フランスに留学した中江兆民が日本に紹介した。

中江兆民（なかえちょうみん）1847～1901 高知出身の思想家。岩倉使節団とともにフランスに留学，1874年帰国，東京にフランス学舎(仏蘭西学舎，のち仏学塾と改称)を設けた。1881年以降，『東洋自由新聞』で自由民権論を説く。1890年，衆議院議員となったが，翌年，自由党土佐派の妥協に憤慨して議員を辞職。『三酔人経綸問答』（さんすいじんけいりんもんどう）を著す。

『民約訳解』（みんやくやくかい）1882年の刊行。中江兆民によるルソーの『社会契約論』の漢文体の抄訳。人民主権説を紹介。漢文で書かれていたため，中国人や漢文のわかる東アジアの人々に社会契約説が理解され，東洋のルソーといわれた。

松方財政と民権運動の激化

大隈財政（おおくまざいせい）1870年代の大蔵卿の大隈重信による財政政策。殖産興業政策への資金投入と西南戦争など士族の反乱を鎮圧する軍事費が増大したため，国立銀行紙幣を多量に発行した。そのため，紙幣価値が下がり，インフレーションとなった。そこで1880年には酒造税増徴と官営工場払下げ方針によって歳入増加と支出の削減へ政策転換した。この政策は，次の松方財政へ引き継がれる。

松方正義（まつかたまさよし）1835～1924 鹿児島出身。内務卿・大蔵卿・大蔵大臣を歴任し，紙幣整理・金本位制確立など，財政・金融制度を整備した。西郷隆盛・大久保利通の亡き後，薩摩閥の巨頭として，1891・96年の2回組閣，元老となる。

松方財政(まつかたざいせい)**(松方デフレ)** 1880年代前半に実施された松方大蔵卿のデフレ政策をいう。紙幣整理，官業払下げをおこなうことで急激な緊縮財政を採り，財政の健全化をはかった。その結果，日本銀行の設立，兌換制が確立された。それらを実現するためにおこなった厳しい緊縮政策によって物価が下落してデフレーションを招き，小企業を圧迫した。生糸や農産物価格の低下で，自作農民は小作農民へ没落した。いっぽう，財政の安定によって資本主義経済の基盤が形成された。

緊縮財政(きんしゅくざいせい) 政府の支出を減少させる財政政策をいう。社会に出回る通貨量が少なくなるため，人々の購買力が弱くなり，物価の低落(デフレーション)が起きて，経済不況となる場合が多い。

紙幣整理(しへいせいり) 1881年の松方大蔵卿の施策。大隈財政期の西南戦争や殖産興業のため増発した国立銀行券などの不換紙幣を政府が回収・整理すること。酒税・煙草税などの増税と地方税の新設によって政府へ紙幣を回収するとともに，歳出削減・官営事業払下げによって政府の支出を大幅に減らした。これにより市中の通貨は減少し，デフレが進行した。日銀兌換銀行券の発行により一応完了した。

騒擾事件(そうじょうじけん)**(激化事件**(げきかじけん)**)** 自由民権運動において，自由党急進派や貧農が武装蜂起やテロなどの直接行動に走った事件。1882年の福島事件以降に多発した。豪農・地主らによる国会開設運動や松方デフレ政策により民権運動が後退したことで，政府への反発が過激化したことによる。

加波山事件(かばさんじけん) 1884年9月，栃木県令三島通庸の圧政に対し，栃木・福島の自由党員が県令暗殺を計画したが失敗した。茨城県加波山で政府打倒をはかって蜂起し，爆裂弾をもって栃木の県庁を襲おうとしたが，鎮圧された。

秩父事件(ちちぶじけん) 松方デフレ政策により，生糸価格の低落で，現金収入がなくなって借金が重み，困窮した埼玉県秩父の農民が起こした騒擾事件。秩父の農民が困民党を組織し，在地の自由党員の指導で借金の返済延期，減税を叫び，1884年，田代栄助(しろえいすけ)を総理，井上伝蔵(でんぞう)を会計長として約1万人の農民が武装蜂起した。軍隊によって鎮圧され，4000人以上が逮捕・有罪となった。蜂起地の秩父市の椋神社(むくじんじゃ)に顕彰碑がある。

立憲制の成立

立憲体制(りっけんたいせい)**《日本》**憲法などの法規に基づいておこなわれる君主政治をいう。日本では1889(明治22)年の大日本帝国憲法発布と，翌1890(明治23)年の議会開設により，立憲体制が確立した。

伊藤博文(いとうひろぶみ) 1841〜1909 山口出身の政治家。大久保利通死後に政府最高指導者となる。明治十四年の政変後，憲法制定のために渡欧し，グナイスト(ベルリン大)とシュタイン(ウィーン大)に君主権の強いドイツ流の憲法理論を学び帰国する。華族令・内閣制度を創設し，初代首相となる。枢密院議長として明治憲法の制定を主導した。第2・第3次の内閣を組織したのち，立憲政友会総裁となり第4次内閣を組織，政党政治への道を開いた。晩年は元老となり，初代韓国統監となったが，ハルビンで暗殺される。

華族令(かぞくれい) 1884年，旧公卿・旧大名の身分呼称としての華族に加えて，維新の功臣(のち官本・実業家も)らに家格・功績によって爵位(しゃくい)を授与し，制度的に特権的身分を保障した。将来，華族が貴族院議員になることが想定された。爵位は男

性の世襲。1947年に廃止される。

公・侯・伯・子・男（五爵） 華
族令により華族の戸主らに授けられた
公・侯・伯・子・男の5つの爵位のこと。
公爵は五摂家などの上級公家や徳川氏と
御三家，侯爵は主に石高の多い旧大名と
公家，伯爵は維新の功臣，子爵・男爵は
旧大名や明治新政府の軍人や役人と公家
に与えられた。

内閣制度 1885年に創設した国家の最
高行政機関。太政官制を廃止し，天皇の
指名する内閣総理大臣（首相）が各省長官
の国務大臣を率いて内閣を組織。宮中に
対し府中（行政府）と呼ばれる。内閣総理
大臣や天皇から個別に任命された国務大
臣は，議会にではなく，天皇に対しての
み責任（単独輔弼責任）を負った。

内閣総理大臣 《戦前》内閣の首班
として国家の行政を担当する最高の官職。
略称は総理・首相。1885（明治18）年の内
閣制度確立の際，各大臣（国務大臣）を統
轄する官職として設置されたが，総理大
臣・国務大臣は天皇から個別に任命され
たため，総理大臣が国務大臣を罷免する
権限はない。初代総理は伊藤博文。

伊藤内閣（第1次） 1885.12〜88.4 最初の
内閣。閣僚のほとんどは薩長出身の藩閥
内閣。外交では条約改正に努め，内政で
は保安条例を発して旧民権派を弾圧した。

明治憲法の制定

ロエスレル Roesler 1834〜94 ドイツの法学
者。1878年政府顧問として来日し，明治
憲法の制定に尽力。1893年に帰国した。

憲法草案の起草 《明治憲法》1886
（明治19）年末頃から伊藤博文を中心に井
上毅・伊東巳代治・金子堅太郎がドイ
ツ人顧問ロエスレルらの助言を得て作成
された。この憲法草案は三浦半島の夏島

にある伊藤の別荘で極秘裏につくられた
ので夏島草案という。この草案が明治天
皇臨席の枢密院で審議された。

枢密院 1888年，明治憲法草案を審議
するために設置した。初代議長は伊藤博
文。枢密顧問官は天皇が任命した。憲法
制定後も天皇の最高諮問機関であること
が憲法（第56条）で規定された。宣戦布告
や条約締結などの重要な国事を審議し，
天皇へ答申した。

黒田清隆 1840〜1900 鹿児島出身。五
稜郭での攻略戦を指揮した。維新後，北
海道開拓使の次官，ついで長官・参議と
なる。1876年，日朝修好条規を締結。開
拓使官有物払下げ事件で辞任。1888〜89
年，首相の時に大日本帝国憲法を発布。
のち枢密院議長。元老の1人。

大日本帝国憲法（明治憲法） 1889年2月11日（紀元節）に発布され，
時の総理大臣黒田清隆に下された欽定憲
法。ドイツ憲法に範を採り，伊藤博文ら
が起草。全76条。天皇を元首とし国民を
臣民とする主権在君制で，近代的立憲体
制が整った。ただし，天皇はその尊厳や
名誉を汚してはならない神聖不可侵な存
在で，天皇主権が確立した。1947年の日
本国憲法施行により廃止された。

欽定憲法 君主の単独の意志によって
制定される憲法。民定憲法に対する用語。

帝国議会 大日本帝国憲法下における
最高立法機関。衆議院・貴族院の二院制。
天皇大権が強く，議会は権限が弱く協賛
機関であった。しかし，議会は天皇の立
法権に対する協賛権を持つことによって
政府の予算案や法律案に賛成するだけで
なく，否決することもできたため，政府
はとくに衆議院の意向を無視できなくな
った。1947年の第92帝国議会まで存続し
たが，日本国憲法施行により，国会が正

式の呼称となる。

貴族院〔きぞくいん〕 大日本帝国憲法下で衆議院と並んで帝国議会を構成した立法機関。憲法発布と同時に貴族院令を公布。皇族議員・華族議員らの世襲（公・侯爵は自動的に貴族院議員、伯・子・男爵は互選）議員、勅選議員（勲功ある者、学識経験者）、多額納税者議員（各府県で互選1人）で構成される。衆議院とほぼ対等の権限を持ち、衆議院が可決した法案を否決することで、藩閥政府を守ることが期待された。1947年に廃止された。

勅任議員〔ちょくにんぎいん〕 貴族院議員の中で、学識経験者や政府に功績のある者からなる勅選議員と各府県から1人互選される多額納税者議員を勅任議員という。

衆議院〔しゅうぎいん〕 大日本帝国憲法下で貴族院とともに帝国議会を構成した公選の立法機関。予算先議権（憲法第65条）を持つ以外は貴族院と対等とされた。

衆議院議員選挙法〔しゅうぎいんぎいんせんきょほう〕 1889年公布。定員1名原則の小選挙区制、議員定数300名、任期4年。その後、選挙権・定数・選挙区は変動。選挙人は直接国税（地租・所得税、のち営業税も）15円以上を納める満25歳以上の男性（被選挙人は満30歳以上）。1900年に直接国税10円以上（大選挙区制）、19年に3円以上（小選挙区制）と改正され、25年財産制限を撤廃、男性普通選挙となる。

臣民〔しんみん〕 大日本帝国憲法の規定では、国民が天皇の臣下と規定されて「臣民」といわれている。「臣民」は兵役と納税の義務があり、法律の範囲内で信教や言論の自由が認められていた。

天皇大権〔てんのうたいけん〕 大日本帝国憲法では、天皇は議会閉会中に法律に代わる緊急勅令を発することができるほか、文官・武官の任命や行政組織を定める行政大権、陸・海軍の作戦・用兵をおこなう統帥（大）権、陸・海軍の兵力量を定める編制大権、条約の締結・宣戦布告・講和を定める外交大権を持つ。

統帥（大）権〔とうすい（たい）けん〕 天皇大権の1つ（第11条）に規定される軍隊の指揮統率権（作戦・用兵）をいう。統帥権は内閣から分離・独立し、陸・海軍は天皇に直属している。陸軍は参謀本部、海軍は軍令部が作戦・用兵を立案する。

緊急勅令〔きんきゅうちょくれい〕 天皇大権の1つ（第8条）。緊急の必要により、議会閉会中に天皇の命令として議会の審議を経ないで制定される勅命。ただし、つぎの議会での承認を必要とした。

前年度予算執行権〔ぜんねんどよさんしっこうけん〕 もし、議会が政府の予算案を否決し、予算が成立しなかった時、前年度の予算案を政府はそのまま使用できるという規定（第71条）。伊藤博文が自由民権派の政党が議会の過半数を占めて予算案を否決した場合に備えて入れた条文。しかし、現実的に予算額は毎年増えるため、この規定では政策運営ができず、役に立たなかった。政府は衆議院の政党と妥協せざるを得ず、政党の力を認めざるを得なかった。

教育〔に関する〕勅語〔きょういく（にかんする）ちょくご〕 1890年発布。教育の指導原理を示す勅語。元田永孚・井上毅らが原案を起草。忠君愛国（君主に忠義を尽くし、国を愛すること）や忠・孝などの儒教的道徳思想を基礎に、天皇制の強化をはかる。御真影（天皇の写真）とともに各学校に配布した。学校内の奉安殿に安置し、国民の祝日や入学式・卒業式では必ず学校で校長が読み上げる奉読式をおこなった。1948年、国会決議で失効した。

諸法典の完成

ボアソナード Boissonade 1825〜1910 フランスの法学者。明治政府に招かれて1873年に来日する。刑法・民法などを起草。また井上馨の条約改正案の外国人判事任用を批判し、反対運動に影響を与えた。22年間滞日して1895年に帰国した。

六法 憲法・民法・商法・民事訴訟法・刑法・刑事訴訟法の近代国家にとって必要で基本的な6法典をいう。条約改正と並行して整備が進行した。

刑法 1880年の公布、82年の施行。ボアソナードが起草したフランス法系の近代的刑法典。法律の規定がなければ罰しないという罪刑法定主義を採用。政治犯罪の内乱罪の厳罰、家制度を守るため妻に対する姦通罪・堕胎罪も設けた。1907年ドイツ法系の新刑法に改正したので、80年のものを旧刑法と呼んでいる。

大逆罪 刑法に規定された皇室に対する罪刑。天皇・三后(皇后・皇太后・太皇太后)・皇太子に対し危害を加える者は死刑。大逆事件・虎の門事件は著名な適用例である。

不敬罪 皇室に対しての不敬(尊敬の気持ちを持たずその名誉や尊厳を害する)行為は不敬罪とし、重禁錮(現在の刑法の有期懲役に同じ)5年以下、罰金刑。

姦通罪 姦通とは、夫のある女性が夫以外の男性と性的交渉を持つこと。戦前の刑法では、その女性と相手方の男性も罪に問われた。

治罪法 1880年公布。刑法上の刑罰を適用するための手続法である近代的刑事訴訟法。フランス治罪法により、ボアソナードが草案を作成。拷問の禁止・証拠法などの規定がみられる。

刑事訴訟法 1890年、治罪法を改正して公布・施行。1922年、ドイツ法系の影響を受けた刑事訴訟法に改正される。

民法 民法は近代において財産・家族などの国民の私的生活を律する法である。ボアソナードが草案を起草、1890年に公布したが、フランス法系民法の影響力が強く、個人主義的で日本の家制度に合っていないと批判され、施行は無期延期。この民法を旧民法と呼ぶ。その後、家の家長が家族を拘束できる戸主権を重視した新民法の明治民法を編纂、1896・98年公布。一夫一婦制をとる重婚の禁止も導入された。1947年、戸主制廃止・男女同権などの大改正がおこなわれた。

戸主 1871年の戸籍法で近代の戸主の制が成立。明治民法では家族の婚姻の同意権や居所指定権(戸主が家族の居住すべき場所を指定する権利)を含む戸主権を制度化した。親としての権利や義務を示す親権とともに家族を拘束。戸主の地位と財産の継承が家督相続権で、普通は男性長子が相続する。

家制度 1898年制定の民法で規定された家族制度。強大な戸主権の下で、男女両性の不平等と家督相続制など、戸主である家長中心の封建的な家族制度が明治民法によって温存された。第二次世界大戦後の新民法で消滅した。

民法典論争(法典論争) ボアソナードの民法が個人主義的で、日本古来の家族制度の美風を損なうとして、1889年から本格的に起こった論争。ドイツ流の憲法学者である穂積八束が、「民法出デヽ忠孝亡ブ」との論文を発表し、ボアソナードの民法を批判した。そのため、92年に施行延期、新たに戸主としての家長が強力な力を持つ明治民法が編纂された。

商法 商法は商業・経済活動をおこな

う商店・企業及びその活動に関する法律である。1890年公布，ロエスレルの起草。外国法を模倣した傾向が強く，法典調査会で修正し，99年に修正(新)商法を施行した。

議会の開設と初期議会

大同団結運動（だいどうだんけつうんどう） 1886〜89年の自由民権諸派の反政府統一運動。「小異をすてて，大同につく」から名付けられた運動。立憲自由党と立憲改進党との小さい対立を乗り越えて大きな目的のために団結することを目指した。三大事件建白運動と呼応して後藤象二郎・星亨らの民権派勢力が結集すると，政府は保安条例で弾圧。1888年以降も運動は全国的に拡大したが，89年に後藤象二郎が政府のさそいにのって黒田内閣に入閣すると運動は分裂・崩壊した。

三大事件建白運動（さんだいじけんけんぱくうんどう） 1887年の反政府運動。井上外相の条約改正への反対運動に端を発し，片岡健吉らの民権派が自由民権運動の最大公約数の主張である「言論の自由，地租軽減，外交失策挽回（条約改正）」の3項を主張する建白書を元老院に提出。各地の有志も続々上京して高揚したが，保安条例で鎮静化した。しかし，国会開設を目前に控え，自由民権運動の再結集へ結び付いた。

保安条例（ほあんじょうれい） 1887年，反政府運動の弾圧法規。三大事件建白運動・大同団結運動など民権運動の高揚に際し，第1次伊藤内閣の山県内相が発布。三大事件建白運動の拡大を阻止するため，民権派の活動家を3年間皇居外3里(12km)の地に追放した弾圧法令。尾崎行雄・片岡健吉・中江兆民・星亨ら570余人が東京から退去させられた。1898年に廃止された。

超然主義（ちょうぜんしゅぎ） 政党の動向に左右されず，超然とした政策をおこなおうとする藩閥政府の政治姿勢。憲法発布翌日の2月12日，首相黒田清隆が政党の考えを無視して政治をおこなうことを表明した政治的立場。

第1回衆議院議員総選挙（だいいっかいしゅうぎいんぎいんそうせんきょ） 1890年7月1日，第1次山県内閣の下で実施された最初の衆議院議員総選挙。前年に成立した衆議院議員選挙法を受け，年末に招集される第一議会の衆議院議員選出のために実施された。投票率は約94％であった。衆議院定員300名のうち，自由民権運動以来の立憲自由党130名，立憲改進党40名，合計170名で，反政府側の政党が過半数を占めた。

記名投票（きめいとうひょう） 第1回衆議院議員総選挙は，投票用紙に候補者氏名とともに投票者の氏名を書き，実印まで捺さなければならなかった。そのため，誰れが誰れに投票したかがわかり，第2回衆議院議員総選挙で政府が選挙干渉するための情報は筒抜けだった。

初期議会（しょきぎかい） 1890年の第一議会から日清戦争直前の第六議会までをいう。超然主義・富国強兵政策を推進する藩閥政府と，政費節減・民力休養を求める議席の過半数を占めた民党とが，衆議院で激しく対立した。第四議会頃から第一党の自由党が第2次伊藤内閣に接近，日清戦争後，本格的な提携への端緒を開いた。

民党（みんとう） 民権運動以来の立憲自由党・立憲改進党を中心とする反政府側の勢力の呼称。軍備拡張の膨大な予算に反対，政費節減と民力休養を主張して提携，藩閥政府と対立した。

立憲自由党（りっけんじゆうとう） 1890年1月，第1回総選挙を目前にして大井憲太郎らが自由党を再建。選挙後，第一議会直前に立憲自由党を結成，さらに翌1891年に板垣を総

裁として自由党と改め，民党連合の中核となった。第四議会には，自由党が政府に協力姿勢を取り，予算案を修正・可決して政府への接近を始めた。

立憲改進党〔りっけんかいしんとう〕 1882年に結党。大隈重信を中心に，明治十四年の政変で政府を去った若手の官僚であった前島密〔ひそか〕・尾崎行雄・犬養毅〔つよし〕などが参加して成立した。イギリス流の立憲君主制を主張し，主に都市の実業家層の支持を得た。初期議会では，立憲自由党とともに藩閥政府に対抗したが，立憲自由党が政府へ接近すると対外硬（条約改正のために条約を厳格に適用して外国人への圧力を強化しようとする）を主張し，日清戦争後には対外硬の小政党と合同して進歩党となる。

吏党〔りとう〕 政府・官吏側の政党という意味である。初期議会における藩閥政府支持派の政党。議会では少数派で，離合集散が多かった。

政費節減・民力休養〔せいひせつげん・みんりょくきゅうよう〕 政費節減とは，政府予算案を削減する主張。民力休養とは，具体的には地租軽減を政府に求める政策。政党は議会の協賛権によって政府予算案の削減は可能だが，削減分を地租軽減に充てるためには立法が必要で，貴族院の賛成と政府の承認が必要。そのため，政費節減はできるが，節約分を地租軽減に充当する＝民力休養は事実上不可能なスローガンであった。

第一〔帝国〕議会〔だいいち〔ていこく〕ぎかい〕 1890.11～91.3 民党勢力が衆議院の過半数を占め，「政費節減・民力休養」を唱えて第1次山県内閣と対決。政府は予算削減問題で，自由党土佐派の一部を買収して切り崩して軍拡予算をかろうじて成立させ，解散を回避。閉会後に山県は退陣した。

山県有朋〔やまがたありとも〕 1838～1922 山口出身の政治家。奇兵隊を率いて倒幕に活躍した。陸軍の基礎を確立し，西南戦争を鎮圧した。1889年と98年に長州閥・軍閥の巨頭として内閣を組織し，第2次山県内閣では文官任用令の改正，陸・海軍大臣現役武官制・治安警察法などを施行。現役を引退後は元老として政界に君臨した。

山県〔やまがた〕**内閣（第1次）** 1889.12～91.5 1890年5月に府県制を公布。1890年7月，第1回総選挙を実施，藩閥超然内閣として第一議会の乗り切りに努めた。同年10月には教育勅語を発布する。

利益線・主権線〔りえきせん・しゅけんせん〕 主権線とは国家主権の範囲。利益線とは，国家の安全独立を保障する勢力範囲として朝鮮半島を指す。1890年の第一議会の施政方針演説の中で，山県首相が陸・海軍経費増加の必要を強調した。「主権線」（国境）のみにとどまらず，「利益線」の確保を主張した。

第二議会〔だいにぎかい〕 1891.11～91.12 第1次松方内閣の予算案の軍艦建造費などを民党が削減し，ついに議会解散となる。

松方〔まつがた〕**内閣（第1次）** 1891.5～92.8 大津事件を処理。第二議会で議会を解散し，選挙干渉をおこなったが，民党に敗北した。第三議会に臨んだが，軍事予算を否決されて総辞職した。

第2回衆議院議員総選挙〔だいにかいしゅうぎいんぎいんそうせんきょ〕 1892年2月15日に第1次松方内閣の下で実施された衆議院議員総選挙。内務大臣品川弥二郎らによる激しい選挙干渉がおこなわれたが，民党側が過半数を制して勝利した。

選挙干渉 選挙の投票所に民党側の選挙人を入れないよう，政府が脅迫や暴力におよんで暮らしている壮士を雇い，頼まれると日本刀を振りまわして妨害するなどした。いっぽう，民党側も同じように壮士を動員して対抗したため，全国で死者25名，負傷者388名を出す大流血事件と

なった。第2回総選挙後の第三議会では,手や頭に包帯を巻いた議員もいた。

伊藤内閣（第2次） 1892.8〜96.9 民党と対抗するために山県（司法）・黒田（逓信）・井上（内務）ら大物藩閥政治家を閣僚に並べたいわゆる元勲内閣。第一次条約改正を達成し，日清戦争に突入。日清講和条約を締結し，戦後1896年4月，板垣退助を内相に迎えて自由党と提携して戦後経営をおこなう。

第四議会 1892.11〜93.2 第2次伊藤内閣の軍事予算を民党が削減。軍艦建造予算に協力せよとの天皇のいわゆる建艦詔書（和衷協同の詔書）によりかろうじて乗り切る。この議会から自由党は地方の鉄道敷設・港の築港などの地方利益の実現をねらって第2次伊藤内閣へ接近した。

第4章 帝国主義の展開とアジア

❶ 条約改正と日清戦争

朝鮮をめぐる日本と清国

漢城(かんじょう) 1392年，高麗を滅ぼし朝鮮を建国した李成桂(りせいけい)が1394年に首都とした都市。1910年の韓国併合に伴い，京城と改称され，朝鮮総督府が設置された。現在のソウル。

高宗(コウソウ)(コジョン) 1852〜1919 朝鮮の第26代国王。閔氏一族の政権独占を排除し，1897年に国号を大韓帝国と改めて，初代皇帝となる。1907年にハーグ密使事件を起こし，退位した。

閔妃(びんひ)(ミンビ) 1851〜95 高宗(李太王)の王妃。立后後，高宗の実父大院君を引退させ，閔氏一族の政権独占をはかる。初め親日派と近代化を進めたが，壬午軍乱・甲申事変後は清・ロシア勢力を背景に親日派を圧迫する。日清戦争で勢力を失ったが，三国干渉後，ロシアに接近して親日派を追放，政権を握る。1895年に殺害された。

壬午軍乱(じんごぐんらん)(**壬午事変**(じんごじへん)) 1882年，朝鮮の首都，漢城(現在のソウル)で起こった事変。親日策をとる閔妃に対し，守旧(しゅきゅう)派兵士が大院君を担いでクーデタを決行。日本公使館も襲われたが，清の派兵で鎮圧。日朝間に済物浦(さいもっぽ)条約が成立したため，清は朝鮮への宗主権の強化をはかり，閔派は親清策に転じた。

大院君(たいいんくん)(テウォングン) 1820〜98 朝鮮の王族。国王高宗の実父として権力を握り，鎖国攘夷策を採る。閔妃の台頭で一時失脚した。

壬午軍乱でクーデタを起こして失敗。清朝により北京に拘禁された。1895年，閔妃殺害後に一時政権に復帰したが失脚した。

開化派(独立党) 日本と結び，清からの独立と近代化を進めようとした党派。壬午軍乱で大院君のクーデタが鎮圧されたのち，開国派が鎖国派を抑えたが，開国派は清に頼る事大党と日本に接近した開化派(独立党)に分裂した。中心人物の金玉均(きんぎょくきん)や朴泳孝(ぼくえいこう)(パクヨンヒョ)は，1884年に閔氏打倒をはかったが(甲申政変)，失敗した。

甲申事変(こうしんじへん)(**甲申政変**(こうしんせいへん)) 1884年，漢城で起こった事変。金玉均らの開化派が日本公使と結び，清仏戦争(1884〜85年，フランスがベトナムを保護国化)の勃発で清軍が動けないことを予想してクーデタを起こして清朝と結ぶ閔妃の一族を排除しようとしたが，袁世凱の率いる清軍による反撃で失敗。日朝間で漢城条約を結んで結着した。

金玉均(きんぎょくきん)(キムオッキュン) 1851〜94 独立党の指導者。壬午軍乱の謝罪大使として来日し，文明開化による日本の近代化・西欧化をみて親日派となる。甲申事変を起こしたが，失敗して日本に亡命。札幌などに移送されたが，1894年，上海で暗殺される。

朴泳孝(ぼくえいこう)(パクヨンヒョ) 1861〜1939 李氏朝鮮末期の政治家。金玉均とともに開化派の代表。1884年に保守派を打倒する甲申事変を企てたが失敗，日本へ亡命する。94年に帰国して朝鮮政府の改革に加わり内部大臣となるも，陰謀罪に問われ再び日本へ亡命。その後，帰国して宮内大臣となるが，

政府と対立し追放された。日本の韓国併合により侯爵となる。

袁世凱〔えんせいがい〕 1859〜1916 清末・中華民国初期の軍人・政治家。李鴻章の下，朝鮮で清の属国化を計り，日本と対立した。日清戦争後には清国の新軍整備に努めた。李鴻章の後継者として清朝末期の最大の実力者となったが，1909年に失脚した。1911年に辛亥革命が起きると復活し，革命派と取引きをおこない，清朝を倒して中華民国臨時大総統となった。

天津条約〔てんしんじょうやく〕 1885年に結ばれた伊藤博文と李鴻章による一時的な休戦協定のような条約。甲申事変の処理策として，日清両国軍の朝鮮からの撤兵，日清両国軍事顧問の派遣中止，将来の出兵時には互いに通知し合うという3条。

李鴻章〔りこうしょう〕 1823〜1901 清の政治家。清朝の近代化をはかる洋務運動の中心となり，北洋艦隊を組織した。皇帝から全権を委任された北洋大臣や北京の直隷総督〔ちょくれい〕を務め，甲申事変後の天津条約や下関条約を日本と結んだ。

脱亜論〔だつあろん〕 福沢諭吉が1885年3月の『時事新報』に発表した論説。清・朝鮮の開明を待って日本とアジア諸国の連帯を強める時間的余裕はなく，むしろアジアを見捨てて欧米列強側に立つべきとする。日本も欧米列強並みに東アジア分割に加わることを妥当とする国権論に与〔くみ〕している。

『時事新報』〔じじしんぽう〕 1882(明治15)年に創刊された日刊新聞。福沢諭吉が実質的に主宰していた新聞。「独立不羈〔ふき〕(独立して束縛されないこと)」を唱え，言論報道の独立，経営的自立を目指した。

条約改正

条約改正〔じょうやくかいせい〕 1858年の不平等条約である安政五カ国条約を改正しようとする，明治政府最大の外交交渉。領事裁判権の廃止は1894年に，関税自主権の回復は1911年に達成された。

井上馨〔いのうえかおる〕 1835〜1915 山口出身。外務卿，第1次伊藤内閣の外相として条約改正に尽力。欧化政策を採り，外国人判事(裁判官)任用を改正案に盛り込んで政府内外の非難を浴び，1887年に辞任した。のち農商務相・内相を歴任，以後は元老となった。

条約改正会議〔じょうやくかいせいかいぎ〕 井上馨外務卿(1885年から外相)は1882年に列国代表を集めて予備会議を開き，86年から関係国合同の改正本会議を27回開催。西洋を範とした法典の編纂，外国人判事任用，内地雑居などを提案。外国人判事の任用は日本の主権を犯かすものだという内外の批判が高まり，1887年7月に無期延期を列国に通告した。

外国人判事の任用〔がいこくじんはんじのにんよう〕 井上馨外相は領事裁判権の撤廃，輸入関税の一部引上げの代わりに，外国人のかかわる裁判には判事の半分以上の外国人判事を任用し，外国人の日本国内への居住権・所有権などを認める内地開放案(内地雑居)などを示した。

欧化政策（おうかせいさく） 条約改正のために採った表面的な西欧化政策をいう。鹿鳴館をつくり，欧米の制度・生活様式などを取り入れた欧化主義を示し，外国の歓心を買い，条約改正を容易にしようとした政策。

鹿鳴館（ろくめいかん） 東京日比谷にあった政府の国際社交場。イギリス人コンドルの設計，1883年に竣工。欧化政策は鹿鳴館での舞踏会（ダンスパーティ，夜に開かれた場合は夜会とも呼ばれた）などに象徴された。あまりに表面的で内容のない西洋化は，フランス人ビゴーが漫画で風刺した。

ビゴー Bigot 1860〜1927 フランスの新聞記者・画家。1882年に来日。風刺画にすぐれ，漫画雑誌『トバエ』を創刊（1887〜90年）する。1899年，改正条約施行による居留地の廃止で，時事問題や政府の政策，風俗を風刺する漫画を数多く描いたため，官憲の弾圧を恐れて帰国した。

大津事件（おおつじけん） 1891年5月，訪日中のロシア皇太子ニコライ（のち皇帝ニコライ2世）がシベリア鉄道起工式に出席の途次，滋賀県大津で警備巡査津田三蔵に傷つけられた事件。ロシアの東アジア進出に多くの日本人が反ロシアの感情を抱いていたことが背景にある。政府は陳謝して事態を収拾し，青木外相は辞任した。

シベリア鉄道（てつどう） ロシア国内のモスクワからウラジオストク（ウラジヴォストーク）までを横断する世界一長い鉄道。ロシアのアジア進出が目的で，1891年にウラジオストクで起工式が挙行され，1905年に完成。ロシアの軍隊をモスクワからアジアへ直接送ることが可能となった。

ニコライ皇太子 Nikolai 1868〜1918 ロシアのロマノフ王朝最後の皇帝ニコライ2世（在位1894〜1917）となる。在位中に日露戦争，第1次ロシア革命，第一次世界大戦が起こる。1917年の二月（三月）革命で

退位し，社会主義政権成立後に処刑された。

青木周蔵（あおきしゅうぞう） 1844〜1914 山口出身。1889〜91年，第1次山県・第1次松方内閣の外相。ロシアの東アジア進出に危機感を深めるイギリスと条約改正に取り組み，治外法権の回復などの同意を得たが，1891年5月，大津事件の突発で退任（後任は榎本武揚）し，青木外相の条約改正交渉は中断した。1894年に駐ドイツ公使として駐英公使を兼任し，陸奥外相の改正交渉を助け，日英通商航海条約を調印した。

内地雑居（ないちざっきょ） 外国人に日本国内での居住・旅行・営業の自由を与え，内地を開放すること。居留地の撤廃によって外国人と日本人とが同じ地域に住む内地雑居に多くの日本人が恐れていた。結局，1899年の改正条約実施により解決し，だんだんと外国人が日本人と同じ地域に住むことになれていった。

陸奥宗光（むつむねみつ） 1844〜97 和歌山出身。坂本龍馬の海援隊に参加。駐米公使を経て，第2次伊藤内閣の外相となり，日清開戦直前に日英通商航海条約を結び，治外法権の撤廃に成功。日清戦争の講和条約と三国干渉の外交処理に当たった。

日英通商航海条約（にちえいつうしょうこうかいじょうやく） 1894年，駐英公使青木周蔵とイギリス外相キャンバレーによってロンドンで調印。主な内容は，領事裁判権の廃止（治外法権の撤廃），関税自主権の一部回復，居留地の廃止，相互的最恵国待遇など。ついで1897年までに全13カ国との条約改正が完了した。99年より実施。

日英通商航海条約の発効（にちえいつうしょうこうかいじょうやくのはっこう） 日英通商航海条約の発効は，調印5年後の1899年とされた。それまでに日本は民法・商法を修正して公布・施行すること

で，1899年までに治外法権の完全撤廃に備えた。

小村寿太郎（こむらじゅたろう）1855〜1911 宮崎出身。第1次桂内閣の外相として日英同盟協約の締結，日露戦争講和会議に当たる。第2次桂内閣外相時代の1910年に韓国併合，1911年に日米通商航海条約を調印して，関税自主権の回復を実現した。

日米通商航海条約（にちべいつうしょうこうかいじょうやく）1911年に陸奥宗光外相が結んだ1894年の同条約を改正。日露戦争後，日本の国際的地位の向上を背景に，イギリスの経済力を超えていたアメリカと関税自主権回復の条約を締結。これを契機にイギリス・フランス・ドイツなどとも通商航海条約を改正し，不平等条約解消を達成した。

日清戦争

甲午農民戦争（こうごのうみんせんそう）**（東学の乱**（とうがくのらん）**）**
1894年の朝鮮南部で起きた農民蜂起。東学はカトリックの西学（せいがく）に対する呼称で，崔済愚（チェジェウ）が創始した民衆宗教。朝鮮政府の苛政に反対し，斥倭斥洋（せきわせきよう）（日本と西洋の排斥）を唱え，全琫準（ぜんぼうじゅん）（チョンボンジュン）らが農民軍を率いて大反乱となる。朝鮮政府は鎮圧できず，清軍に救援出兵を要請し，日本軍も天津条約を口実に出兵すると農民軍は朝鮮政府と和解し反乱を収めた。日清両軍は朝鮮における主導権を握るため戦闘を拡大した。

東学（とうがく）1860年頃，崔済愚（さいせいぐ）が唱えた新宗教。外国の侵略，朝鮮王朝の圧政に苦しむ民衆の間に急速に広まった。崔済愚は朱子学（しゅし）や，西洋の新思想と異なる朝鮮独自の思想体系の構築を目指し，儒・仏・道教（じゅぶつどう）に民間信仰を加えて東学を創始した。

西学（せいがく）キリスト教を中心とする西洋の思想や学問など全体を指す。朝鮮民衆にとっては朝鮮を侵略する元凶（げんきょう）とみなされ

た。

閔氏政権（びん（ミン）しせいけん）高宗（きぎき）の妃閔妃の一族による政権。1873年，国王親政の名目で摂政大院君を退け，権力を握った。大院君の攘夷政策を改め，日朝修好条規を結んだが，壬午軍乱を機に清朝と接近した。甲申政変で一時力を失ったが，清の援助で政権を回復した。日清戦争後は日本の侵略を阻止すべくロシアに接近したが，日本の反発を買い，95年に閔妃が宮中で暗殺される事件が起こった。

日清戦争 1894〜95 朝鮮支配を巡る日本と清の戦争。壬午軍乱・甲申政変を経て，清は朝鮮における優位を確保していた。しかし，甲午農民戦争を機に日清戦争が勃発すると，日本は陸・海両面における戦闘で清朝を圧倒した。この戦争で日本は国際的地位を高め，帝国主義への道を歩み始めた。

遼東半島占領（りょうとうはんとうせんりょう）平壌（へいじょう）の戦いに勝利した日本軍は，1894年10月，第一軍が鴨緑江を渡って清の領内に入り，第二軍が遼東半島に上陸し，11月中にその中心都市の旅順・大連を占領した。

黄海海戦（こうかいかいせん）1894年9月，黄海で清海軍主力の戦艦鎮遠・定遠（ちんえん・ていえん）を擁する李鴻章が創設した北洋艦隊が，日本海軍の連合艦隊に撃破された海戦。

威海衛占領（いかいえいせんりょう）威海衛は中国山東半島北端の港，北洋艦隊の拠点となっていた軍港。開戦後，1895年2月日本軍が占領，北洋艦隊を降伏させ，戦後も賠償金支払いの保障として占領した。

下関講和条約（しものせきこうわじょうやく）1895年4月の日清戦争の講和条約。山口県下関の春帆楼（しゅんぱんろう）で開かれた下関講和会議（日清講和会議）で締結。全権は日本が伊藤博文・陸奥宗光，清が李鴻章。清は(1)朝鮮の独立を認め，(2)日本へ遼東半島・台湾・澎湖諸島

の割譲，(3)賠償金2億両（テール）（日本貨約3億1000万円），(4)揚子江（現在の長江）沿岸の沙市・重慶・蘇州・杭州の開市・開港と揚子江航行権を与えた。

台湾（たいわん） 先住民はマライ系の高砂族（たかさごぞく）。明代から漢民族が移り定住し，17世紀後半から清が支配。1874年，日本は台湾出兵。1895年，下関条約で澎湖諸島とともに日本領となる。第二次世界大戦後，中国に返還。1949年以降，中国国民政府が本土から移って統治，中華民国を称する。

澎湖諸島（ほうこしょとう） 台湾の西にある60余りの小島群。1895年，下関条約で台湾とともに日本領となる。現在は台湾国民政府の統治下にある。

遼東半島（りょうとうはんとう） 中国東北部南端の半島。下関条約で日本に割譲されたが，三国干渉で清に返還する。1898年，ロシアが半島南部の旅順・大連地域を清より租借。日露戦争後に，日本が租借権を譲り受けた。

日清戦争賠償金（にっしんせんそうばいしょうきん） 清の賠償金と遼東半島還付の代金（こうへいぎん）の合計は清の庫平銀でイングランド銀行に振り込まれイギリス貨で受領し，在外正貨として日本の金本位準備金となった。2億3000万両は当時の日本貨で3億5600万円で，これに運用益850万円を入れて総額3億6450万円となる。対ロシア戦を想定した軍備拡張費や日清戦争費の補充などのほか，製鉄所設立費（58万円），電信・電話拡充費（320万円），台湾経営費（1200万円）もあった。

三国干渉（さんごくかんしょう） 1895年4月，ロシア・ドイツ・フランスの3国が，下関条約で規定された日本の遼東半島領有が「朝鮮の独立を有名無実に為す」ことを理由に，清への返還を勧告。日本はやむなく5月に受諾し，還付報償金として庫平銀（こうへいぎん）3000万両（約4500万円）を取得した。以後，

「臥薪嘗胆」を合言葉に，ロシアに敵対する世論が高まる。

臥薪嘗胆（がしんしょうたん） 約2500年前頃の中国春秋時代，呉越（ごえつ）の争いの故事。呉王夫差（ふさ）が越王勾践（こうせん）を討って父の仇をそそごうと志し，常に薪の上に寝て苦しみを忘れないようにした。また反対に1度敗けた勾践が今度は呉を討って自分が敗北した会稽（かいけい）の戦いの恥をそそぐことを期して肝（肝臓）をなめてその苦味で恥を忘れないようにしたこと。報復のため苦しみ努力することをいう。

台湾総督府（たいわんそうとくふ） 台湾統治の官庁。1895年，台北に設置される。初代台湾総督は樺山資紀（かばやますけのり）。当初は軍政。1897年台湾総督府官制を定め，民政局長後藤新平の下で統治体制を整備した。隣保（隣や近所）組織を活用した警察制度，米・砂糖・樟脳（しょうのう）・塩の専売制のほか，土地調査事業，同化・皇民化政策を推進する。庁舎は現在は台湾総統府として使用される。

日清戦後の朝鮮

閔妃殺害事件（びんひ（ミンビ）さつがいじけん） 1895年10月，高宗妃の閔妃を公使館守備隊が殺害した事件。新任の駐朝鮮公使三浦梧楼が指揮して，三国干渉以後に親露反日政策を採る閔妃を殺害し，大院君の親日内閣を結成した。

三浦梧楼（みうらごろう） 1846〜1926 萩藩士の子，奇兵隊に入り，戊辰戦争を争う。西南戦争では第3旅団を率いて戦う。陸軍では主流派と対立して休職。その後，学習院長，貴族院議員を経て朝鮮公使となり，閔妃殺害事件を起こす。罷免・投獄されたが，無罪となる。1910年，枢密顧問官になり，政界の黒幕となった。

独立協会（どくりつきょうかい） 1896年設立。朝鮮における開化派の団体。高宗による大韓帝国の設立や独立門の建設にかかわった。

独立門 (どくりつもん) 1896年，朝鮮の開化派の独立協会によって建てられた。そこは清の使節を迎える迎恩門があったが，清の宗主権から脱し，独立したシンボルとして独立門を建てた。この門は，パリの凱旋門(がいせんもん)を模し，朝鮮近代化への意気込みも示している。

大韓帝国 (だいかんていこく)(**韓国** (かんこく)) 1897～1910年の朝鮮の国号。下関講和条約で朝鮮に対する清の宗主権が否定されたため，朝鮮王朝の第26代国王高宗が皇帝に即位し，大韓帝国と改称した。清との宗属関係を絶ち，独立国であることを示した。通称は韓国。

日清戦後の日本

地租増徴 (ちそぞうちょう) 日露戦争を想定した軍艦建造などの軍備拡張費は臨時費として日清戦争賠償金でまかなえたが，軍備拡大に伴う毎年の経常支出の増大をまかなうためには財源として最も確実な地租の増徴しかなかった。しかし，自由民権運動以来，民力休養＝地租軽減を要求してきた民党が，地租増徴を認めることは難かしかった。

伊藤 (いとう)**内閣(第3次)** 1898.1～98.6 地租増徴案などの増税案を議会に提出したが，自由・進歩党に否決され，衆議院を解散。憲政党が結成されたため半年足らずで退陣し，隈板内閣(わいはん)に譲った。

憲政党 (けんせいとう) 1898年，自由党と進歩党(主に旧改進党)が第3次伊藤内閣の地租増徴を阻止するために合同して成立した政党。衆議院の約3分の2を占める大政党となった。そのため，伊藤博文は合同した進歩党系の大隈重信と自由党系の板垣退助の2人に組閣させるよう明治天皇に上奏した。しかし，自由党系の党員と進歩党系の党員はもともと水と油であったため，4カ月で分裂した。星亨が率いる自由党系の党員はそのまま憲政党を名乗ったため，進歩党系の党員はやむを得ず憲政本党を名乗った。

大隈 (おおくま)**内閣(第1次)** 1898.6～98.11 憲政党を基礎に大隈(外相兼任)・板垣(内相)が中心となって成立したので，隈板内閣(わいはん)ともいわれる。陸・海軍大臣を除く閣僚を，すべて憲政党員が占めた最初の政党内閣。しかし，自由党系の党員と進歩党系の党員が大臣の椅子をとり合って対立し，4カ月で分裂した。

山県 (やまがた)**内閣(第2次)** 1898.11～1900.10 星亨が主導する憲政党を与党とし，懸案の地租増徴案(2.5％を3.3％に)を実現した。さらに文官任用令・選挙法を改正し，軍部大臣現役武官制を定め，また治安警察法を制定する。義和団事件の際には派兵を決定した。

軍部大臣現役武官制 (ぐんぶだいじんげんえきぶかんせい) 陸・海軍大臣を現役の大将・中将から任用する制度。1900年に法制化。退役した軍人は政党に加入できるため，退役した軍人が陸・海軍大臣に就任すると軍部に政党の影響力が及ぶ可能性がある。軍部に対する政党の影響力を阻止するのが目的。また陸軍や海軍が陸軍大臣・海軍大臣を推薦しないと内閣が成立しない。

立憲政友会 (りっけんせいゆうかい) 1900年に成立。初代総裁は伊藤博文。星亨が主導する憲政党が第2次山県内閣と袂を分かち，伊藤博文に接近してつくった政党。しかし，当初は自由民権運動以来の憲政党員と立憲政友会に参加した伊藤系官僚が合わず，内部対立が激しかった。その後，第2代総裁西園寺公望と第3代総裁原敬によって大政党となっていった。

伊藤 (いとう)**内閣(第4次)** 1900.10～01.6 立憲政友会を基盤とする内閣。北清事変後の困

難な外交・財政策に直面する。増税案は山県系の貴族院勢力の反対に苦しみ，旧憲政党員と伊藤系の党員が対立し，閣内不統一で退陣し，桂内閣に代わった。

桂太郎<ruby>桂太郎<rt>かつらたろう</rt></ruby> 1847〜1913 山口出身，軍人・政治家。台湾総督・陸相を歴任。山県有朋の後継者として軍部・藩閥官僚勢力の維持に努める。明治後期，1901〜12年に西園寺公望と交代で3度組閣する。

桂<ruby>桂<rt>かつら</rt></ruby>内閣（第1次） 1901.6〜06.1 山県系官僚中心の内閣。日英同盟協約を結び，日露戦争を遂行し，ポーツマス条約に調印した。日比谷焼打ち事件で国民の支持を失い，総辞職した。

元老<ruby>元老<rt>げんろう</rt></ruby> 明治維新の功労者である元勲待遇者と，それに準じる者をいう。天皇の最高顧問だが，非公式の地位である。首相の推薦や重要政策に関与し，藩閥勢力を擁護，政党勢力の発展を阻止するなど，絶大な影響を持った。当初は黒田清隆・伊藤博文・山県有朋・松方正義・井上馨・西郷従道・大山巌，のちに桂太郎・西園寺公望らが加わった。

❷ 日本の産業革命と教育の普及

金融体制の確立

殖産興業<ruby>殖産興業<rt>しょくさんこうぎょう</rt></ruby> 日本における政府主導による近代産業育成策をいう。政府は官営模範工場の設置や官営事業によって日本資本主義の経済基盤の構築を推進した。

内国勧業博覧会<ruby>内国勧業博覧会<rt>ないこくかんぎょうはくらんかい</rt></ruby> 殖産興業のため，大久保利通の主唱で開催された，内務省（のち農商務省）主催の国内博覧会。1877年の西南戦争中に東京の上野公園で第1回を開催した。以後5回まで開催（第4・5回は京都・大阪）。機械・美術工芸品を展示，即売する。産業技術発展

に寄与した。

日本銀行<ruby>日本銀行<rt>にほん（にっぽ）ぎんこう</rt></ruby> 1882年，松方大蔵卿の建議を受け，日本銀行条例により設立された中央銀行。日本で唯一の銀行券（紙幣）発行権を持ち，1884年に兌換銀行券条例を制定して，翌年より銀兌換の日本銀行券を発行した。

中央銀行<ruby>中央銀行<rt>ちゅうおうぎんこう</rt></ruby> 国の金融制度の中心機関。兌換銀行券の発行，信用調節などをおこなう。政府の銀行，銀行の銀行ともいわれる。外国為替と正貨の管理・決済もおこなう。

銀本位制<ruby>銀本位制<rt>ぎんほんいせい</rt></ruby> 銀を本位貨幣とする貨幣制度。日本の銀本位制は正貨準備が初めは主として銀であったことと，清を中心とするアジア諸国と貿易決済上，銀貨が便利であったことによる。金本位制までの貨幣制度整備上の過渡的なものとみなされている。

銀兌換銀行券<ruby>銀兌換銀行券<rt>ぎんだかんぎんこうけん</rt></ruby> 1885年，正貨として金を準備できなかったため，銀を正貨として準備できた日本銀行が発行した銀兌換銀行券。キヨソネが大黒天を描いた1円札（通称は大黒札）が有名。翌年から政府紙幣の正貨兌換も開始し，銀本位制が確立した。

貨幣法<ruby>貨幣法<rt>かへいほう</rt></ruby> 1897年，第2次松方正義内閣が制定。日清戦争の賠償金を準備金として金本位制を定めた法律。

金本位制<ruby>金本位制<rt>きんほんいせい</rt></ruby> 金貨を正貨として本位貨幣とする制度。東アジアでは銀による貿易決済であったが，ヨーロッパは金本位制であった。1871年，新貨条例で金本位制の採用を定めたが，金準備の不足で確立せず。日清戦争の賠償金をイギリスのイングランド銀行に備蓄し，在外正貨とする1897年の貨幣法で金本位制が確立した。これによりヨーロッパからの機械・兵器の輸入や投資が容易になった。

金兌換券{きんだかんけん} 銀行に紙幣を持参すると，紙幣に書いてある額面と同じ重さの金と交換できることで貨幣価値を安定させた紙幣。純金の量目0.75ｇを金１円の本位貨幣とした。

運輸業の発展

企業勃興{きぎょうぼっこう} 1886〜89年頃，松方デフレが収束して官営事業払下げも軌道に乗り，銀兌換制が確立して貨幣価格が安定すると金利が低下し，株式取引も活発になり，産業界が活況を呈してきた。鉄道・紡績・鉱業などで株式発行による会社設立ブームが起こったことを表現する言葉。

日本鉄道会社{にほんてつどうかいしゃ} 日本最初の民営鉄道会社。1881年，岩倉具視など華族・士族の出資で設立され，東京一青森間の鉄道建設を目指し，1891年に全通した。また，上野一高崎間にも鉄道を敷設し，群馬の輸出生糸の輸送を担った。常磐線や日光線も建設し，1906年に国有化されるまで日本最大の私鉄であった。

東海道線全通{とうかいどうせんぜんつう} 新橋一横浜が1872年，神戸一大阪が74年，大阪一京都が77年，89年に東京一神戸間が全線開通。しかし，この後，官設鉄道は資金不足で伸びず，代わりに民営鉄道ブームが起こった。

民営鉄道{みんえいてつどう} 松方財政の緊縮財政で官設鉄道ができなくなり，1886年頃から民営の鉄道建設ブームが起こった。92年の鉄道敷設法で基本方針が確認され，各地で民間の鉄道建設が始まった。1889年幌内{ほろない}炭鉱の払下げとともに設立された北海道炭礦鉄道(1906年北海道炭礦汽船と改称)，北海道鉄道(1902年設立)，関西鉄道(1888年設立)，九州鉄道(1891年，門司{もじ}一熊本間開通)，北越鉄道(1895年設立)，山陽鉄道(1901年，神戸一下関間開通)な

どがその例である。

鉄道国有法{てつどうこくゆうほう} 1906年制定。産業上・軍事上から鉄道輸送の統一化・能率化が要請され，日露戦争後に実現した。経営不振の私鉄の救済も求められた。1907年10月までに全国の主要17私鉄が国有化され，鉄道の90%が国有鉄道となった。日本国有鉄道(国鉄)と呼ばれた。

三菱〔会社〕{みつびし〔かいしゃ〕} 1873年に岩崎弥太郎が興した政商資本である三菱商会から発展。当初は海運業中心。台湾出兵や西南戦争の軍事輸送を独占し，75年三菱汽船会社(のち郵便汽船三菱会社)に改称。上海航路も開設し，海運を独占した。1885年に海運業は三菱の独占を打ち破るために設立された共同運輸会社と合併して日本郵船会社が設立された。

日本郵船会社{にほんゆうせんかいしゃ} 1885年，三菱汽船会社と共同運輸会社が合併して創立。近海航路，インド綿花を輸入するためのボンベイ(現在のムンバイ)航路，オランダのアントワープや北米のシアトルなどの遠洋航路を開設。日露戦争・第一次世界大戦を経て，急速に発展。日本最大の汽船会社として成長。

造船奨励法{ぞうせんしょうれいほう} 1896年公布。鋼鉄製汽船建造(700総ｔ以上)に助成金を供与した。第一次世界大戦中の造船ブームのため，1917年に停止された。

航海奨励法{こうかいしょうれいほう} 1896年公布。総ｔ数1000ｔ・速力10ノット以上の鉄鋼汽船が就航する航路に奨励金を交付した。1909年，遠洋航路補助法(欧米・豪州航路に特定，3000ｔ・12ノット以上。日本郵船・大阪商船・東洋汽船など５航路に適用)を制定，奨励法と併用された。

繊維産業の発展

紡績業{ぼうせきぎょう} 綿花から綿糸を紡ぐ産業。江

戸時代からの手紡中心の在来綿業は，開国後のイギリス製機械製綿糸の輸入で圧迫されたが，大阪紡績会社が資本制生産を確立した。インド綿花などの輸入，技術改良を進め，1890年に綿糸生産高が輸入量を，97年に輸出量が輸入量を超え，朝鮮・中国市場を支配した。日露戦争後，綿布・綿織物部門の兼業が一般化，大戦景気で急増する。

渋沢栄一（しぶさわえいいち） 1840～1931 実業家。埼玉県の豪農出身。一橋家・幕府に仕え，1867年にパリ万博を訪れ，欧州を視察。明治政府の大蔵省に出仕，新貨条例や国立銀行条例などの新改革を担う。日本で初めて合本組織（株式会社）を導入した。税制・幣制改革にも当たる。退官後，第一国立銀行・大阪紡績会社創立など約500社にのぼる会社を設立し，現代まで続くものも多い。「日本資本主義の父」といわれ，教育・社会事業にも尽力した。

大阪紡績会社（おおさかぼうせきがいしゃ） 1882年に渋沢栄一らが華族・政商などの出資を得て設立，翌年，操業開始した。イギリス製の紡績機械を採用，蒸気力を利用した1万500錘（すい）の最新・最大の近代的紡績工場で，イギリスからの輸入綿糸に対抗しようとした。蒸気機関を動力源とし，初めて夜間に電灯を用いた昼夜2交代制で機械をフル稼働させ，生産性を上げた。

綿織物業（めんおりものぎょう） たて糸・よこ糸の両方に綿糸を用いた綿布などの綿織物の生産業。開国後はイギリス製綿製品の輸入に圧迫され，一時は衰えた。しかし，輸入綿糸の使用などで回復し，豊田佐吉らの国産力織機の開発もあって20世紀初頭にかけて飛躍的に発展した。

力織機（りきしょっき） 動力織機のこと。1890年，蒸気機関による洋式大型力織機が綿織物工場に導入され，明治30年代には豊田佐吉

ら考案の国産力織機（動力は石油発動機。価格が安く，小幅布を生産）が普及し始めた。

豊田佐吉（とよださきち） 1867～1930 自動織機の発明家・実業家。1897年に木製力織機を発明し，1907年，豊田式織機会社を設立する。1926年には子の喜一郎とともに自動織機を完成した。この製作所が喜一郎の創業したトヨタ自動車の原点。

製糸業（せいしぎょう）**（蚕糸業**（さんしぎょう）**）** 繭から繰り取り，生糸をつくる産業。日清戦争の頃，家内工業的な座繰製糸から中小経営中心の器械製糸に移行。第一次世界大戦中に大企業が進出し，1909年に清を抜き輸出が世界1位。しかし，欧米市場への依存度が大きく，世界恐慌と第二次世界大戦の頃から衰退した。

座繰製糸（ざぐりせいし） 幕末から明治期の一般的な製糸技術。旧来の手指で繭から糸を繰る手挽き（てび）きではなく，手回しの把手（とって）を回し，ベルト・歯車仕掛けで糸枠が回転する仕組み。家内工業としておこなわれ，開港後は改良座繰などで普及したが，器械製糸の導入で衰退した。

器械製糸（きかいせいし） 糸枠を動力（水車・蒸気力（いとわく）など）で回転させ，生糸を巻き上げる装置を持つ新技術。1872年，富岡製糸場に器械製糸が導入されたのを機に，急速に発展。紡績「機械」に対して製糸の機械は人の手による作業を補助するものとして「器械」と表記した。日清戦争後，座繰製糸の生産額をしのぎ，輸出向け生産の主流となった。明治後期に蒸気・電気動力が使われた。

財閥の発展と重工業

政商（せいしょう） 政府と結び付くことで，政府から特権を与えられて新事業を開拓し，独占的に利益を上げた商人・資本家。三

井・岩崎弥太郎(三菱)・五代友厚・安田善次郎らをいう。

財閥{さいばつ} 三菱や三井などの富豪の一族が独占的に出資する経営体。維新後，官営事業払下げなどで成長した政商からの進出が多い。持株会社によって同族が封鎖的に株式を所有する。運輸・鉱山・貿易・金融など事業を多角化し，大正初期には持株会社を頂点として傘下企業をピラミッド的構成にするコンツェルン形態を整えた。三井・三菱・住友・安田は四大財閥と呼ばれる。

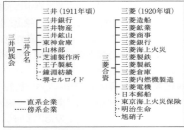

三井・三菱の事業機構

三菱財閥{みつびしざいばつ} 1873年に岩崎弥太郎が創立した三菱商会を基盤とする財閥。その後，東京海上保険(1879年に渋沢栄一・岩崎弥太郎らが設立，のち東京海上火災)・日本郵船会社など保険・海運のほか，造船・炭鉱など重工業部門にも進出した。持株会社の三菱合資会社を設立して財閥化。戦前，政治上では立憲同志会→憲政会→立憲民政党と結ぶ。

長崎造船所{ながさきぞうせんじょ} 旧幕府の長崎製鉄所を受け継いだ造船所。オランダ製工作機械を入れる。1887年，三菱に払い下げられ，三菱長崎造船所となる。

佐渡〔相川〕金山{さど(あいかわ)きんざん} 16世紀後半から盛んに金銀を採掘した。秀吉が直轄。江戸幕府も1603年，大久保長安を佐渡奉行に任じ開発。明治政府に引き継がれ，のち三菱に払い下げられた。

三井財閥{みついざいばつ} 江戸時代の両替商三井家に発する日本最大の財閥。1876年に三井銀行・三井物産を設立，金融・商業部門を中心に成長する。1888年の三池炭鉱の払下げを受け，92年三井鉱山を設立。1900年に家憲を定め，三井物産の益田孝{ますだたかし}が持株会社である三井合名会社理事長となり，コンツェルン形態を整えた。政治上では立憲政友会と結ぶ。

富岡製糸場{とみおかせいしじょう} 1872(明治5)年10月，群馬県富岡に開設された官営のフランス式器械製糸場。フランス人生糸検査技師ブリューナの指導の下に，フランス式輸入器械300台と蒸気機関を据え付け，士族の子女を集めて操業を開始した。経営は赤字がちで，1893年三井に払い下げられた。

三池炭鉱(坑){みいけたんこう} 福岡柳川藩・三池藩営から1873年に官営になる。1888年，佐々木八郎に払い下げられ，ついで三井に移った。

住友財閥{すみともざいばつ} 江戸時代の銅商・両替商の住友家から出発し，維新後，別子{べっし}銅山の経営を中心に発展する。1921年，住友総本店は住友合資会社に改組，持株会社とした。

安田財閥{やすだざいばつ} 幕末に巨利を得た両替商安田善次郎{ぜんじろう}が，1880年に安田銀行を設立。1912年設立の持株会社である合名会社安田保善社を中心に保険・倉庫業などに進出した。

八幡製鉄所{やはたせいてつしょ} 1897年着工，1901年操業開始。日清戦争後の軍備拡張・製鉄業振興政策による官営製鉄所として福岡県八幡村(現，北九州市)に設立。技術をドイツに依存。近くて輸送に便利な清の大冶鉄山の鉄鉱石と製鉄所の背後の筑紫山地にある筑豊炭田の石炭によって製鉄を始めた。のち満洲の撫順{ぶじゅん}炭田の石炭を

使用。国内生産の約80％を占めた。

筑豊炭田〔ちくほうたんでん〕 福岡県にある日本最大の炭田。1900年頃、財閥などの資本が入り、国内出炭の過半数を占めるに至った。官営八幡製鉄所へ石炭を供給した。

大冶鉄山〔たいやてつざん〕 中国湖北省大冶県にある鉄山。清朝末期から官営で鉄鉱山の開発が始められた。1908（明治41）年、漢冶萍公司〔コンス〕に合併。日本は同公司に対する借款〔かん〕を通じて鉄鉱石を確保した。大冶は八幡製鉄所への鉄鉱石供給先となった。

明治時代の社会・労働運動

足尾銅山〔あしおどうざん〕 栃木県にあり、1610年に発見される。幕府の銅山として17世紀が最盛期。1871年、民間に払い下げられ、77年、古河市兵衛が買収、日本最大の銅山となる。日清・日露戦争を遂行するために銅の生産を拡大したため、足尾鉱毒事件の原因ともなる。

古河市兵衛〔ふるかわいちべえ〕 1832〜1903 京都の生糸商人。小野組に入ったが破産して独立する。1877年、足尾銅山を入手する。1885年に阿仁・院内銀山の払下げを受け、古河鉱業などにより鉱山経営を発展させた。

足尾鉱毒事件〔あしおこうどくじけん〕 古河市兵衛の足尾銅山精錬所の鉱毒が渡良瀬川流域の農民・漁民に被害を与え、社会問題化した。1900年には訴願する被害農民を群馬県川俣〔また〕で官憲が弾圧。1901年には田中正造の天皇直訴に発展。明治政府は渡良瀬川・利根川〔とね〕の洪水による鉱毒の流出を抑さえるため、多く農民を強制移住させて広大な渡良瀬遊水池をつくろうとした。1907年、土地収用法が出されて遊水地に沈む谷中村の廃村と遊水地の設置で決着した。

田中正造〔たなかしょうぞう〕 1841〜1913 栃木県県会議員・同議長。第1回総選挙で衆議院議員に選出され、立憲改進党・進歩党・憲政本党議員などを歴任。足尾鉱毒事件発生とともにその解決に奔走〔ほんそう〕し、1901年、議員を辞任し天皇に直訴した。1904年以降は渡良瀬遊水地に沈む谷中村〔やなか〕に住み、農民とともに闘い、生涯を終えた。

労働組合期成会〔ろうどうくみあいきせいかい〕 1897年、高野房太郎・片山潜らが労働組合結成促進の母体として組織し、各地で演説会を開いて組合結成を訴えた。準機関紙『労働世界』を発行。会員の大部分は京浜地区の鉄工であったため、鉄工組合が組織された。1899年、会員約5700人を擁したが、1900年の治安警察法の弾圧で衰退し、翌年に解消した。

治安警察法〔ちあんけいさつほう〕 1900年、第2次山県内閣が公布。台頭してきた社会主義・労働運動・農民運動を抑えるために、1890年に自由民権や政治活動を抑圧するために制定した集会及政社法を改編して社会主義の弾圧法令とした。労働者の団結権・ストライキ権（争議権）の制限、女性・未成年者の政談集会参加の禁止など、警察権の強化をはかった。戦後の民主化で1945年に廃止された。

工場法〔こうじょうほう〕 1911年公布。工場労働者保護のため、事業主に義務を課す法律。最低年齢12歳、労働時間12時間、女性・年少者の深夜業禁止など。しかし、15人未満の工場には適用されず、期限付きで14時間労働を認めるなど、資本家に配慮した側面が強い。それでも女工の長時間労働に頼ってきた紡績・製糸業資本家の反対で、実施は1916年まで延期された。1947年、労働基準法公布で廃止された。

明治時代の農村

寄生地主〔制〕〔きせいじぬし〔せい〕〕 みずからは農業経営をせず、小作農に田畑を貸し付けて高額な現物小作料に依存する大地主、あるい

はその制度をいう。地租改正・松方財政による自作農の没落で農地を集積して急成長。明治民法などにより法的地位も確立。企業・銀行へ投資して資本家と結び付き，貴族院の多額納税者議員となる者もいて，戦前は社会的・政治的な影響力が大きかった。第二次世界大戦後の農地改革で消滅した。

小作農〔こさく〕 地主から土地を借り，一定の小作料を支払って耕作する農民をいう。一般に小作農は高額の小作料(田の場合は物納)を支払い，地主への隷属関係が強い。明治初年の地租改正は，土地所有を法的に確認することで地主・小作関係をいっそう強化した。松方デフレによる農産物価格の下落で，借金の重んだ自作農が没落し，地主の土地集積が進んだ。

明治時代の学校教育

義務教育〔ぎむきょういく〕 1872年の学制で方針が発表され，79年の教育令で期限を16カ月，86年の小学校令で3〜4年間とし，1900年の小学校令で法体系として確立した。さらに1907年の小学校令改正で6年に延長され，10年には就学率98％に達した。1947年の教育基本法で9年となる。

学校令〔がっこうれい〕 1886年の学校制度に関する法令の総称。初代文部大臣森有礼が公布。小学校令，中学校令，師範学校令，帝国大学令の学校種別ごとの4つの単独勅令により，帝国大学を頂点とする近代的学校体系が確立した。

小学校令〔しょうがっこうれい〕 1886年公布。尋常・高等各4年。尋常小学校3〜4年間は義務とし，高等小学校4年は義務ではない。それ以上の教育を望む者は高等小学校修了後，男子は中学校，女子は高等女学校へ進学した。また，学資のかからない師範学校へ進学して教師の道へ進む者もいた。

中学校令〔ちゅうがっこうれい〕 1886年公布。尋常(5年)・高等(2年)の2種とし，94年の高等学校令で高等中学が高等学校に，99年の改正で尋常中学校を中学校と改称し，「高等普通教育」をおこない，それ以後の高等教育機関への進学を目的とする中等教育機関となった。いずれも男子のみ。

師範学校令〔しはんがっこうれい〕 1886年公布。教員養成機関として学資支給，服務義務を規定した。尋常(府県立・4年)・高等(官立・3年)師範学校の2種とした。

帝国大学令〔ていこくだいがくれい〕 1886年公布。国家の要請に応じる人材の育成を目的とし，国家主義的理念を示した。大学院と分科大学(法・医・工・文・理)で構成される。1918年の大学令で大学制度を拡充した。

高等女学校令〔こうとうじょがっこうれい〕 1899年公布。男子の中学校に対応する女子中等学校として制度化，修業年限は4年。中流階層以上の子女の良妻賢母の育成を主眼とした。

帝国大学〔ていこくだいがく〕**(帝大)**〔ていだい〕 官僚や学者など国家指導者層の育成を目指した。1886年の帝国大学令により，東京大学が帝国大学に改組された。ついで1897年京都，1907年東北，10年九州に，以後，北海道・台北・大阪・名古屋・京城に設立。9帝大となる。

東京大学〔とうきょうだいがく〕 1877年，東京開成学校，東京医学校を統合して文部省所管の下に創設された国立大学。法・理・工・文・医の分科大学と大学院よりなる。その際，入学準備教育機関として東京大学予備門も設置。1886年帝国大学と改称。1897年に東京帝国大学と改称。1918年の大学令で学部制を採用。1947年に東京大学と改称する。

慶應義塾〔けいおうぎじゅく〕 1858年，福沢諭吉が江戸築地鉄砲洲の中津藩邸に開いた蘭学塾に始まる。1868年，芝の新銭座に移り慶應義

塾と命名。1871年，三田に移る。1890年大学部を設置し，1918年，大学令により日本最初の私立大学(旧制)である慶應義塾大学として認可された。1949年，新制大学に移行する。

東京専門学校(とうきょうせんもんがっこう) 1882年，大隈重信が創立。明治政府を追われた大隈が，官学に対し在野的・自由主義的人材の育成をはかった。小野梓(あずさ)らが中心となり教育に当たる。1902年に早稲田大学と改称。1920年，大学令による私立大学として認可。1949年，新制大学に移行する。

国定教科書制度(こくていきょうかしょせいど) 1886年，文部省の検査に合格した教科書を使用する検定教科書制度を開始。1903年，小学校では文部省が著作権を持つ国定教科書に統一。修身・国語(読本)・国史などが科目の中心で，国民思想統制の役割をはたす。

❸ 帝国主義と列強の展開

第2次産業革命と帝国主義

第2次産業革命 1870年代から始まった，電力・石油を新動力源とする重化学工業を中心とした産業の技術革新をいう。化学繊維，プラスティック，化学染料，電話，電信，電灯，蓄音機，自動車などの大半の発明品はこの時代のもの。アメリカとドイツの工業生産はイギリスをしのぐようになった。中心国は，統一されたドイツと，南北戦争後に国民国家の形成を開始したアメリカであった。

重化学工業(じゅうかがく)《世界》鉄鋼・機械・造船などの重工業と化学肥料・火薬・医薬品などの化学工業の総称。第2次産業革命の中心分野で，巨額の資本を必要とするため企業の集中・独占を助長した。

電機工業(でんき) 電力を使って動かす機械工業。

1866年のシーメンスによる発電機の発明以降，さまざまな工業・交通・通信などで電力が動力として用いられ，発展した。

クルップ Krupp ドイツ最大の鉄鋼軍需コンツェルン。アルフレート＝クルップ(1812〜87)が鉄鋼大企業として発展させ，1870年代から炭鉱・製鉄所・造船所などをつぎつぎと吸収した。兵器製造を通じ，プロイセンの軍拡政策と結び付いた。

旅順攻略戦に使われた日本陸軍のクルップ砲

帝国主義(ていこく) imperialism 1870〜80年代以降の，ヨーロッパ列強の対外膨張(ぼうちょう)と植民地・勢力圏の獲得行動。背景には，(1)独占企業と少数の大金融機関の支配する独占資本主義への移行によって，原料・資源の供給地，商品・投資市場の獲得を目指す対外膨張策が採られたとする説，(2)労働運動や社会主義運動が活発化する中で，大衆の不満を外にそらす対外膨張策と，国民的統合を強化する必要から国内での「福祉国家化」が並行して進められたとする説がある。

労働者政党 労働者階級が政治的に結集し，社会的・政治的立場を向上させるために組織した政党。労働条件の改善や労働者の権利獲得などを求める比較的穏健な労働者政党から，革命によって労働者が政権を握ることを主張する急進的なものまで，時代や各国の社会・政治状況によって性格は多種・多様である。

第2インターナショナル 1889年にパリで結成された，社会主義の実現を掲げる国際的な労働者組織。国ごとの加盟組織

の連合体で，帝国主義が激化する中，反戦平和を掲げた。しかし，第一次世界大戦が勃発すると，ヨーロッパ諸国の加盟政党のほとんどは自国政府の戦争遂行政策を支持したため，大戦下に活動が麻痺した。

19世紀末のイギリス

自治領 dominion 自治権を与えられたイギリスの白人系植民地。植民地側の自治要求と，植民地防衛費の現地負担化をはかるイギリス本国側との考えから成立した。自治権は初め本国議会の決定に拘束されていたが，1931年のウェストミンスター憲章で完全な自治，対等な地位での独立が認められた。

カナダ連邦 Canada イギリス帝国内で最初の自治領。1848年に責任政府を樹立し，67年に4州の連邦結成で自治領を形成した。

オーストラリア連邦 Australia 1901 6州・1準州・1特別州からなる連邦自治領となり，白人以外の移民を禁止する白豪主義を国是とした。

ニュージーランド New Zealand 1840年に先住民マオリ人との条約でイギリスが植民地とし，1907年に自治領とされた。

労働党 Labour Party イギリスの改良主義的な労働者政党。1906年，総選挙で29名の当選者を出した労働代表委員会が改称して成立する。議会を通じての社会改革を目指す改良主義的路線をとったため，マルクス主義の社会民主連盟は参加しなかった。自由党の分裂後，1920年代からは保守党との2大政党として現在に至る。

アイルランド自治法 Irish Home Rule Bill 1914 自由党アスキス内閣の時に成立した法案。しかし，第一次世界大戦の勃発により，実施が延期された。

19世紀末のフランス

第三共和政 1870/71〜1940 ナポレオン3世の第二帝政の崩壊後に樹立された，フランスで3回目の共和政。王党派の抵抗を抑え，1880年代には共和派の支配が確立した。フランス革命の理念を原点とした国民統合が目指された。

反ユダヤ主義 anti-semitism ユダヤ教やユダヤ教徒，またはユダヤ人に対する，偏見・差別・迫害などの思想と行動。キリスト教世界で「キリスト殺しの民」とみなされていたユダヤ教徒に対して，十字軍時代から，迫害や社会的差別・隔離が定着した。19世紀に入ると，ヨーロッパ各地でユダヤ教徒に対する差別解放がおこなわれ，彼らの市民社会への同化も進んだ。しかし，彼らへの差別からの意識は根強く残っており，19世紀後半に人種主義的な「反ユダヤ主義（反セム主義とも）」の言葉が生まれ，ロシア・東ヨーロッパでポグロム（ユダヤ系住民に対する集団的暴行・虐殺）が起こり，フランスでドレフュス事件が発生した。また20世紀に入ってからも，ナチスによるユダヤ人大虐殺が起こった。

ドレフュス事件 Dreyfus 1894〜99 ユダヤ系軍人ドレフュス大尉に対する冤罪事件。1894年，ドレフュスがドイツのスパイ容疑で終身刑を宣告されたが，96年に真犯人が判明した。その後，作家ゾラらの救援活動でドレフュスは再審を勝ち取り，99年に恩赦され，1906年に無罪となった。この事件は内外に多大な影響をもたらし，国内では共和諸派が結集して急進社会党を結成し，カトリック教会に対する戦いを続け，政教分離が進んだ。国外では，キリスト教世界における反ユダヤ主義の根強さを認識したヘルツルによる，ユダ

ヤ人国家の建設を目指すシオニズム運動開始のきっかけとなった。

フランス社会党（統一社会党） Parti Socialiste 1905 フランスの社会主義諸派が結成した政党。しかし，労働者の直接行動やゼネスト（全国・全業種の労働者による一斉ストライキ）による社会革命を目指すサンディカリズムに立つ労働総同盟は参加しなかった。

19世紀末のドイツ

ヴィルヘルム2世 Wilhelm 1859～1941 ドイツ皇帝（在位1888～1918）。ビスマルクを罷免し，海軍の拡張による「世界政策」と呼ばれる帝国主義を開始すると，イギリス・フランスとの対立が激化して第一次世界大戦となった。大戦末期のドイツ革命で退位してオランダに亡命し，ホーエンツォレルン家の支配が終焉した。

ビスマルク辞職 1890 政策上の対立を理由とした，皇帝ヴィルヘルム2世による首相ビスマルクの罷免。このあと帝国主義諸国の対立・競争が激化した。

「世界政策」 Weltpolitik 19世紀末からのドイツの帝国主義政策を指す。ドイツ帝国が世界制覇を目指した言葉。

3B政策 19世紀末から第一次世界大戦期の，中東・インド洋進出を目指したドイツ帝国主義政策の日本での呼称。3Bとはベルリン・ビザンティウム（イスタンブル）・バグダード3都市の頭文字に由来する。

海軍の大拡張 ヴィルヘルム2世が進めた，イギリスを対象とした大規模艦隊への拡張政策。フランスを対象とした近海の小規模艦隊からの変更で，これによりイギリスを脅かした。

社会主義者鎮圧法の廃止 第2次産業革命が進展したドイツでは，労働者が増加し，労働組合の活動も活発化した。ビスマルクの社会主義者鎮圧法はかえって社会的不安定を招くようになった。1890年に廃止された。

ドイツ社会民主党 1890年，ドイツ社会主義労働者党を改称して成立した社会主義政党。社会主義者鎮圧法が廃止され，社会民主党の勢力は確実に伸張し，議会への進出はめざましくなった。第2インターナショナルの中心的な存在となる。

修正主義 ドイツ社会民主党や労働組合の組織が大きくなるとともに，その指導部ではマルクス主義に根ざした急激な革命よりも議会主義的改革を重視した段階的な改革を目指す傾向が強まり，その考え方が主流となった。この考え方を，革命による社会変革こそが正しい道だと考えるマルクス主義者たちが，社会主義から逸脱する「修正主義」と非難した。

ベルンシュタイン Bernstein 1850～1932 ドイツ社会民主党の理論家。マルクス主義的な党綱領作成にかかわったのち，亡命先のイギリス社会の影響を受け，19世紀末に公刊した著書。議会での活動を通して社会改革を進めるという主張をおこなった。

19世紀末～20世紀初めのロシア

シベリア鉄道 ロシア領内のシベリアの東西を結んだ全長約9300kmの鉄道。露仏同盟成立後，ウィッテがフランス資本の導入で建設を推進し，帝政ロシアのシベリア開発や極東政策の手段となった。

ニコライ2世 Nikolai 1868～1918 ロマノフ朝最後の皇帝（在位1894～1917）。在位中に日露戦争・1905ロシア革命・第一次世界大戦が起こった。1917年の二月（三月）革命で退位し，社会主義政権の成立後に処刑された。

血の日曜日事件 1905 日露戦争中，1905年1月に民主化と戦争中止を掲げて首都ペテルブルクの王宮である冬宮へ請願デモをおこなった労働者・市民に対して軍隊が発砲し，宮殿前が血の海になった事件。第1次ロシア革命のきっかけとなった。

1905年革命 1905 血の日曜日事件を発端に始まった革命運動。全国各地で，都市労働者の反政府運動や農民の土地要求闘争，ブルジョワジーの立憲運動が激化した。労働者と農民の運動は，国会（ドゥーマ）開設や憲法制定を約束して革命を抑え込もうとした十月宣言でブルジョワジーの姿勢が軟化したのち，軍によって鎮圧された。

ロシア社会民主労働党 ロシアのマルクス主義政党。1903年にロンドンで事実上の結党大会を開いたが，党の路線を巡り，直後にボリシェヴィキとメンシェヴィキとに分裂した。

ボリシェヴィキ Bolsheviki ロシア語で「多数派」を意味する，ロシア社会民主労働党の左派。急進的な革命家による党を主張したレーニンらのグループ。ロシア革命後，1918年にロシア共産党と改称した。

メンシェヴィキ Mensheviki ロシア語で「少数派」を意味する，ロシア社会民主労働党の右派。1903年の大会で大衆的な労働者の党を主張した一派。

19世紀末のアメリカ

フロンティアの消滅 フロンティアとは1平方マイル（1マイル＝約1.6km）に2人以上6人以下の住民が居住する地域と定義されている。国勢調査の結果，この定義にあてはまる地域がなくなったことを，1890年に合衆国政府が発表した。また，合衆国の海外進出が本格化する背景とも

なった。

アメリカ＝スペイン（米西）戦争 1898 アメリカ合衆国とスペインとの間で起こった戦争。キューバの反スペイン独立運動支援と，ハバナ港におけるアメリカ軍艦メイン号の爆沈を口実に，合衆国から開戦した。キューバとともに，スペイン植民地のフィリピンも両国の戦場となった。

カリブ海政策 Caribbean Policy 20世紀初頭，アメリカ合衆国がカリブ海と中米地域における覇権を目指した帝国主義政策。19世紀末のアメリカ＝スペイン戦争で顕著となり，大統領セオドア＝ローズヴェルトの時に軍事介入と経済力を背景とした金融支配を明確化した。

キューバの保護国化 アメリカ合衆国に主権を制限された1902年のキューバの独立。01年，キューバが憲法に合衆国の付帯条項（プラット条項）を認めたため，独立を達成したものの，事実上，合衆国の保護国とされた。

セオドア＝ローズヴェルト Theodore Roosevelt 1858〜1919 共和党出身の第26代アメリカ合衆国大統領（在任1901〜09）。マッキンリーの死で副大統領から昇格し，内政では，革新主義の高まりを背景にトラスト規制などの改革政治を推進した。外交では，軍事力によるカリブ海の支配を進め，また日露戦争やモロッコ事件の講和を調停した。

棍棒外交 Big-Stick Policy 軍事力を背景としたアメリカ合衆国のカリブ海政策。格言「棍棒を手に，話は穏やかに」をよく引用した，セオドア＝ローズヴェルトの強引な帝国主義外交を称した。

パナマ運河の開通 中米のパナマ地峡に建設された太平洋と大西洋をつなぐ運河。1881年，レセップスが建設に着手したが，

失敗した。彼から会社の権利を買い取ったアメリカ合衆国が，1903年にパナマ共和国を独立させて運河地帯の租借権を強権的に奪って1914年に運河を完成させた。パナマ運河は，1999年末にパナマへ返還された。

門戸開放（もんこかいほう） 1899 中国に野心を持つアメリカ合衆国が，中国における商業活動を先行していた列強と同等におこないたいと宣言した言葉。

機会均等（きかいきんとう） 1899 アメリカ合衆国が，門戸開放とともに，中国への参入機会の対等化を列強に主張した言葉。

領土保全（りょうどほぜん） 1900 アメリカ合衆国が中国の領土をこれ以上分割することに反対すると列強に宣言した言葉。合衆国が，列強が獲得済みの勢力範囲を植民地とされることを恐れ，宣言した。

移民（いみん） 1840年代後半〜50年代には主にアイルランド系とドイツ系の移民が多く，北部の工場に労働力を提供した。その後，1880年代になると東ヨーロッパや南ヨーロッパからの移民が急増した。ついで，中国系移民，そのつぎに日系移民が到来した。しかし，アイルランド系などの下層白人労働者が職を奪われると反発し，1882年には中国人移民禁止法が制定された。また，1924年には，日本人移民の低賃金がアメリカ人の雇用を妨げるとして日本人移民の入国が禁止された（排日移民法）。

❹ 世界分割と列強の対立

アフリカの植民地化

アフリカ分割（ぶんかつ） ヨーロッパ列強によるアフリカ大陸の植民地分割。1880年頃からイギリス・フランスによる植民地化が本格化し，20世紀初頭までにエチオピアとリベリアを除く地域が列強によって分割された。

リヴィングストン Livingstone 1813〜73 イギリスの宣教師・探検家。1841年に南アフリカに赴任後，南部アフリカの内陸部を探検，結果的に列強による植民地分割の先鞭（せんべん）を付けた。

コンゴ Congo アフリカ大陸中央部のコンゴ川流域地帯。ベルギー王国レオポルド2世がスタンリーのコンゴ探検を援助した関係から，ベルギーがこの地域の植民地化を目指した。

ベルリン会議（ベルリン＝コンゴ会議） 1884〜85 アフリカ分割に関する列強による国際会議。ビスマルクの提唱で開催され，コンゴ川流域の統治権をベルギーに，ニジェール川河口の統治権をイギリスに認めたほか，領土占領の相互通告などの分割方式を定めた。

実効支配（じっこうしはい）**の原則** 実効支配とは，その地域に実際に行政権・支配権が及んでいること。その地域を実効支配している国は，他国のヨーロッパ人であっても，安全や商業活動を保障しなければならないとする考え方。

イギリスのアフリカ分割

エジプトの保護国化 1882 エジプト最初の民族運動であるウラービー運動の鎮圧に伴う，イギリスによる実質上のエジプト支配。正式保護国化は，第一次世界大戦が始まった1914年である。

スーダン占領 Sudan スーダンの地名はアラビア語で「黒人の地」の意味で，サハラ砂漠南縁部に広がる地域の総称。ナイル川流域の東スーダンで19世紀末に起きた，スーダンの宗教運動・反イギリス武力闘争であるマフディー運動をイギリスが制

圧して占領した。

ブール人（アフリカーナー）Boers「ブール」はオランダ語で「農民」の意味。17世紀後半からケープ植民地に入植したオランダ人の移民の子孫に対する，イギリス側からの蔑称。ウィーン会議後にイギリスの支配が進むようになると，ブール人は民族意識を持って，19世紀末からアフリカーナーと自称した。

南アフリカ戦争 1899〜1902 南アフリカの植民地化を巡る，ブール人（アフリカーナー）とイギリスとの戦争。1880年代にブール人の国であるトランスヴァール共和国で金が発見された。また，ブール人のオレンジ自由国ではダイヤモンド鉱山も発見され，イギリスは金とダイヤモンドの利権を手中にするため，1899年2つのブール人国家との戦争を起した。ブール人の激しいゲリラ戦によって戦いは長期化したが，イギリスが勝利し，2つのブール人国家の領有権を獲得した。

ローズ Rhodes 1853〜1902 南アフリカで帝国主義政策を進めたイギリスの企業家・政治家。1880年に鉱業会社を設立してダイヤモンド業を独占し，トランスヴァールの金鉱業でも成功した。ケープ植民地首相（在任1890〜96）となり，さらにリンポポ川以北に進出してローデシア（ローズの国の意味，現在のジンバブエ共和国とザンビア共和国に当たる）を建国した。

ケープ植民地 Cape Colony アフリカ最南端の地域。1652年，オランダ東インド会社が補給基地として建設し，1814年ウィーン会議でイギリスに割譲された。

アフリカ縦断政策 イギリスがアフリカを植民地化するに際して採った政策。北のエジプトと南のケープ植民地との連結を目指した。

3C政策 インド洋を支配するためのイギリスの帝国主義政策。呼称は，ケープタウン・カイロ・カルカッタを結ぼうとしたことに由来する。ドイツの帝国主義政策である3B政策と同じく，日本での呼称である。

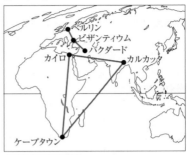

3B政策と3C政策

フランスのアフリカ分割

アフリカ横断政策 フランスがアフリカを植民地化するに際して採った政策。西アフリカ・サハラ地域と東のジブチとの連結を目指した。

チュニジア保護国化 Tunisia 1881年のフランスによるアルジェリア東隣の占領・保護国化。反発したイタリアがドイツに接近し，翌年，三国同盟が結成された。

サハラ砂漠 Sahara アフリカ大陸北西部の内陸に広がる世界最大の砂漠。1890年代にフランスが進出した。

ジブチ Djibouti アフリカ大陸北東部の，インド洋から紅海への入口に位置する港市。1896年にフランス領ソマリランドとして植民地化され，アフリカ横断政策の東の拠点となった。

マダガスカル Madagascar アフリカ大陸南東沖の島。18世紀末にメリナ王国が強大となったが，19世紀末のフランス軍の攻撃によって王国は滅亡し，96年に全島がフランスの植民地となった。

ファショダ事件 Fashoda 1898 アフリカ分割競争の中でイギリスとフランスが遭遇した事件。アフリカ横断政策を展開していたフランスとアフリカ縦断政策を推進していたイギリスが，スーダンのナイル河畔のファショダで遭遇した。しかし，ドイツの動きを警戒するフランスが譲歩し，スーダンはエジプト・イギリスの支配下に置かれた。

英仏協商 1904 ドイツに対抗するためイギリスとフランスが結んだ協約。エジプトにおけるイギリスの優越と，モロッコにおけるフランスの優越を，相互に承認した。

イタリアのアフリカ侵入

エチオピア侵入 1895〜96 イタリアによる第1回のエチオピア戦争。イタリアは北方のエリトリアから侵入を試みたが，横断政策を遂行中のフランスがエチオピアを支援したため，敗北した。

アドワの戦い Adowa アドワはエチオピア北部の町。エチオピア王国のメネリク2世は，軍隊の近代化を推進し，王国の常備軍は9万人を超え，全部隊がライフル銃，連射機関銃，大砲などの近代的装備を保有していた。その武力を背景に，イタリアの保護領化を拒否した。そのため，1896年，侵入したイタリア軍がこの地でエチオピア軍に大敗した。1万7000人のイタリア軍は，4割の兵員を失った。

エチオピア軍の持っていた連射式機関銃

イタリア＝トルコ戦争 1911〜12 北アフリカのオスマン帝国領を獲得するため，イタリアが起こした侵略戦争。勝利したイタリアが，トリポリ(現，リビア内の西部地域)・キレナイカ(現，リビア内の東部地域)を獲得した。

リビア Libya 古代ローマが北アフリカのトリポリ・キレナイカ一帯を呼んだ名称。1912年にこの地域を獲得したイタリアが，古名のリビアに改称した。

アメリカとアフリカ

リベリア共和国 Liberia アメリカ合衆国の解放奴隷(自由黒人)を送り込んで，ギニア湾岸の西部地域に樹立された共和国。合衆国を白人共和国にしようとしたアメリカ植民協会が，解放奴隷を1822年から送り込みを開始し，47年に独立した。国名は「自由」を意味し，首都名は植民開始時の合衆国大統領モンローの名にちなんでモンロビア。

太平洋地域の分割

オーストラリア Australia 1770年，探検家クックがイギリス領と宣言した大陸。88年に流刑植民地となり，1829年に大陸全体が植民地とされて牧羊業が発展した。51年の金鉱発見でゴールドラッシュが起きた。1901年，イギリス帝国内の自治領であるオーストラリア連邦となった。

アボリジニー Aborigine オーストラリアの先住民。イギリスによる入植以前は推定で30〜100万人いたとされ，狩猟・採集生活を送ってきたが，イギリスの植民地化後，迫害と病気により激減した。1967年に国民投票で市民権が認められ，少しずつ人口は回復し，現在は総人口(約2000万人)の約2％を占める。

ニュージーランド New Zealand オースト

第4章

ラリア東方の島国。1642年にオランダ人航海者タスマンが到達。1769年にイギリス人探検家クックがイギリス領を宣言する。1840年にワイタンギ条約でイギリス植民地になると，先住マオリ人の抵抗運動が激化した。その後1907年に自治領となった。

マオリ人 Maori ニュージーランドのポリネシア系先住民。イギリス植民地となったのち，1860年からマオリ戦争を起こした。

ハワイ Hawaii 太平洋中央部に位置する諸島で，アメリカ合衆国50番目の州。1778年，クックがヨーロッパ人で最初に来島した。95年，ハワイ島に成立したカメハメハ朝が，全島を統一して1810年にハワイ王国を樹立した。カメハメハ1世が政権維持に白人を利用したため，その後，白人の移住が増加した。40年に立憲君主政となり，50年代以降サトウキビ栽培と製糖業が盛んになると，東アジア諸国やポルトガルから多くの移民が移り住んだ。93年に親アメリカ系市民のクーデタで臨時政府が樹立されると，97年に併合条約が成立し，翌年に合衆国に併合された。

リリウオカラニ Liliuokalani 1838〜1917 ハワイ王国最後の女王（在位1891〜93）。1893年にハワイ王朝の権威復活を目指して新憲法を通達したが，同年の親アメリカ系市民のクーデタで退位を余儀なくされ，カメハメハ朝は滅んだ。代表的なハワイ民謡「アロハオエ」の作詞・作曲者でもある。

メキシコ革命 Mexico 1910年にメキシコで起こった民主主義革命。マデロの呼びかけで武装蜂起が始まり，11年にディアス政権が打倒され，マデロが大統領に就任した。土地改革を巡る対立が起こる中，13年マデロが軍部クーデタで暗殺されたが，軍部政権も革命派に打倒された。その後，革命派の中で，大地主層を基盤とする立憲派のカランサと農地改革を目指す農民革命派のサパタ・ビリャらの内戦が続いた。15年末にカランサ派の優勢が確立し，17年に土地改革・地下資源の国家管理・労働者の権利保障などを内容とする民主的憲法を制定し，革命は終了した。現在では，カルデナス政権終了の40年までをメキシコ革命とみなす説もある。

ビリャ Villa 1878〜1923 メキシコ革命の指導者。北部でマデロの蜂起に加わり，その後，サパタと同盟してカランサ派と争った。23年，政府の陰謀で暗殺された。

再保障条約 Reinsurance Treaty 1887〜90 ドイツとロシアが結んだ秘密軍事条約。別名は再保険条約・二重保障条約。ビスマルクがドイツとロシアとの友好関係を維持して，ロシアがフランスへ接近するのを阻止し，フランスを包囲する目的で締結した。ドイツのヴィルヘルム2世が更新を拒否し，1890年に消滅したため，ロシアはフランスへ接近した。

露仏同盟 ロシアとフランスが1894年に正式調印した政治・軍事同盟。フランスの国際的孤立からの脱出，ロシアへのフランス資本導入の契機となった。

「光栄ある孤立」 Splendid Isolation 19世紀後半のイギリス非同盟外交を象徴した呼称。強大な経済力と海軍力を背景に，イギリスがクリミア戦争後(1856)から日英同盟協約締結(1902)まで，他国と同盟せず独力で国際外交を展開していた状態を表現した言葉。

日英同盟 1902 極東におけるロシアの脅

威に対抗するため，日本とイギリスが結成した同盟。日露戦争開始の背景，及び第一次世界大戦への日本参戦の口実になった。第3次同盟まで結ばれたが，21年，ワシントン会議における四カ国条約の締結で解消された。

英仏協商 1904 ドイツに対抗するため，イギリスとフランスが結んだ協約。これにより両国の対立関係が解消し，ドイツ包囲網の一角が形成された。

英露協商 1907 ドイツの世界政策やバルカン進出に対抗するため，イギリスとロシアが結んだ協約。イランに関しては北部がロシア，南東部がイギリスの勢力範囲，アフガニスタンはイギリスの勢力範囲，チベットへは両国が不干渉であることを取り決めた。

三国協商 イギリス・フランス・ロシア3国の協力関係の総称。露仏同盟・英仏協商・英露協商の成立で形成された。最終的に軍事同盟の性格を帯び，ドイツを中心とした三国同盟に対立する陣営となった。なお，1917年のロシア革命によってこの関係は消滅した。

三国同盟 1882〜1915 フランスの孤立をかるビスマルク外交の中心的な同盟。フランスのチュニジア占領に反発したイタリアが，1882年，ドイツ・オーストリアに接近し，結ばれた。しかし，第一次世界大戦の勃発後，オーストリア領として残った「未回収のイタリア」獲得を目指すイタリアが協商国側と密約を結び，同盟を離脱して，1915年に崩壊した。

❺ 日露戦争とその影響

列強の中国進出

中国分割 日清戦争後に激化した，帝国主義列強による中国の領土・利権の獲得競争。形態には，勢力範囲の設定，借款によるさまざまな利権の獲得，要地の租借などがあった。

鉄道敷設権 鉄道設置に関する権利。清末に列強が獲得した代表的利権の1つであった。

鉱山採掘権 鉱山の調査・採掘・経営などの権利。日清戦争後，列強が中国で獲得した代表的な利権の1つであった。

東清鉄道 日清戦争後，ロシアが中国東北地方に建設した鉄道。シベリア鉄道の迂回部分を最短距離で結ぶ満洲里・綏芬河間の本線と，中間地点のハルビンから旅順・大連に南下する支線からなり，1903年に完成して営業を開始した。

租借 条約によってある国が他国の領土を借り受けること。一般に期限付き貸与であるが，借りる国が大きな政治・軍事権を持つ場合には，事実上，譲渡と同じ意味を持った。中国においては，日清戦争後，列強の租借地要求が激化した。

膠州湾 山東半島南西岸の港湾。1897年にドイツが宣教師殺害事件を口実に占領し，98年に期限99カ年で租借した。ドイツの海軍基地が築かれ，青島市を建設した。

旅順・大連 中国遼寧省南部の遼東半島の南端部にある都市。1898年に半島南端部分をロシアが期限25カ年で租借し，旅

順に要塞と軍港を，大連に商港を建設した。

威海衛〔いかいえい〕 山東半島東北端の港。清の北洋艦隊の根拠地であったが，ロシアの旅順・大連租借に対抗し，1898年にイギリスが期限25カ年で租借してイギリス東洋艦隊の基地とした。

九竜半島（新界）〔きゅうりゅうはんとう（しんかい）〕 ホンコン香港島対岸の半島。1860年にイギリスは半島南部を獲得していたが，98年に半島の残り全域を期限99カ年で租借した。なお，イギリスが租借した九竜半島地域と付属する島々を新界と総称する。

広州湾〔こうしゅうわん〕 広東省西端の雷州半島東側の湾。フランスが1898年に占領し，99年に期限99カ年で租借した。

福建省〔ふっけんしょう〕 台湾の対岸に位置する中国の省。1898年，日本が清と不割譲協定を結び，勢力範囲とした。

門戸開放宣言〔もんこかいほう〕 Open Door Doctrine ハワイ，フィリピンには進出したものの中国進出が遅れたことに対して，アメリカの国務長官ジョン＝ヘイが列国に提唱した宣言。1899年の門戸開放・機会均等，1900年の領土保全の3原則を内容とし，アメリカにも中国進出の機会を平等に開かなければならないと主張した宣言。

義和団戦争

変法〔へんぽう〕 「変法」とは王朝創設以来の政治のやり方を変えること。日清戦争の敗北後，康有為らは洋務運動の限界性を批判し，西洋や日本の政治制度を手本とした立憲君主制の樹立を目指し，政治改革をおこなった。

康有為〔こうゆうい〕 1858〜1927 清末の学者・変法運動の指導者。1888年光緒帝に上申して孔子の説を実践的な政治理念と考える公羊学の立場から洋務派を批判し，徹底した

内政改革（変法）により強国となること（自強）を強調した。98年，光緒帝に登用されて戊戌の変法を開始するが，保守派の巻き返しで失敗し，日本に亡命した。日本で孫文らの革命派に対抗して，99年に帝政擁護の保皇会を組織した。辛亥革命後は，共和政に反対して，清朝回復運動に加担した。

光緒帝〔こうしょてい〕 1871〜1908 清朝第11代皇帝（在位1875〜1908）。母は西太后の妹。西太后に擁立されて4歳で即位し，17歳から親政を開始した。98年に康有為らを登用して変法を断行したが，保守派のクーデタで失敗し，幽閉された。

戊戌の変法〔ぼじゅつ〕 1898 康有為・梁啓超らの変法派が光緒帝に登用されて進めた，立憲君主制の樹立を目指す政治改革。1898年が干支でいうと戊戌なのでこの名がある。1898年6月より学校制度創設・行政改革などをつぎつぎと発令したが，西太后ら保守派の巻き返しにあい，百日余りで失敗した。

西太后〔せいたいこう〕 1835〜1908 清末の宮廷の中心人物。咸豊帝（在位1850〜61）の側室（妃）で，同治帝の母。同治帝即位後，東太后（咸豊帝の皇后）とともに摂政として政治の実権を握った。同治帝の死後，光緒帝を擁立して実権を維持し，光緒帝の親政開始後も実権を手放さなかった。1898年に変法派を弾圧したが，義和団戦争で列強に敗れたのち，変法的改革＝新政を命じた。

戊戌の政変〔ぼじゅつ〕 1898 西太后ら保守派によるクーデタ。1898年9月，袁世凱の寝返りで，変法派が弾圧され，光緒帝は幽閉された。

義和団〔ぎわだん〕 武術を修練した狂信的な宗教結社である義和拳を中心とした排外主義の民衆集団。1897年頃より災害で窮乏した

華北一帯の農民や下層労働者に広まる中,98年から,ドイツの進出に反発した山東省でキリスト教会や同教徒を襲った。

義和拳（ぎわけん） 空手に近い武術で,拳法に上達すれば拳（こぶし）で弾丸をはじき返すことができるようになると信じられた。義和団戦争以後に衰退したが,日本の少林寺拳法の中に伝えられている。

「扶清滅洋」（ふしんめつよう） 義和団が掲げた排外主義のスローガン。「清を扶（たす）けて,外国（洋）を滅ぼす」の意味である。

義和団戦争 1900〜01 義和団が中心となって起こした排外運動。「扶清滅洋」を掲げて1900年6月北京に入り,教会を攻撃し,列国の公使館を包囲して日本・ドイツの外交官を殺害すると,清朝が義和団を支持して列国に宣戦したため義和団戦争といわれる。これに対して日本・ロシアを中心とする8カ国が共同で出兵し,8月に北京を占領した。翌年,議定書が結ばれ,列国に対する清朝の従属が強まった。

8カ国連合軍 義和団戦争の際の,公使館員救出を目的とした8カ国による出兵のこと。地理的に近い日本・ロシアを中心に,イギリス・フランス・アメリカ・ドイツ・オーストリア・イタリアが派兵して,公使館員を救出し,義和団を鎮圧した。

北京議定書（ペキンぎていしょ）（辛丑和約（しんちゅうわやく）） 1901 義和団戦争に関する清朝と11カ国（出兵8カ国とベルギー・オランダ・スペイン）との講和条約。清朝は,責任者の処罰,賠償金4億5000万両（テール）の支払い,北京公使館区域及び特定地域への列国軍隊の常駐などを承認した。

北京駐屯権（ペキンちゅうとんけん） 北京議定書の項目の1つ。列国は,北京の公使館区域防衛のための駐屯権のほか,北京と海港との間の自由交通を確保するための常駐権を認めさせ

た。のち,1937年の盧溝橋（ろこうきょう）事件の際に日本軍が北京郊外にいたのは,この駐屯権を法的な根拠としていた。

日露戦争

満洲（まんしゅう）**占領**（東北地方駐留）《ロシア》 義和団戦争の際のロシア軍の東北三省占領と,義和団戦争後の駐留をいう。ロシアのこの動きは,日本との対立を深めたのみならず,イギリス・アメリカの利害とも衝突した。1902年4月,ロシアは清に翌年9月までの撤退を約束したが,先延ばして実行しなかった。

満洲（まんしゅう） 中国の東北部を占める遼寧（りょうねい）・吉林・黒竜江（こくりゅうこう）の東北3省を指す旧地名。清を建国した女真族が,文殊菩薩（もんじゅぼさつ）（マンジュシリ）を信仰していたからという。それを漢字で「満洲」を当てたことに始まる。

内蒙古（ないもうこ） 辛亥（しんがい）革命後も中国の領域内にとどまったモンゴル族の居住地域を示す呼称。現在の中国の内モンゴル自治区に当たる。

日露協商論（にちろきょうしょうろん）（**満韓交換論**（まんかんこうかんろん）） ロシアの満洲経営の自由を認める代わりに,日本の韓国における優越権を認めさせる満韓交換論の考え方。元老の伊藤・井上らが主張した。山県・桂・小村らは,ロシアの野望を疑い,満洲をわたしてもすぐに朝鮮まで手に入れようとするから,イギリスと同盟して対ロシア戦争を決意すべきだと主張した。

日英同盟協約（にちえいどうめいきょうやく） 1902 極東におけるロシアの南下に対抗するため,日本とイギリスが結んだ同盟。締結国の一方が戦争に入った場合,他方は中立を守り,もし第三国が敵側に加わった場合には参戦するといった軍事同盟的な性格を持っていた。その後,1905・11年に2度改定されたが,

07年の英露協商成立で同盟の存在意義は低下し、21年のワシントン会議での四カ国条約締結によって解消された。

非戦論・反戦論（ひせんろん・はんせんろん）　日露戦争に反対したり、戦争そのものを否定したりする主張。内村鑑三らの人道主義的非戦論、平民社グループの社会主義的反戦論、与謝野晶子・大塚楠緒子らの女性の感性から戦争に反対する詩などがある。

内村鑑三（うちむらかんぞう）　1861～1930　宗教家。札幌農学校を卒業後に渡米。帰国後の1888年、第一高等中学校嘱託教員の時、教育勅語への敬礼が不十分だとする不敬事件で退職。その後、新聞社の『万朝報』に招かれ、日露戦争では非戦論を唱え退社。日本的キリスト教の布教に努め、無教会主義を唱えた。

幸徳秋水（こうとくしゅうすい）　1871～1911　本名伝次郎（でんじろう）。高知出身。自由民権運動に参加、中江兆民の弟子となる。のち社会主義に関心を持ち、日本最初の社会主義政党である社会民主党結成に参加する。平民社を設立し、『平民新聞』で日露戦争反対を唱える。1905年に渡米、翌年に帰国し、無政府主義を唱えた。大逆事件で刑死した。

日露戦争　1904～05　朝鮮・中国東北地方の支配を巡って対立した日本とロシアの戦争。日本によるロシア太平洋艦隊への奇襲ののち、1904年2月、両国の宣戦で始まった。日本軍は旅順要塞を攻め、苦闘の末、05年1月に陥落させた。その後、3月の奉天会戦、5月の日本海海戦で勝利したが、日本の戦争続行能力は限界を迎えた。いっぽう、ロシアでは第1次革命が勃発（ぼっぱつ）し、戦争続行が困難になった。そのため両国は、アメリカ大統領セオドア＝ローズヴェルトの斡旋（あっせん）で講和した。この戦争は、非ヨーロッパ世界に「立憲は専制に勝つ」のメッセージを与えた。

日韓議定書（にっかんぎていしょ）　1904年2月、日露開戦の13日後に締結。韓国保全を名目に、韓国国内における日本軍の自由な軍事行動を求め、宿泊場所などの必要な便宜の提供を約した。

日本海海戦　1905　日本海軍がロシアのバルチック艦隊を撃破した戦い。日本との戦いで戦力が低下し、旅順港にこもったロシア太平洋艦隊を増援するため、1904年10月、38隻（せき）からなる艦隊がバルト海のリバウ軍港から出航した。しかし、艦隊の運航情報をつかんだ日本海軍が、1905年5月に対馬沖でこれをほぼ全滅させた。

東郷平八郎（とうごうへいはちろう）　1847～1934　明治・大正・昭和前期の海軍軍人。薩摩出身で、薩英戦争から多くの戦いに従軍し、1903年、戦時に編成される日本の海軍部隊をすべてその指揮下に入れる連合艦隊司令長官となる。日露戦争中の全海軍作戦を指揮し、日本海海戦に勝利した。

バルチック艦隊　ロシア本国のバルト海で結成されたロシア最大の艦隊である。戦艦4隻を含む38隻の艦艇で編成された。バルト海のリバウ軍港からアフリカ南端を経由して7カ月でウラジオストク港を目指したが、対馬沖の日本海海戦でほぼ全滅した。

1905年革命　1905年1月22日の日曜日に起こった血の日曜日事件からロシア全土に拡大した革命。この背景には、日露戦争でのロシアの戦況不利と、それに伴う社会不安の増大が存在した。

ポーツマス講和会議　1905（明治38）年8月10日からアメリカ合衆国ニューハンプシャー州にあるアメリカ海軍の軍港があるポーツマスで開かれた会議。アメリカ大統領セオドア＝ローズヴェルトが仲介、日本全権小村寿太郎外相、ロシア全権ウ（ヴ）ィッテでおこなわれ、9月5日にポ

ーツマス講和条約が締結された。

セオドア＝ローズヴェルト Theodore
Roosevelt 1858〜1919 アメリカ第26代大統
領。中国問題に関心を持つ。日本に好意
的で、ポーツマス講和会議を仲介した。

小村寿太郎〔こむらじゅたろう〕1855〜1911 第1次桂太郎
内閣の外相として日英同盟協約を締結。
ポーツマス講和会議全権としてポーツマ
ス条約を結ぶ。日本による在満ロシア権
益の継承、朝鮮保護権掌握をロシアに認
めさせ、日英同盟協約の改訂もおこなっ
た。第2次桂内閣でも外相となり、韓国
併合、関税自主権の回復を遂行した。

ウ(ヴ)ィッテ Vitte 1849〜1915 ロシアの政
治家。日露協調を唱え、戦争中は不遇。
ポーツマス講和会議の全権代表を務め、
ロシアの有利に会議を運ぶ。帰国後に首
相となる。

ポーツマス〔講和〕条約(日露講和条約
〔にちろこうわじょうやく〕) 1905年9月、アメリカのポーツ
マス(日露)講和会議で調印した日露講和
条約。日本全権小村寿太郎外相、ロシア
全権ウィッテ。ロシアは日本の韓国指導
権を認め、旅順・大連の租借権とロシア
の経営する東清鉄道の長春以南と付属利
権を譲渡、樺太の南半分割譲。日本は沿
海州・カムチャツカ半島の漁業権も得た
が、賠償金要求は放棄した。

旅順・大連租借権〔りょじゅんだいれんそしゃくけん〕三国干渉で日本が
領有権を放棄した後、1898年にロシアが
租借権(期間25年)を得て要塞・軍港を築
いた。日本はその権益を日露講和条約と
満洲に関する日清条約(北京条約)により
継承する。1915年、中国への二十一カ条
要求によって期限を99年間に延長した。

関東州〔かんとうしゅう〕日本による、遼東半島南端部
(旅順・大連地区)の租借地の呼び名。

長春以南〔ちょうしゅんいなん〕**の鉄道利権** ロシアが1901
年に開通させた東清鉄道南部線(ハルビ

ン─旅順)のうち、日本は長春─旅順間
の鉄道とその付属権益を譲り受け、06年、
南満洲鉄道株式会社を設立した。

北緯50度以南の樺太 日露講和条約で樺
太(サハリン島)の北緯50°以南を獲得。
1907年、樺太庁を大泊〔おおどまり〕(翌年から豊原〔とよはら〕)
に設置した。

沿海州〔えんかいしゅう〕**・カムチャツカ漁業権** 日露
講和条約11条に基づき、1907年、日露漁
業協約で確定した。すでに1875年の樺
太・千島交換条約で、オホーツク海・カ
ムチャツカでの日本人の漁業権は保障さ
れていたが、これで日本海・オホーツク
海・ベーリング海沿岸の漁業権も許与さ
れ、サケ・マス漁業の開発が進んだ。

日比谷焼打ち事件 1905年9月5日、日露
講和条約を受け、東京の日比谷公園で講
和反対国民大会が開かれ、条約破棄を叫
び暴動化した事件。東京市内の警察署・
内相官邸や政府系の国民新聞社などが襲
撃された。政府は東京市などに戒厳令を
敷いて軍隊を出動させて鎮圧をはかった。
約1カ月間、全国各地に波及した。死者
17人、検挙者約2000人。大正デモクラシ
ー期に活発化する都市民衆運動の起点と
なった。

日本の韓国併合

日英同盟改定〔にちえいどうめいかいてい〕1905・11年の2回。
1905年8月の改定(第2次)は、日本の韓
国保護権を承認し、適用範囲をインドに
まで拡大した。1911年の改定(第3次)は
ドイツの進出に対応。イギリス・アメリ
カの接近によりアメリカを適用外とした。
この同盟を根拠に日本は第一次世界大戦
に参加。1921年の四カ国条約で廃棄決定、
23年に条約発効で廃棄された。

桂・タフト協定〔かつら・タフトきょうてい〕1905年7月、桂
首相兼外相とアメリカ特使の陸軍長官タ

フトとの秘密覚書。日本の韓国指導権と、アメリカのフィリピン統治を相互に承認した。

第1次日韓協約（だいいちじにっかんきょうやく）1904年8月に締結。日露戦争開始後の軍事制圧下で強要した。日本政府推薦の財政・外交顧問を置く顧問政治で、軍事・経済的支配の基礎をつくった。

第2次日韓協約（だいにじにっかきょうやく）（**乙巳〔保護〕条約**（いつし〔ほご〕じょうやく））1905年11月、日露講和条約の2カ月後に締結した韓国保護条約。韓国では乙巳〔保護〕条約（乙巳勒約）という。日本は外交権を接収して保護国化（条約締結権などを持たない半主権国。外国の干渉排除を目的とする）した。日本は韓国の政治に関与・指導するために、統監府を設置する。

韓国の保護国化 第2次日韓協約で実行された日本による韓国の保護国化。韓国の外交権を奪い、内政を監督した。

統監府（とうかんぷ）第2次日韓協約に基づき、1906年、漢城に置かれた日本政府の代表機関。外交権を持ち、内政にも関与する。韓国統監は天皇に直属、初代統監は伊藤博文が就任した。

ハーグ密使事件（みっしじけん）1907年6月、オランダのハーグ第2回万国平和会議に、韓国皇帝高宗が3人の密使を送り、独立回復を提訴した。第2次日韓協約で韓国に外交権がないことや日本の阻止工作により、韓国全権委員の会議参加は拒絶された。統監は韓国皇帝を退位させ（純宗が即位、皇太子は李垠）、韓国の内政権を奪う第3次日韓協約を締結した。

第3次日韓協約（だいさんじにっかんきょうやく）1907年7月、ハーグ密使派遣を契機に締結された。内政権を掌握、同時に秘密覚書により韓国軍隊を解散させ、内政全般にわたる指導権を得た。

義兵運動（ぎへいうんどう）（**義兵闘争**（ぎへいとうそう））第3次日韓協約による軍隊解散命令に反対する一部の軍隊を中心に、韓国の山岳地帯などで民衆に支持された武装闘争・反日抵抗運動が全土に拡大した。しかし、日本軍は近代兵器や焦土戦術などで鎮圧。韓国併合後、朝鮮で活動できなくなった義兵は中国東北部に移り、反日武装闘争を継続した。

伊藤博文暗殺事件（いとうひろぶみあんさつじけん）1909年10月、伊藤博文が韓国の義兵運動・独立運動家の安重根に満洲のハルビン駅で暗殺された事件。統監を辞任し枢密院議長に復帰していた伊藤は、日露関係を調整するため渡満、ロシア蔵相と列車内会談を終えた直後に遭難した。安は翌年3月旅順監獄で死刑となる。

安重根（あんじゅうこん（アンジュングン））1879〜1910 朝鮮の独立運動家。1907年沿海州で愛国啓蒙運動と義兵闘争に参加する。朝鮮の植民地化を決定付けたとして、09年10月に伊藤博文をハルビン駅頭で暗殺した。

韓国併合条約（かんこくへいごうじょうやく）1910年8月、漢城で統監の寺内正毅と韓国首相の李完用（りかんよう）が調印、韓国の全統治権を日本に譲渡することを約した条約（韓国併合に関する条約）。韓国は廃され日本領朝鮮となる。

韓国併合（かんこくへいごう）1910年8月の韓国併合条約で韓国を植民地とした。1909年の伊藤博文暗殺、韓国首相李完用襲撃事件が契機となる。以後、日本陸軍の警察機関である憲兵が警察業務を兼ねる憲兵警察制度などによる強権的支配の武断政治（武力によって圧伏させる政治）が続いた。

朝鮮総督府（ちょうせんそうとくふ）韓国併合後の朝鮮統治機関。京城に設置。天皇に直属し、軍事・行政の一切を統轄した。総督は陸・海軍の大将である軍人が任命された。三・一独立運動後の1919年に軍事権を分

離，駐箚軍を朝鮮軍（常備2個師団）とした。初代朝鮮総督は陸軍大将寺内正毅。

土地調査事業(とちちょうさじぎょう) 1910～18年に実施された朝鮮の土地調査・測量事業。土地所有権の確定，価格の査定，台帳の作成などをおこなう。1911年，朝鮮土地収用令，翌年土地調査令を公布して本格化。土地所有権が不明であるとの理由で，多くの土地が国有地にされた。朝鮮農民の土地が奪われて小農民の没落が進み，一部の人々は仕事を求めて日本に移住した。

関東州(かんとうしゅう) 遼東半島南端部の日本の租借地。万里長城が黄海と接する山海関より東であることから名付けられた。旅順・大連とその付属地域で，日露戦争後は日本の大陸進出の拠点となる。その地方行政を担当する関東州庁も設置された。1915年の二十一カ条要求で租借期限を99年間に延長した。

関東都督府(かんとうととくふ) 関東州の管轄と満鉄の保護・監督に当たる機関。1906年，前年遼陽(りょうよう)に設置した関東総督府を旅順に移し，関東都督府とした。関東都督には陸軍大将・中将を任命した。

南満洲鉄道株式会社(みなみまんしゅうてつどうかぶしきがいしゃ)**（満鉄**(まんてつ)**）** 1906年に設立した半官半民の国策会社。本社は大連，初代総裁は後藤新平。日露講和条約で得た東清鉄道南満洲支線の長春―旅順間の鉄道，鉱山・石炭採掘業(撫順(ぶじゅん)・煙台炭鉱(えんだい))・製鉄業(鞍山製鉄所(あんざん))などを経営。満洲事変後，満洲国の委託経営となるが，満洲の植民地支配に大きな役割をはたした。

撫順炭鉱(ぶじゅんたんこう) 中国東北部にある中国有数の炭鉱。第二次世界大戦前，満鉄によって開発されたもので，良質の石炭を産出した。炭層が厚く，露天掘りで採掘する。

鞍山の鉄鉱石と結び，この地域の工業発展の基盤となる。

鞍山製鉄所(あんざんせいてつじょ) 二十一カ条の要求で得た鉱山採掘権を基に，1918年，南満洲鉄道株式会社が満洲の鞍山に設立した大規模な製鉄所。

日本人移民排斥運動(にほんじんいみんはいせきうんどう) 1906年，日本人移民労働者が多数流入したカリフォルニアを中心に起こった排斥運動。それに連動してサンフランシスコでは東洋人学校に転学を強制する日本人学童入学拒否事件も起こる。1907～08年，日米紳士協定で日本も移民を抑制する自粛に努めたが，鎮静しなかった。

日米紳士協定（協約）(にちべいしんしきょうてい（きょうやく）) 日本人のアメリカへの移民を制限する問題に対する日米間の紳士協定。1907年に結ばれた。アメリカ政府は日本政府に自主的な移民制限を求め，日本は農業永住者を除く労働移民に旅券を出さないことを約束した。しかし，その実効性に不満を募らせたアメリカは，1924(大正13)年に排日移民法を制定した。

夏目漱石(なつめそうせき) 1867～1916 松山中学・熊本の五高教授，文部省留学生としてロンドンに留学。1903年，一高教授・東京帝大の講師となる。1905年，『吾輩は猫である』で文壇に登場。長編小説『三四郎』も著す。反自然主義でロマン的余裕派とされ，他人を尊重する個人主義を唱え，文明批評もおこなう。

森鷗外(もりおうがい) 1862～1922 陸軍軍医総監・小説家。名は林太郎(りんたろう)。ドイツに留学して衛生学を専攻。『舞姫』などのロマン的作品で登場。その後，『高瀬舟』『阿部一族』

などの小説のほか，翻訳・評論などもある。晩年は歴史小説が多い。

『青鞜』 平塚らいてうを中心とした女性により設立された青鞜社が発行した文学雑誌。1911年9月の創刊号で，平塚らいてうは「元始，女性は実に太陽であった」と女性の解放を宣言した。

西園寺内閣（第1次） 1906.1～08.7 第2代立憲政友会総裁西園寺公望が，立憲政友会を与党として組閣。日露戦後経営に努め，鉄道国有法を制定，満鉄設立などをおこなう。帝国国防方針に基づく軍備拡張財政は恐慌により難航する。日本社会党結成や赤旗事件などの社会主義運動への対応で，元老たちの批判を受け，財政逼迫などで総辞職した。

日本社会党 1906年，社会主義者の堺利彦・片山潜らが結成し，政府に公認された日本最初の社会主義政党。第1次西園寺内閣の融和政策によって公認された。普選運動・東京市電値上げ反対運動・足尾銅山争議などを支援する。1907年に議会主義的な穏健派と直接行動で社会変革を目指す急進派の対立で分裂した。政府は治安警察法で結社禁止を命じた。

大逆事件 1910年，明治天皇の暗殺が計画されたという理由で，幸徳秋水・管野スガ・大石誠之助ら無政府主義・社会主義者26人を起訴した。翌年，全員有罪とされ，幸徳・管野・大石ら12人が死刑。以後，社会主義運動は不振となり，「冬の時代」と呼ばれた。

幸徳秋水 1871～1911 自由民権運動に参加し，民権思想家の中江兆民の弟子となる。社会主義者となり，社会民主党の結成に参加。平民社で日露戦争反対を唱えた。1905年にアメリカへ渡り，無政府主義者となる。大逆事件で刑死した。

大逆罪 戦前の刑法に規定されていた

皇室に対する罪刑。天皇・三后（皇后・皇太后・太皇太后）・皇太子に危害を加える者は死刑。大逆事件や虎の門事件で適用された。

無政府主義者（アナーキスト） anarchist 国家を始め，いっさいの政治権力を否定し，完全な自由を持つ個人の自主的な結合によってのみ理想的な社会ができるという思想や運動をおこなう人。

社会主義者 socialist 私有財産制度の廃止，生産手段（土地や機械）の共有・共同管理によって，経済的に平等で調和のとれた理想的な社会の実現に向けて運動する人々。

<hr>

辛亥革命

光緒新政（新政） 義和団事件後，西太后政権の下で開始された近代化改革。変法派が目指した立憲君主制の樹立を採用した。当時の年号にちなんでこう呼ばれた。

科挙の廃止 1905 光緒新政の政策。袁世凱らの意見で断行された。

華僑 中国本土から海外に移住した中国系住民のこと。19世紀に入って東南アジア各地やアメリカへの労働者の移民が急増したが，華僑の中には現地での経済的成功者も多かった。また，ほとんどが華南出身者で，彼らの故郷への送金や投資は中国経済に貢献した。

留学生 近代中国での主な留学先は，洋務運動期の1870年代からは欧米諸国，日清戦争後からは日本であった。日本への留学生は亡命していた変法派や革命派の主張に接することが多く，彼らの中で徐々に革命派の影響が大きくなっていった。

中国同盟会 1905年，中国の革命諸団体が東京で設立した組織。孫文らの興中会，章炳麟らの光復会，黄興・宋

教仁らの華興会などの革命諸団体が結集し、孫文を総理に選び、四大綱領を掲げ、機関紙『民報』を刊行(1905〜10年)して「民族・民権・民生」の三民主義の革命思想を広げた。同盟内では革命の路線を巡り対立が激化し、分裂状態に陥った。11年の武昌蜂起の成功後は辛亥革命を推進し、12年に国民党へ改組された。

孫文 1866〜1925 近代中国の革命家。号は中山。香港などで学んで医者となるが、1894年、ハワイで興中会を結成して清朝打倒の革命運動を始め、1905年東京で中国同盟会を結成した。蜂起の資金調達のためアメリカに滞在中の11年に辛亥革命が起こると年末に帰国し、翌12年1月、中華民国の臨時大総統に就いた。しかし、清朝滅亡後、袁世凱にその地位を譲り、13年の袁世凱の専制化に反対する第二革命を起こしたが失敗して日本に亡命し、14年に中華革命党を組織した。19年に中国国民党を創設し、24年に国共合作を実行して軍閥打倒を目指したが、25年に北京で「革命未だ成らず」の遺言を残して病死した。

三民主義 孫文が提唱した中国革命の理論と綱領。民族主義・民権主義・民生主義を内容とした。

民族の独立 異民族王朝としての清朝打倒と漢民族の独立を意味した。しかし、辛亥革命後は、帝国主義下での民族独立によって旧清朝領土の分裂・分割が起きることを避けるため、立憲派の主張する五族共和が採用された。

民権の伸張 主権在民の共和国の建設を意味した。

民生の安定 国家主導での土地改革などによる社会問題の改善を意味した。

幹線鉄道国有化 1911 清朝が発令した民営幹線鉄道の国有化政策のこと。民営の広州—漢口間、四川—漢口間の鉄道がその対象とされた。しかし、民営化を勝ち取っていた中国人の民族資本家や地方有力者の激しい反対を受けた。

四川暴動 1911年5月、鉄道国有化令に反対した四川省民の武装蜂起。別名、四川保路運動。省民が保路同志会を結成して武装蜂起し、辛亥革命の起因となった。

武昌蜂起 1911 辛亥革命の発端となった、武昌で起きた湖北新軍の蜂起。1911年10月10日、新軍内の革命派が挙兵し、武昌占領後、湖北軍政府を創設して湖北省の独立を宣言した。

辛亥革命 1911〜12 清を倒し、中華民国を樹立した革命。幹線鉄道国有化問題での弾圧で立憲派も清朝から離反する中、1911年(辛亥の年)10月10日の武昌蜂起が発端となり、革命は華中・華北に波及し、14省が独立を宣言した。12年1月、孫文を臨時大総統とする中華民国の建国が宣言され、2月、袁世凱の活動により清朝皇帝が退位した。成立した中華民国で3月、臨時大総統についた袁世凱の下、臨時約法(憲法)が発布された。

臨時大総統 中華民国臨時政府の長。大総統は大統領を意味し、1912年1月1日、孫文が就任し、清朝滅亡後、その地位は袁世凱に譲られた。

中華民国建国 1912 アジア最初の共和国の建国。辛亥革命で独立を宣言した各省の代表者によって、1912年1月1日、孫文を臨時大総統として南京で樹立された。

袁世凱 1859〜1916 清末・民国初期の軍人・政治家。李鴻章の下、朝鮮で清への属国化を試み、日清戦争後はドイツ式兵制の新軍整備に努め、戊戌の政変では変法派弾圧に回った。李鴻章の死後、要職を歴任し、新政も進めて清朝最大の実力者となったが、1909年に失脚した。11年

に辛亥革命が起こると総理大臣に登用されたが，革命側と取り引きし，12年2月に宣統帝を退位させ，3月中華民国臨時大総統に就任した。13年，第二革命鎮圧後，正式な大総統となり独裁政治を進めた。15年末に帝政復活を宣言すると第三革命を招き，16年に帝政宣言を取り消し，まもなく病死した。

宣統帝せんとう（溥儀ふぎ）1906〜67 清朝最後の皇帝（在位1908〜12）。光緒帝の甥。3歳で即位したが，辛亥革命により1912年2月に退位した。中華民国により紫禁城しきんじょうで暮らすことを許されたが，24年に軍閥のクーデタで追放かつされた。日本に担ぎ出されて32年満洲国の執政しっせいとなり，34年皇帝となった（在位1934〜45）。第二次世界大戦後，ソ連に抑留よくりゅうされ，50年の帰国後は戦犯として収容所で服役した。59年に特赦とくしゃで出所し，以後，市民として余生を送り，自伝『わが半生』を著した。

袁世凱の帝政 袁世凱による帝政の復活。第二革命鎮圧後，袁は正式に大総統に就任して独裁を強め，15年末に帝政復活を宣言し，16年1月，皇帝に即位した。しかし，すぐさま国民党系の地方軍人たちによる第三革命が起こり，諸外国の反対もあり，3月に退位したのち，失意の中で6月に病死した。

軍事集団（軍閥ぐんばつ**）** 広義には軍人の私的な武力集団。中華民国では，袁世凱の死後，彼の部将たちが各地に割拠し，民衆を搾取しゅして形成した。北洋軍閥の直隷派・安徽派・奉天派などが代表で，諸外国の支援を背景に，1916年から28年の北伐完了まで，北京政府の実権を巡って争った。

五族共和ごぞくきょうわ《中華民国》清朝の版図内に居住していた漢民族・満洲族・モンゴル族・チベット族・ウイグル族（新疆地域のイスラーム系諸民族）が共存共栄し

ていくことを目指すスローガン。

チベット独立の布告 ダライ＝ラマ13世により，1913年3月，事実上の独立宣言である「五カ条宣言」を発布した。しかし，同年10月からのチベット・中国・イギリスの3国会議で，中国がチベットの「独立」を拒否し，イギリスとチベット間での承認となった。

外がい**モンゴルの独立宣言** 1911年12月，辛亥革命の勃発を機として，現在のモンゴル国の地域が清朝からの独立宣言した。その後，13年の外モンゴルに関する露中宣言で，ロシアが中国の宗主権を，中国が外モンゴルの自治を承認するとされ，15年の3国の協定でこれが確認された。

モンゴル人民共和国 1924年11月に成立したモンゴル国家。シベリアの反ソヴィエト内戦がモンゴルに及ぶ中，21年7月，モンゴル人民党がソヴィエト赤軍せきぐんなどの協力を得て，モンゴル人民政府を樹立した。この政府の国家元首である活仏かつぶつの死後，24年11月にモンゴル人民共和国と改称，社会主義国家を目指す方針が明示された。しかし，1990年，東ヨーロッパの社会主義圏消滅の中で社会主義を放棄し，1992年，国名をモンゴル国に変更した。

アジアの民族運動

──────《インドの民族運動》──────

インド国民会議こくみんかいぎ Indian National Congress 1885年末，ボンベイで，植民地政府への請願の場を確保するため，植民地政府の支援を受けて親英的エリート層が発足させた会議。ベンガル分割令発布後，反英色を強め政治化していった。

国民会議派 政治結社としての，インド国民会議の別称。

ベンガル分割ぶんかつ**令** Act of Bengal Partition 1905 インド総督カーゾンが出した，ベ

ンガル州を2つに分割するとした法令。反英運動の分断をねらって，イスラーム教徒の多い東ベンガルと，ヒンドゥー教徒の多い西ベンガルに分けようとしたが，激しい反対運動を受けて，のちに撤回された。

カルカッタ大会4綱領(こうりょう) 1906 インド国民会議カルカッタ大会で採択された4綱領。ベンガル分割反対闘争を進めるため，英貨排斥・スワデーシ・スワラージ・民族教育が実践綱領として掲げられた。

英貨排斥(えいかはいせき) イギリス製品をボイコットすること。

スワデーシ(国産品愛用) swadēśī インド諸語で国産品の意味。インド人資本による産業の発展と広範な国産品愛用を意味した。

スワラージ(自治獲得) swarāj インド諸語で自治・独立の意味。

民族教育(みんぞくきょういく) インドの青少年に対する，イギリス植民地教育の否定と，民族的自覚を促す教育のこと。

ティラク Tilak 1856～1920 19世紀末～20世紀初めのインド民族運動最大の指導者。1905～08年のベンガル分割反対運動で，大衆の急進的な反英意識を高揚させ，国民会議カルカッタ大会でスワラージ(自治獲得)要求を強く掲げた。

全インド＝ムスリム連盟 All India Muslim League 1906 イギリスの支援で結成されたインドのムスリム政治団体。1906年の結成当初は対英協調路線を取っていたが，16年に国民会議と協定を結んで民族運動に参入した。

ベンガル分割令の撤回(てっかい) 1911 1905年の分割令発布後，反英闘争が激化したため，11年にこの法は廃棄された。

──────《インドネシアの民族運動》──────

インドネシア民族運動(みんぞくうんどう) 20世紀初頭

以降，オランダ領東インドの知識人から始まった植民地支配に対する抵抗運動。組織的な民族運動が起こる前に，近代教育を受けたカルティニらの，民族的自覚や女性教育を説いた個人的啓発運動があった。

イスラーム同盟(サレカット＝イスラーム) Sarekat Islam 1911年末に前身が設立され，翌年に改称され，インドネシア最初の大衆的民族組織となる。初めジャワの商人が相互扶助を目的に設立したが，イスラーム教徒の団結と物心両面の発展を掲げ，労働運動にも進出し，1910年代の民族運動を主導した。社会主義運動に影響を受けたインドネシア人が同盟に加わると，運動は反植民地主義を正面に掲げるようになった。

──────《ベトナムの民族運動》──────

ベトナム民族運動 フランス支配下のベトナムで20世紀初めから始まった民族運動。伝統的な知識層による近代的知識の摂取を通した王権回復運動と，第一次世界大戦後の近代的な公教育を受けた世代によって開始された独立運動を指す。

ファン＝ボイ＝チャウ Phan Bôi Châu 1867～1940 ベトナム民族主義運動の指導者。19世紀末には阮朝(げんちょう)擁護の反フランス独立運動を起こした。1904年に維新会を結成し，翌年，来日してドンズー(東遊)運動を組織したが，その後，日本政府によって追放され，運動も挫折した。12年，広東でベトナム光復会を結成し，共和政国家の樹立を目指す武力革命を準備するが失敗した。

ドンズー(東遊)運動 Dong Du 日露戦争直後，ファン＝ボイ＝チャウの提唱で開始された，ベトナムから日本への留学運動。200人を超す青年が来日し，犬養毅(いぬかいつよし)や大隈重信(おおくましげのぶ)らの斡旋によって，日本語や

軍事技術の習得に当たった。しかし，1907年の日仏協約締結後，フランス政府の要請により，日本政府の取締りが強化され，運動は挫折した。

─────《フィリピンの民族運動》─────

フィリピン独立運動 1880年代にフィリピンからのスペイン留学生がスペイン政府に対して，フィリピン統治の改革を要求したのが発端。1892年の急進的秘密結社カティプーナンの結成後，スペインからの独立運動に発展した。98年のアメリカ＝スペイン（米西）戦争によるアメリカの介入で，翌年フィリピン＝アメリカ戦争が始まり，フィリピンが敗北してからは，アメリカからの独立運動へと変わった。

ホセ＝リサール José Rizal 1861〜96 19世紀後半のフィリピンの知識人・民族運動家。スペイン留学中に政治小説で植民地支配を批判した。1892年に帰国し，フィリピン（民族）同盟を組織して平和的方法による独立を主張したが，96年，スペインからの独立を目指す秘密結社のカティプーナンの蜂起への関与を口実に逮捕され，銃殺された。

フィリピン革命かく めい 1896〜1902 1896年のカティプーナンの対スペイン蜂起から，フィリピン＝アメリカ戦争期までの，フィリピンの独立・革命運動を指す。

アギナルド Aguinaldo 1869〜1964 フィリピン革命の指導者。1895年カティプーナンに入党して独立運動に参加したが，スペイン軍と和約を結んで，香港に亡命した。98年，アメリカ＝スペイン（米西）戦争が勃発するとアメリカの協力で帰国し，翌99年，フィリピン（マロロス）共和国の独立を宣言して，大統領となった。アメリカがこれを認めず，同年に対アメリカ戦争を開始したが，1901年に降伏した。

フィリピン＝アメリカ戦争 1899〜1902 1898年のパリ条約でフィリピンを領有したアメリカと，99年に成立を宣言したフィリピン革命政府の戦争。1902年，アメリカが平定宣言を出し，新たな支配者となった。

西アジアの動向

─────《イランの民族運動》─────

ガージャール朝ちょう Qājār 1796〜1925 トルコ系遊牧民ガージャール族の有力者がイラン高原に建てた政権。首都はテヘラン。19世紀以降イランは，ロシアとイギリスの勢力争いの舞台となり，政治・外交・経済面で列強の干渉を強く受けた。

ウラマー 'ulamā' イスラーム教の宗教指導者であり，社会的に大きな影響力を持った。イランのシーア派のウラマーは，タバコ＝ボイコット運動によってガージャール朝政府がイギリスのタバコ会社に与えた利権の譲渡を破棄したことに自信を深めた。

立憲革命《イラン》1905年，ロシアの1905年革命の影響で立憲革命が起こり，翌1906年，憲法が発布されたが，ロシアの軍事干渉により，革命は挫折した。シーア派の宗教指導者（ウラマー）は，これらの活動を通してその社会的影響力を強め，1979年のイラン革命にみられるような存在になっていった。

─────《オスマン帝国の動向》─────

青年トルコ革命 1908 マケドニア地方のサロニカで，1878年に停止されたミドハト憲法の復活を目指したエンヴェルらの青年将校が成功させた無血の立憲革命。マケドニアを巡る列強の動きに対し，青年将校らが立憲制を宣言すると各地で祝賀式典がおこなわれ，皇帝の地位を維持するため皇帝も立憲制を宣言した。なお

第4章

「青年トルコ人」は1913年のクーデタまで，直接に政権を握ることができなかった。

「青年トルコ人」 Genç Türk(ler) オスマン帝国末期，ミドハト憲法の復活を求める運動をおこなった人々の総称。帝国内外で幅広い組織が運動を展開し，1908年，革命に成功して憲法を復活させた。13年のクーデタで政権を獲得したが，政策不安定のまま第一次世界大戦に参戦し，敗戦で消滅した。

第II部　国際秩序の変化や大衆化と私たち

概観年表

年代	世界	日本
1900		
05	ベンガル分割令（〜11）	ポーツマス条約
06	全インド＝ムスリム連盟結成。国民会議派によるカルカッタ大会	鉄道国有法
10		日本，韓国を併合
12		第1次護憲運動が始まる
14	第一次世界大戦（〜18）	
15		二十一カ条の要求
17	ロシア革命・「平和に関する布告」	
18	対ソ干渉戦争。ウィルソンの十四カ条	米騒動。原内閣の成立
19	パリ講和会議。三・一独立運動。インド，ローラット法。非暴力・不服従運動。五・四運動。中国国民党結成。アメリカ禁酒法制定	
20	国際連盟設立	戦後恐慌。新婦人協会結成
21	ワシントン会議。中国共産党結成	
22	エジプト王国成立。スルタン制廃止（オスマン帝国滅亡）。ソ連成立。ムッソリーニ政権成立	全国水平社創立。日本共産党結成
23	トルコ共和国成立	関東大震災。震災恐慌
24	第1次国共合作	第2次護憲運動。
25	イラン，パフレヴィー朝成立	日ソ基本条約。ラジオ放送開始。治安維持法。普通選挙法
26	北代の開始	
27		金融恐慌
29	ニューヨーク株式市場の株価暴落	
30	ロンドン海軍軍備制限会議。ガンディー，塩の行進	金輸出解禁。昭和恐慌
31		満洲事変。金輸出再禁止
32	イラク王国成立	満洲国建国。五・一五事件
33	ドイツ，ヒトラー政権成立。フランクリン＝ローズヴェルト政権成立	国際連盟脱退通告
35	コミンテルン第7回大会	
36	ドイツ，ラインラント進駐。スペイン内戦	二・二六事件
37	抗日民族統一戦線結成	日中戦争。日独伊防共協定
38	ミュンヘン会談	国家総動員法
39	第二次世界大戦。独ソ不可侵条約	
40	フランス降伏	日米通商航海条約失効。日独伊三国同盟。大政翼賛会発足
41	独ソ戦。大西洋憲章	日ソ中立条約。太平洋戦争
42		ミッドウェー海戦
45		沖縄戦。広島・長崎原爆投下。ポツダム宣言受諾
46	「鉄のカーテン」演説	
47	マーシャルプラン発表。コミンフォルム結成	日本国憲法施行
48	第1次中東戦争。ベルリン封鎖。GATT発足	占領政策の転換
49	中華人民共和国成立。東西ドイツ成立	
50	朝鮮戦争始まる	警察予備隊創設。特需景気
51		サンフランシスコ平和条約。日米安全保障条約
52	ヨーロッパ石炭鉄鋼共同体	日本，主権回復
53	スターリン死去。朝鮮休戦協定	奄美返還
54	パリ協定	第五福竜丸事件

第5章 第一次世界大戦と大衆社会

① 第一次世界大戦とロシア革命

バルカン半島の対立激化

協商国(連合国) The Entente Powers (The Allies) 第一次世界大戦で同盟国と戦った国々。イギリス・フランス・ロシアを中心に、セルビア・モンテネグロ・日本をいう。1915年にイタリア、16年にルーマニア・ポルトガル、17年にアメリカ合衆国・中国・ギリシアなどが加わり合計27カ国である。

同盟国 The leagues 第一次世界大戦で連合国(協商国)と戦った国々。ドイツ・オーストリア・オスマン帝国・ブルガリア王国の4カ国である。

「ヨーロッパの火薬庫」 20世紀初頭から第一次世界大戦までのバルカン情勢を形容した言葉。オスマン帝国の弱体、バルカン諸民族の独立要求、帝国主義諸国の思惑などが集中し、火が付くといっきょに爆発する一触即発の状況にあったため、こう呼ばれた。

青年トルコ革命 1908 オスマン帝国で起こった立憲革命。通称「青年トルコ人」(「統一と進歩団」)が、1878年に停止されたミドハト憲法の復活を目指し、青年将校エンヴェルらが立憲制を宣言すると、皇帝もこれを認めて憲法を復活させた。しかし、政情は不安定で、イタリア=トルコ戦争、第1次バルカン戦争の敗北で混迷が深まった。

ボスニア・ヘルツェゴヴィナ併合 Bosnia, Hercegovina 1878年のベルリン会議でこの地域の占領と行政権を認められていたオーストリアは、1908年のオスマン帝国の青年トルコ革命の混乱に乗じて完全に併合した。そのため、バルカン半島諸民族の反発が深まった。

セルビア Serbia ドナウ川中流域のスラヴ人国家。1878年のベルリン会議で国際的に独立を認められたのち、領土拡大を目指して西のオーストリアと対立を深め、バルカン地域において、ロシアが主導するスラヴ系諸民族の結集を目指すパン=スラヴ主義の中心勢力となった。

ブルガリア独立 Bulgaria 黒海に面するバルカン半島の国家。1878年のベルリン会議でオスマン帝国支配下の自治公国とされていたが、1908年、青年トルコ革命の混乱に乗じて独立を達成した。

バルカン同盟 Balkan League 1912 ロシアの後押しでセルビア・ブルガリア・モンテネグロ・ギリシアが結成した同盟。名目的にはオーストリアに対抗するための同盟だが、いっぽうでバルカン半島の諸民族がオスマン帝国からの解放を目指すものでもあった。

第1次バルカン戦争 1912〜13 バルカン同盟とオスマン帝国との戦争。イタリア=トルコ戦争の最中であったオスマン帝国に対し、バルカン同盟が1912年10月に宣戦して始まった。敗れたオスマン帝国は、13年5月のロンドン条約でバルカン半島のほとんどを失った。

第2次バルカン戦争 1913 第1次バルカン戦争で獲得した領土の配分を巡って起

こったブルガリアと，セルビアを中心とするバルカン同盟国との戦争。ブルガリアとの国境紛争を抱えていたルーマニアとオスマン帝国が，同盟国側に加わったため，ブルガリアが敗北した。敗れたブルガリアは，マケドニアなどを失い，失地回復のため，その後，ドイツ・オーストリア陣営に接近した。セルビア側の勝利はロシアのパン＝スラヴ主義の勝利を意味した。オーストリアは大打撃を受け，セルビア・ロシアとの対立を深めた。

第一次世界大戦の開戦

オーストリア帝位継承者夫妻 オーストリア皇帝フランツ＝ヨーゼフ1世の甥に当たる，フランツ＝フェルディナント大公夫妻のこと。サライェヴォ事件で暗殺された。

サライェヴォ事件 Sarajevo 1914 オーストリア＝ハンガリー帝国の帝位継承者フランツ＝フェルディナント大公夫妻が，ボスニアの州都サライェヴォで暗殺され，第一次世界大戦勃発の契機となった事件。セルビアは1908年のオーストリアのボスニア・ヘルツェゴヴィナ併合に不満を持っており，オーストリア陸軍の演習のため，ボスニア・ヘルツェゴヴィナの中心都市サライェヴォを訪れた夫妻を，14年6月28日，パン＝スラヴ主義者のセルビア人青年プリンチプが狙撃し，暗殺した。

オーストリアの対セルビア宣戦 1914年7月28日，オーストリアはサライェヴォ事件に対するセルビア政府の責任を追及。オーストリアはドイツの支持を得て，バルカン半島での劣勢をいっきょに挽回するため，セルビアに宣戦布告すると，セルビアを支援するロシアが参戦した。ヨーロッパは連合国・同盟国に分かれた大戦争に突入した。

第一次世界大戦 1914～18 協商国27カ国と同盟国4カ国の間で戦われた史上初の世界戦争。戦争が世界規模に拡大した背景には，各地で激化していた列強の利害対立があった。戦争は長期化し，総力戦となり，新兵器の投入により甚大な被害をもたらした。戦争の舞台となったヨーロッパの荒廃，植民地での民族主義勃興など，さまざまな影響を及ぼした。

ベルギーの中立侵犯 1914 ドイツは8月1日にロシア，3日にフランスに宣戦し，短期決戦を目論み（シュリーフェン＝プラン），8月3日に中立国ベルギーを侵犯して，いっきょにフランス領内に進撃した。このドイツの行動を理由にイギリスはドイツに宣戦布告した。

西部戦線 第一次世界大戦でドイツ軍とイギリス・フランス連合軍が対峙した，スイスからベルギーに至るドイツ側からみた西方の戦線。フランス軍がパリ東方のマルヌ川でドイツの進撃を喰い止めたマルヌの戦いで膠着状態に入り，1918年7月からの連合軍の総攻撃でドイツ軍は崩壊し始める。

塹壕戦 戦場に壕を掘り，兵士が互いに射撃し合う戦い。機関銃の発達により，塹壕戦が中心となり，戦争の長期化を招いた。

毒ガス 生物に有害な気体を用いた武器。1915年4月，イープルの戦いでドイツがフランスに対して用いたのが最初である。

戦車 塹壕戦による膠着状態を打破するために開発された兵器。イギリスはドイツをあざむくため，タンク（水槽）として戦場に送った。1916年9月，ソンムの戦いにイギリス軍が投入した。

機関銃 自動連射のできる銃。第一次世界大戦では兵士が射撃しながら前進できる軽量な機関銃もつくられた。

航空機 初めは偵察・爆撃に用いられ，第一次世界大戦中に戦闘機もつくられた。

潜水艦 水面下を潜行して行動する軍艦のこと。第一次世界大戦では，敵の商船を攻撃することが主な任務であった。

飛行船 流線形状のガス袋に空気より軽い気体（水素またはヘリウム）を詰めて，その浮揚力を利用し，推進操縦装置を付けて飛行できるようにしたもの。飛行機の急速な発展であまりつくられなくなった（写真は日本の飛行船）。

東部戦線 第一次世界大戦で，ドイツ・オーストリアとロシアが対峙したドイツ側からみた東方の戦線。

イタリアの連合国参戦 1915年4月，イギリス・フランス・ロシア・イタリアの間で，イタリアが連合国側で参戦する代償として，オーストリア領に残っていた南チロル・ダルマティアなどのいわゆる「未回収のイタリア」の割譲を約したロンドン秘密条約が結ばれた。これにより，5月，オーストリアへ宣戦布告した。

総力戦 第一次世界大戦により生まれた新しい戦争の形態，または概念。軍事作戦による戦闘のみが戦争の勝敗を決める要因ではなく，軍事・政治・経済・人的諸能力などの国力のすべてを戦争に投入することを重視する考え方。

経済統制 戦時において，生活から消費まで計画経済をおこない，生産・賃金・価格・労働を政府の一元的な統制下に置く経済運営。

配給制 国民生活に不足しがちな物資を，経済的な重要度と生活面での必要度に応じて政府が量を決めて配分するやり方。

価格統制 物資不足により，品物の価格が上昇するのを抑えるため，政府が価格を決定し，公定価格とするやり方。

女性の社会進出 工場などの労働力となっていた男性が，兵士となって戦場に赴いたため，人手不足となったことにより，女性が工場での生産活動に従事するなど，女性が社会のいろいろな分野を担うようになった。

挙国一致体制 戦争や経済の大恐慌など，非常事態を乗り切るため，反対党も加えて政府を支える体制。第一次世界大戦中ではイギリスのロイド＝ジョージ内閣，フランスのクレマンソー内閣がこれに当たる。

日本の参戦

大隈内閣（第2次） 1914.4〜16.10 シーメンス事件によって第1次山本内閣の退陣後，組閣。立憲同志会と中正会が与党。加藤高明外相を中心に，日英同盟協約を根拠に第一次世界大戦に参戦した。中国利権の拡大をねらい，二十一カ条の要求をおこなう。

加藤高明 1860〜1926 妻は三菱財閥の岩崎弥太郎の娘。外交官。1913年に立憲同志会の総裁となり，二十一カ条の要求提出時の第2次大隈内閣の外相。第2次護憲運動によって成立した護憲三派内閣の首相となる。三派が分裂したあと，憲政会単独内閣に改造したが病死する。

ドイツ領南洋諸島 太平洋の島々からなるドイツの植民地。第一次世界大戦に参戦した日本が占領し，第一次世界大戦後，赤道以北は日本の委任統治領と

なった。日本は南洋庁を設置して統治する。

青島 ナンタオ 山東半島西南部膠州湾の中心港市。ドイツが1898年に租借した。第一次世界大戦に参戦した日本軍がここを占領した。ヴェルサイユ条約で、日本は山東省の旧ドイツ権益を継承したが、ワシントン会議で中国への返還が決まる。

二十一カ条の要求

二十一カ条の要求 にじゅういっかじょうのようきゅう 1915年、第2次大隈内閣が中国における利権を拡大するため袁世凱政府に要求。(1)山東省ドイツ権益の譲渡、(2)南満洲・内モンゴル権益の99カ年延長と鉄道敷設権、(3)漢冶萍公司の日本と中国との共同経営、(4)福建省を他国に渡さず、日本の勢力圏にすることの確認などを要求した。中国の主権を侵す第5号の中国政府の顧問として日本人を雇用することを削除して、第1号から第4号と第5号の一部を中国は承認した。

山東省のドイツ権益継承 ドイツが租借していた青島や山東省に、ドイツが敷設していた鉄道や工場などを日本が継承すること。ワシントン会議の九カ国条約の締結後、中国と山東懸案解決条約を結んで返還した。

関東州の租借期限延長 日露戦争でロシアから継承した旅順・大連の租借は、1898年から25年、南満洲鉄道は1903年から25年で返還する必要があった。日本は25年の期限に加え、99年を延長したかったが、実際はロシアが設定した25年間を99年間の期限に変更した。

漢冶萍公司 かんやひょうこんす 漢陽の製鉄所、大冶の鉄鉱石、萍郷の石炭で構成される中国の大規模な民間製鉄会社。日本は日本興業銀行などから資本を大量に輸出する。

二十一カ条の要求で日中の共同経営を要求して、事実上、日本の支配下に置いた。

中国沿岸の不割譲 ちゅうごくえんがんのふかつじょう 日本が求めたのは、日清戦争で植民地とした台湾の対岸にあたる福建省の不割譲である。

中国政府への日本人顧問雇用 ちゅうごくせいふへのにほんじんこもん 中国政府を実質的に操り人形化しようとして提案したもの。この第5号(7カ条)は、中国政府への日本人顧問雇用のほか、警察の日中合同なども入っていた。日本政府は欧米にもれるのを恐れ、秘密を保持することを求めたが、中国政府はこれをイギリス・アメリカ両国へもらした。日本はこの第5号要求はほぼ削除した。

最後通牒 さいごつうちょう 受諾しない場合は開戦に及ぶという通告。日本は中国へ軍隊を増派して軍事的圧力をかけるとともに、5月7日から2日以内の受諾を迫ったため、5月9日、中国政府は受諾した。

国恥記念日 こくちきねんび 袁世凱政府が二十一カ条の要求を受諾した5月9日を、中国国民は国恥記念日とした。

パレスチナをめぐる戦時外交

秘密条約 ひみつじょうやく 外交の交渉過程・結果を交渉相手国以外の国々や国民に公開しない外交手法。ロンドン秘密条約やフセイン・マクマホン協定、サイクス・ピコ協定などがその例である。

サイクス・ピコ協定 Sykes-Picot 1916 イギリス・フランス・ロシアの3国が戦後のオスマン帝国領の扱いを定めた秘密協

定。サイクスとピコは協定をまとめたイギリス・フランスの外交官。各国の勢力範囲の画定とパレスチナの国際管理を定めた。ロシア革命後，革命政府が暴露し，内容がフセイン・マクマホン協定と矛盾することからアラブ側を憤激（ふんげき）させた。

フセイン（フサイン）・マクマホン協定（書簡（しょかん）） Husayn-MacMahon 1915 メッカの太守（たいしゅ）フセインとイギリスのエジプト高等弁務官マクマホンが取り換わした書簡。1915年10月，イギリスはフセインがオスマン帝国への反乱を企てて，イギリスへの戦争協力をおこなうことを条件に，パレスチナの扱いをあいまいにしたままアラブ人国家の建設を認めた。

バルフォア宣言（せん）（げん） Balfour 1917 第一次世界大戦遂行にユダヤ人の財政援助を期待し，イギリス政府がパレスチナでのユダヤ人の「民族的郷土」建設への支持を約束した宣言。外務大臣バルフォアがイギリスのユダヤ人協会会長ロスチャイルドに宛てた書簡として表明されたが，パレスチナの扱いについてフセイン・マクマホン協定，サイクス・ピコ協定と矛盾する内容であった。現在に至るユダヤ人とアラブ人の対立原因をつくった。

アメリカの参戦

無制限潜水艦（むせいげんせん）（すいかん）作戦 1917年2月に開始された，ドイツがイギリス封鎖をねらって取った，潜水艦による通商破壊作戦。地上戦での苦戦を打破するため，指定水路以外を航行する船は無警告で撃沈（げきちん）すると宣言した。

ルシタニア号 Lusitania 大西洋航路で運行されたイギリスの大型客船。1915年5月，ドイツ潜水艦の攻撃で沈没し，多くの犠牲者が出た。その中に100人以上のアメリカ人がいたことから，ドイツに対する

世論が悪化し，アメリカが参戦する伏線ともなった。

アメリカ合衆国の参戦（さん）（せん） 1917 ウィルソンは「戦争不参加」を掲げて1916年の大統領選挙に勝利した。しかし，ドイツが無制限潜水艦作戦を取ると，ただちにドイツと断交し，議会の承認を得て17年4月6日に宣戦布告した。アメリカが連合国側で参戦することで豊富な軍需物資が投入され，戦いを有利に進められるようになった。

第一次世界大戦の終結

ロシア単独講和（たんどく）（こうわ） 1918年3月 ロシア革命で誕生したソヴィエト政権は，単独でドイツ及びその同盟国とブレスト＝リトフスク条約を締結して，第一次世界大戦から離脱した。

ブレスト＝リトフスク条約 Brest-Litovsk 1918 ソヴィエト政権が，ドイツなどの同盟国と結んだ単独講和条約。1917年12月から交渉が始まったが，ドイツの厳しい領土要求で難航し，18年3月3日に成立した。この条約で，ロシアはポーランド・リトアニア・エストニアなど広大な領土を失い，賠償金を約束した。しかし，ドイツと連合国の休戦協定が成立すると条約は破棄された。

ブルガリア降伏（こう）（ふく） 1918年9月 連合国と休戦協定を締結する。国王フェルディナントが退位し，息子のボリス3世が即位した。

オスマン帝国降伏 1918年10月 連合国と休戦協定を締結する。

オーストリア降伏 1918年11月 帝国内の諸民族がつぎつぎに離反，政情が不安定となった。11月3日に連合国と休戦条約を結び降伏する。皇帝カール1世は退位し，オーストリアは共和政に移行した。

キール軍港の水兵反乱 すいへいはんらん Kiel 1918 ドイツ革命の端緒となった反乱。敗戦目前の状況で，ドイツ海軍はイギリス艦隊に一矢報いるべく，全艦隊に出撃を命じた。これに反抗した水兵たちの1918年11月3日の反乱が全国に波及し，ドイツ帝国を崩壊に導いた。

ドイツ共和国の成立 1918 ドイツでは1918年10月に帝国憲法が改正されて議会主義が実現し，休戦交渉の準備に着手した。キール軍港の水兵反乱を端緒とする革命勢力がベルリンを制圧すると，皇帝ヴィルヘルム2世はオランダに亡命し，11月10日，共和政府が成立した。

ドイツ革命 1918～19 ドイツ帝国を崩壊させ，ヴァイマル共和国を成立させた革命。キール軍港の水兵反乱後，各地で労働者・兵士がレーテ(評議会)を樹立し，帝政は倒れて共和政が成立した。1918年末に政権を握った社会民主党は革命が急進化するのを恐れ，社会主義革命を目指すスパルタクス団や独立社会民主党左派を抑えるために旧勢力と妥協した。1919年1月には，社会主義を目指すスパルタクス団が蜂起したが，政府はこれを武力弾圧し，ドイツ革命は終息した。

スパルタクス団 Spartakusbund 1916年，ドイツ社会民主党内の戦争反対派が結成した急進勢力のこと。ドイツ革命を指導し，18年にドイツ共産党結成の中心となった。

ローザ＝ルクセンブルク Rosa Luxemburg 1871～1919 社会民主党左派を理論的に指導したポーランド出身の女性革命家。スパルタクス団を組織し，ドイツ共産党を創立したが，1919年の蜂起で右翼将校により虐殺された。

ドイツ共産党 1918年12月，スパルタクス団を中心に組織された革命政党。19年の1月蜂起に失敗したが，その後も勢力を拡大し，コミンテルンに参加した。その指導の下に社会民主党政権の政策を厳しく批判した。

ヴァイマル共和国 ドイツ革命によって成立した共和政ドイツの通称。当時の世界で最も民主的とうたわれたヴァイマル憲法を制定した。しかし，政情は左右両派の攻撃や経済の混乱などで，不安定であった。賠償金問題が解決に向かうとともに共和政は安定し，国力復興も進んだ。しかし，世界恐慌による混乱で右翼勢力が再び台頭し，1933年にヒトラーのナチ党政権が成立して崩壊した。

ロシア革命

ロシア革命 1917 ロシアで起こり，史上初の社会主義国家を成立させた革命。ロマノフ朝を崩壊させた二月革命と，社会主義政権を打ち立てた十月革命からなり，全世界にきわめて大きな影響を及ぼした。第一次世界大戦の中で革命勢力は力を伸ばし，1917年3月には首都で労働者・兵士が蜂起してソヴィエトを組織し，資本家・地主・知識人などのブルジョワ階級と合流してロマノフ朝を滅亡に追い込んだ(ロシア暦二月革命，三月革命)。ブルジョワを主体とする臨時政府はソヴィエトからも閣僚を迎えたが，イギリス・フランスとの関係を重視し，戦争を継続した。戦争を嫌う労働者・兵士はしだいに臨時政府から離れ，レーニンが指導するボリシェヴィキは，臨時政府を倒し，社会主義政権を樹立した(ロシア暦十月革命，十一月革命)。

ペトログラード蜂起 ほうき 1917 3月8日(ロシア暦ではまだ2月)の首都でのストライキから始まった事件。食料不足への不満からデモやストライキが始まり，「戦

争反対」「専制打倒」のスローガンを加え，反乱兵士も合流することで革命に発展した。

ペトログラード Petrograd ロシア帝国の首都。1914年，第一次世界大戦が勃発すると，ドイツ語由来のサンクト＝ペテルブルクからペトログラードと改称した。24年にレーニンの功績をたたえてレニングラード，さらに91年に旧名のサンクト＝ペテルブルクに戻った。

サンクト＝ペテルブルク Sankt Peterburg ピョートル1世がネヴァ川河口に建てたロシア帝国の首都。第一次世界大戦でドイツと交戦状態になると，ロシア語風にペトログラード，ソヴィエト連邦成立後にレニングラードと改称されたが，1991年に旧名のサンクト＝ペテルブルクに戻った。

ロシア二月革命（三月革命） ロマノフ朝を滅亡させた革命。1917年3月（ロシア暦では2月），ペトログラードでの労働者のストライキに，鎮圧出動を拒否した兵士たちも加わり，ソヴィエトが結成された。その支持を得て，国会ではブルジョワジーを中心とする臨時政府が組織された。皇帝ニコライ2世は退位し，ロマノフ朝は滅亡した。

ソヴィエト（評議会） Soviet ロシア語で「会議」の意。1905年の第1次革命で成立した。17年の二月革命でも労働者・兵士の評議会として組織され，以後の革命の中心として機能した。

ニコライ2世 Nikolai 1868〜1918 ロマノフ朝最後の皇帝（在位1894〜1917）。シベリア鉄道を完成し，極東進出をはかったが，日露戦争の敗北で挫折した。1905年の第1次革命では皇帝権を維持したが，第一次世界大戦中に起こった二月革命で退位を余儀なくされ，臨時政府によって自由

を剥奪（はくだつ）された。十月革命でボリシェヴィキが政権を獲得すると，家族とともに革命派によって処刑された。

臨時政府（りんじ） 1917 二月革命から十月革命までのロシア政府。1917年3月，立憲君主制を目指したブルジョワ政党の立憲民主党を中心に社会主義を目指す社会革命党も加わり組織された。ソヴィエトの要求する国内の民主化も認めたが，戦争については連合国との協力を続ける方針をとった。また，ソヴィエトからも閣僚を迎え，政権基盤を固めようとしたが，食料問題などを解決できず，十月革命によって打倒された。

ケレンスキー Kerenskii 1881〜1970 社会革命党の政治家。ペトログラード＝ソヴィエト副議長を務め，臨時政府に入閣して，のちに首相。十月革命後，反革命軍を組織したが，失敗して亡命した。

メンシェヴィキ Mensheviki ロシア社会民主労働党の右派。ロシア語で「少数派」を意味する。二月革命後，社会革命党とともにソヴィエト内で主導権を握り，臨時政府にも参加したが，十月革命前後には民衆への影響力を失った。

ボリシェヴィキ Bolsheviki ロシア語で「多数派」を意味する，ロシア社会民主労働党の左派。急進的な人々が先頭に立って革命を指導するべきだと主張したレーニンらのグループ。ロシア革命後，1918年にロシア共産党と改称した。

レーニン Lenin 1870〜1924 ソヴィエト連邦を建設したボリシェヴィキの指導者。第1次革命挫折後，スイスに亡命したが，二月革命後の4月に帰国した。ペトログラードで「四月テーゼ」を発表し，国家権力をソヴィエトに移すことを主張，ボリシェヴィキを率いてケレンスキー政権を倒し（十月革命），社会主義政権を樹立し

た。

『何をなすべきか』 レーニンが1902年に著したもの。1898年，ロシア社会民主労働党は創立大会直後の弾圧で解体同然となった。レーニンはその再建のためには何が必要かを説いたもの。ロシアの専制打倒のために政治闘争より高揚してきた労働運動を重視しようとする人々を批判し，政治闘争を強化するには全国的な政治新聞創刊が必要であると主張した。

『帝国主義論』ていこくしゅぎろん 1917年にレーニンが刊行。帝国主義は，金融独占資本が力を握った資本主義の最高段階に至って起こる世界の再分割をおこなう必然的政策であると分析した。その上で，帝国主義を克服するには，社会主義に至る以外にないことを論証した。

ボリシェヴィキの武装蜂起ぶそうほうき 1917年11月7日（ロシア暦では10月），首都ペトログラードで起き，十月革命の発端となった事件。レーニンの提起で武装蜂起の方針を決定し，臨時政府を倒して権力を奪取した。

ロシア十月革命（十一月革命） 1917年11月（ロシア暦では10月），ロシアに社会主義政権を樹立した革命。二月革命後，戦争を継続する臨時政府とソヴィエトの二重権力状態が続いた。9月初め，ボリシェヴィキは，ケレンスキー内閣に対する軍部のクーデタ鎮圧に貢献し，ソヴィエト内での力を強めた。11月7日，レーニンはケレンスキーの臨時政府を倒し，社会主義政権樹立の第一歩を踏み出した。

憲法制定けんぽうせいてい**会議《ロシア》** 1917年11月，普通選挙によって選出された会議。選挙の結果，社会革命党が第一党となり，ボリシェヴィキの議席数は社会革命党の半数以下となった。しかし，会議は18年1月18日に開催されたものの，ソヴィエト

決議の承認を拒んだため，翌日レーニンによって武力で解散させられた。

社会革命党（エスエル党） Sotsial-Revoliu-tsioner 1901年末に結成された，ナロードニキの流れを汲む社会主義政党。専制の打倒と全人民の土地所有を目指した。二月革命後はメンシェヴィキとともにソヴィエトで主導権を握って，臨時政府にも加わり，戦争継続を支持した。十月革命後の憲法制定会議で第一党となったが，会議はレーニンに武力的に解散させられた。また，解散される直前の1917年12月に，党は左右に分裂した。

ソヴィエト＝ロシア（ソヴィエト政権） 1917年の十月（十一月）革命後のロシアのこと。二月（三月）革命でロマノフ朝が崩壊した後，臨時政府とソヴィエトの二重権力状態が生まれた。十月革命ではソヴィエト権力樹立が宣言されたため，その後のロシアをこのように呼んでいる。

「平和に関する布告」 1917 レーニンが起草し，11月8日，第2回全ロシア＝ソヴィエト会議が採択した布告。全世界の政府と人民に，無併合・無償金・民族自決に基づく即時講和を呼びかけた。連合国はこれを黙殺したが，ウィルソンが十四カ条を発表したように，平和に向けての取組みを求められた。

無併合むへいごう**・無償金**むしょうきん**・民族自決**みんぞくじけつ 1917年11月，第2回全ロシア＝ソヴィエト会議が採択した「平和に関する布告」で，訴えられた第一次世界大戦講和の原則。連合国はこれを黙殺し，ドイツだけが講和交渉に応じたが，ドイツは領土や償金を要求し，この原則が実現することはなかった。

「土地に関する布告」 1917 レーニンが起草し，11月8日，第2回全ロシア＝ソヴィエト会議で採択された社会主義化の政

策。「平和に関する布告」と同時に採択された。地主の所有地を無償で即時没収し、土地の私的所有廃止を宣言した。実際にはすでに農民たちが地主の土地を奪い始めていたことを追認したものである。

■ ロシアの内戦とソ連の成立 ■

モスクワ Moskva 1918年3月、ソヴィエト政権が首都と定めた都市。ピョートル1世がサンクト＝ペテルブルクに遷都した以降も、第2の首都として経済・文化の中心であったが、ほぼ200年ぶりに再び首都となった。

ロシア共産党 Russian Communist Party 十月革命に勝利したボリシェヴィキが1918年3月に改称した党名。さらに、25年に全連邦共産党、52年にソヴィエト連邦共産党と改称した。

ボリシェヴィキの一党支配 憲法制定会議を武力で閉鎖したことでソヴィエトは唯一の権力となった。さらに、ブレスト＝リトフスク条約を巡って社会革命党の左派が人民委員会議を脱退したため、ボリシェヴィキの単独政権となった。その後、内戦の中で社会主義政党を含むすべての野党が事実上禁止され、ボリシェヴィキの一党支配が成立した。

プロレタリア独裁 プロレタリア(労働者階級)がすべての権力を握ることをいう。しかし、実際にはプロレタリアの革命政権を代表するのは共産党しかあり得ないと意味付けられ、他の政党をすべて抑圧・解散させて共産党が独裁権力を握るため大義名分にした言葉。

赤軍 1918年1月に設立され、トロツキーによって拡充されたソヴィエト政権の軍隊。十月革命中に労働者・兵士で組織された赤衛隊が前身。内戦や干渉戦争でロシア共産党の主力軍として活躍した。

白軍 ロシア共産党の軍事組織である赤軍に対する反革命軍の呼称。ソヴィエト政権に反対するロシア国内の産業資本家や地主・農民たちによって組織された軍事組織。西洋の諸列強に支援されたが、赤軍が武力を増強する中で力を失っていった。

戦時共産主義 1918～21 反革命軍との戦いの中でソヴィエト政権が社会主義政権を防衛するためにとった共産主義化。総力動員を目指し、強引に中小工場を国有化し、労働者への賃金は現物支給、農民からは農作物を強制徴発、労働義務制と食料配給制などをおこなったため、国民のソヴィエト政権に対する反感・不満が高まって生産活動が低下した。

新経済政策(ネップ) New Economic Policy 1921年から始まったネップは、ソヴィエト政権が実施した経済政策。政府が国民の不満を除き、生産力の回復をはたすために、戦時共産主義から政策転換をしたものである。穀物の強制徴発制の廃止、小規模の私企業・小農の自由経営を認め、市場経済に部分的に戻した。その結果、生産は27年にやっと戦前の水準に回復した。

コミンテルン(共産主義インターナショナル、第3インターナショナル) Comintern 1919 レーニンがモスクワで設立し、ロシア共産党の指導の下に各国で共産主義政党を組織させた国際組織。当初は世界革命の推進、並びに従属地域の民族解放運動を革命運動に発展させることを目指した。各国の共産党はコミンテルンの支部とされ、モスクワのロシア共産党の指揮・指令を受けた。1935年以降はファシズムに対抗するための人民戦線戦術を取り、独ソ戦の開始を契機に連合国との協力を重視し、43年5月に解散し

た。

ソヴィエト社会主義共和国連邦（ソ連邦，ソ連，U.S.S.R.） Union of Soviet Socialist Republics ロシア・ウクライナ・ベラルーシ・ザカフカースの4共和国が結成した連邦国家。1922年12月，第1回全連邦ソヴィエト大会で成立が宣言された。その後，ロシアから独立したウズベク・キルギス両共和国が加わるなど，最終的に15共和国の連合に拡大した。

ロシア Russia ソ連邦を構成する共和国の中心的国家。首都はモスクワ。ロシア人が多数派を占める多民族国家である。

ウクライナ Ukraina ソ連邦を構成する共和国。首都はキエフ（1934年から）。

ベラルーシ（白ロシア） Belorussia ソ連邦を構成する共和国。首都はミンスク。

ザカフカース Zakavkaz'e ソ連邦を構成する共和国。グルジア（現在はジョージア）・アルメニア・アゼルバイジャンのソヴィエト政権がロシア共産党の指導によりザカフカース＝ソヴィエト連邦共和国に統合された。首都はトビリシ。1936年，スターリン憲法の規定により，ジョージア・アルメニア・アゼルバイジャンそれぞれの共和国が個別にソ連邦を構成することになり，ザカフカース＝ソヴィエト連邦共和国は消滅した。

シベリア出兵

チェコスロヴァキア軍団の反乱 チェコスロヴァキア軍団は，オーストリア帝国からの独立を求め，ロシア軍と合体して東部戦線で戦っていた。しかし，ロシア革命で東部戦線が崩壊したため，1万人余りの兵士はシベリア・太平洋・アメリカ経由でヨーロッパに戻り西部戦線に加わろうとしていた。ウラジオストクまできていたチェコスロヴァキア軍団は，

反革命勢力としてソヴィエト政権と戦うようになった。これをイギリス・アメリカ・フランスと日本が救援しようとしてシベリア出兵をおこなった。救援は成功し，チェコスロヴァキア軍は西部戦線に入った。

シベリア出兵 1918〜22 ソヴィエト政権を打倒するため，シベリアでおこなわれた対ソ干渉戦争の1つ。1918年5月，チェコスロヴァキア軍団の反乱を契機に，日本もアメリカの提案を受けて出兵した。日本は東部シベリアでの勢力圏拡大をねらい，1920年にアメリカ・イギリス・フランス軍が撤退した後も22年までシベリアに駐兵を続けたが，戦費10億円と戦死者3000人を出しながら，目的は達成できなかった。

尼港事件 1920年，シベリアの黒竜江河口のニコラエフスク（尼港）を占領した日本軍が，抗日パルチザン（抗日武装ロシア人）に包囲され，日本人将兵・居留民ら推定700余人が殺害された事件。日本はこの事件の解決を求めるため，北樺太（北サハリン）を保障占領した。

日ソ基本条約 1925年，北京で調印。シベリア出兵で引き延ばされていた日ソ交渉は，中国公使芳沢謙吉とソ連の中国大使カラハンとの間で外交関係の確立や日露講和条約の存続，ソ連側天然資源の日本への供与などを内容とする基本条約に調印し，国交が樹立した。ソ連との国交樹立は，1924年のイギリス・フランスなどに続いて12番目。

❷ 国際平和と安全保障

パリ講和会議とヴェルサイユ体制

ウッドロー＝ウィルソン Woodrow Wilson 1856〜1924 アメリカ合衆国第28代大統領（在任1913〜21）。民主党。第一次世界大戦前半には中立の立場をとったが、1917年4月にドイツの無制限潜水艦作戦を理由に参戦した。18年1月には十四カ条を発表し、戦後の世界秩序構築に高い理想を掲げた。しかし、上院の反対でヴェルサイユ条約を批准（ひじゅん）できず、国際連盟への加盟もかなわなかった。

十四カ条（じゅうよんかじょう） 1918 アメリカ合衆国大統領ウィルソンが発表した第一次世界大戦の講和のための原則。ヴェルサイユ条約に大きな影響を与えた。17年11月に全ロシア＝ソヴィエト会議が、無併合・無償金・民族自決を掲げた「平和に関する布告」を発表し、大戦中の秘密条約を暴露して各国の帝国主義政策を批判したことに対抗して発表された。主な内容は、秘密外交の廃止、海洋の自由、関税障壁の撤廃、軍備縮小、民族自決、植民地問題の公正な解決、国際平和機構の設立などである。

パリ講和会議 1919年1月〜6月、第一次世界大戦の終結後、連合国の首脳が集まり、ドイツとの講和問題や国際連盟設立を含めた第一次世界大戦後の国際体制の構築が話し合われた。重要問題はアメリカ・イギリス・フランス・日本・イタリアの最高会議で検討されたが、実際にはアメリカ・イギリス・フランスの3国が決定した。アメリカ大統領ウィルソン、イギリス首相ロイド＝ジョージ、フランス首相クレマンソー、イタリア首相オルランドらが参加。日本全権は西園寺公望である。

ヴェルサイユ条約 Versailles 1919 ドイツと連合国との間で結ばれ、第一次世界大戦後の国際関係を規定した講和条約。6月28日に結ばれたこの条約は、ドイツを厳しく制裁する内容で、ドイツ人の不満を招き、のちにナチ党の政権掌握の一因となった。中国は山東問題の処理に反対して調印せず、アメリカ合衆国は上院の反対で批准を拒否した。内容は、ドイツの海外植民地の放棄、オーストリアとの合併の禁止、ザール地方は国際管理後に住民投票で帰属を決定する、アルザス・ロレーヌのフランス返還、ポーランド回廊（かいろう）のポーランド編入、ラインラント非武装、ドイツの軍備制限、賠償金支払いなどである。

賠償金（ばいしょうきん） 大戦の戦争責任を問われ、賠償金が規定された。講和会議では暫定的（ざんてい）に戦前の金平価で200億マルクとされ、1921年4月に当時のドイツのGNP（国民総生産）20年分に相当する1320億金マルクと決められた。

ドイツの植民地放棄（しょくみんちほうき） ドイツがアジア・アフリカ・太平洋などに持っていた植民地はすべて放棄させられ、戦勝国の管理下に入った。

ドイツの軍備制限（ぐんびせいげん） 徴兵制禁止、陸軍兵力10万人・海軍兵力1万5000人まで、潜水艦の保有や1万t以上の大型軍艦の建造禁止、軍用機の開発・保有禁止など。

アルザス・ロレーヌ Alsace, Lorraine 古くからのドイツとフランスの係争地。ヴェルサイユ条約でドイツからフランスに返還された。鉄鉱石と石炭の産出地であり、アルザス・ロレーヌのフランス返還によりドイツの工業力は減退した。

ラインラント非武装（ひぶそう） Rheinland ライン川の東岸50kmを非武装地帯、西岸は連合軍が15年間保障占領とした。ラインラントはライン川両岸地域のことで、ドイツ・フランス間の係争地の1つであった。

オーストリア＝ハンガリー帝国の解体（かいたい） 1918 第一次世界大戦中、帝国内の矛

盾が表面化し，諸民族の独立運動が高まった。連合国がチェコスロヴァキア国民会議を臨時政府として承認すると，帝国内の諸民族がつぎつぎと独立を宣言した。皇帝カール1世は退位して亡命，11月帝国は解体した。

サン＝ジェルマン条約 St. Germain 1919年9月 連合国とオーストリアの講和条約。オーストリア領内からチェコスロヴァキア・セルブ＝クロアート＝スロヴェーン王国（ユーゴスラヴィア）・ハンガリー・ポーランドが独立した。また，南チロルのイタリアへの割譲も規定され，オーストリアは大戦前と比べると，面積・人口が4分の1に減少し，軍備は制限され，ドイツとの合併も禁止されて小国へ転落した。

ヌイイ条約 Neuilly 1919年11月 連合国とブルガリアの講和条約。大戦中に奪った領土をルーマニアに返還，セルブ＝クロアート＝スロヴェーン王国・ギリシアに領土を割譲したが，これにより新たな民族問題が引き起こされた。

トリアノン条約 Trianon 1920年6月 連合国とハンガリーの講和条約。オーストリアから独立した旧ハンガリー領からは，スロヴァキア・クロアティア・トランシルヴァニアが分離し，ハンガリーは領土面積の3分の2，人口の5分の3を失った。また300万人のハンガリー人が国外に置かれる結果となり，戦間期に失地回復運動が起こった。

セーヴル条約 Sèvres 1920年8月 連合国とオスマン帝国の講和条約。イラク・パレスチナ・シリア全域とアラビア半島の放棄，イスタンブルと隣接地以外のギリシアへの割譲，治外法権の存続，財政の連合国共同管理などを定めた。ムスタファ＝ケマル率いるアンカラ政府は受諾を拒否し，ギリシア＝トルコ戦争の勝利後，1923年にローザンヌ条約を結び，セーヴル条約を廃棄した。

民族自決 ウィルソンの「十四カ条」の平和原則にある条項。各民族がみずからの意志で，その帰属や政治組織を決定するべきことを主張。東ヨーロッパの諸民族を対象とし，アジア・アフリカの植民地には適用されなかった。

ポーランド Poland 1918年11月に独立を宣言し，19年のパリ講和会議で承認された。ピウスツキを元首とする共和国となった。

フィンランド Finland 日露戦争の影響でロシア皇帝の勢力が後退した。1917年12月，ロシア革命に際してソヴィエト政権の承認で独立し，共和国となった。

エストニア Estonia バルト3国の最北に位置する。1918年にロシアから独立を宣言する。20年にソヴィエト政権が承認し，共和国が成立した。

ラトヴィア Latvia バルト3国の中間に位置する。1918年にロシアから独立を宣言する。20年にソヴィエト政権が承認し，共和国が成立した。

リトアニア Lithuania バルト3国の最南に位置する。1918年にロシアから独立を宣言する。20年にソヴィエト政権が承認し，共和国が成立した。

チェコスロヴァキア Czechoslovakia 1918年10月，チェコ人とスロヴァキア人は統一国家の形成を宣言し，11月にチェコスロヴァキア共和国が成立した。暫定国民議会でマサリクが初代大統領となった。

ユーゴスラヴィア Yugoslavia 1929 セルブ＝クロアート＝スロヴェーン王国（1918年12月成立）国王のアレクサンデルが，ユーゴスラヴィア＝「南スラヴ」の民族意識による国民統合を目指して改称した国

名。国王は憲法を停止して独裁制を布告
し，国民の統合を進めようとした。

委任統治(いにんとうち) mandate 第一次世界大戦後，
旧ドイツ領と旧オスマン帝国領について，
国際連盟が先進国に保護を委ねる統治方
式。「民族自決」の原則との妥協から生ま
れたが，事実上は植民地と変わらなかっ
た。日本が大戦中に占領した赤道以北の
旧ドイツ領南洋諸島も委任統治とされた。

国際連盟 League of Nations 1920年1月，
42カ国が参加して発足した史上初の国際
平和機構。本部はスイスのジュネーヴ。
アメリカ大統領ウィルソンの提案に基づ
く。連盟規約はヴェルサイユ条約やサ
ン＝ジェルマン条約などに組み込まれた。
アメリカ合衆国の不参加，ソ連やドイツ
の排除などの問題を抱え，30年代に入る
と大国間の対立が激化し，平和維持機能
は麻痺(まひ)していった。

常任理事会(じょうにんりじかい) 国際連盟の主要執行機
関。常任理事国はイギリス・フランス・
イタリア・日本で，1926年にドイツ，34
年にソ連が加わった。非常任理事国は総
会で選出され，当初4カ国，22年に6カ
国，26年から9カ国となる。

日本の常任理事国(にほんのじょうにんりじこく) 日本はイギリ
ス・フランス・イタリアとともに常任理
事国となり，連盟の主要機関にも代表を
送った。連盟の理事会議長には石井菊次
郎(元外相)がなり，新渡戸稲造は事務次
長兼国際事務部部長となって連盟の行政
問題や対外宣伝活動に尽した。

国際労働機関(こくさいろうどう)(ILO) International La-
bor Organization 連盟付属の機関。労働
者保護のため，労働問題の調整・勧告を
おこなう。

国際連盟不参加《アメリカ》 戦後のアメ
リカでは保守的風潮が高まった。上院で
は共和党が優勢で，外交の自由拘束を嫌

う立場からヴェルサイユ条約の批准を拒
否し，そのため国際連盟に不参加となっ
た。

孤立主義(こりつしゅぎ)**《アメリカ》** アメリカ合衆国
大統領モンローは，1823年にヨーロッパ
諸国の南北アメリカ大陸への不干渉，ア
メリカ合衆国のヨーロッパへの不干渉政
策を発表した。これはヨーロッパとの関
係でみた場合，孤立主義外交を意味した。
アメリカの外交政策の伝統となり，特に
共和党が孤立主義を主張した。

ドイツの国際連盟排除(はいじょ) 敗戦国ドイツ
は国際連盟から排除された。しかし，国
際連盟が少数派機関，戦勝国機関から脱
皮するため，1926年，ドイツの加入を認
め，常任理事国となった。

ソヴィエト＝ロシアの国際連盟排除 ソ
連は，1933年，日本とドイツが国際連盟
を脱退した後，1934年に国際連盟に加入
したが，1939年にフィンランドへ侵攻し
たために除名された。

ヴェルサイユ体制 Versailles 第一次世界
大戦後，一連の講和条約で形成されたヨ
ーロッパの国際秩序。それを維持するた
めに国際連盟が組織された。敗戦国の領
土削減・軍備制限が進められ，民族自決
の原則の下で東ヨーロッパ・バルカン地
域で数多くの独立国が生まれた。また，
ソ連の締め出し，戦勝国による植民地維
持がはかられた。世界恐慌による混乱や
日本，ナチス＝ドイツの国際連盟脱退な
どで崩壊していった。

ワシントン会議

ワシントン会議(かいぎ) 1921年11月～22年2
月，アメリカ合衆国第29代大統領ハー
ディングの提唱で開かれた国際会議。9カ
国が参加し，欧米や日本の海軍力拡大競
争(建艦競争)を停止させる海軍軍備制限

と極東・太平洋問題を協議し，7条約，2協定を締結した。日本全権は海相加藤友三郎・駐米大使幣原喜重郎・貴族院議長徳川家達。

四カ国条約しかこくじょうやく 1921年，ワシントン会議で日本・アメリカ・イギリス・フランス間で締結された条約。太平洋諸島の領土・権益の相互尊重，問題の平和的解決を目指す。日英同盟協約は廃棄された。

日英同盟廃棄 1921 四カ国条約の発効と同時に廃棄された。四カ国条約でのアメリカのねらいは，中国の門戸開放の障害と考えられる日英同盟の解消にあった。

ワシントン海軍軍備制限条約かいぐんぐんびせいげんじょうやく 1922年，イギリス・アメリカ・日本・フランス・イタリアの5カ国間で主力艦（戦艦・巡洋戦艦など）の総t数比率を5：5：3：1.67：1.67と規定した。戦艦保有を制限されたため，海軍軍拡を目指す日本の計画は挫折した。いっぽう，アメリカの海軍力はイギリス並みに強化された。

主力艦しゅりょくかん 艦隊による海上戦闘において主力となる艦艇をいう。軍艦として最大の攻撃力と防御力(厚い装甲)を持つ戦艦，戦艦並みの攻撃力と巡洋艦並みの高速力を持つ反面，防御力を犠牲にした装甲の薄い巡洋戦艦，そして航空機を載せる航空母艦の3種の艦艇を主力艦という。

九カ国条約きゅうかこくじょうやく 1922年，イギリス・アメリカ・日本・フランス・イタリアの5カ国にベルギー・ポルトガル・オランダ・中国を加えた九カ国が締結した条約。中国の主権尊重・門戸開放・機会均等を規定した。日本はこの条約に基づき，石井・ランシング協定を廃棄し，中国と山東懸案解決条約を結んで山東省の旧ドイツ権益を返還し，二十一カ条要求の一部を放棄した。アメリカが東アジアにおけ

る国際関係の主導権を握り，日本の中国政策は後退させられた。

山東懸案解決条約さんとうけんあんかいけつじょうやく 山東還付条約ともいう。この条約によって，第一次世界大戦以来の日本軍の山東半島からの撤退，旧ドイツから引き継いだ山東鉄道の返還などが実現した。

ワシントン体制 ワシントン会議で成立した一連の条約・決議によって形成された，第一次世界大戦後の東アジア・太平洋の国際秩序。アメリカの主導下に列強が協力体制を採り，日本は東アジアでの勢力拡大を抑えられた。ヨーロッパのヴェルサイユ体制と並び，1920年代の国際秩序を規定した。

1920年代の西ヨーロッパ諸国

──《イギリス》──

第4回選挙法改正 1918 財産資格が撤廃され，21歳以上の男性と30歳以上の女性に選挙権が認められた。

女性参政権 19世紀後半からの女性参政権運動を背景として，1918年に実現した。男女の参政権が平等になったのは28年の第5回選挙法改正による。

第5回選挙法改正 1928 普通選挙を実現した改正。男性と同じく，21歳以上の女性に参政権が認められ，男女の権利が平等になった。

労働党 Labour Party イギリスの改良主義的な労働者政党。1906年の総選挙で，初めて29名の当選者を出した。それまで保守党と自由党の二大政党であったが，自由党分裂後，1920年代からは保守党と労働党との二大政党が現在まで続いている。

マクドナルド MacDonald 1866～1937 イギリスの政治家。労働党の基礎を築き，第一次世界大戦では反戦的姿勢を取った。1924年と29～31年に労働党内閣の，31

〜35年には挙国一致内閣の首相を務めた。

労働党内閣 1923年の総選挙で第二党となり，第三党の自由党と連立して，マクドナルドを首相とする第1次内閣を組織した。フランス・ドイツとの関係改善やソ連の承認など，外交面で成果を上げたが，短命に終った。29年の総選挙で第一党となり，第2次内閣を組織したが，世界恐慌に対する打開策を取れずに倒れた。

ウェストミンスター憲章 Statute of Westminster 1931 イギリスと自治領の関係を定めた法律。1926年のイギリス帝国会議が規定した，本国と自治領の対等の関係を31年に法制化した。

イギリス連邦 British Commonwealth of Nations イギリスと旧イギリス領から独立した国家の緩やかな結合体。1926年の帝国会議で性格が規定され，31年のウェストミンスター憲章で法律化された。

──────《アイルランドの独立》──────

イースター蜂起 Easter 1916 ダブリンで発生した，アイルランド独立を求めた武装蜂起のこと。アイルランド自治法の実施延期に抗議して，4月にアイルランドの完全独立を求めるシン＝フェイン党などの急進派がイースター(復活祭)の期間に起こした。しかし，イギリス政府軍によって1週間で鎮圧されたが，その後のイギリス軍の弾圧によってアイルランド人の独立意識は高揚した。

アイルランド独立戦争 1919〜21年にかけて，アイルランド島でおこなわれたイギリスからの独立戦争。アイルランド義勇軍(IRA)とイギリス軍との戦いで，イギリス特殊部隊による残虐で無差別な鎮圧行為に対して国際的な非難が起こった。それにより，イギリス＝アイルランド条約が結ばれ，独立国に近いアイルランド自由国が樹立された。

アイルランド自由国 Irish Free State 1922年に成立したイギリスの自治領。18年の総選挙でシン＝フェイン党が勝利し，翌年北アイルランドを除く南部諸州の独立を宣言した。21年，国際的な批難をあびたイギリスは独立運動の鎮圧をあきらめ，自治領として承認した。23年に国際連盟に加入，31年のウェストミンスター憲章でイギリス連邦内の独立国となった。37年に憲法を施行し，国名をアイルランド(アイルランド語でエール)と改め，49年にはイギリス連邦を離脱した。

アイルランド内戦 1921年のイギリス＝アイルランド条約では，アイルランド島の北部6州を除く南部26州は大英帝国の自治領「アイルランド自由国」として分離・独立することが決定し，1922年，アイルランド自由国となった。しかし，北アイルランド6州がアイルランド自由国に含まれていないことから，自由国内は条約賛成派と条約反対派に分裂した。北部6州を残したいイギリスは条約賛成派が条約反対派を鎮圧するように仕向けた。条約賛成派のアイルランド自由国軍には資金援助し，武器・弾薬を供給して条約反対派の民兵と戦わせた。この内戦は1923年4月まで続き，アイルランド独立戦争をはるかに超える戦死傷者を出した。

北アイルランド アイルランドはカトリック系の住民が多い国であるが，北アイルランドはイギリスから移住してきたプロテスタント系住民が多数派となった。北アイルランドの6州は，アイルランドがイギリスから分離・独立する際に，宗教的違いからイギリス連邦にとどまった。

──────《フランス》──────

ポワンカレ右派内閣 Poincaré フランスの保守派のポワンカレ(1860〜1934)が

1922〜24年に組織した内閣。対独強硬策を採り，賠償の担保としてルール地方を占領したが失敗した。

ルール占領せんりょう Ruhr 1923〜25 ドイツの賠償支払いの不履行ふりこうを口実に，フランスとベルギーが鉱工業地帯ルールを武力占領した事件。ドイツはストライキなど，受動的抵抗で応じたが，通貨インフレなど経済の大混乱に陥った。大連合内閣を組織したドイツのシュトレーゼマンは抵抗を中止し，賠償履行政策に転じた。フランスも莫大な駐兵費用に悩み，24年に賠償金支払い方法と期限を緩和するドーズ案(アメリカの銀行家)が示され，翌年に撤退した。

―――――《ドイツ》―――――

ドイツ社会民主党 Sozialdemokratische Partei Deutschlands ドイツの社会主義政党。1875年に組織された社会主義者労働党が90年に改称した。第2インターナショナルの中心勢力であったが，第一次世界大戦では政府の戦争政策に協力した。戦後政権を握り，平和外交を展開したが，ヒトラー政権に弾圧され，33年解散した。

ヴァイマル憲法「1919年8月11日のドイツ国憲法」の通称。人民主権，20歳以上の男女普通選挙，労働権の保障，強い権限を持つ大統領の直接選挙などを規定し，当時の世界で最も民主的とうたわれた憲法。

シュトレーゼマン Stresemann 1878〜1929 ドイツ人民党の党首。1923年，大連合内閣の首相となり，ルール占領に対する抵抗を中止，通貨安定と経済再建に取り組んだ。その後，長く外相を務め，ドーズ案・ロカルノ条約締結・国際連盟加盟など，協調外交を展開し，26年ノーベル平和賞を受賞，ドイツの国際的地位向上と西欧の安定に貢献した。

インフレーション 戦後の経済混乱にルール占領の影響も加わり，マルクの価値が破壊的に下落した状況となる。ドイツ国民の生活が破壊され，社会不安は頂点に達した。

レンテンマルク Rentenmark 1923年，インフレ収拾しゅうしゅうのために発行された紙幣。不動産などからの収入を担保に，1兆マルクを1レンテンマルクと交換し，緊縮財政政策などとあいまって，24年9月頃には破壊的インフレを収拾した。

ドーズ案あん Dawes Plan 1924 アメリカの銀行家ドーズを議長とする専門委員会が提案し，採択されたドイツの賠償支払い方法と期限の緩和計画。このプランにより，アメリカ資本のドイツ流入が進み，フランスはルール地方から撤退し，ドイツ経済は一時的に安定した。

ヤング案 Young Plan 1929 アメリカの銀行家ヤングが指導する委員会により成立した賠償削減案。支払総額を大幅に減額したが，59年の長期払いとしたため，ドイツ国内の反対運動を引き起こした。世界恐慌の影響で1931年に支払いは中止され，翌年にはヤング案も撤廃された。

ヒンデンブルク Hindenburg 1847〜1934 ドイツの軍人・政治家。第一次世界大戦の際タンネンベルクの戦いでロシアを破り，国民的英雄となった。1925年，エーベルトの死後，ヴァイマル共和国第2代大統領に選出され，32年にも再選された。しかし，世界恐慌への対応策を打てぬまま，33年にはヒトラーに組閣を命じた。

―――――《イタリア》―――――

「未回収のイタリア」 Italia irredenta 1870年以後もオーストリア領に残った，トリエステ・南チロルなど，イタリア系住民の多い地域を指した呼称。1870年代後半から，反オーストリア意識を持つ共和派

と民主派が「未回収のイタリア」という言葉を使い始めた。

トリエステ Trieste イタリア北東部のアドリア海最奥の港市。住民は多くがイタリア系であったが、14世紀後半からハプスブルク家領となり、1719年に自由港となって発展し、オーストリアの重要な貿易港であった。

南チロル Tirol オーストリア西部のチロル地方の南部地域。チロル地方は14世紀半ばにハプスブルク家領となり、ドイツ語を話す住民が圧倒的に多かったが、南チロルにはイタリア系住民がいた。

ムッソリーニ Mussolini 1883～1945 イタリアの政治家。イタリア社会党の左派に属し機関誌の編集に当たったが、第一次世界大戦への参戦を主張し、党を除名された。1919年、ファシスト党を結成し、22年の「ローマ進軍」で首相となり、43年までファシズム体制の下で独裁権力を奮った。第二次世界大戦の末期、パルチザン（非正規軍）に処刑された。

ファシスト党 Partito Nazionale Fascista 1919年3月、ムッソリーニが「戦士のファッシ」として創設した政党。資本家・地主・軍部の支持で20年末から急速に発展し、21年11月に国民ファシスタ党と改称した。22年10月に「ローマ進軍」でムッソリーニが首班に指名されて政権を掌握、23年の選挙で第一党となり、25年のファシズム独裁宣言で唯一の合法政党となった。

ファスケス ファスケスとは、ラテン語で「束」を意味する。通常は斧の周りに木の束を結び付け

たものを指す。古代ローマの政務官の権威の象徴で、先導する役人が運んだ。斧は権力の、木の束は団結の象徴といわれている。ファシスト党の象徴として使われた。

「ローマ進軍」 1922 ムッソリーニが政権を獲得するために起こした示威行動。政府はこれを阻止するため戒厳令を要請したが、国王は内乱を恐れて拒否し、逆にムッソリーニに組閣を命じたため、彼は政権を掌握した。

ファシスト党の一党独裁体制 1926年11月、ファシスト党以外の政党が禁止されて成立した。

ファシズム fascism 第一次世界大戦後、イタリアからヨーロッパ各国に広まった新しいタイプの政治運動・体制。第一次世界大戦後の混乱の中、共産主義を排除し、民主主義も攻撃し、極端な国粋主義の下で暴力的な独裁をおこない、対外的には侵略主義を取った。1920年代前半のイタリアが典型例で、世界恐慌後のドイツのナチズムもその例である。

国際協調の模索

国際協調主義 国際問題について、多国間での協議と調整、国際協力を重視して解決に当たる外交思想や政策。帝国主義間の対立が第一次世界大戦を引き起こしたことへの反省から生まれた。

ブリアン Briand 1862～1932 フランスの政治家。外相時代の1927年、戦争を違法化する条約をアメリカに提案した。

ケロッグ Kellogg 1856～1937 アメリカ国務長官（在任1925～29）。ブリアンの戦争違法化条約の提案に応え、不戦条約を提唱した。

不戦条約（パリ不戦条約、ブリアン・ケロッグ条約） 1928 フランス外相ブリ

アンとアメリカ国務長官ケロッグが提唱し、戦争違法化の先例となった国際法。1928年8月、パリで15カ国が調印し、のち63カ国が参加した。

ロカルノ条約 Locarno 1925 イギリス・フランス・ドイツ・イタリア・ベルギー・ポーランド・チェコスロヴァキアが結んだ集団安全保障条約の総称。国境条約と仲裁裁判条約を中心とする。1925年10月にスイスのロカルノで仮調印され、12月にロンドンで本調印された。ドイツを国際社会に復帰させ、ヨーロッパの緊張緩和に貢献した。

ドイツの国際連盟加入 1926 ドイツの国際連盟加盟を発効条件とするロカルノ条約により実現した。ドイツは加盟と同時に常任理事国となった。

❸ アジア・アフリカ地域の民族運動

東アジアの民族運動

────《1920年代の朝鮮》────

三・一独立運動（さんいち（サミル）どくりつうんどう）（三・一事件）1919年3月1日、日本の植民地支配に反対し、「独立万歳」を叫んだ朝鮮全土にわたる朝鮮民族の独立運動。ソウルのパゴダ（タプッコル）公園で独立宣言が読み上げられた。朝鮮総督府・朝鮮駐留軍・警察によって鎮圧される。

文化政治（ぶんかせいじ）三・一独立運動後、第3代朝鮮総督となった斎藤実（まこと）がおこなった朝鮮支配政策。朝鮮総督の武官制を文・武官併用とし、武力による朝鮮統治の「武断政治」から、「文化政治」を表明して憲兵警察制度を廃止した。朝鮮人の会社設立を禁止していた会社令の撤廃、産米増殖計画などの経済政策によって、朝鮮人商工業者を取り込むこともはかられた。

武断政治（ぶだんせいじ）武力や強権の発動によって圧制的な政治をおこなうこと。韓国併合後から朝鮮総督府の下で憲兵が犯罪を即決し、反乱の鎮圧を始め、土地の取り上げ、徴税の援助、教育、労働者の取締りなど人々の生活のあらゆる場面に憲兵が関与した。

憲兵制度の廃止（けんぺい）日本陸軍の軍人を取り締まる憲兵が朝鮮国内で警察業務をおこなうことをやめ、警察官が治安・警察を担当すること。

朝鮮人の地方官吏登用（ちほうかんり）朝鮮人を地方の役人や警察官に登用し、朝鮮人支配の前面に立たせることで強権的姿勢からの転換を示した。

────《1920年代の中国》────

五・四運動（ご・し）1919 北京で起こり、全国に波及し、大衆にまで拡大した政治運動。パリ講和会議で二十一カ条要求の破棄、山東省のドイツ権益返還要求が拒否されると、1919年5月4日、北京の学生たちが抗議デモをおこなった。これに刺激された市民・労働者は立ち上がり、運動は全国に拡大した。政府も運動を無視できず、逮捕した学生を釈放し、ヴェルサイユ条約の調印を拒否した。

ヴェルサイユ条約調印拒否 五・四運動を受け、北京政府は親日派官僚の罷免（ひめん）と講和条約調印拒否を声明した。

新文化運動（しんぶんか）1910年代に中国で起こった啓蒙（けいもう）運動。陳独秀（ちんどくしゅう）が創刊した雑誌『新青年』に寄稿した魯迅（ろじん）・胡適（こてき）・李大釗（りたいしょう）らが中心となり、西欧の文化を紹介し、儒教に代表される旧（ふる）い道徳や文化を打破することを提唱した。運動は政治的な主張とも結び付き、五・四運動にも大きな影響を与えた。

陳独秀（ちんどくしゅう）1879～1942 中国の思想家・革命家。1915年に上海で『青年雑誌』を発刊し、

新文化運動を指導した。17年に蔡元培の招きで北京大学教授に就任，五・四運動後はマルクス主義に関心を持ち，21年7月，コミンテルンの指導下に中国共産党を組織し，初代委員長に就任した。しかし，27年，国共合作失敗の責任を追及されて委員長を辞任した。その後，トロツキーの思想に共鳴し，29年にはコミンテルンを批判して党を除名された。

『新青年』 新文化運動を推進した啓蒙雑誌。1915年に陳独秀が上海で発刊した『青年雑誌』が翌年に改称した。「民主」と「科学」という2つのキーワードで西欧近代文明を紹介し，封建的な中国の政治や文化を批判した。中国共産党成立後は，その機関誌となった。

白話（口語）文学 白話とは文語に対する口語のこと。従来，邪道とされていた口語による文学を提唱した運動。1917年，胡適が『新青年』誌上で提唱すると，広範な支持を集めた。

魯迅 1881〜1936 中国の文学者・思想家。本名は周樹人。1902年，官費留学生として日本で医学を学んだが，文学による中国人の精神的改造を目指し，退学した。帰国後，18年に『新青年』に白話小説の『狂人日記』を発表し，21年の『阿Q正伝』などの作品で中国近代文学の基礎を築いた。30年結成の左翼作家連盟の中心となり，国民党政府の弾圧に抵抗を続けた。

『狂人日記』 1918年に『新青年』に掲載された魯迅の小説。白話運動を実践した最初の文学作品。被害妄想の患者の日記の形を取り，儒教道徳を厳しく否定した。

『阿Q正伝』 1921〜22年に発表された魯迅の小説。貧農の阿Qを主人公として，厳しい現実をみようとしない中国人の実態を厳しく批判した。

中国国民党と中国共産党

中国共産党 1921 陳独秀を初代委員長として，上海で結成された社会主義政党。中国革命を推進し，1949年に中華人民共和国を樹立した。コミンテルンの方針に従い，24年に国民党との協力関係を結んだが，27年の上海クーデタで崩壊，独自の革命路線を取ることになった。

中国国民党 1919 中華革命党が改称した政党。五・四運動の影響下，孫文は秘密結社から大衆政党への脱却を目指して中華革命党を中国国民党と改称した。

国共合作 《第1次》1924〜27 中国国民党と中国共産党が結んだ協力体制。中国国民党が1924年1月の党一全大会で「連ソ・容共・扶助工農」の政策を採択して成立した。中国共産党はコミンテルンの指導を受け入れ，両党の協力は，中国共産党員が個人として国民党に加入する「党内合作」の形をとった。「連ソ・容共・扶助工農」とは，「共産主義国ソ連と連帯し，中国共産党を認め，労働者・農民の運動を支え，革命を進める」の意味。

軍閥（軍事指導者） 中国各地に割拠する軍人の私的な武力集団。中華民国では袁世凱の死後，彼の部下の将軍たちが各地に勢力を張り，民衆から税金を強制徴収するなど，地方の権力者として勝手な支配をおこなっていた。中華民国は，統一した国家ではなくなっていた。

孫文死去 1925年3月12日に死去。24年，孫文は第1次国共合作を実現して国民革命を推進し，国民会議開催のために北京に入ったが病に倒れた。孫文の死後は，蔣介石が国民革命の指導者となった。

蔣介石 1887〜1975 中国国民党の指導者。黄埔軍官学校（孫文が1924年に設立した士官学校）校長を務め，26年に国民

革命軍総司令官に就任。同年7月に北伐を開始したが，27年4月に上海クーデタで反共に転じ，第1次国共合作を崩壊させた。28年，南京国民政府主席となり，国民党の実権を掌握，共産党と対決した。第二次世界大戦後，共産党との内戦に敗れ，台湾に中華民国国民政府を樹立した。

北伐 1926～28 中国統一を目指す国民革命軍がおこなった，北部の軍閥との戦い。蔣介石は労働者や農民の支持を得て北上を続けたが，1927年4月に上海で反共クーデタを強行し，北伐は一時挫折した。しかし，28年4月に北伐を再開，奉天軍閥の張作霖を破り，北京を占領した。12月には張作霖を継いだ張学良が国民政府に帰順，中国統一が完成した。

上海クーデタ 1927 北伐中の蔣介石が上海で起こした反共クーデタ。4月12日，蔣介石は，労働者・農民の運動の高まりと中国共産党の勢力拡大を警戒する帝国主義列強・浙江財閥の働きかけに応じ，多数の共産党員や労働者を虐殺した。この事件の6日後の4月18日，蔣介石は南京に国民政府を成立させた。

南京国民政府 1927年4月，蔣介石が国民党右派勢力をまとめて南京に建てた政府。国共合作を維持し，武漢に国民政府を維持していた国民党左派も中国共産党と対立して合流，南京政府は列国の承認を受け，正式な中華民国政府となった。

国共分裂 共産党員・労働者を虐殺した上海クーデタで第1次国共合作は崩壊した。中国共産党は，都市から農村へと重点を移して革命運動を続けた。

張作霖 1875～1928 東三省を支配した奉天軍閥の首領。日本の支援を受け，1927年に北京政府を掌握した。28年，国民革命軍の北伐を受けて敗れ，奉天へ撤退する途中，東北支配を計画する日本の

関東軍に乗っていた列車を爆破されて死去した。

関東軍 中国東北地方に置かれた日本の陸軍部隊。本来の任務は，関東州（遼東半島先端）と南満洲鉄道の守備であったが，張作霖の爆殺事件など，中国の内政にさまざまな形で干渉をおこなった。

張作霖爆殺事件 1928 北伐軍に敗れて奉天に撤退する張作霖の乗った列車が，日本の関東軍に爆破され，張が暗殺された事件。関東軍は北伐軍の中国東北地方浸透を嫌い，この機に中国東北地方の直接支配をねらった。

張学良 1901～2001 中国の軍人・政治家。奉天軍閥張作霖の長男。奉天軍閥を率いて北伐軍と戦った。しかし，1928年に張作霖が関東軍に爆殺された後に奉天軍閥の実権を握ると，国民政府支持を表明して合流，南京国民政府の中国統一のために努力した。

北伐完成 1928 蔣介石は閻錫山や馮玉祥らの軍閥を国民党に入党させつつ，北京から張作霖を追放，6月に北伐を完成した。12月には張作霖の軍隊を引き継いだ張学良も国民党に入党し，共産党以外の反対勢力一掃に成功した。

毛沢東 1893～1976 中華人民共和国を建国した，中国共産党の指導者。湖南省の出身で，創立期の中国共産党に加わり，1927年に江西省の山岳地帯である井崗山でソヴィエト政権を樹立，31年に中華ソヴィエト共和国臨時政府主席となった。35年，「長征」途上の遵義会議で党内の指導権を確立した。『矛盾論』『持久戦論』『新民主主義論』など，多くの著書により革命を理論付けた。

中華ソヴィエト共和国臨時政府 1931 中国共産党が江西省瑞金で樹立した政府。中華ソヴィエト共和国憲法・土地法など

を制定，毛沢東が主席となった。

瑞金(ずいきん) 江西省南東部の都市。1931〜34年，中国共産党が革命の拠点として，中華ソヴィエト共和国臨時政府を置いた。

インドの民族運動

戦後自治の約束 第一次世界大戦中の1917年，イギリスのインド担当国務大臣モンタギューが約束。内容は第一次世界大戦終了後にインドの自治を漸進的(ぜんしん)に実現するというもの。

民族資本(みんぞくしほん) 植民地本国や外国からの資本導入によって設立された企業ではなく，インドなどの植民地や植民地化されつつある国の中で，その国やその地域で自立的に成長し，企業活動をおこなえるまでに成長した資本，または資本家。

ゾロアスター教 イスラーム教以前，イランを中心に流布した宗教。ササン朝の国教。イランの民族宗教として発展したが，のちイスラーム教に押されて衰退した。火や光の崇拝を重視するので，拝火教とも呼ばれる。インドに移住した信者はパールシーと呼ばれた。パールシーはヒンドゥー教のようなカースト制に左右された職業感を持たず，自由な経済活動をおこない，インドの民族資本家へ成長した。

ジャムシェトジー＝タタ Jamshetiji TaTa 1839〜1904 イランから逃れてきたゾロアスター教徒の子孫。1868年に貿易会社を創業し，イギリス・中国・インドの三角貿易で発展した。紡績工場をつくり発展した。「インド産業の父」といわれる。現在，ムンバイを拠点とした財閥に発展し，インド3大財閥の1つとなる。タタモーターズ，タタ製鉄のほか，IT，電力業にも進出し，100以上の企業グループを形成し，従業員数70万人以上という。

インド統治法(とうち)《1919年》Government of India Acts 1919年に制定された法。州が所管する事項の一部をインド人に移管し，民族運動の要求に一部応えた。しかし，大戦中の「戦後自治の約束」からはほど遠い内容だったため，激しい反対運動が起きた。

ローラット法 Rowlatt Act 1919 インドの反英運動弾圧のため，インド政庁が発布した法律。逮捕状なしの逮捕，裁判手続きなしの投獄などを認めた。

ガンディー Gandhi 1869〜1948 「インド独立の父」と呼ばれる社会運動家。ロンドンに留学して弁護士資格を取得し，南アフリカでインド人労働者の権利のために戦う中で，非暴力・不服従運動の理念をつくり上げた。1915年に帰国，19年頃から独自の非暴力・不服従運動を展開し，あらゆる階級の人々を独立運動に結集，ヒンドゥーとムスリムの対立，不可触民差別の問題などにも取り組んだ。インド独立後の48年1月，ヒンドゥー教徒急進派によって暗殺された。

非暴力(ひぼうりょく)**・不服従**(ふふくじゅう)（サティヤーグラハ）satyāgraha ガンディーが展開した社会運動の理念。南アフリカで差別・迫害と戦う中，1906年にガンディーはヒンディー語のサティヤ（真理）とアーグラハ（把握）を合成して「サティヤーグラハ」という理念を形成した。インドでも20年に国民会議派が運動理念とした。その後の世界の反政府運動や人権運動などに影響を及ぼした。

国民会議(こくみんかいぎ)**派** Indian National Congress 1885年に成立したインドの政党。当初は，知識人・地主などインドのエリート層を中心に，イギリスに協調的な組織であった。しかし20世紀に入ると，イギリスの植民地支配政策の強化やインドの民族資本の成長を背景とし，イギリスとの対決

姿勢を強め，独立運動の柱になっていった。

憲政改革調査委員会 1919年のインド統治法修正の方向を探るため，27年にイギリスが派遣した委員会。インド人が含まれていなかったことから，反英運動を再燃させる結果となった。30年の報告書では一定の州自治と連邦制導入を提案した。

ネルー Nehru 1889～1964 インドの政治家。イギリス留学を終え，第1次サティヤーグラハに参加，政治の世界に身を投じた。その後，ガンディーの支援を受け，国民会議派で議長などの重責を担った。インド共和国が成立すると，初代首相に就任し(在任1947～64)，非同盟外交の担い手として国際社会でも活躍した。

プールナ＝スワラージ Pūrṇa Swarāj 1929年の国民会議派ラホール大会が宣言した目標。「完全独立」を意味する。

「塩の行進」 1930 イギリスの塩の専売を打破するため，ガンディーが展開した第2次非暴力・不服従運動。1930年，ガンディーはアフマダーバードからダンディーの海岸までの約360kmを行進し，みずから海水から塩をつくった。この運動は多くの人々の支持を集め，反英独立運動はさらに高まりをみせた。

インド統治法《1935年》 1935年に制定のインド統治法。連邦制と各州の自治権を認めた。主権決定権は中央の総督が維持していたが，各州では議会選挙が実施され，地方自治が進むことになった。

ヒンドゥー教 古来の正統バラモン教がさまざまな民間信仰を取り入れて発展した，インドの自然宗教・民族宗教。9世紀初めに現在のような形のヒンドゥー教が成立し，仏教に代わって一般民衆の信仰としてインド社会に根を下した。それに伴って古代アーリア人社会を秩序付けていた職能の分化に基づく厳格な階層身分制であるカースト制がインドに定着した。カーストの数は近年では2000～3000に及ぶとされ，各カーストは世襲の職業に従事し，ほかのカーストとの結婚・飲食は禁止されていた。

ジンナー Jinnah 1876～1948 全インド＝ムスリム連盟の指導者で初代パキスタン総督(在任1947～48)。1910年代にはヒンドゥーとムスリムの協調に努力したが，1920年に参加していた国民会議派から離れ，のちに両者の分離を主張するようになった。

全インド＝ムスリム連盟 All India Muslim League 1906年，イギリスの指導で結成されたイスラーム教徒の政治団体。国民会議派に対抗したが，やがてインド独立のために国民会議派と共闘した。しかし，37年の州選挙を機に国民会議派との対決姿勢を強め，40年のラホール大会以後はムスリム国家の分離・独立を目指した。

東南アジアの民族運動

────《フィリピンの動向》────

フィリピン独立の約束 フィリピン人の独立要求の高まりを受け，また，大恐慌の影響でアメリカにとってもフィリピン領有は負担となった。1934年，アメリカ大統領フランクリン＝ローズヴェルトが10年後の独立を約束した。

フィリピン自治法 1916年，アメリカ合衆国がフィリピンの将来の独立と自治を認めた法律。フィリピンにおける将来の上下両院の設置，内政上の権限がフィリピンに委譲されることを約束した。法案を提案した議員の名をとってジョーンズ法ともいう。

フィリピン独立準備法 1934 アメリカ議会で成立した，10年後に独立を認める法。これに基づき，1935年にケソンを大統領とする独立準備政府が発足したが，太平洋戦争で日本に占領され，独立は遅れた。

フィリピン独立準備政府の発足 フィリピン独立準備法に基づき，10年後の独立を目指して1935年に自治政府が発足した。

───《1920年代のインドネシア》───

インドネシア独立運動 20世紀に入り，サレカット＝イスラームやインドネシア共産党・インドネシア国民党が結成されて高揚した。しかし，1920年代後半から30年代にかけて，共産党や国民党が弾圧を受け，指導者たちも逮捕され，独立運動は一時挫折した。

インドネシア共産党 1920年，オランダ領東インドで結成されたアジア最初の社会主義政党。26〜27に武装蜂起したが鎮圧され，党は解散させられた。共産党はインドネシア独立後に再建された。

スカルノ Sukarno 1901〜70 インドネシアの政治家。1928年，インドネシア国民党を組織，29年と33年に逮捕されたが，42年に日本に釈放されて独立運動を指導，45年にインドネシア共和国の初代大統領に就任した。55年にアジア＝アフリカ会議を主催，非同盟中立外交を展開した。

インドネシア国民党 1927年，スカルノがインドネシア国民同盟を母体として組織した政党で，1928年にインドネシア国民党と改称した。29年，その影響力を警戒したオランダ植民地政庁の大弾圧を受け，党内の内紛もあり，31年に解散した。インドネシア独立後に再建され，国政を担ったが，60年代後半に力を失った。

───《1920年代のミャンマー》───

ビルマ（ミャンマー）の独立運動 近代的教育を受けた人々を中心に，1920年にビルマ人団体総評議会が結成され，自治獲得を目標に活動を開始した。37年にはビルマ統治法の施行により，インド帝国から分離され，自治権が拡大した。他方1930年に完全独立を目指すタキン党が結成され，反イギリス闘争を展開した。

タキン党 Thakin 1930年に結成された「われらビルマ人協会」の別称。由来は，ビルマではビルマ人が主人（タキン）であるとして，党員間で互いにタキンを敬称として用いたことによる。ビルマ人の完全独立を標榜(ひょうぼう)し，ビルマ独立運動を推進した。

───《1920年代のベトナム》───

フランス領インドシナ連邦 1887〜1945 コーチシナ・アンナン・トンキン・カンボジアを併わせて1887年に成立し，インドシナ半島に置かれたフランスの植民地。99年にラオスも統合された。総督府はハノイに置かれた。

インドシナ民族運動 インドシナへのフランスの弾圧は厳しく，ファン＝ボイ＝チャウのドンズー（東遊）運動も挫折した。しかし，1930年にコミンテルンの支援でインドシナ共産党が結成され，民族運動を指導した。

ホー＝チ＝ミン Ho Chi Minh 1890〜1969 「ベトナム建国の父」といわれる民族運動の指導者。コミンテルンの一員として活動，1925年にベトナム青年革命同志会を，30年にはベトナム共産党（同年インドシナ共産党に改称）を結成した。41年にベトナム独立同盟会を組織，45年にベトナム民主共和国を建国すると初代大統領となり，インドシナ戦争・ベトナム戦争を指導した。

インドシナ共産党 1930 ホー＝チ＝ミンらが結成したベトナム共産党を，コミン

テルンの指示により1930年に改称した政党。インドシナ全域で活動し，45年にベトナム民主共和国で政権を担当，51年にベトナム労働党と改称した。

─────《タイの動向》─────

タイ立憲革命（りっけんかくめい） 1932 ラタナコーシン朝で起こった無血革命。1927年に組織された人民党が王宮を占拠し，32年に国王ラーマ7世に暫定憲法と議会開設を承認させた。

アフリカの民族運動

南アフリカ先住民民族会議 南アフリカ先住民民族会議は，南アフリカで1912年に結成された。パリ講和会議で民族自決の原則が掲げられると，その適用から除外されていたアフリカの植民地にも同じ原則を求めるアフリカ人ナショナリズムの動きが始まった。1923年，「アフリカ民族会議（ANC）」と名称を変え，旧来の民族の枠を超えたアフリカ人ナショナリズムの組織化を進めた。

アフリカ民族会議（ANC） 1912年に創設された南アフリカ先住民民族会議を23年に改称した組織。反人種主義とアフリカ人の権利擁護を目標とし，第二次世界大戦後に強化されたアパルトヘイト体制への抗議を組織的におこなった。

パン＝アフリカ主義運動（パン＝アフリカニズム） Pan-Africanism アフリカ大陸の諸民族と南北アメリカ大陸・カリブ地域に居住するアフリカ系住民の主体性の回復，アフリカの歴史の復権，アフリカ大陸諸地域の独立と統一を目標とする運動。19世紀末に北アメリカ・カリブ地域の黒人の知識人によって開始され，のちにアフリカ出身者が主導権を握り，アフリカ諸地域の独立運動を支える精神的支柱となった。

パン＝アフリカ会議 パン＝アフリカニズムを推進するための会議。1900年，ロンドンで最初の会議がカンファレンス（Conference）の名称で開かれた。第一次世界大戦後の19年に，アメリカ合衆国の黒人解放運動指導者デュボイスがパリで開催，以後，会議はコングレス（Congress）の名称で開催されるようになった。第二次世界大戦後の45年に開かれたマンチェスターでの会議以降，エンクルマ（ンクルマ）を始めとするアフリカ出身の知識人・運動家が主導権を握るようになった。

─────《1920年代のエジプト》─────

ワフド党 Wafd パリ講和会議にエジプト代表団を送ろうとする運動から結成された民族主義政党。ワフドとは「代表」を意味する。1924年から52年のエジプト革命まで政治の主導権を握った。

エジプト王国 1922～53 イギリスの保護国から独立した王国。しかし，イギリスが軍事支配権を温存し，名目的な独立であった。1923年に立憲政治を開始し，24年にはワフド党が政権を握り，完全独立を目指した。

西アジアの情勢

─────《トルコ革命》─────

トルコ革命 1919～23 ムスタファ＝ケマルを指導者にトルコ共和国を樹立した革命。第一次世界大戦の敗北後，ギリシアのイズミル侵入，1920年のセーヴル条約締結など，オスマン帝国の危機が続いた。ケマルは20年，弱体な政府を見限り，アンカラで大国民議会を設置した。また，21年にイズミルでギリシア軍に勝利した。22年にはスルタン制を廃止し，23年7月に連合国とローザンヌ条約を結び，セーヴル条約破棄に成功した。10月にはトル

コ共和国成立を宣言し，ケマルが初代大統領となった。その後，カリフ制廃止，共和国憲法の制定，文字改革，イスラーム教の国教条項削除などの諸改革が進められ，トルコは近代国家としての基礎を確立した。

サイクス・ピコ協定 Sykes-Picot 1916 イギリス・フランス・ロシアの3国が戦後のオスマン帝国領の扱いを定めた秘密協定。各国の勢力範囲の画定とパレスチナの国際管理を定めた。ロシア革命後に革命政府が暴露したが，フセイン・マクマホン協定と矛盾することからアラブ側を憤激させた。

セーヴル条約 Sèvres オスマン帝国の領域は敗戦で分解し，その領土は1920年のセーヴル条約でいちじるしくせばめられた。その内容は，領土の大幅割譲，軍備の縮小，治外法権存続など屈辱的なものであり，トルコ革命を引き起こす要因ともなった。

ギリシア軍の撃退 1919～22 連合国の支援を受けてイズミルを占領したギリシア軍とアンカラ政府の戦い。ケマル率いるトルコ軍は21年のサカリア川の戦いでギリシア軍を撃退し，1922年9月にイズミルを奪回した。この勝利でアンカラ政府は連合国との休戦条約交渉を有利に進めることができた。

ムスタファ＝ケマル Mustafa Kemal 1881～1938 オスマン帝国の軍人，トルコ共和国の建国者で初代大統領(在任1923～38)。1920年にアンカラで大国民議会を開き，セーヴル条約を拒否した。イズミルを占領したギリシア軍を破って連合国と休戦，22年にスルタン制を廃止し，翌年トルコ共和国を建てた。大統領として諸改革を断行，近代国家としての基礎を築いた。

アタテュルク Atatürk 「父なるトルコ人」を意味する尊称。1934年，大国民議会がムスタファ＝ケマルに授与した。

トルコ大国民議会 1920年，ムスタファ＝ケマルがアンカラで招集した議会。23年にトルコ共和国が成立すると，その立法府となった。

スルタン制廃止 1922 ムスタファ＝ケマルはイスラームの世俗権力者であるスルタンの廃止を宣言し，国民主権を明確にした。メフメト6世がマルタに亡命し，オスマン帝国は滅亡，1923年にトルコ共和国が成立した。

ローザンヌ条約 Lausanne 1923 トルコ新政権と連合国が結んだ講和条約。トルコはトラキア・アナトリアなどの領土回復，イスタンブルからの連合軍撤退，治外法権を撤廃し，関税自主権も回復して不平等条約撤廃などを勝ち取り，セーヴル条約の破棄に成功して独立を守った。

トルコ共和国 1923年10月，アンカラを首都として成立した共和国。初代大統領はムスタファ＝ケマル。政教分離・太陽暦採用・ローマ字採用などさまざまな近代化政策が進められた。

カリフ制廃止 1924 ムスタファ＝ケマルは，イスラームの宗教的権威者であるカリフをトルコ共和国の建国時には世論を考慮して存続させたが，政教分離を前提とする近代国家建設のために廃止した。

トルコ＝ナショナリズム オスマン帝国の権威・伝統を否定し，トルコ人としての自覚から，トルコを国民国家として確立しようとする意識。

————《1920年代のパレスチナ》————

パレスチナ問題 Palestine パレスチナ地方を巡るユダヤ人とアラブ人の対立・紛争。1882年，ロシアでの迫害を逃れたユダヤ人がパレスチナに移住し，97年のシオニスト会議を機にシオニズム運動が起こっ

た。第一次世界大戦中にはバルフォア宣言が出され，パレスチナ移住に弾みが付いた。これに対し，アラブ人が強く反発し，両者は対立を深めた。

シオニズム Zionism 19世紀末，ヨーロッパで起こったユダヤ人国家の建設を目指す運動。シオンはイェルサレム南東の丘の名。ユダヤ人を西アジア進出に利用しようとする欧米の帝国主義政策とも関連して展開した。

フセイン(フサイン)・マクマホン協定(書簡) Husayn-MacMahon 1915 イギリス高等弁務官マクマホンとメッカ太守のフセインの間の往復書簡。フセインは第一次世界大戦後のアラブ人国家建設を条件に，イギリスへの戦争協力を約束した。サイクス・ピコ協定，バルフォア宣言と矛盾し，中東問題の素地をつくったと非難されるが，その背景にはパレスチナの地をアラブ人国家の領域に含めるかどうかという両者の見解の相違があった。

バルフォア宣言 Balfour 1917 イギリス外相バルフォアがユダヤ資本の戦争協力を期待し，パレスチナでのユダヤ人の「民族的郷土」建設への支持を約束した宣言。フセイン・マクマホン協定，サイクス・ピコ協定と矛盾するとともに，イスラエル建国の基礎をつくり，パレスチナ問題発生の一端ともなった。

イギリスの多重外交 オスマン帝国内のアラブ人居住地域であるパレスチナの地に，バルフォア宣言ではユダヤ人国家の建設を認め，フセイン・マクマホン協定ではアラブ人国家の建設を約束し，サイクス・ピコ協定ではパレスチナの国際管理を定めた。イギリスはアラブ人やユダヤ人の民族的利害と矛盾する外交協定や宣言をおこない，現在まで続くパレスチナ問題の起点となった。

───《1920年代のイラン》───

ガージャール朝 Qājār 1796〜1925 イランに成立したシーア派のムスリム政権。19世紀に入り，イギリス・ロシアの侵略に苦しんだ。1907年の英露協商で両国の勢力圏とされ，05年の立憲革命もロシアの介入で実質は失われた。さらに，第一次世界大戦ではオスマン帝国の侵攻を受けて王朝の権威は失墜し，25年に混乱を収拾したレザー＝ハーンのパフレヴィー朝に交替した。

レザー＝ハーン Reẓā Khan 1878〜1944 イランの軍人。1921年，クーデタでガージャール朝の実権を掌握し，25年にシャー(皇帝)に即位し(在位1925〜41)，パフレヴィー朝を建てた。対外的にはナチス＝ドイツに接近し，第二次世界大戦中にイギリス・ソ連の圧迫で退位した。

パフレヴィー朝 Pahlavī 1925〜79 レザー＝ハーンが建てたイランの王朝。1979年のイラン革命で倒された。

イランへの改称 Iran 1935 レザー＝シャー(レザー＝ハーン)がペルシアから改称。ペルシアはアケメネス朝の故地に由来する他称だった。「イラン」は古代イラン語に遡り，「アーリヤ(高貴な)人たちの国」を意味する。

イラン＝ナショナリズム 国家の近代化を推進し，国名をイランに改称して民族意識を高めて国民統合をはかり，国民国家を形成させた。

❹ 大衆消費社会と市民生活の変容

大衆消費社会とアメリカの繁栄

債権国とアメリカ 債権国とは，外国にある資産が負債を上回っている国のこと。第一次世界大戦において，アメリカは参

戦期間が短く，国土も戦場にならなかったことに加え，連合国へ軍需物資を輸出したことで大きく経済発展を遂げた。戦前はヨーロッパ諸国からの資金(債務)に頼っていたアメリカが，戦後は債権国となり，国際社会において，大きな発言力を持つ国となった。

大量生産・大量消費社会 大量生産により生産コストが下り，消費者が大量に消費することで新しい需要を生み，経済が成長するという循環。この新しいシステムを生み出したのは，フォード自動車会社で始まった流れ作業による大量生産技術，また月賦販売による消費者の購買力の向上である。人々の生活が豊かになり，大衆文化を生み出した。

フォード Ford 1863〜1947 自動車王と呼ばれたアメリカの実業家。1903年にフォード自動車会社を設立し，コンベアーライン式の組み立てで生産を合理化し，Ｔ型フォードで自動車を大衆化した。

Ｔ型フォード 1908年に生産が開始され，1927年の生産終了までに1500万台以上が生産された。庶民にも手が届く１台850ドルで販売され，アメリカのモータリゼーションの主役となった。

フォーディズム フォードの工場でおこなわれていたライン作業(流れ作業)を取る製品の組み立て工程の方法。フォード社は1914年，Ｔ型フォードの生産工場にベルトコンベアーを導入して作業を効率化し，自動車価格の大幅値下げに成功した。流れ作業の工程は，フォードから広く他の業種へ及んでいった。

月賦販売 自動車や電化製品などの高額な商品の代金を，月ごとに分割して数カ月から数年をかけて支払う販売制度。少額な支出で高額商品を買うことができる制度。

モータリゼーション《アメリカ》自動車が大衆生活の中に溶け込んで，交通手段の主力になること。自動車社会になることをいう。

大衆消費社会 大量生産・大量消費に支えられた社会をいう。自動車や家庭電化製品が普及し，大衆が豊かになったアメリカ的生活を享受する社会。

都市中間層(新中間層)《アメリカ》中間層とは，富裕な資本家層，低賃金の下層労働者のどちらにも属さない諸階層。旧中間層とは自営農民・小企業家・自由専門職などを指すが，アメリカで19世紀末から増加した技術者・専門職・事務職・セールスマンなど作業現場の労働に従事しない都市に住む者を新中間層と呼ぶ。

俸給生活者(サラリーマン) 国家や地方自治体から給与を支給される公務員，会社などから一定の決められた給与を支給され生計を立てる人をいう。安定した生活の中で，大衆文化を享受することができる人々をいう。

大衆文化《アメリカ》1920年代のアメリカで，同じような生活を送る大衆のライフスタイルを基礎に開花した文化。音楽・演劇・映画・スポーツなどの娯楽・余暇の活動を楽しむ人々の文化。大衆文化は，誰でも同じように手に入る商品の普及や一度に多くの人が楽しめるエンターテイメントの発展に伴い開花した。また，マス＝メディアの発達により，短時間で普及していった。

マスメディア 新聞・雑誌・書籍・放送・映画など，大量に情報を伝達できる手段。マス＝コミュニケーションの媒体となるもの。

ラジオ放送《アメリカ》1920年11月，ペンシルバニア州ピッツバーグのKDKA

局が放送を開始した。放送初日の番組は，アメリカ大統領選挙の速報で，ハーディングの当選を伝えた。

エディソン Edison 1847〜1931 アメリカの発明家。1876年に研究所を設立し，蓄音機・白熱電灯・映画など1000件以上の発明をおこない，「発明王」と呼ばれた。

映画 19世紀末にショートフィルムから出発した映画は，1910年代前半にカリフォルニアのハリウッドが産業の中心となった。芸術性が高まり，30年代にはカラーで製作され，90年代にはCG（コンピュータグラフィックス）が導入されるなど技術も進化した。

リュミエール兄弟（オーギュスト・リュミエール 1862〜1954，ルイ・リュミエール 1864〜1948） フランスの映画発明者。フランスのリヨンで写真乾板を製造していた兄弟は，1891年にエディソンが発明したフィルムを箱の中で回してのぞき込むキネトスコープを改良し，1894年，時計の技術を使って連続撮影し，その映像をスクリーンに映写できるシネマトグラフを開発した。1895年には，初めて実写映画「工場の出口」と「ラ・シオタ駅への列車の到着」を上映した。

ハリウッド Holly wood アメリカ合衆国カリフォルニア州ロスアンゼルス近郊にある映画産業の中心地。20世紀初めから多くの映画会社がこの地で映画を製作し，アメリカ映画の中心地として繁栄した。

チャップリン Chaplin 1889〜1977 俳優，監督，脚本家として数多くのコメディ映画をつくり上げ，「喜劇王」といわれた。政治・社会風刺から庶民の哀感まで幅広く笑いとユーモアで描く映画をつくり上げた。

モダン＝タイムス チャップリンの映画。近代の機械文明や資本主義社会にほんろうされる人間を風刺し，労働者を笑いと涙の中で描いた。

アメリカ社会の多様性と矛盾

階層文化 上流階級と庶民が楽しむ文化のジャンルが異なることをいう。

フラッパー Flapper フラッパーとは，「おてんば娘」「現代的な娘」という新しく若い女性やその行動様式を指すスラング。本来は十分に羽根が生えそろう前に飛ぼうとする雛鳥を意味する。今までの女性らしいとされた価値感や道徳に縛られず，自由に行動する若い女性。赤い口紅，ボブ・カットの髪型，コルセットのような身体を締めつけない丈の短い袖なしのショートドレスなどのファッションで街に出た。

女性参政権獲得運動《アメリカ》1920 アメリカの女性参政権運動は1848年のニューヨーク州での集会から始まり，第一次世界大戦中の戦時協力などを通じて，1920年に実現した。

国際女性参政権同盟 アメリカで女性参政権運動をおこなっていたスーザン・B・アンソニーは，「国際女性会議」を1888年に設立し，1904年には「国際女性参政権同盟」を設立して，ロンドン・ベルリンで会議を開き，その活動をアメリカから国際的レベルに引き上げた。アンソニーは1906年に亡くなったが，このような活動によってアメリカ人女性に参政権を認めた合衆国憲法修正第19条が1920

年に承認された。

ワスプ（WASP）White, Anglo-Saxon, Protestant イギリス系のアメリカ人を指す言葉の略称。建国以来、アメリカ社会の支配層を構成するとみなされてきたが、価値観の多様化とともにその意味は曖昧になっている。

クー＝クラックス＝クラン（KKK）Ku Klux Klan アメリカ合衆国の人種差別的秘密結社。1860年代半ばに成立し、その後は下火となったが、第一次世界大戦後の外国人排除の風潮に乗じて復活、勢力を拡大した。

禁酒法（きんしゅほう）Prohibition Law アメリカ合衆国における酒類の製造・販売・運送を禁じた法律。禁酒運動は宗教的な意味と、労働者の規律や生産効率向上をねらう経済的な意味を持っていた。1919年に憲法を修正して成立したが、かえって酒の密造・密売の横行を招いたため、33年に廃止された。

移民法 Immigration Laws アメリカ合衆国への移民を制限する諸法。1875年に制定されて以来、対象は拡大し、82年の移民法は中国人を排斥する人種差別的なものとなった。さらに1924年の移民法は「国別割当て法」と呼ばれ、東欧・南欧からの「新移民」を制限し、日本を中心としたアジア諸国からの移民を全面的に禁止したため、排日移民法とも呼ばれた。

日系移民（にっけいいみん）日本人の本格的な移民は、1868年のハワイへの砂糖植付け移民が最初であり、1885年からハワイ移民が本格化した。以後、19世紀末にかけてアメリカ・カナダの太平洋岸への移民が急増すると、低賃金でも勤勉に働く日系移民に対して、白人系移民や現地の労働者の反発が強まった。

日本の大衆文化

都市中間層（としちゅうかんそう）（**新中間層**（しんちゅうかんそう））大正時代の中等・高等教育の拡充と産業・経済が発展する中で形成された都市の中産階級をいう。会社員などの事務系のホワイトカラーのサラリーマン（俸給生活者）で、都市生活者が中心。大正文化の担い手となる。

大学令（だいがくれい）1918年公布。原内閣の時、官立の帝国大学以外に公・私立大学、単科大学の設立を認めた。大学制度を拡充し、早稲田・慶應など多く私立大学が大学として公認されたため大学生が急増した。卒業者は事務系のホワイトカラーとして働く者が多くなった。

文化住宅（ぶんかじゅうたく）大正から昭和初期に流行した住宅建築。郊外に建てられたガラス戸・赤瓦の屋根のある洋風の応接間を持った日本式の住宅。都心の官庁や会社へ通勤するサラリーマン（俸給生活者）を中心とする中産階級の住宅となる。

良妻賢母（りょうさいけんぼ）家を守る主婦の理想を表わした言葉。夫には良き妻であり、子どもには賢い母であること。主に都市中間層の女性の理想像を示した。

職業婦人（しょくぎょうふじん）第一次世界大戦中から戦後の経済発展を契機に、職業を持った女性が社会的に進出したことから出た呼称。

教科書に出てくる職業婦人────
バスガール（バスの車掌）、タイピスト、電話交換手、デパートの女性店員、女性事務員、女性教師、看護婦、女医、工女、女性アナウンサー

────

モダンガール（モガ）昭和初期に流行した言葉。近代的女性の意味だが、多くは洋服を着て繁華街を歩く若い女性を批判の意を込めて呼んだ。男性はモダンボー

イ（モボ）と呼ばれた。

大衆文化（たいしゅうぶんか）《日本》大正から昭和初期の文化の特徴。都市の急速な発展，中等教育の普及と知識階級（インテリ）の増大，活字文化の広まりとマス＝メディアの始まりなどが，大衆文化を生み出した。

百貨店（ひゃっかてん）**（デパート）** 第一次世界大戦前後の経済的発展は，都市における消費経済を発達させ，ショッピングが都市生活の娯楽となり，いろいろな品物を陳列・販売する百貨店が誕生した。東京日本橋の三越がその代表例である。

ターミナルデパート 郊外電車（私鉄）の都市中心部の発着駅に，デパートを付属させたもの。大阪梅田（うめだ）の阪急百貨店が始まり。

東武線が発着する浅草駅の松屋デパート

映画 1896〜97年にアメリカ・フランスから輸入，神戸・大阪・東京などで公開された。初めは活動写真といわれた。1899年に国産映画を初制作，1903年に浅草の電気館が活動写真の常設館となる。1907年に目黒撮影所で劇映画制作を開始。昭和初期までは無声映画で，活動弁士が映画の画面を説明した。日本の映画制作会社は1912年に日活が創立され，20年に松竹が映画制作に乗り出した。

トーキー映画 それまでの音のない無声映画と違い，トーキーはスクリーンの画面と音が一体となった映画。1931年の「マダムと女房」が日本最初のトーキー映画

となる。

浅草六区（あさくさろっく） 明治維新後，東京府は浅草寺（せんそうじ）境内を浅草公園に編成し直し，1884年，7つの区に区画し，第六区を娯楽街としたことから始まった。そのシンボルが1890年に開業した日本初の煉瓦造（れんが）で高層建築物の凌雲閣（りょううんかく）（通称，浅草十二階）であり，その周辺に多くの寄席や軽演劇，映画館が建ち並び，日本を代表する娯楽街に発展した。

流行歌（りゅうこうか） 松井須磨子が『復活』劇中にうたった「カチューシャの唄」が始まりとされる。「船頭小唄（せんどうこうた）」（1923年），「籠の鳥（かごのとり）」（1924年）などは世相をよく反映した。昭和初期に入るとラジオ・レコードの普及により，全国同時に爆発的に広がる流行歌が生まれた。

マスメディアの発展

ラジオ放送（ほうそう）《日本》1925年3月1日からJOAKのコールサインで始まり，22日から仮放送をおこなった。本放送は同年7月22日から東京の芝の愛宕山（あたごやま）放送局で始まった。

日本放送協会（NHK） 東京・大阪・名古屋の各放送局を統合し，本放送を開始する1926年に公共放送をおこなう日本放送協会（NHK）が設立された。政府はほかに放送局設立を認めなかったため，1951年に民間放送が開始されるまで，唯一の独占放送機関となった。

新交響楽団〔しんこうきょうがくだん〕 山田耕筰が設立した日本交響楽協会を離脱した近衛秀麿以下のメンバーが，1926年に新交響楽団をつくる。戦後の1951年，NHK の支援を受けて NHK 交響楽団と改称した。その後，N響は世界トップクラスの指揮者を招いた演奏がおこなわれている。

『大阪毎日新聞』〔おおさかまいにちしんぶん〕 前身は1876年に大阪実業界の実力者が創刊した『大阪日報』と82年創刊の『日本立憲政党毎日新聞』。1888年，『大阪毎日新聞』と改題。商工業振興を目標に企業的大新聞に発展，のち東京に進出。1943年に『毎日新聞』と改題した。

『東京日日新聞』〔とうきょうにちにちしんぶん〕 1872年2月創刊の日刊紙。1873年岸田吟香，74年福地源一郎が入社し，長州閥系御用新聞と目された。1943年，『毎日新聞』に統合された。

『大阪朝日新聞』〔おおさかあさひしんぶん〕 1879年1月，大阪で創刊された時は『朝日新聞』の題号。1881年に村山竜平が社長となり，1886年に東京支局を置き，88年に『東京朝日新聞』となる。翌年より大阪発行のものは『大阪朝日新聞』とした。1940年に東京・大阪の紙名を統一して『朝日新聞』となった。

『東京朝日新聞』〔とうきょうあさひしんぶん〕 大阪の『朝日新聞』が東京に進出して，1888年，『東京朝日新聞』を発行した。戦時下の1940年に東京・大阪の紙名を統一して『朝日新聞』となった。

出版法〔しゅっぱんほう〕 自由民権運動を弾圧した出版条例を引き継いだもので，1893年に公布された出版を取り締まる法令。内務大臣による発売・頒布禁止権限が残された。

新聞紙法〔しんぶんしほう〕 1909年に公布された新聞取締り法令。内務大臣の行政権限による発売・頒布禁止・差し押え条項があるなど，敗戦まで言論報道取締りの役割りをはた

した。

総合雑誌〔そうごうざっし〕 小説や随筆から軽い読み物・論文・評論まで，さまざまな情報を加えて総合的に編集された雑誌。明治時代の『太陽』が先駆。『中央公論』でスタイルが確立された。

『改造』〔かいぞう〕 1919年，山本実彦が改造社を創立して発行した総合雑誌。民衆解放を社会改造に求めるという編集方針。社会主義者などの論文発表の場となる。

大衆〔娯楽〕雑誌〔たいしゅう〔ごらく〕ざっし〕 大衆の要求に応え，娯楽的な読み物を始め，さまざまな情報を面白く提供し，大衆の読書欲を満たそうとした雑誌。『キング』がその代表例である。

『キング』 大日本雄弁会講談社が創刊した大衆雑誌。「日本一面白くて為になる」雑誌界のキングを目指したもので，創刊号（1925年1月号）は74万部を売った。のちに100万部を突破し，以後の大衆雑誌・少年少女雑誌流行の基礎となる。

大日本雄弁会講談社〔だいにほんゆうべんかいこうだんしゃ〕 野間清治が1909年11月，「大日本雄弁会」として設立した。初めは弁論雑誌『雄弁』を発行していたが，講談師の演目を速記で載せる『講談倶楽部』を1911年に創刊してから大日本雄弁会講談社と称した。『キング』『少年倶楽部』『少女倶楽部』『婦人倶楽部』など，あらゆる階層・年代を対象とした雑誌を発行して人気出版社となった。

円本〔えんぽん〕 関東大震災後の不況を打開するため，改造社が1冊1円という安価な『現代日本文学全集』を刊行して成功する。ついで新潮社の『世界文学全集』，春陽堂の『明治大正文学全集』などが刊行された。平凡社などもこれにならい，昭和初期の円本ブームを現出した。法律や経済学の全集も出版。出版の大衆化を招いた。

『現代日本文学全集』〔げんだいにほんぶんがくぜんしゅう〕 改造社が

その当時，有名小説家の作品を全63巻で発売した文学全集。菊判500ページ，読みがなのルビ付き3段組で，読みやすい工夫をした。全巻予約をすると，1冊1円なので円本という。1円の販売価格は当時の小説集1冊の半額であった。60万部のベストセラーになった。

文庫本ぶんこぼん 内外の古典をポケットに入るぐらいの大きさの本とし，手軽な形で出版した本の形式。1927年の岩波文庫創刊以後，多くの文庫本が発刊された。

スポーツの発展

野球やきゅう 日本における野球の起源は，1871（明治4）年，東京の神田にある大学南校にやってきたアメリカ人教師が同校の生徒にベースボールを教えたのが始まりという。外国人から日本人の学生に受け入れられ広まった。正岡子規も最新流行の外来スポーツである野球を楽しんだ。ベースボールは第一高等学校主将の中馬庚（ちゅうまかのえ）によって野球と訳され，日本を代表するスポーツへ育っていった。

正岡子規まさおかしき 1867～1902 俳人・歌人。伊予松山に生まれる。1883年に上京して大学予備門に入学，夏目漱石を知る。この頃，野球に熱中。写生に基づく俳句・短歌革新運動を提唱する。俳句雑誌『ホトトギス』で活躍，和歌の根岸短歌会を設立する。

全国中等学校優勝野球大会ぜんこくちゅうとうがっこうゆうしょうやきゅうたいかい 1915年，第1回大会が大阪朝日新聞社によって始められる。1924年に兵庫県西宮（にしのみや）に甲子園野球場が完成，使用球場となる。1948年から全国高校野球選手権大会となる。

全国選抜中等学校野球大会ぜんこくせんつちゅうとうがっこうやきゅうたいかい 毎年3月下旬から4月上旬にかけておこなわれるので「春の大会」「春の高校

野球」と呼ばれる。1924年から，毎日新聞社の主催でおこなわれた。第1回は名古屋市の山本球場（のちの八事球場（やごときゅうじょう））でおこなわれ，第2回からは甲子園球場で開催。夏の大会とは異なる選出基準で，出場校を決定するので「選抜（せんばつ）」ともいわれる。

東京六大学野球とうきょうろくだいがくやきゅう 1903年に早慶戦が始まり，一時中断ののち，25年に，明治・法政・立教・東京大学を加えた六大学野球が発足した。1926年に神宮球場が完成し，大学野球のメッカとなる。

日本職業野球連盟にほんしょくぎょうやきゅうれんめい 1936（昭和11）年2月に，名古屋軍，名古屋金鯱軍，東京セネタース，阪急軍，大東京軍の5球団が誕生し，1934年のアメリカ・メジャーリーグとの親善試合後に結成された東京野球倶楽部から改称した東京巨人軍，前年の1935年暮につくられた大阪タイガース軍を加えた7球団で，日本職業野球連盟が結成された。4月からは社会人の職業野球リーグ戦が始まった。

オリンピックベルリン大会 1936年にドイツのベルリンで開かれた第11回大会。ナチスのヒトラーの国威宣揚に利用された。女子水泳の前畑秀子（まえはた）が，200m平泳ぎで日本女子選手として初の金メダルを獲得。

プロレタリア文学の隆盛

プロレタリア文学ぶんがく 大正・昭和初期に無産階級である労働者や農民生活の現実を描いた文学。第一次世界大戦後の階級対立の激化を背景に，1921年の『種蒔く人』創刊以降，プロレタリア文学が活発となった。

『種蒔く人』たねまくひと 1921年，フランス帰りの小牧近江（こまきおうみ）が金子洋文（かねこようぶん）らと発刊した雑誌。さまざまな党派の共同戦線を目指すプロ

レタリア文学運動の出発点。1923年に廃刊となる。

『戦旗』〔せんき〕 1928年創刊。全日本無産者芸術連盟(ナップ)の機関誌。急進的傾向を持ち、小林多喜二・徳永直〔すなお〕・宮本百合子〔ゆりこ〕ら日本プロレタリア作家同盟の力作を発表。『文芸戦線』と対立。1931年に廃刊。

小林多喜二〔こばやしたきじ〕 1903～33 ロシア文学に傾倒し、労働運動に参加。昭和初期より『戦旗』で代表的プロレタリア作家として活躍する。日本共産党に入党、非合法活動中に逮捕、築地署の中で拷問により死亡。

『蟹工船』〔かにこうせん〕 1929年発表の小林多喜二の代表作。カムチャツカで蟹〔かに〕を捕り、加工する蟹工船の労働者を描く。

❺ 大正デモクラシーと社会・労働運動

大正政変

大正デモクラシー〔たいしょうデモクラシー〕 大正期に高揚した自由主義・民主主義的風潮。その背景には産業の発展、市民社会の発展、第一次世界大戦前後の世界的なデモクラシーの風潮がある。民本主義思想が拡大し、普選運動、社会・労働運動や教育運動も進展した。

大正天皇〔たいしょうてんのう〕 1879～1926 在位1912～26。名は嘉仁〔よしひと〕。病弱で体が弱かったため、実質的に政務を執ることが少なく、1921年皇太子裕仁〔ひろひと〕を摂政に立てた。

西園寺内閣(第2次)〔さいおんじ〕 1911.8～12.12 明治末期の不況の中で、軍備拡張と財政安定の調和をはかり、緊縮財政を採る。陸軍の予算額を増加させる2個師団増設問題で陸軍と衝突し、上原勇作陸相の単独辞任により内閣は瓦解した。

2個師団増設問題〔にこしだんぞうせつもんだい〕 1912年、陸軍は財政緊縮を唱える第2次西園寺内閣に対して、朝鮮駐屯〔ちゅうとん〕の2個師団増設を要求。陸軍との衝突で内閣は総辞職。第一次護憲運動の契機となる。その後、第2次大隈内閣により2個師団増設が可決した。

軍部大臣現役武官制〔ぐんぶだいじんげんえきぶかんせい〕 第2次山県有朋内閣が、1900年に官制の変更によって陸軍大臣と海軍大臣は現役の大将、または中将に限ることにした。これにより、陸軍省・海軍省の大臣は現役の軍人以外に就任することができなくなった。

元老〔げんろう〕 元老は非公式な立場から天皇を補佐し、元老たちの会議によって次期首相の候補者を天皇に推薦することができた。

山県有朋〔やまがたありとも〕 1838～1922 伊藤博文がハルビンで暗殺されたあと、元老の会議は、ほぼ山県有朋が主導した。山県有朋は同じ長州閥で陸軍閥の桂太郎を首相に推薦し、第3次桂太郎内閣が成立した。

桂内閣(第3次)〔かつら〕 1912.12～13.2 第2次西園寺内閣の総辞職後、大正天皇の侍従長で内大臣の桂太郎が組閣。大正天皇に直接仕えていた桂太郎が首相になると、「宮中」と「府中(行政府)」とを明確に分離した立憲政治の原則をないがしろにしたとの批判が起こった。その上、議会停会など議会無視の態度をとったため、第一次護憲運動が起こり、わずか53日で崩壊した。

第一次護憲運動〔だいいちじごけんうんどう〕 1912年、第2次西園寺内閣の総辞職後、内大臣桂太郎の組閣に対して、立憲政友会の尾崎行雄・立憲国民党の犬養毅らは憲政擁護会をつくり、「閥族打破・憲政擁護」を叫んで倒閣運動を展開する。憲政擁護運動ともいう。

閥族打破・憲政擁護〔ばつぞくだは・けんせいようご〕 「閥族打破」は、明治維新以来、政治権力を独占して

きた藩閥政治家とそれに連なっている権力者から政治を取り戻すこと。「憲政擁護」とは，明治憲法によって規定されている立憲政治の政治運営や原則を守れ，という要求をいう。

犬養毅（いぬかいつよし） 1855〜1932 明治十四年の政変の時，大隈重信とともに政府を退官し，1882年の立憲改進党結成に参加。その後，立憲改進党系の有力政治家となり，立憲政友会に対抗して1910年に立憲国民党を結成し，尾崎行雄とともに護憲運動の象徴として活躍した。

立憲国民党（りっけんこくみんとう） 1910年，憲政本党の犬養毅らを中心として結成。1913年，大正政変の時に，3回も首相を務めた求心力のある桂太郎に誘われた多くの議員は桂の新党，立憲同志会に走ったため，立憲国民党は犬養の少数政党となった。

尾崎行雄（おざきゆきお） 1858〜1954 第一議会以来，立憲改進党・立憲政友会などの政党政治家として活躍。1898年，隈板内閣の文相の時に「共和演説」で辞職，のち東京市長も務める。第一次護憲運動・普選実現に尽力した。敗戦後まで50年間を衆議院議員として活躍し，「憲政の神様」と称された。

立憲政友会（りっけんせいゆうかい） 第一次護憲運動の時の立憲政友会は，原敬に主導されていた。原敬らの立憲政友会の幹部たちは，第3次桂太郎内閣のつぎの首相の与党となり，政権担当をねらっていたため，第一次護憲運動に関与することをきらっていた。尾崎行雄とその周辺のみが，立憲国民党の犬養毅とともに第一次護憲運動に積極的であった。

立憲同志会（りっけんどうしかい） 1913年に桂太郎が第一次護憲運動を乗り切るために，元老政治からの脱却を目指して創立を宣言。非立憲政友会系の代議士と立憲国民党の離党者が参加。桂の死後，1913年12月に結党

式。加藤高明（たかあき）が総裁となり，1916年，憲政会と改称。第2次大隈内閣の与党となる。1924年，護憲三派内閣の成立まで約10年間は野党であった。

大正政変（たいしょうせいへん） 第3次桂内閣を倒した政変をいう。第一次護憲運動の展開に対し，桂は立憲同志会の結党で対抗したが少数派に終り，1913年2月，第3次桂内閣は53日で退陣した。

山本権兵衛（やまもとごんべえ） 1852〜1933 日露戦争の時の海軍大臣，長州閥・陸軍閥の桂太郎に代わる薩摩閥・海軍閥（元海軍大将）の実力者として立憲政友会を与党に組閣した。大正時代に2度にわたり首相を務めた。

山本（やまもと）**内閣（第1次）** 1913.2〜14.4 第3次桂内閣の退陣後，組閣。立憲政友会が与党となり，立憲政友会の実力者原敬が内務大臣として入閣した。大蔵大臣となった高橋是清（これきよ）は立憲政友会に入党した。1913年に軍部大臣現役武官制を改正，文官任用令を緩和して，政党員の上級官吏任用の道を開く。シーメンス事件で総辞職。

軍部大臣現役武官制の現役規定削除（げんえき） いじげんえきぶかんせいのげんえききていさくじょ 第2次山県内閣の1900年に公布された軍部大臣現役武官制では，陸軍・海軍大臣は現役の大将・中将に限るとしたが，第1次山本内閣は現役規定を削除し，政党に入党することができる予備役・後備役まで就任を拡大した。しかし，実際に就任した例はない。二・二六事件後，1936年の広田弘毅（こうき）内閣で，現役規定が復活した。

シーメンス事件 1914年，軍需品購入を巡り，ドイツのシーメンス社と海軍首脳部との贈収賄が発覚した事件。ついで，イギリスのヴィッカーズ社も軍艦「金剛」（こんごう）の建造に関し，汚職事件が発覚。海軍を非難する声が高まり，海軍閥の山本内閣は

総辞職した。

第一次世界大戦と国内政治

大隈内閣(第2次) 1914.4～16.10 シーメンス事件で第1次山本内閣が退陣したのち、立憲政友会の勢力拡大に歯止めをかけたい元老によって大隈重信が推薦された。立憲同志会や政府系の中正会が与党。立憲同志会総裁の加藤高明が外相となり、日英同盟を名目に第一次世界大戦に参戦。中国利権の拡大を目指して二十一カ条要求を袁世凱政権へおこなった。与党立憲同志会が総選挙に大勝して、立憲政友会を打ち破るが、汚職・買収事件で元老の支持を失い退陣した。

寺内正毅 1852～1919 山県有朋閥の長州出身の軍人・政治家。陸軍大将、元帥。桂内閣時代の陸相。朝鮮総督を経て1916年に首相。

寺内内閣 1916.10～18.9 第2次大隈内閣の退陣後に組閣。大正デモクラシーの風潮の中で、閣僚は官僚閥や貴族院から選任したので、非立憲的だと非難された。寺内首相の顔が、当時アメリカから渡ってきた神像であるビリケンに似ていることから、ビリケン(非立憲)内閣といわれる。シベリア出兵をおこない、米騒動によって藩閥系内閣の限界を露呈し、原敬の政党内閣に代わる。

ビリケン

寺内正毅

憲政会 1916年、立憲同志会を中心に少数政党だった中正会・公友倶楽部が合同して結成。立憲同志会総裁の加藤高明が総裁となる。10年間近く野党を続けたが、その間に普選実現を目指し、社会政策の推進と対外強硬から協調外交へ政策の転換を遂げて大正デモクラシーに順応していった。

大戦景気

大戦景気 1915～18年の好景気。ヨーロッパの交戦国が輸出できなくなったアジア・中国市場を、日本が独占した。アメリカ向けの生糸輸出が増加、造船業・海運業の発展により、日本はこの間に債務国から債権国に転じ、工業が飛躍的に発展した。

債権国・債務国《日本》 債権国とは資本輸出国のこと。貿易収支が黒字で対外純資産が増えた国。債務国とは貿易収支が赤字続きで、外国から資金を借りなければならない国。日本は日露戦争以来の外国からの借金をすべて返済し、反対に外国における資産を蓄積した。

成金 第一次世界大戦中の好景気で巨利を得て、蓄財した人をいう。鉄と船と株で大富豪となった場合が多かったが、戦後恐慌で大部分は没落した。

船成金 第一次世界大戦時、世界的な船舶不足によって船賃が高騰し、造船・海運業界がいっきょに巨利を得た。内田信也が始めた内田汽船などが有名である。

重化学工業化《日本》 第一次世界大戦による鉄不足や船舶不足によって製鉄業、造船業、機械製造業が飛躍的発展を遂げた。化学製品・医薬品・火薬は敵国となったドイツに頼っていたために輸入が途絶し、国内の化学工業が勃興した。

猪苗代水力発電所 猪苗代湖の水を使用する猪苗代水力発電所は1912年に着工し、15年に完成した。運用時の出

力3万7500kwは当時の東洋一。発電所の建物は東京駅や日本銀行本店を設計した辰野金吾による。

猪苗代・東京間の長距離送電（いなわしろ・とうきょうかんのちょうきょりそうでん） 猪苗代・東京間の長距離送電は高い電圧が必要で，115kvの電圧により200kmの送電に成功した。これにより，近距離が主体の火力発電から長距離送電の水力発電へ転換し，日本の重化学工業化が進展した。

在華紡（ざいかぼう） 日本の紡績会社が，中国各地に建設した日本資本の紡績工場。第一次世界大戦を機に，上海・青島（チンタオ）・天津（てんしん）などに建設され，大正末期には15社を数えた。

第5章

米騒動と政党内閣の成立

シベリア出兵（しゅっぺい） 1918年8月，日本・アメリカ・イギリス・フランスなどが，ロシア革命に干渉する目的で，ヨーロッパからシベリアのウラジヴォストークに移動・集結したチェコスロヴァキア兵の救出を名目として，20年まで出兵した。日本のみが1922年まで出兵し，最大7万2000人の兵員を駐留させた。戦費は10億円に達し，戦死者3000人を出した。

米騒動（こめそうどう） 1918年8月，富山県での米価高騰に対する漁村の主婦たちの蜂起（女一揆・女房一揆）を機に，1道3府35県にわたり米価引下げ・安売りを要求した暴動。参加者約70万人以上，一部に軍隊も出動して3カ月後に鎮静した。

原敬（はらたかし） 1856～1921 寺内内閣の総辞職後，1918年に第3代立憲政友会総裁として，華族の爵位（しゃくい）を持っていない最初の首相として政党内閣を組織した。平民宰相として人気があったが，立憲政友会から数多くの汚職事件が起こり，東京駅で刺殺された。

原（はら）内閣 1918.9～21.11 原敬は衆議院議員で，

政党の党首。陸軍・海軍・外務大臣以外は立憲政友会員で組閣した最初の本格的政党内閣。ヴェルサイユ条約調印，国際連盟加盟は協調外交の原型。鉄道院を鉄道省に改め，地方への鉄道敷設による立憲政友会の勢力拡大をはかり，「我田引鉄（がでんいんてつ）」と非難された。産業開発・高等教育普及政策を推進。普通選挙には反対し，選挙人資格を直接国税10円から3円に引下げただけであった。

原敬内閣の普通選挙尚早論（しょうそうろん） 原敬内閣は普通選挙運動が高揚する中で，1919年に衆議院議員選挙法を改正し，選挙人資格を直接国税10円から3円に引き下げただけであった。また，立憲政友会が有利になるように小選挙区制とし，翌年の総選挙で立憲政友会が大勝した。

戦後恐慌（せんごきょうこう） 1920年3月の株式市場の大暴落を契機に起こった恐慌。第一次世界大戦からヨーロッパが復興して輸出力を回復したため，生糸や綿製品・銅などの日本の輸出商品が世界的に売れなくなり，相場が暴落したことから始まった。この恐慌で，政府の財政収入が減少し，原内閣の鉄道拡大政策などができなくなって原内閣は行き詰った。不景気から政府の汚職事件が頻発した。

普通選挙運動

普通選挙運動（ふつうせんきょうんどう） 身分・納税額などで選挙権を制限しない普通選挙の実施を要求する政治運動。日本では長野県松本の中村太八郎（なかむらたはちろう）らによる普通選挙期成同盟会が始まり。1911年に普選法が初めて衆議院を通過したが貴族院で否決。その後，市民団体や労働組合も運動に参加。1920年には，尾崎行雄などが参加した普選大示威行進（じい）（普選デモ）などで高揚した。

美濃部達吉（みのべたつきち） 1873～1948 東大教授，貴

族院議員。天皇機関説を唱え，明治末期〜昭和初期にかけて穂積八束・上杉慎吉らの天皇主権説と対立した。

天皇機関説（こくかほうじん）（国家法人説）法人としての国家が統治権の主体で，天皇は国家の最高機関とする憲法学説。統治権は法人としての国家にあるとして，国家法人説ともいう。美濃部の天皇機関説は大正中期以降は憲法学会では定説化していた。美濃部達吉が『憲法撮要』などで論述した。

『憲法撮要』（けんぽうさつよう）1923（大正12）年に刊行された美濃部達吉の著作。天皇機関説（国家法人説）を中心に立憲制的な憲法理論を展開し，政党政治の必要性についても述べられている。

民本主義（みんぽんしゅぎ）吉野作造が提唱したデモクラシー思想。主権在民の民主主義とは一線を画し，主権在君の明治憲法の下で，民衆の政治参加を主張した。政治の目的は民衆の福利にあり，政策決定は民衆の意向によるとして，政党内閣制と普選の実現を説く。

吉野作造（よしのさくぞう）1878〜1933 政治学者。東大教授。1916年，『中央公論』に「憲政の本義を説いて其有終の美を済すの途を論ず」を発表，民本主義を主唱した。黎明会（れいめいかい）・新人会で啓蒙・学生運動を指導し，友愛会などの労働運動も支援。朝鮮・中国の民族主義にも理解を示した。

『中央公論』（ちゅうおうこうろん）明治・大正期から現代まで続く総合雑誌。大正期には大正デモクラシーを鼓吹（こすい）する論文を数多く掲載して大きな影響力を与えた。1916（大正5）年1月号に，吉野作造が「憲政の本義を説いて其有終の美を済すの途を論ず」の論文を発表。民本主義の理論を明らかにした。

東大新人会（とうだいしんじんかい）1918年，吉野作造らの

指導の下に成立した東大学生の思想運動団体。普選運動・労働運動にも参加し，社会改良運動を展開した。1929年に解体。同じ頃，早大で建設者同盟，京大で労働者と結んだ労学会（ろうがっかい）がつくられ，大学生による社会運動が活発化した。

第5章

大正時代の社会・労働運動

労働運動（ろうどううんどう）資本主義社会の成立に伴い，劣悪な労働条件の改善や労働者の地位向上を目指した労働者の運動のこと。

労働争議（ろうどうそうぎ）労働時間などの労働条件，賃金などの労働者の待遇問題を巡って労働者と経営者（資本家）との間に起きる争い。大正デモクラシーの中で労働者の活動が活発化し，労働争議も多発した。

メーデー 毎年世界各地で毎年5月1日におこなわれる労働者の祝日。労働者が統一して権利の要求と国際的な団結を示す日である。日本では大日本労働総同盟友愛会が中心となり，1920年に第1回メーデーがおこなわれ，36年に中絶。戦後の1946年に復活した。

小作争議（こさくそうぎ）小作人が地主へ小作料減免・小作権確認を要求した争い。1921年以降に増加し，数百人以上が参加する大規模な小作争議もあった。

日本農民組合（にほんのうみんくみあい）1922年，杉山元治郎（もとじろう）・賀川豊彦（とよひこ）らにより設立。日本最初の小作人の全国組織組合。地主層との闘いの前面に立ち，全国の小作争議を指導した。

平塚らいてう（ひらつからいちょう）（雷鳥（らいちょう），明（はる））1886〜1971 青鞜社を設立して女性解放運動・女性参政権運動を推進し，ついで新婦人協会を設立した。

青鞜社（せいとうしゃ）1911年，平塚らいてうらにより設立された女性の感性の解放を目指す女性のみの文学団体。女性解放運動を始

めたが，1916年に解散した。

『青鞜』<ruby>青鞜<rt>せいとう</rt></ruby> 平塚ら
いてうらによっ
て設立された文
学団体である青
鞜社が発行した
女性だけの手に
よる雑誌。1911
年9月の創刊号
の平塚らいてう

の一文で，「元始，女性は実に太陽であ
った」と宣言した。創刊号表紙の絵は，
長沼(高村)智恵子のデザイン。チェコの
アルフォンスミュシャの影響がみえる。

市川房枝<ruby>市川房枝<rt>いちかわふさえ</rt></ruby> 1893～1981 女性運動家。新
婦人協会の設立に参加する。日本労働総
同盟で女性労働者を組織。婦人参政権獲
得期成同盟会をつくり，委員長となる。
第二次世界大戦後は，参議院議員となり
活躍する。

新婦人協会<ruby>新婦人協会<rt>しんふじんきょうかい</rt></ruby> 1920年，平塚らいて
う・市川房枝らが女性の政治参加を求め
る団体として設立。1890年に公布された
集会及政社法を引き継いだ，治安警察法
第5条の「女子の政治結社・政治集会禁
止」条項の撤廃運動をおこなったが，
1922年，女性の集会参加のみが議会で認
められ，同年解散した。機関誌『女性同
盟』を発行して活動した。

治安警察法改正<ruby>治安警察法改正<rt>ちあんけいさつほうかいせい</rt></ruby> 治安警察法第5
条には，軍人，警察官，教員・学生，女
子，未成年の政治結社への加入が禁止さ
れるとともに，女子・未成年は政治的集
会への参加を認められていなかった。新
婦人協会の活動で，1922年の議会で第5
条の条文修正が可決された。しかし，女
性の政治集会参加は認められたが，政治
結社への加入は従来通り認められなかっ
た。

婦人参政権獲得期成同盟会<ruby>婦人参政権獲得期成同盟会<rt>ふじんさんせいけんかくとくきせいどう</rt></ruby><ruby><rt>かい</rt></ruby> 1924年，女性の選挙権獲得を目指し
て市川房枝らが結成。翌1925年，婦選獲
得同盟となったが40年に解散し，大政翼
賛会に合流した。女性に参政権を与えよ
うという婦人公民権法案は，1930年に衆
議院で可決されたが，貴族院で否決され
た。女性参政権は戦後に持ち込まれた。

婦人公民権法案<ruby>婦人公民権法案<rt>ふじんこうみんけんぽうあん</rt></ruby> 1931(昭和6)年
2月，女性の参政権を条件付きで認める
法案が提出された。この議会では女性に
市町村会での選挙権・被選挙権を与える
法案が提出され，衆議院では満場一致で
通過したが，貴族院本会議で否決された。
当時，市町村政治に参加することを公民
権といっていた。

部落解放運動<ruby>部落解放運動<rt>ぶらくかいほううんどう</rt></ruby> 1871年，えた・非
人の称が廃止され，法的には農工商と等
しく平民になったが，社会的差別は依然
として残存した。明治期の解放運動は融
和運動的なものが多かった。大正期には
被差別民の自主的な解放運動が起こり，
全国水平社を創立し，全国的組織で解放
運動が展開された。

被差別部落<ruby>被差別部落<rt>ひさべつぶらく</rt></ruby> 江戸時代，幕藩体制の下
で「えた」などの蔑称で呼ばれた「かわた」
は，城下町のすぐ近くに集められ，百姓
とは別の村や集落をつくり，農業や皮革
の製造・わら細工などの手工業に従事し
ていたことでこう呼ばれた。

全国水平社<ruby>全国水平社<rt>ぜんこくすいへいしゃ</rt></ruby> 1922年3月，被差別民
の差別解消のために結成された，自主的
な解放団体。融和運動を克服し，絶対の
解放を期して糾弾闘争を強化したが，第
二次世界大戦中は活動を停止。戦後，
1946年に部落解放全国委員会として復活，
55年に部落解放同盟と改称した。

荊冠旗<ruby>荊冠旗<rt>けいかんき</rt></ruby> 黒地に赤の<ruby>荊<rt>いばら</rt></ruby>を巡らした全国
水平社の旗。黒は暗黒の差別社会，赤の

荊は受難の象徴。「水平社宣言」を起草した西光万吉が考案。

部落解放全国委員会（ぶらくかいほうぜんこくいいんかい） 太平洋戦争後，最初の部落解放運動の全国組織。1946年2月，旧全国水平社の活動家が呼びかけて結成された。しかし，戦後の混乱の中で組織は拡大しなかった。1955年8月，部落解放同盟に改組した。

部落解放同盟（ぶらくかいほうどうめい） 1955年8月，部落解放全国委員会を改組して成立した部落解放運動の全国組織。労働・社会運動を支援する中で，大衆団体として組織を拡大した。部落問題解決のための国家施策を要求し，1969年，時限立法として同和対策事業特別措置法が制定された。

堺利彦（さかいとしひこ） 1870～1933 日露開戦に反対して幸徳秋水と『万朝報』記者をやめ，平民社を設立。『平民新聞』で反戦論を展開。日本社会党結成にも参加するなど日本の社会主義運動を始めた1人。日本共産党創立にも参加したが，のち幅広く社会民主主義の立場で，労働者や小作農の利益を守る無産政党運動に関与した。

日本共産党（にほんきょうさんとう） 1922年，モスクワのソ連共産党の指導下につくられた国際共産党（1919結成。コミンテルン，第3インターともいう）の日本支部として，堺利彦・山川均らが非合法で結成。機関誌は『赤旗』。昭和初期の三・一五事件，四・一六事件などの共産党員の大量検挙・大弾圧により，1935年頃に活動不能となる。第二次世界大戦後に再建される。労働運動・知識人に多大な影響を与えた。

コミンテルン日本支部（にほんしぶ） コミンテルンは共産主義インターナショナル，第3インターナショナルともいわれ，1919年にレーニンがモスクワで設立した共産主義の国際的組織。共産主義革命を達成したソ連共産党が国際共産主義運動を指導す

るという立場から各国の共産党はソ連共産党に指導されるコミンテルンの支部と位置付けられた。当時の日本共産党も直接的・間接的にその活動を指令されていた。

関東大震災の発生

関東大震災（かんとうだいしんさい） 1923年9月1日，関東地方を襲った大地震。マグニチュード7.9。震度は7。東京・横浜など大都市災害をもたらし，東京両国の陸軍の軍服などをつくっていた被服廠跡（りょうごく）で死者約4万人。全体の死者約10万人，行方不明者4万人以上。2日に東京市，3日から東京府・神奈川県に戒厳令が施行された（11月16日に解除）。震災は大戦景気以来蓄積された国富に大被害を与えるとともに，不況が深刻化した。

鹿子木孟郎（かのこぎたけしろう） 1874～1941 洋画家。アメリカ，フランスで洋画を学び，帰国後，京都に定住し，関西美術院長として京都洋画壇の重鎮となる。彼の描いた油絵「関東大震災」は，厳格・堅固な構成で，その悲惨な状況を活写している。

朝鮮人・中国人殺傷事件（ちょうせんじん・ちゅうごくじんさっしょうじけん） 関東大震災の混乱下に朝鮮人が暴動を起こしたとの流言（りゅうげん）が飛び交い，住民で組織する自警団の手で，「朝鮮人狩り」と称して関東各地で多数（人数については諸説ある）の朝鮮人とともに中国人も殺害された。

自警団（じけいだん） 自分の町内を守るために，住民たちが自発的につくった組織。うわさにまどわされて町内の住民以外の人に危害を加え，特に差別的な感情から朝鮮人・中国人を殺傷した。

亀戸事件（かめいどじけん） 関東大震災の混乱下，東京の亀戸署内で平沢計七（ひらさわけいしち）・川合義虎（かわいよしとら）らの労働運動家10人が警察と軍隊により殺された事件。

甘粕事件 1923年9月16日，関東大震災の混乱に乗じて，無政府主義者大杉栄と内縁の妻伊藤野枝，それに甥が憲兵隊に連行され，甘粕正彦大尉に殺害された事件。

大杉栄 1885～1923 無政府主義者。社会主義運動を再建し，過激な直接行動による政府の変革を主張して大正期の労働運動に大きな影響を与えた。関東大震災の混乱に乗じて憲兵大尉甘粕正彦に殺害された。

第二次護憲運動と政党内閣の発展

高橋是清 1854～1936 日銀総裁・蔵相を経て原敬暗殺を受け1921年に首相に就任した。第4代の立憲政友会総裁。護憲三派内閣の農商務相。昭和初期の困難な財政・金融状況の中で活躍した。田中義一内閣の蔵相として金融恐慌を収拾。犬養内閣の蔵相として金輸出再禁止をおこない，斎藤内閣では時局匡救事業をおこなう。岡田内閣で蔵相在任中，二・二六事件で暗殺される。

高橋内閣 1921.11～22.6 原首相が暗殺された後，蔵相の高橋是清が第4代立憲政友会総裁として組閣，すべての閣僚を留任させた。ワシントン会議に参加して協調外交を推進した。立憲政友会の内部対立で総辞職する。

非政党内閣 高橋は清内閣以後の加藤友三郎内閣(1922.6～23.9)，第2次山本権兵衛内閣(1923.9～24.1)，清浦奎吾内閣(1924.1～24.6)の3代の内閣は衆議院では政党を与党としながらも，官僚や貴族院から閣僚を迎えた内閣。その性格から非政党内閣という。

清浦奎吾 1850～1942 山県有朋系官僚。貴族院議員，枢密顧問官。1924年に首相となる。第二次護憲運動により辞職する。

清浦内閣 1924.1～24.6 第2次山本内閣の崩壊後，枢密院議長の清浦が組閣。政党から閣僚を入れず，貴族院中心の超然内閣であった。衆議院では立憲政友会から分裂した政友本党を与党にしたが，第二次護憲運動が高揚し，6月の総選挙で政友本党が敗北して政権維持の見通しを失い，わずか5カ月で総辞職した。

第二次護憲運動 1924年，護憲三派が中心となり，清浦内閣打倒，普選断行，政党内閣の実現，貴族院・枢密院改革，行政整理などを掲げて起こした運動。総選挙の勝利で護憲三派による加藤高明内閣が成立した。

憲政擁護・普選実現 この時の「憲政擁護」は，明治憲法で規定されている"立憲制を守れ"というよりは，大正デモクラシーの中で定着してきた政党政治を守るという意味に近い。それ故に，政党が民衆の意見を代弁するには普通選挙が必要であるというスローガンになる。

護憲三派 第二次護憲運動をおこなった憲政会(加藤高明)，革新倶楽部(犬養毅)，立憲政友会(高橋是清)をいう。清浦内閣を倒閣したのち，連立内閣を組織する。

憲政会 憲政会総裁加藤高明は，外交では二十一カ条要求以来の強硬外交から協調外交路線へ転換した。内政では普通選挙の推進を掲げていたため，第二次護憲運動が起きた時，立憲政友会との政策的な相違はほとんどなかった。

立憲政友会 原敬暗殺後，第4代立憲政友会総裁となった高橋是清は，内政では原敬の普通選挙時期尚早論を改めて普選推進論に転換させ，外交ではイギリス・アメリカとの協調外交を主張し，大正デモクラシーの風潮に順応した政党へ脱皮させた。それに反発するグループが

政友本党へ走った。

革新倶楽部〔かくしんクラブ〕 犬養毅の立憲国民党が，弁護士や新聞記者出身の大正デモクラシーをリードする有名な衆議院議員を加えて，革新倶楽部と改称した。普選や軍備縮小などの革新的政策を掲げていた。

元老〔げんろう〕 明治維新の功労者で，政治的経験が豊富な政治家・軍人が就く非公式の地位。天皇の最高顧問として首相の推薦や重要政策に関与した。

西園寺公望〔さいおんじきんもち〕 山県有朋が1922年に死去し，明治時代以来の元老は西園寺公望以外誰もいなくなった。西園寺公望のみが最後の元老となり，その死まで天皇への次期首相の推薦に当たった。衆議院議員選挙に勝利した護憲三派の第一党の憲政会総裁加藤高明を首相に推薦した。

加藤高明〔かとうたかあき〕 1860〜1926 三菱財閥をつくった岩崎弥太郎の娘を妻とする。外交官から政治家となり，桂太郎が亡くなると立憲同志会の総裁となり，のち憲政会総裁になった。第二次護憲運動で清浦奎吾と対決し，護憲三派が勝利して内閣を組織した。

護憲三派内閣〔ごけんさんぱないかく〕（加藤高明〔かとうたかあき〕内閣） 1924.6〜26.1 総選挙後に第一党となった憲政会の総裁加藤高明を首相とする護憲三派連立内閣。内相若槻礼次郎，外相幣原喜重郎，蔵相浜口雄幸。普通選挙法・治安維持法の制定，貴族院の改革，日ソ国交樹立などを実現。立憲政友会が護憲三派から離脱した後，加藤は1925年8月に引き続き，憲政会単独の内閣に改造。これを第2次加藤高明内閣と呼ぶ。

政党内閣〔せいとうないかく〕 議会内で多数を占める政党により組織された内閣。1898年の隈板内閣〔わいはん〕で成立するが，4カ月で崩壊した。米騒動後の原内閣で，本格的に成立。1925年の加藤高明内閣から32年の五・一五事件で犬養内閣の崩壊まで8年間政党内閣が継続した。

普通選挙法〔ふつうせんきょほう〕（男性普通選挙法〔だんせいふつうせんきょほう〕） 1925年，護憲三派内閣が改正した衆議院議員選挙法の通称をいう。納税資格制限を撤廃し，満25歳以上の男性に選挙権（女性は含まず），満30歳以上の男性に被選挙権を認めたもの。同時に小選挙区を中選挙区に戻した。

治安維持法〔ちあんいじほう〕 1925年，加藤（高）内閣が普選法成立直前に立法した。国体の変革，私有財産の否認を目的とする結社を禁止する法。10年以下の懲役・禁錮の罰則。1928年に死刑を追加した。1936年に思想犯保護観察法が成立し，41年予防拘禁制〔よぼうこうきん〕を導入した。普選の実施による社会主義の拡大，日ソ国交樹立後の社会主義運動の活発化を取り締まるのが目的。1945年10月，GHQ覚書で廃止された。

国体〔こくたい〕の変革 国体とは天皇制国家のこと。その変革とは天皇制国家を打倒すること，すなわち革命を起こすことをいう。

私有財産〔しゆうざいさん〕制度の否認 私有財産制度を否認するとは，私有財産を認めない共産主義社会にすることをいう。すなわち，共産主義革命を起こすこと。

日ソ基本条約〔にっソきほんじょうやく〕 1925年，北京において日本の中国公使芳沢謙吉〔よしざわけんきち〕とソ連の中国大使カラハンとの間で締結された。ロシア革命とシベリア出兵によって国交断絶となっていた日本とソ連の国交が樹立された。

特別高等警察〔とくべつこうとうけいさつ〕（特高〔とっこう〕） 1911年，大逆事件の翌年に警視庁に思想犯・政治犯を取り締まる特別高等課を置き，その後，大阪・北海道・神奈川・愛知へ拡大された。28年には，全国各道府県の警察にも設置され，共産主義者ばかりでなく自由主義者や外国人への監視・情報収拾

をおこなう弾圧機関となった。

無産政党_{むさんせいとう} 労働者や小作人などの無産
階級の意見を代表する政党。1928年に実
施される第1回普通選挙を目標に，社会
主義者・労働運動家・知識人らにより結
成され，活発に活動する。

第6章 経済危機と第二次世界大戦

① 世界恐慌の発生と各国の対応

世界恐慌の発生

ニューヨーク株式市場かぶしきしじょう 1817年にウォール街に設立された証券取引所。アメリカ経済の発展に伴い，投資銀行の活動が活発化し，ロンドンの株式市場(ロンバート街)と並び，世界金融の中心となった。

ウォール街 Wall street ニューヨーク市マンハッタン島の南端にある街路。証券取引所や証券会社・銀行が集中し，アメリカの金融・証券市場の代名詞として使われる。

「暗黒あんこく**の木曜日」** ウォール街で株価が大暴落し，大恐慌の契機となった1929年10月24日(木曜日)のこと。

世界恐慌《アメリカ》Great Depression 世界一の債権国となったアメリカの経済破綻が，資本主義各国に波及して起こった大恐慌。背景には，限界に近かった大衆の購買力に対する過剰生産と投資拡大があった。工業生産は半分となり，銀行・企業の倒産が急増し，アメリカの失業者は1300万人となった。農産物価格の暴落による農業恐慌も伴った。特にアメリカの資本援助で経済復興を進めるドイツ経済の悪化は深刻であった。また，先進国の経済悪化は，農産物や鉱物資源の輸出に頼る途上国の経済にも打撃を与えた。

金本位制からの離脱と世界経済のブロック化

金本位制度きんほんいせいど 一国が発行できる通貨量の基準が，金に置かれている通貨制度。中央銀行が発行する銀行券は，金と交換できる兌換紙幣とされ，一国の通貨量は中央銀行の保有する金の量に拘束される。現在，金本位制を採る国はなく，管理通貨制度が採られている。

金本位制離脱《イギリス》1931 イギリスの挙国一致内閣がおこなった。1925年，イギリスは第一次世界大戦後しばらく停止していた金本位制に復帰した。しかし，ポンドの過大評価，世界恐慌の影響で維持できなくなったために金本位制から離脱した。

国　名	金本位停止	金本位復帰	金本位離脱
日　　本	1917.9	1930.1	1931.12
イギリス	1919.4	1925.4	1931.9
アメリカ	1917.9	1919.7	1933.4
ド イ ツ	1915.11	1924.10	1931.7
フランス	1915.7	1928.6	1936.9
イタリア	1914.8	1927.12	1934.5

各国の動向

管理通貨制度かんりつうかせいど 通貨の発行量を政府と中央銀行の管理下に置く通貨制度。金の保有量とは関係なく，必要に応じて不換紙幣を発行することができる。国内の通貨量を調整しながら金融政策を実施でき，有効需要(購買力)の拡大が可能になるが，通貨量の膨張によるインフレを引き起こす可能性もある。1929年の世界恐

慌により，世界各国は1931年以降に金本位制度から管理通貨制度へ移行した。

特恵関税制度（とっけいかんぜいせいど） 本国が植民地や連邦内の国々から輸入する場合に，通常よりも特別に低い関税率か無税にすること。このことによって，本国と植民地・連邦内の国々とブロック経済圏をいっそう強固にする貿易政策。

オタワ連邦会議（イギリス連邦経済会議） Ottawa Conference 1932 カナダのオタワで開かれたイギリス連邦の経済会議。世界恐慌に対処するため，連邦内における特恵関税協定(オタワ協定)を結び，ブロック経済圏を形成した。この協定はほかの列強の保護主義を助長する結果となった。

ブロック経済 bloc economy 本国と海外植民地・自治領などが，排他的な経済圏を形成すること。イギリス連邦がオタワ協定でスターリング＝ブロックを形成したのが始まり。フランス・アメリカ・ドイツ・日本などもこれに対抗しようとした。ブロック経済は自由貿易を破壊し，ブロック間に摩擦を生み，第二次世界大戦の遠因となった。

スターリング＝ブロック（ポンド＝ブロック） sterling イギリスを中心とする経済ブロックのこと。

フラン＝ブロック franc フランスが植民地を囲い込んだ経済ブロック。これとは別に，フランスは1933年に金本位制を維持しようとしたヨーロッパ諸国と「金ブロック」を形成したが，こちらは1936年半ばに崩壊した。

金ブロック フランスが金本位制を採るヨーロッパ諸国と形成したブロック経済圏。各国が金本位制から離脱したため，1936年頃には機能しなくなった。

アメリカのニューディール政策

共和党 Republican Party アメリカ二大政党の１つ。当初は奴隷制に反対するなど革新的だったが，しだいに保守的傾向を強め，1920年代の繁栄期には自由放任主義を唱え，ハーディング・クーリッジ・フーヴァーと３人の大統領が続けて政権を担当した。

フーヴァー Hoover 1874〜1964 共和党のアメリカ合衆国第31代大統領(在任1929〜33)。大統領に当選し，「永遠の繁栄」を宣言したが，共和党の政策の伝統から大恐慌に対する政府の介入に消極的だった。1931年には戦債・賠償の支払いを１年間猶予するフーヴァー＝モラトリアムを発したが，あまり効果を挙げられず，32年の選挙で民主党のフランクリン＝ローズヴェルトに敗れた。

フーヴァー＝モラトリアム Hoover Moratorium 1931 アメリカ大統領フーヴァーが発した，政府間債務の１年間支払いを猶予した宣言。世界恐慌で大打撃を受けたドイツの金融恐慌防止が目的だったが，効果はあがらなかった。

民主党 Democratic Party 共和党と並ぶ合衆国の二大政党の１つ。南北戦争後，支持基盤を南部から徐々に北部の都市部に移した。1920年代，共和党が自由放任主義で世界恐慌に対応できなくなる中で，政府の積極的財政支出で恐慌を乗り切ろうとした。

フランクリン＝ローズヴェルト Franklin Roosevelt 1882〜1945 アメリカ合衆国第32代大統領(在任1933〜45)。民主党。1928年にニューヨーク州知事となり，大恐慌に革新的政策で対応，32年の大統領選挙で「ニューディール」を掲げて当選した。強力な指導力で景気回復のための改

革に取り組み，「善隣外交」をとってラテンアメリカ諸国との友好に努め，ソ連を承認した。第二次世界大戦中，大統領4期目に入ったが，終戦直前に病死した。

ニューディール New Deal 1930年代，恐慌対策としてローズヴェルト政権が実施した政策の総称。「新規まき直し」といった意味で，ローズヴェルトが大統領選挙で掲げたスローガン。連邦政府の権限を強化し，積極的な経済統制をはかり，従来の自由放任政策を転換した。

農業調整法（AAA）Agricultural Adjustment Act 1933 ニューディールの農業政策。補助金と引き換えに作付けを制限，農産物価格の引上げをはかった。1936年に違憲判決を受けたが，38年に趣旨を継ぐ，第2次農業調整法が制定された。

テネシー川流域開発公社（TVA）Tennessee Valley Authority 1933 ニューディールの総合開発事業。7州にまたがる広大な地域で，ダム建設と発電，植林，水運の改善，農業振興などを進め，雇用促進をはかった。大規模な開発は，後発地域であったテネシー川流域の発展に寄与し，公営企業が電力を生産したことは，民間企業の独占を破り，料金引下げにも貢献した。

ワグナー法 Wagner Act 1935 全国産業復興法が違憲とされたことから，労働者の権利保護のために制定された法。提案者のワグナー上院議員の名で呼ばれる。労働者の団結権・団体交渉権を保障し，組合運動を飛躍的に発展させた。

善隣外交 Good Neighbor Policy ローズヴェルト政権の外交政策をいう。大恐慌勃発後，経済圏を確保するため，ラテンアメリカ諸国への介入と干渉を排し，関係改善に努めた。

ソ連の社会主義計画経済

レーニンの死 1924 1923年に病に倒れて以来，レーニンは政治の表舞台からは姿を消していた。翌年1月の死によって，社会主義建設の方向や後継者の地位を巡る争いが激化した。特にトロツキーとスターリンとの権力争いは激烈だった。

トロツキー Trotskii 1879〜1940 ロシアの革命家，ソ連共産党の指導者。レーニンの後継者と目されていたが，党内でのスターリンとの争いに敗れ，1929年に国外に追放された。国外でもスターリン批判を続けたが，亡命先のメキシコで暗殺された。

世界革命論 トロツキーらが主張した革命理論。農民が大半を占め，プロレタリア（労働者階級）が少数のロシアで革命が勝利するためには，西欧プロレタリアートの勝利と支持が必要であり，世界的な共産主義革命の広がりが必要であるとした。

スターリン Stalin 1879〜1953 ソ連共産党の指導者。1922年に書記長に就任。レーニンの死後，一国社会主義論を主張し，党内の主導権争いでトロツキーを破った。その後も多くの政敵を失脚させ，1930年代には独裁権力を握った。28年から始まった五カ年計画で急速な工業化と農業の集団化を進める一方，反対派に対する厳しい粛清をおこない，恐怖政治をおこなった。

一国社会主義論 スターリンが主張した革命理論。トロツキーらが先進国の革命の不可欠を主張するのに対し，社会主義建設は後進国であるソ連1国だけでも可能であるとした。

新経済政策（ネップ） New Economic Policy ロシア革命の内戦期にソヴィエト政権が採った政策。中小企業の強引な国有化，

労働者には賃金の代りに小麦・肉などの現物支給，農民からの農作物の強制徴収は，労働者や農民の不満を招き，生産は停滞した。1921年，ソヴィエト政権はそうした戦時共産主義からの転換をはかり，小企業や小農に自由経営を許すことで生産意欲を高めようとはかった。それを新経済政策という。それにより，生産は1927年には戦前の水準に回復した。

ラパロ条約 Rapallo 1922 国際的に孤立するドイツとソヴィエト政権が締結した条約。相互に賠償請求権を放棄し，外交関係を回復，最恵国待遇，通商関係の促進を定めた。

イギリスのソ連承認 1921年のイギリス・ソ連の通商(経済協力)協定で事実上承認し，1924年に労働党政権が成立し，正式に国交を樹立した。27年に保守党内閣が国交断絶したが，29年に国交を回復した。

フランスのソ連承認 1924 左翼連合政権が成立し，ソ連を承認した。

日本のソ連承認 1925 日ソ基本条約を締結して国交を樹立。日本はソ連を承認した。

アメリカのソ連承認 1933 ローズヴェルトが承認。背景として，ソ連の市場としての可能性に期待したこと，両国が中国東北地方から勢力拡大をはかる日本を危険視する点で一致したことなどがある。

計画経済 けいかくけいざい 生産物の生産，流通，販売などについて，国が生産から消費まで計画を立てて運営する経済体制。個人の自由な経済活動はまったく認めない。ソ連では5年を一区切りとする計画経済「五カ年計画」がおこなわれた。計画経済は，社会主義経済体制の象徴である。

第1次五カ年計画 1928～32 社会主義建設と共産主義への移行のために強行されたソ連の総合的な経済政策。重工業重視の

工業化，土地・家畜・農具を農民がすべて共有するコルホーズ建設による農業の集団化などを推進した。工業化は急速に進んだが，共有化によって反対に農民の生産意欲がなくなり農村の荒廃などの問題も生んだ。

集団農場 しゅうだんのうじょう ソ連の集団農場は，コルホーズとソホーズの2種がある。コルホーズは，農民の土地・家畜・農具を共有することで農場の共同経営化をはかった。ソホーズは国営農場で土地・家畜・農具すべてが国有で，農民は労働者として賃金を受け取る農場である。しかし，両者とも農民の生産意欲を減退させたばかりではなく，国家が強制的に安価に農産物を買い上げて都市へ送ったために，ソ連の農村は工業化の犠牲となり，飢饉が常態化していた。

強制収容所 政治的理由から形式的な裁判で，あるいは裁判なしで，強制的に市民を収容する施設。ソ連では1930年代の「粛清」の時代に多くの人々が収容された。

粛清 しゅくせい 1930年代後半，スターリンが権力者としておこなった虐殺を伴う大規模な弾圧。旧反対派の幹部だけでなく，軍首脳部から一般党員や一般市民，外国人共産主義者も対象とされた。対象者は裁判にもかけられず，処刑されたり，厳寒のシベリアにある強制収容所に送られた。1000万人以上の人が殺されたといわれている。

❷ ファシズムの台頭とヨーロッパ諸国

ファシズム体制

ファシズム体制 fascism もともとはイタリアのファシスト党による独裁政治を指すが，ドイツのナチズムなどを含めて，

国民の自由や権利を否定・抑圧する政治体制を広くファシズム体制と呼ぶ。議会政治を否定した一党独裁，武力・暴力による国民の自由抑圧体制が特徴。

全体主義（ぜんたいしゅぎ） 国家あるいは民族の全体を絶対視し，個人の自由を認めない政治理念。政府が，人間活動のほとんどの領域を統制しようとする。イタリアのファシズム，ドイツのナチズム，日本の軍国主義，旧ソ連型の共産主義がこれに含まれる。

極端なナショナリズム 健全なナショナリズムは，民族意識を高め，国民的統合を強化しようとするものであるのに対し，極端なナショナリズムは自民族の優越性を主張するとともに，他民族を抑圧ないしは排除し，侵略戦争を肯定する。

反共産主義 共産主義者や労働運動の活動家を排除すること，または排除しようとする思想。共産主義を体制破壊的な思想だと決め付ける考え方。

ヴェルサイユ体制の転覆 ナチス＝ドイツは，第一次世界大戦後，一連の講和条約で形成されたヴェルサイユ体制をドイツの封じ込めを目指す国際体制と捉え，それを転覆・崩壊させることでドイツの国益が拡大できると考えた。

ドイツのナチズム

ナチズム Nazism ナチスによる全体主義的・超国家主義的な政治のこと。ドイツのファシズム。反ユダヤ主義・反共産主義・国家社会主義などさまざまな要素を含み，中産階級や下層階級の排外主義的民族主義，反大資本の願望を煽り，現状に不満を持つドイツ国民の熱狂的支持を得た。

ヒトラー Hitler 1889〜1945 ドイツ第三帝国の独裁者。オーストリア出身。第一次世界大戦に従軍，1921年にナチ党の指導権を握り，ヴェルサイユ体制打破を主張した。32年の選挙でナチ党は第一党となり，33年に首相に就任，翌年には大統領を兼ね，総統と称して独裁的権力を握った。反ユダヤ主義を掲げて強引に侵略政策を推し進め，第二次世界大戦を引き起こしたが，戦争に敗れ，45年に自殺した。

国民（国家）社会主義ドイツ労働者党 Nationalsozialistische Deutsche Arbeiterpartei ドイツの政党。ドイツ労働者党が1920年に改称。巧妙な扇動による大衆運動を展開し，1920年代末から急速に支持者を拡大した。支持層は，中小農民・官僚・中小企業主などの社会上層・中間層を中心に，工業労働者や農業労働者も加わる。世界恐慌の不安の中，人々はヴァイマル体制打破を主張するナチ党に困窮からの救済を期待した。また，共産党の進出に危機感を持った資本家や軍部の支持も得て，32年に第一党となり，翌年ヒトラーが政権をとった。

ナチ党 Nazis 国民（国家）社会主義ドイツ労働者党の通称。もともとは，政敵や反ヒトラー派からの卑称である。

ヒンデンブルク Hindenburg 1847〜1934 ドイツの軍人・政治家。東部戦線でロシア軍を破ったタンネンベルクの戦いに勝利し，国民的英雄となった。1925年，ヴァイマル共和国第2代大統領となり，32年の選挙ではヒトラーを破り，再選された。しかし，議会政治が行き詰まる中，強力な大統領権限で首相を指名し，権威主義体制をつくりあげ，33年1月にヒトラーを首相に任命，第三帝国成立への道を開いた。

ヒトラー内閣 1933年1月成立。反共和国的な保守勢力と軍部の支持を背景に，ヒトラーは首相に任命された。ヒトラーはた

だちに総選挙を実施し，国会議事堂放火事件で左翼勢力を弾圧したほか，強引な手法で288議席を獲得，全権委任法を可決してナチ党の一党独裁体制を確立した。

国会議事堂放火事件 1933年2月27日，ドイツのベルリンにある国会議事堂が放火された事件。オランダの元共産党員が犯人として逮捕された。ナチ党政権は共産主義の脅威をあおり，共産党を解散に追い込んだ。事件をナチ党の陰謀とする説もあるが，不明な点が多く真相は不明である。

共産党弾圧 党活動は厳しく制約され，1933年3月5日の選挙の当選者も拘束された。

全権委任法（ぜんけんいにんほう） Ermächtigungsgesetz 1933 立法権を政府に委譲することを認め，ナチ党の独裁体制を基礎付けた法律。「国会の自殺」といわれた。改憲条項を含むため3分の2の賛成を必要とし，過半数を得ていないナチ党は，共産党議員の拘束，ドイツ国家人民党と中央党の協力で3月にようやく可決した。4年の時限立法だったが，更新により存続した。

一党独裁 1933年の全権委任法の成立後，ナチ党が他の政党を解散させ，新党設立を禁止して確立した独裁的政治体制をいう。

総統（そうとう）**（フューラー）** Führer 1934 ヒンデンブルクの死とともに，ヒトラーは大統領と首相の権限を合わせ持つ独裁的地位を得，総統と称した。

アウトバーン Autobahn ナチ党の政権下，公共事業の一環として1933年から建設が開始されたドイツの高速道路。計画はヴァイマル共和国期にすでにあったが，この建設事業で失業者を急速に減らし，ナチスへの期待を高めた。

フォルクスワーゲン フォルクスワーゲンは，ドイツ語の「フォルクス」（民族・国民）と「ワーゲン」（車）を合わせた用語で，国民的な車のこと。ヒトラーが1934年のベルリンモーターショーで提唱した国民車構想に基づき，フェルディナント・ポルシェが設計した小型車。ドイツ国民にマイカーの夢を煽り（あお），ナチスへの支持を拡大した。1935年に最初の試作車ができ，生産をおこなうフォルクスワーゲンベルク社が1938年に設立された。フォルクスワーゲンの大量生産を計画したが，第二次世界大戦が勃発し，戦車などの軍需品の生産に全力をそそいだため，国民にはわたらなかった。戦後になってやっと生産が本格化した。

国際連盟脱退 1933 ヒトラーは，1932年のジュネーヴ軍縮会議で軍備平等権が否定されると，10月，連盟脱退を宣言した。ヒンデンブルク大統領もこれを支持，11月の国民投票では95％が賛成した。

再軍備（さいぐんび）宣言 1935 ヒトラーがヴェルサイユ条約の軍事制限条項破棄を宣言した。空軍再編・徴兵制復活などを目指した。以前からおこなわれていた周到な準備により，ドイツ軍の再建は順調に進んだ。

仏ソ相互援助（そうごえんじょ）条約 1935 ドイツの再軍備宣言に脅威を感じたフランスとソ連が結んだ条約。ヒトラーは，同条約がロカルノ条約と矛盾すると批判，ロカルノ条約を破棄する口実に利用した。

ラインラント進駐（しんちゅう） Rheinland 1936 仏ソ相互援助条約締結を口実にヒトラーが決行した非武装地帯であったラインラントへの軍事行動。歩調のそろわないイギリス・フランスは干渉せず，3月からのドイツ軍の駐留は既成事実となった。

イタリアとドイツの接近

エチオピア侵攻 1935～36 イタリアのムッ

ソリーニ政権がおこなった侵略行動。ド
イツ再軍備宣言が列強の関心を集める中，
イタリアは国境紛争を口実にエチオピア
に侵入，1936年に併合した。国際連盟の
経済制裁は石油禁輸を除外する効力のな
いもので，イギリス・フランス両国もイ
タリアに宥和(ゆうわ)的な姿勢をとった。

ベルリン＝ローマ枢軸(すうじく) 1936年に成立
したドイツ・イタリアの協力関係をいう。
この言葉は，36年末のムッソリーニの演
説に由来する。ドイツの再軍備宣言，イ
タリアのエチオピア侵略，スペイン内戦
でのフランコ支持などを通じて両国は急
速に接近した。

国際連盟脱退 1937 エチオピア侵略への非
難に反発して脱退する。日本・ドイツに
ついでの脱退となった。

ソ連の動向

ソ連の国際連盟加入 1934 日本・ドイツ
の両国が脱退した翌年に実現し，常任理
事国となった。しかし，フィンランド侵
攻を理由として，ソ連は1939年に連盟を
除名された。

「反ファシズムの砦(とりで)」 ソ連はドイツの
脅威に対して，1935年，フランスやチェ
コスロヴァキアと相互援助条約を結んだ。
また，ファシズムに対して，各国で結成
された人民戦線を支援した。

国際連盟のソ連除名 ソ連がフィンラン
ドに侵攻したソ連＝フィンランド戦争に
関して1939年12月，国際連盟はフィン
ランドの提訴を認め，ソ連を侵略国として
除名した。

フランスの反ファシズム

人民戦線(じんみんせんせん)戦術 コミンテルンが提唱
したファシズム・帝国主義・戦争に反対
する勢力の政治連合。ロシア共産党の指

令を受けた各国の共産党は，ブルジョワ
民主政を打倒して共産党政権を樹立する
という方針を転換し，社会党など労働者
政党だけでなく，中間層を含めた幅広い
戦線の結集を目指した。その中で，共産
党が主導権を握ることがファシズム勢力
の拡張を阻止するばかりでなく，結果的
にはソ連の共産主義を防衛することにつ
ながるとする戦術。

フランス社会党（統一社会党） 1905 社会
主義の諸派がパリで結成した政党。1920
年に左派が分離して共産党を結成すると
弱体化したか，やがて勢力を回復し，人
民戦線内閣の中心となった。

フランス共産党 1920 フランス社会党か
ら分離して成立したマルクス主義政党。
1920年代は党勢は奮わなかったが，36年
の選挙では社会党・急進社会党と人民戦
線を結成して大勝した。

人民戦線(じんみんせんせん)内閣 1936〜38 フランスの人
民戦線はフランスにおけるファシズム勢
力に対抗するため結成された。選挙で社
会党・急進社会党・共産党の人民戦線派
が勝利し，社会党のブルムを首相として
成立した。有給休暇制・労働の40時間
制・教育改革などに取り組んだが，主導
権を握ろうとした共産党と急進社会党の
決裂で倒れた。後継の内閣も成果は挙げ
られなかった。

スペイン内戦

人民戦線内閣 1931年，ブルボン王政を倒
して共和政を成立させたスペインでもフ
ァシズム勢力が台頭した。それに対抗す
る人民戦線がアサーニャを首班として組
織した内閣のこと。1936年1月の選挙に
際し，労働者諸党派と共和主義左派が人
民戦線協定を結んで人民戦線を結成，選
挙に勝利した。

スペイン内戦^{ないせん} 1936〜39 人民戦線政府とフランコ将軍を中心とする右派の反乱軍との内戦。この内戦に対して不干渉協定が結ばれたが、ドイツ・イタリアはフランコを支援した。これに対し、イギリス・フランスは不干渉政策を守り、人民戦線の共和国政府軍を援助しないで見捨てた。人民戦線政府は国際義勇軍とソ連の支援を受けたが、内部分裂などに苦しみ、しだいに弱体化した。内戦は1939年4月に反乱軍側の勝利で終結、フランコ将軍は独裁政治体制を樹立した。

フランコ Franco 1892〜1975 スペインの軍人。モロッコで反共和国の軍部クーデタが起こるとこれに参加・指揮し、スペイン内戦の口火を切った。軍部や地主に支持され、ドイツ・イタリアからも支援されてスペイン内戦に勝利した。スペインの人民戦線を打倒した後、国家元首（総統）となり、戦後に至るまで長期間の独裁政治をおこなった。

英仏の不干渉^{ふかんしょう}**政策** スペイン内戦に対するイギリス・フランスなどの姿勢。1936年9月、ロンドンで27カ国が参加する不干渉委員会が設置された。革命と戦争の波及防止を目的としたが、ドイツ・イタリアが支援するフランコ将軍の反乱軍を阻止できず、結果的に人民戦線内閣の共和国政府を見殺しにした。

国際義勇軍^{ぎゆうぐん} スペイン内戦時、世界各国から共和国軍に参加した総数4万人といわれる外国人部隊。多くは各国の左翼組織のメンバーである。反ファシズムの立場のヘミングウェー・マルロー・オーウェルなど多くの文化人も参戦したが、共和国側を勝利に導くことはできなかった。

オーストリア併合^{がっぺい} 1938 ドイツ民族の統一を掲げてヒトラーがおこなった併合。ドイツとオーストリアとの合併はヴェルサイユ条約・サン＝ジェルマン条約で禁止されていたが、ヒトラーはオーストリアの完全従属を求めて侵攻し、1938年3月、オーストリアの親独派政権が併合を受け入れた。

ズデーテン地方併合 Sudeten ズデーテン地方はドイツ人居住者が多い、チェコスロヴァキアとドイツ・ポーランドの国境地帯。1938年、ヒトラーが武力併合を画策すると、イギリス・フランス・イタリア・ドイツの4国によるミュンヘン会談が開かれ、ドイツへの併合が認められた。

ミュンヘン会談 München 1938 ズデーテン問題に対処するために開催された会議。9月にイギリス首相チェンバレン・フランス首相ダラディエとヒトラー・ムッソリーニが会談し、イギリス・フランスは戦争の回避を名目にしてヒトラーの要求を了承、チェコスロヴァキア政府に割譲を勧告した。これはドイツの東へ向けた侵略を容認する宥和^{ゆうわ}政策の典型だった。また、この会議に招かれなかったソ連は、イギリス・フランスの姿勢に強い不信感を抱いた。

宥和^{ゆうわ}**政策** Appeasement Policy 妥協点を探り、協議と譲歩によって衝突を避けようとする政策。歴史的には、1930年代、領土拡大をはかるドイツ・イタリア・日本に対し、戦争回避の名目で、イギリス・フランスが取った妥協政策を指す。

ネヴィル＝チェンバレン Neville Chamberlain 1869〜1940 イギリス保守党の首相（在任1937〜40）。ドイツ・イタリアに対して宥和政策で対応した。ミュンヘン会

第6章

談で，戦争回避のためにヒトラーの要求を認めたが，第二次世界大戦を防げなかった。ドイツのノルウェー侵攻に対応できず，党内からも不信の声があがり，1940年5月に首相を辞任した。

ダラディエ Daladier 1884～1970 フランス首相（在任1933，34，38～40）。宥和政策には懐疑的だったが，ミュンヘン会談でチェンバレンに同調した。

ベーメン・メーレン保護領 1939 ド
イツ軍が併合したチェコスロヴァキア西半に設置された保護領のこと。

スロヴァキア保護国化 1939 チェコの東側に隣接するスロヴァキアは自治を認められて独立したが，ドイツの保護国とされた。

チェコスロヴァキア解体 1939 ナチス＝ドイツによっておこなわれ，最初の非ドイツ系地域への侵略となった。西側のチェコ（ベーメン・メーレン）を保護領，東側のスロヴァキアは保護国とした。これによってチェコスロヴァキアはドイツの支配圏に入った。

ポーランド回廊 Polish Corridor 第一次世界大戦後，ドイツからポーランドに割譲された領土。これにより，内陸国ポーランドがバルト海に出ることが可能になった。その中心の港湾都市がダンツィヒ。しかし，東プロイセンがドイツから分離されたこと，ドイツ人が居住していたことから，ナチス＝ドイツとの係争地となった。

ダンツィヒの返還要求 Danzig 現在のグダニスク。ドイツ領だったが，第一次世界大戦後に自由市となり，ポーランドが港湾使用権などを得た。しかし，ナチス＝ドイツはドイツへの併合を要求，ポーランドがこれを拒むと，1939年9月に軍を侵攻させた。

独ソ不可侵条約 1939 モスクワで調印された不可侵条約。8月23日，反共を主張するナチス＝ドイツと，反ファシズムを標榜するソ連の同盟は世界を驚愕させた。同盟の背景としては，ヒトラーはポーランド侵攻がイギリス・フランスとの開戦を招くことを危惧し，ソ連の中立を欲したこと，スターリンはイギリス・フランスへの不信を強め，ドイツと開戦するまでの軍事力強化の時間稼ぎを必要としたことなどがある。秘密条項でポーランドのドイツとソ連の分割と，バルト3国のソ連への併合も定めた。

❸ 日本の恐慌と満洲事変

政党内閣と金融恐慌

昭和天皇 1901～89 在位1926～89。在位の前半は満洲事変，二・二六事件，日中戦争，太平洋戦争，そして敗戦前後の苦難の時代。後半は象徴天皇制の下で平和と繁栄を迎える。在位64年は歴代最長である。

「憲政の常道」 1924年の加藤（高）内閣から32年の犬養内閣まで，衆議院で多数の議席を占める政党が内閣を担当することになった慣例をいう。第一党が総辞職した場合は第二党に交代する。戦後のような議院内閣制が制度化されたわけではない。昭和初期に立憲政友会・立憲民政党の議席数が拮抗していたため，政権交代することが可能だった。1932年の五・一五事件で犬養内閣が倒れ，挙国一致内閣の斎藤実内閣が成立して終止符が打たれた。

戦後恐慌 1920年3月の株の大暴落から始まった経済混乱。第一次世界大戦が終了して，ヨーロッパ諸国の輸出力が回

復し始めているのに，日本企業が大戦景気の頃と同じように輸出商品を大量に生産し続けたために，商品価格が下がり利益が出なくなっていたことが背景にあった。

震災恐慌〔しんさいきょうこう〕 1923年の関東大震災による東京や京浜工業地帯の壊滅で起こった恐慌。多くの会社・商店が焼失したため，振り出していた手形は現金化することができなくなり，紙くず同然となって銀行の手もとに残っていた。そのために不良債権化した震災手形の問題は，昭和初期まで日本経済を圧迫した。

震災手形〔しんさいてがた〕 関東大震災のために現金化できなくなった手形。政府は震災手形割引損失補償令を公布して，日本銀行から特別融資をしたり，手形を再割引して銀行を救済しようとしたが，不況のために救済はなかなか進まなかった。

若槻礼次郎〔わかつきれいじろう〕 1866〜1949 大蔵官僚から桂・大隈内閣の蔵相。加藤高明内閣の内相。憲政会，のちに立憲民政党総裁。組閣2回。1930年，ロンドン海軍軍備制限会議の主席全権を務める。

若槻内閣（第1次）〔わかつき〕 1926.1〜27.4 憲政会内閣。加藤高明首相の病死で組閣する。金融恐慌の際，台湾銀行を救済する日本銀行特別融資の緊急勅令案を枢密院で否決され，金融恐慌に対応できなくなり，総辞職した。

幣原外交〔しではらがいこう〕 1924年以降，護憲三派（加藤高明）・憲政会（若槻礼次郎）・立憲民政党（浜口雄幸・若槻礼次郎）内閣の外相を務めた幣原喜重郎が推進した協調外交をいう。イギリス・アメリカとの対立を避け，中国に対しては内政不干渉の方針を取りながら，経済的には中国市場への拡大をはかる外交政策をいう。しかし，田中義一内閣が中国に対する積極外交を

進めると，軟弱外交と批判された。

日中関税協定〔にっちゅうかんぜいきょうてい〕 1930年に調印。中国の関税自主権を承認して日中関係改善をはかった。

金融恐慌〔きんゆうきょうこう〕 1927年，震災手形の処理を巡り，議会で片岡直温〔なおはる〕蔵相が東京渡辺銀行の経営悪化に触れる失言があり，人々が預金の引出しに走る取付け騒ぎが起こった。台湾銀行・十五銀行など，日本の銀行・会社の破産・休業が続発した。田中義一内閣がモラトリアム（支払猶予令）で収拾する。中小銀行の合併，大銀行へ資本が集中する契機となる。

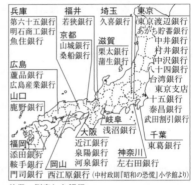

休業・倒産した銀行

台湾銀行〔たいわんぎんこう〕 1899年設立の台湾における中央発券銀行。植民地台湾の開発・近代化の役割をはたす。第一次世界大戦中に台湾銀行は台湾の砂糖や樟脳〔しょうのう〕を扱う神戸の鈴木商店に赤字を補填〔ほてん〕する巨額融資をおこなっていたため，台湾銀行も大きな赤字を抱えた。台湾銀行の経営危機は日本経済を揺がせる危険があった。

取付け騒ぎ〔とりつけさわぎ〕 金融恐慌で各地の銀行が倒産する恐れが出てくると，預金していた人々が銀行が倒産する前に預金を引き出そうと殺到した混乱の様子をいう。

台湾銀行特別融資緊急勅令〔案〕〔たいわんぎんこうとくべつ

若槻内閣は台湾銀行を救済するため、緊急勅令案で日本銀行からの特別融資をはかった。しかし、憲政会の若槻内閣に好意的でなかった枢密顧問官伊東巳代治らの反対で否決され、特別融資緊急勅令案は勅急勅令として発布できなかった。

モラトリアム（支払猶予令） Moratorium 銀行が支払いを一事停止すること。関東大震災後に第2次山本内閣の発令が最初。金融恐慌に際し、田中内閣は1927年4月22日より3週間実施。その間に日本銀行非常貸出しや救済諸法案を可決した。裏を印刷していない紙幣（裏白紙幣）などを多量に発行し、銀行再開に備えた。20億円の日本銀行による特別融資とモラトリアムで金融恐慌は収束したが、日本経済に大きな傷跡を残した。

金融恐慌後の日本経済 金融恐慌によって中小銀行は大打撃を受けて、銀行の合併が急速に進んだ。財閥系銀行である三井・三菱・住友・安田・第一の五大銀行の金融支配はいっそう強化された。また、財閥は、金融・流通面から産業支配を進め、日本経済に支配的な地位を占めるようになり、三菱は憲政会（立憲民政党）、三井は立憲政友会と結び付くなど、財閥と政党との結び付きを深めたため、国民が非難の目を向けるようになった。

3大財閥 金融・産業の2つを根幹としてコンツェルンを形成している総合財閥の三井・三菱・住友財閥をいう。

8大財閥 3大財閥に加え、安田（銀行資本中心）、浅野（セメント）、川崎（銀行・保険業）、古河（鉱業・電気業）、大倉（土木・建設）の5大財閥を加えたものをいう。

五大銀行 三井・三菱・住友・安田・第一の5銀行のこと。金融恐慌後、銀行取締りを強化した銀行法が施行されて銀行合同が進行し、五大銀行は中小銀行を合併し、金融資本として産業界を支配。いわゆるビッグ＝ファイブとして独占資本の中枢を形成した。

田中義一内閣の政治と外交

田中義一 1864～1929 軍人・政治家。山口出身の藩閥の巨頭。原・第2次山本内閣の陸相。陸相時代から政治家として期待され、退役後、1925年に第5代立憲政友会総裁となり、第1次若槻内閣の総辞職後、組閣した。

田中義一内閣 1927.4～29.7 立憲政友会の内閣。金融恐慌を処理。三・一五事件などの社会主義を弾圧。積極外交の立場から山東出兵をおこなう。張作霖爆殺事件で昭和天皇の信任を失って退陣する。

第一回普通選挙 1925年に成立した普通選挙法に基づいて、28年におこなわれた第16回衆議院議員総選挙をいう。有権者は約1250万人と4倍に増えた。また、無産政党も初めて8議席を獲得する。

無産政党の活動 田中義一内閣の下で、1928年2月、男性普通選挙法による最初の衆議院議員総選挙が実施された。無産政党は46万票（総得票数の5％）を獲得し、8名を当選させ、支配層に大きな衝撃を与えた。

日本共産党の弾圧 非合法（法律で認められていない）の日本共産党員は、1926年に結成されていた無産政党である労働農民党の候補者として活動し、「天皇制打倒」「労働者・農民の政府樹立」を叫んだ。驚いた田中義一内閣は、大弾圧をおこない、千数百名を検挙した（三・一五事件）。また、翌1929年4月にも日本共産党の幹部全員を逮捕し、約300名

を起訴する大弾圧（四・一六事件）をおこなった。これで日本共産党はほぼ壊滅させられた。

治安維持法改正（ちあんいじほうかいせい）　1928年，田中義一内閣は衆議院で否決されるのを恐れ，緊急勅令で改正した。国体を変革する活動の指導者を死刑にできるよう改正。また，1941年の第2次近衛内閣は違反者の再犯防止のため，再犯の疑いのある者は刑期が終ってもそのまま収監を継続できる予防拘禁を導入した。

積極外交（せっきょくがいこう）（**強硬外交**（きょうこうがいこう)）田中義一内閣の対中国外交。中国大陸への進出を明確化し，山東出兵・済南事件など，武力行使という強硬策をとる。いっぽう，イギリス・アメリカに対しては協調外交の姿勢を継続して不戦条約に調印した。

不戦条約の調印（ふせんじょうやくのちょういん）　1928年，パリで15カ国が参加・調印。のちに63カ国参加。アメリカのケロッグ国務長官，フランスのブリアン外相が提案。国際紛争の解決手段として戦争の放棄を約した条約。日本も参加したが，戦争放棄を「人民ノ名ニ於テ」するという条項が天皇主権に反するとして枢密院で問題化。それでも，田中義一内閣はイギリス・アメリカの協調外交は継続する方針の下に調印した。

山東出兵（さんとうしゅっぺい）　1927～28年。蔣介石を司令官とする国民革命軍の北伐に対し，田中義一内閣は在留日本人（居留民）の生命・財産の保護を口実に山東半島に出兵した軍事行動。1927年5月に陸軍約2000人，28年4月に約5000人，国民革命軍と武力衝突を起こした済南事件（済南市は山東省の省都）後は，さらに増兵して，3度山東省に出兵した。

関東軍（かんとうぐん）　1919年設置。旅順に司令部を置き，関東州と南満洲鉄道の警備が主な任務であった。満洲事変勃発とともに司

令部を奉天（ほうてん）に移し，満洲国成立後は新京（現在の長春（ちょうしゅん））に移った。司令官は満洲国大使と関東庁長官を兼ね，全満洲に君臨した。

張作霖（ちょうさくりん）　1875～1928　満洲軍閥・奉天軍閥ともいわれ，北方軍閥の巨頭。日本の支援により満洲を統一，のちに北京政界に進出。蔣介石の北伐軍に圧迫され，北京から奉天へ敗走の途中，関東軍の謀略により列車とともに爆殺された。

張作霖爆殺事件（ちょうさくりんばくさつじけん）　1928年6月4日，北伐軍が北上したため，北京から列車で奉天（現在の瀋陽）に引き揚げてきた張作霖が奉天郊外で爆殺された事件。主謀者の関東軍参謀河本大作大佐らへの処分は甘かった。それに怒った昭和天皇は，田中義一首相を厳しく叱責（しっせき）したため田中内閣は退陣した。当時，真相は隠され，満洲某重大事件といわれた。

浜口雄幸内閣の政治と外交

立憲民政党（りっけんみんせいとう）　1927年6月，憲政会と清浦奎吾内閣の与党となったことで人気をなくし議席を減らした政友本党との合同により誕生する。昭和初期，立憲政友会と並ぶ二大政党の1つが誕生した。

浜口雄幸（はまぐちおさち）　1870～1931　立憲民政党総裁。大蔵省から政界に入り蔵相・内相を歴任，1929年に首相。力強い演説で「ライオン宰相」といわれ庶民の人気が高かった。1930年に右翼の銃撃を受けて重傷を負い，翌年に死去した。

浜口（はまぐち）**内閣**　1929.7～31.4　立憲民政党内閣。内政では，戦後恐慌以来の不況から脱出するために緊縮財政・産業合理化・金解禁を実施したが，世界恐慌にあっていっそう経済混乱を深めた。外交では協調外交を方針とし，ロンドン海軍軍備制限条約に調印。財政政策は井上準之助蔵相が，

外交は幣原喜重郎外相が担った。統帥権
干犯問題で首相が右翼の青年佐郷屋留雄
に狙撃されて重傷を負い，総辞職した。

井上準之助 1869〜1932 日本銀行総
裁を経て，山本・浜口・若槻内閣の蔵相
となる。浜口内閣で金解禁を実施し，緊
縮財政を推進。血盟団員に暗殺された。

井上財政 幣原外交による対英米協調
に支えられながら，イギリス・アメリカ
資本の協力により慢性不況に悩む日本経
済を立て直し，金解禁をおこなおうとし
た井上準之助の財政政策。財政支出を減
す緊縮財政と，機械化などで企業経営の
効率化をはかる産業の合理化とによって
国内の物価を引き下げ，それによる輸出
拡大で日本の国際競争力を育成しようと
した財政政策。

緊縮財政 政府の支出を減らす財政
政策。それによってインフレを抑えると
ともに，政府財政の健全化をはかること
で円に対する信頼が高まり，円高となる。

金解禁（金輸出解禁） 第一次世
界大戦で1917年以来禁止されていた金輸
出を，金本位制に復帰することで解禁す
ること。金本位制への復帰により円の為
替相場を安定させ，貿易の拡大をはかる
政策。世界恐慌の中でおこなわれたため，
失敗に終る。

旧平価 平価とは，自国の通貨と外国
の通貨の価値を比較する基準値であり，
共通の尺度は金。旧平価とは，第一次世
界大戦で日本が金輸出禁止（金本位停止）
をおこなう前の為替相場のこと。日本の
1円が金0.75ｇ，アメリカの1ドルは
1.5ｇであった。そのため，旧平価とは
100円＝49.85ドルとされた。しかし，日
本が第一次世界大戦で金輸出禁止をおこ
なってから円安が続いており，旧平価に
すると円高となって輸出には不利となる。

それでも井上準之助蔵相は日本の威信を
かけた円高の旧平価にこだわった。

世界恐慌《日本》 1929年10月24日（暗
黒の木曜日という），ニューヨークのウ
ォール街の株価暴落に始まり，全資本主
義世界に波及。日本経済も大打撃を受け，
昭和恐慌として深刻化した。

昭和恐慌 世界恐慌の最中の1930年
に，日本が金解禁を断行したことは，正
貨の大量流出，企業の操業短縮と倒産，
賃金引下げを招き，深刻な経済不況であ
る恐慌を引き起こした。昭和恐慌は，世
界恐慌の波及と浜口内閣の金解禁準備の
ための緊縮政策による二重の打撃で深刻
化した。

農業恐慌 昭和恐慌の中で，生糸・
繭価の暴落，1930年の豊作による米価下
落で東北の農民の生活は困窮し，農業生
産はいっそう悪化した。これを農業飢
饉・豊作貧乏という。翌1931年には東北
で凶作による大飢饉が発生して農村の困
窮が深刻化した。欠食児童・娘身売りな
どの惨状が続出した。

植民地米の移入 都市の労働者な
どに安い米を供給するために，朝鮮や台
湾から入ってくる米を植民地米という。
植民地米は内地米より安く，入ってくる
と内地の米価も下がり，農民の生活をい
っそう苦しめた。

欠食児童 昭和恐慌の中で，家が貧し
く，食事を十分に取れず，学校に弁当を
持っていくことができない小学校の児童
のことをいう。

娘（女子）の身売り 昭和恐慌の中
で，貧しい家庭が自分の娘を売り渡して
しまう人身売買のこと。

ロンドン海軍軍備制限会議 1930
年，イギリス首相のマクドナルドらの提
唱で開催。イギリス・アメリカ・日本・

フランス・イタリアが参加。各国の補助艦の保有比率が話し合われた。日本の主張は海軍の意向によって補助艦全体の対英米の比率を7割とすることにあった。主席全権は前首相若槻礼次郎。海相 財部 彪 も全権として参加した。

ロンドン海軍軍備制限条約かいぐんぐんびせいげんじょうやく イギリス・アメリカ・日本の間で海戦の中軸となる主力艦(戦艦・航空母艦)を護衛したり、敵艦隊偵察をおこなう補助艦(巡洋艦・駆逐艦・潜水艦)の総保有比率をイギリス・アメリカ・日本で決定した。大型巡洋艦については対米6割であったが、1936年まではアメリカが3隻の起工を遅らせることで対米7割を維持し、補助艦全体の比率も対米69.75%と日本海軍の目標より0.25%少ないが、ほぼ日本の主張が入れられた。

統帥権干犯問題とうすいけんかんぱんもんだい ロンドン海軍軍備制限条約の締結について、海軍軍令部長加藤寛治は、海軍の決めた対英米比率の7割に達していないのに、内閣が軍令部長の反対を押し切って兵力量を決定したのは天皇直属である統帥部の意志に反するものだとして、政府を攻撃。野党の立憲政友会・右翼も同調、浜口内閣を窮地に陥れた。

満洲事変と政党内閣の終焉

若槻わかつき**内閣(第2次)** 1931.4〜31.12 立憲民政党内閣。浜口内閣の総辞職後、若槻礼次郎が総裁となり、組閣。緊縮財政・行政整理政策を継続。満洲事変には不拡大方針を表明したが、軍部を支持する閣僚も出て閣内不一致で総辞職した。

三月事件さんがつじけん 1931年3月、橋本欣五郎ら桜会が中心に計画したクーデタ。戒厳令を敷き、軍隊を議会に乱入させ、政党内閣を倒し、陸相の宇垣一成の軍部内閣を

樹立する構想であったが、宇垣一成がためらい未発に終った。

十月事件じゅうがつじけん 1931年10月、桜会の橋本欣五郎らを中心に、右翼の大川周明らが加わり、満洲事変に呼応するクーデタを計画する。若槻首相・幣原外相らの閣僚を殺害し、陸軍中将荒木貞夫を首相に、橋本内相・大川蔵相という軍部政権を構想したが、未然に発覚した。政・財界首脳の暗殺リストが出回り、政治家・財界人の動揺が激しく、軍部への恐れが広がった。

石原莞爾いしはらかんじ 1889〜1949 陸軍軍人。関東軍参謀として満洲事変を起こし、満洲国樹立に活躍。『満蒙問題私見』を発表し、将来、日本がアメリカと世界の覇権を巡って最終的な戦争をする時、日本は満洲の資源がないと日米戦争に勝利できないとした(『世界最終戦論』)。

満洲まんしゅう 中国の東北地方を占める 遼寧りょうねい・吉林きつりん・黒竜江こくりゅうこうの東北3省を指す旧称。文珠菩薩を信仰していた清シンの太祖ヌルハチがこの地域をマンジュと表現し、漢字で「満洲」を当てたことに始まる。満洲国の成立後、日本は 遼寧りょうねい省を奉天ほうてん省と改称。

柳条湖事件りゅうじょうこじけん 1931年9月18日夜、関東軍が満鉄線路を奉天郊外の柳条湖で爆破した。関東軍は中国軍隊の行為と主張して報復の軍事行動を開始、満洲事変に発展した。

満洲事変まんしゅうじへん 1931〜33年。柳条湖での南満洲鉄道爆破を機に、東三省を武力占領し、満洲国として独立させ、のち、熱河省をも占領した。以後、日中戦争から太平洋戦争を通算して十五年戦争ともいう。

満洲国まんしゅうこく 吉林省・奉天省(遼寧省)・黒竜江省の中国東北3省に興安省・熱河省を加えて1932年3月に建国を宣言した。

溥儀を執政とし，初代国務総理は鄭孝胥。1934年3月に帝政。首都は新京（現，長春）。外面は王道楽土・五族協和を目指す独立国だが，内閣に当たる国務会議の主導権は，満洲人の部長の下にいる日本人の次長が握った日本の傀儡国家。1945年8月，日本の敗北で消滅した。

溥儀 1906〜67 姓は愛新覚羅といい，名が溥儀。清朝最後の皇帝，宣統帝。清朝滅亡で廃帝。満洲国成立により執政に就任，1934年に皇帝となる。

五族協和《満洲国》満・漢・蒙・朝・日の5民族が，満洲国の中で協力して楽園のような国づくりをおこなおうとするスローガン。しかし，現実は日本人がすべての分野で権力を握った。

犬養毅 1855〜1932 1882年の立憲改進党結成に参加。1910年，立憲国民党を創立。1922年には革新俱楽部を組織し，護憲運動の中心的政党政治家として活躍。1929年，田中義一のあとを受けて第5代立憲政友会総裁に就任。1931年に立憲政友会内閣を組織したが，翌32年，五・一五事件で暗殺された。

犬養内閣 1931.12〜32.5 立憲政友会内閣。金輸出再禁止を実施。満洲国建国と承認に反対し，軍部から反感を買った。首相が五・一五事件で暗殺されて総辞職。戦前における最後の政党内閣となった。

五・一五事件 1932年5月15日，海軍青年将校を中心とするクーデタ。陸軍士官学校生徒，右翼団体も事件に参加した。首相官邸・警視庁・日本銀行を襲い，犬養首相を射殺した。政党内閣に終止符が打たれた。

斎藤実 1858〜1936 海軍大将。海相，朝鮮総督，ジュネーヴ軍縮会議の全権。五・一五事件後の挙国一致内閣の首相。内大臣在職中に，二・二六事件で暗殺さ

れた。

斎藤内閣 1932.5〜34.7 五・一五事件後，元老の西園寺公望や重臣は軍部と政党の摩擦緩和のため，「非常時」という名目の下で穏健な斎藤実を総理にし，官僚・貴族院や政党などいろいろな政治勢力からも閣僚を出させ，挙国一致内閣と称した。満洲国承認，国際連盟脱退をおこなう。

リットン調査団 国際連盟が満洲事変を調査するため，1932年2〜9月に関係地に派遣した調査団。イギリス・アメリカ・フランス・ドイツ・イタリアの代表5人で，団長はイギリスのリットン卿。10月に報告書を提出した。

日満議定書 1932年9月，リットン報告に先立ち，日本が満洲国承認と同時に締結した日本と満洲国との協定。満洲における日本の既得権益を認め，日本軍の駐屯を承認した。

リットン報告書 満洲事変は日本の正当な防衛行動ではなく，満洲国も満洲人の自発的独立運動の結果ではないとした。いっぽう，日本の特殊権益を認め，日中間の満洲に関する新条約の締結を提案した。

対日勧告案 リットン報告書に基づき，日本軍を南満洲鉄道付属地内へ撤兵させ，中国の主権を認めた上で，満洲に自治機関をつくるよう求めた勧告のこと。

国際連盟脱退 1931年10月，国際連盟理事会は13：1で満洲国からの日本の撤兵を勧告。国際連盟総会も1933年2月，リットン報告書に基づく対日勧告案を42：1で採択。日本は3月に連盟脱退を通告した（1935年発効）。ドイツも1933年，イタリアは37年に連盟を脱退した。いっぽう，ソ連が34年に加盟した。

松岡洋右 1880〜1946 1933年の国際連盟脱退時の日本全権代表。1940年，第2

次近衛内閣の外相。日独伊三国同盟を締結。1941年に日ソ中立条約を締結。戦後，A級戦犯として裁判中に病死した。

恐慌からの回復

高橋是清（たかはしこれきよ）1854〜1936 明治・大正・昭和戦前期の財政家・政治家。日本銀行に入り，日本政府の財務官として，日露戦争の外債募集に成功。
日銀総裁から原敬内閣の蔵相を務め，原敬暗殺後に首相となる。田中義一内閣の蔵相として金融恐慌を収拾し，犬養内閣で金輸出再禁止をおこない，昭和恐慌脱出の糸口を付ける。ダルマのような風采（ふうさい）だが，何度も経済危機を救った財政政策の専門家として国民の人気は高く，「ダルマ大臣，日本の宝」といわれた。軍事費の膨張を抑えようとしたため，軍部ににらまれ，二・二六事件で暗殺された。

金輸出再禁止（きんゆしゅつさいきんし）1931年12月，犬養内閣の高橋是清蔵相が，世界恐慌と昭和恐慌で輸出の不振が続き，国外への金流出が激しいため金輸出の再禁止を断行。金本位制から離脱した。浜口内閣の金解禁政策から転換した。

管理通貨制度（体制）（かんりつうかせいど（たいせい））金輸出再禁止，日本銀行券の金兌換停止後，政府が正貨（金）の保有量に縛られずに紙幣の最高発行額を管理・統制する制度。1942年，日本銀行法で制度化。

金兌換の停止（きんだかんのていし）**（金本位制からの離脱**（きんほんいせいからのりだつ）**）** 貿易の赤字を金の輸出で埋めることをやめるということは，紙幣の価値を金（正貨）で裏付けていた金本位制から離脱したことになる。それによって紙幣を金（正貨）と兌換することを停止した。

積極財政（せっきょくざいせい）財政支出を増加することによってさまざまな需要を喚起し，経済を活発化させようとする財政政策をいう。国家財政が不足する場合は，それを補うために，国の借金として公債を発行（赤字公債）して，財政支出の増加に対処する。

赤字国債（あかじこくさい）国家予算の歳入の不足分を補うために発行する国債（公債）。歳出よりも歳入が足りなくて，赤字になっている時に発行する。高橋是清蔵相は国家の歳出を増やして景気を刺激するために，赤字国債の発行をおこなった。

円安（えんやす）**《戦前》** 日本は100円＝49.85ドルのレートで金解禁をおこなったが，金輸出再禁止によって，いっきに100円＝20ドルまで下がり，その後，100円＝30ドルで推移する円安となった。それにより，繊維製品を中心とする輸出が急増し，日本は1933年には恐慌から脱出した。

農山漁村経済更生運動（のうさんぎょそんけいざいこうせいうんどう）1932年，斎藤内閣の時に内務省・農林省を中心に推進した。農村の窮乏を農村自身の力で救済するため，自力更生と隣保共助（りんぽきょうじょ）を提唱，産業組合を拡大して農民の結束をはかった。

自力更生運動（じりきこうせいうんどう）農村内の中堅自作農を中心に，土地利用の合理化と生産物の販売統制をおこなうとともに，産業組合を通じて農機具や肥料などの共同購入によって農民自身による農村再建を目指す運動。しかし，農産物の価格は上昇せず，農家の苦境は解消しなかった。

産業組合（さんぎょうくみあい）1900年公布の産業組合法で設立が認可されたが，大半は農業の組合であった。生糸や茶などの共同販売や肥料などの共同購入によって，小農民の生産や生活を支えようとした。昭和恐慌

の中で全員加入の半行政団体の性格を強めた。

満洲開拓移民（まんしゅうかいたくいみん） 日本の疲弊した農村の農民を入植させるとともに，合わせてソ連に対して満洲を防衛する兵力にするという側面もあった。満洲事変以後，太平洋戦争に至るまで，日本が中国東北地方におこなった移民。昭和恐慌によって生活が困窮した東北地方や長野県の農家の次・三男が多かった。敗戦時，約27万人が満洲に残された。

新興財閥（しんこうざいばつ） 明治期以来の3大財閥や8大財閥を既成財閥というのに対して，満洲事変以後，軍部と結び付いて国策に協力しつつ，朝鮮や満洲の植民地にコンビナートを建設し，軍需・重化学工業を中心に急成長した鮎川義介・野口遵らの新しい財閥。

新興財閥一覧

コンツェルン名	創始者	持株会社と傘下会社数
日産（にっさん）	鮎川義介（あゆかわよしすけ）	日本産業ほか18社
日窒（にっちつ）	野口遵（のぐちしたがう）	日本窒素肥料ほか28社
森	森矗昶（もりのぶてる）	森興業ほか27社
日曹（にっそう）	中野友礼（なかのとものり）	日本曹達（ソーダ）ほか25社
理研（りけん）	大河内正敏（おおこうちまさとし）	理化学興業ほか23社

日産コンツェルン（にっさんコンツェルン） 鮎川義介・久原房之助（くはらふさのすけ）が起こした久原鉱業を吸収し，日本産業会社を中心に結成。その傘下に，自動車の量産化をはかる日産自動車を1933年に設立した。日立製作所は1920年に久原鉱業から分離した電気機械メーカー。1937年に満洲重工業開発会社を設立し，日本と満洲にまたがる重化学工業の独占支配をねらったが，敗戦で崩壊した。

日窒コンツェルン（にっちつコンツェルン） 窒素肥料工業の創設者である野口遵が設立した日本窒素肥料会社が母体。朝鮮の水力発電を開発し，興南工場（こうなん）をつくるなど，朝鮮における化学工業の開発をおこなう。

森コンツェルン（もりコンツェルン） 森矗昶が昭和肥料会社より出発，森興業を主体に28社のコンツェルンを形成。1939年，昭和電工を設立した。

❹ 日中戦争と国内外の動き

天皇機関説事件と二・二六事件

国家改造運動（こっかかいぞううんどう） 青年将校・右翼・国家社会主義者（右翼・革新）を中心とした革新運動。昭和恐慌で疲弊した農村を救うには，腐敗した政党と政界との結び付きを打ち破る昭和維新を断行しなければならないとした。そのためには軍部独裁による新しい国家体制をつくり，積極的な大陸進出によって現状打破をおこなおうとする運動。

岡田啓介（おかだけいすけ） 1868～1952 海軍大将。海相，1934年7月，斎藤内閣の後を継ぎ，組閣。二・二六事件で首相官邸を襲撃されたが，奇跡的に助かった。以後，重臣（じゅうしん）として終戦工作にも動く。

岡田（おかだ）**内閣** 1934.7～36.3 斎藤内閣の後に組閣。内閣は弱体。天皇機関説事件が起きると国体明徴声明を出し，ワシントン・ロンドン両海軍軍備制限条約からの脱退，軍の華北進出など，軍部の進出に押された。二・二六事件後，総辞職した。

天皇機関説事件（てんのうきかんせつじけん） 1935年，貴族院本会議で菊池武夫が美濃部達吉（みのべたつきち）の天皇機関説を反国体的学説と非難した。政府の取締りを要求する国体明徴運動が起こり，政治問題化した。美濃部の著書発禁，貴

族院議員の辞任で結着した。

国体明徴声明〔こくたいめいちょうせいめい〕 天皇機関説を否定し，日本は古代以来，天皇中心の国家で，天皇が主権を持っていることは明白であるという政府の声明。岡田内閣は1935年8月と10月の2回「国体明徴に関する声明」を出した。議会も国体明徴決議案を可決して，軍部・右翼に同調した。

『国体の本義』〔こくたいのほんぎ〕 1937年5月，文部省が発行。『古事記』や『日本書紀』を基にして国体(天皇中心の国家)の尊厳・君臣の大義を説き，日本は天皇中心の家族国家とする運命共同体であることを強調している。戦時下の国民思想教化の根本テキスト。個人は天皇を中心とする国家全体に奉仕する存在であると，ファシズムやナチズムの全体主義の考え方を日本の天皇制に合うように述べている。

皇道派〔こうどうは〕 統制派に対立する陸軍の国家革新を唱える派閥。陸軍大将荒木貞夫・教育総監真崎甚三郎らを首領とし，天皇が親政すれば日本は理想的な国家になると考える純粋な青年将校らの一派。北一輝・西田税〔みつぎ〕ら国家主義者から影響を受けた青年将校たちのグループ。

統制派〔とうせいは〕 昭和期における総力戦体制を目指す「高度国防国家」の建設を志向した陸軍の派閥。陸軍省・参謀本部などのエリートの幕僚将校を中心に，軍部内の統制強化を主張。反政党・統制経済の方針を採り，軍部の考え方に近い新官僚や財界・政治家とも接近。陸軍省軍務局長の永田鉄山〔てつざん〕・東条英機らが中心で，二・二六事件後，軍の主流となる。

二・二六事件〔にいにろくじけん〕 1936年2月26日，陸軍皇道派青年将校を中心とするクーデタ。首相官邸・警視庁・朝日新聞社など国家の中枢を襲撃占領して，権力を握ろうとした反乱事件。斎藤実内大臣・高橋是清蔵相・渡辺錠〔じょう〕太郎〔たろう〕陸軍教育総監らを殺害する。戒厳令が公布され，戒厳司令部が設置される。初めはその動きを認めようとする軍人もいたが，のちに反乱軍と規定されて鎮圧された。その結果，軍の綱紀を正す粛〔ただ〕軍〔しゅくぐん〕の名目で皇道派は一掃され，統制派主流の軍部の発言権が増大した。

高橋是清〔たかはしこれきよ〕 1854〜1936 日銀総裁から原敬内閣の蔵相を経て，1921年に首相となった。経済・財政の専門家として田中義一内閣の蔵相として金融恐慌を収束させ，犬養毅内閣では金輸出再禁止で日本経済を回復させた。犬養・斎藤・岡田内閣で蔵相を務め，軍部の軍備拡大要求を抑えようとしていた。軍部からにらまれ二・二六事件で青年将校の標的とされ暗殺された。

斎藤実〔さいとうまこと〕 1858〜1936 海軍大将・朝鮮総督を務め，五・一五事件後に挙国一致内閣を組閣した。総辞職後，昭和天皇の内大臣となり，天皇の側近として仕えていため，二・二六事件を起こした青年将校は昭和天皇に悪影響を及ぼす政治家と考え，暗殺の対象としていた。

ワシントン海軍軍備制限条約失効〔かいぐんぐんびせいげんじょうやくしっこう〕 1934年12月，日本は条約廃棄を通告し，36年12月に失効した。

ロンドン海軍軍備制限条約失効〔かいぐんぐんびせいげんじょうやくしっこう〕 1936年1月，日本の条約からの脱退で，30年のロンドン海軍軍備制限条約も失効，無制限建艦競争の時代に入る。

戦艦「大和」〔せんかん「やまと」〕 ワシントン・ロンドンの両海軍軍備制限条約の失効後に建造した。1941年に竣工〔しゅんこう〕した基準排水量6万4000tの日本最大の戦艦。1945年4月7日，沖縄戦へ出撃の途中，九州南西の東シナ海でアメリカ軍機の攻撃を受けて沈没。同型艦の「武蔵」は1944年10月，レイテ島

海戦で沈没した。

広田弘毅（ひろたこうき）1878～1948　外交官。青年時代は右翼団体の玄洋社に関係する。斎藤・岡田内閣の外相，二・二六事件後に首相。第1次近衛内閣外相。戦後，A級戦犯とされ死刑になる。

広田内閣（ひろた）1936.3～37.2　二・二六事件後に組閣。軍部の干渉で組閣は難航するが，挙国一致内閣として成立。帝国国防方針の改定に伴い「国策の基準」を決定し，準戦時体制をつくり上げた。軍部大臣現役武官制の復活，日独防共協定の締結など，軍国主義国家体制への道を開く。軍と政党の対立から崩壊した。

日独防共協定（にちどくぼうきょうきょうてい）1936年11月に調印。コミンテルンの活動に対して，共産主義の拡大を阻止するために，共同防衛措置を規定する。付属の秘密協定で，ソ連を仮想敵国とした対策を講じた。

日独伊三国防共協定（にちどくいさんごくぼうきょうきょうてい）1937年11月，日独防共協定を拡大・発展させ，イギリス・フランスに対する枢軸体制を強化するために，イタリアをも参加させた防共協定。三国軍事同盟の母体となる。

枢軸国（すうじくこく）（**枢軸陣営**（すうじくじんえい））枢軸（Axis）は，アメリカ・イギリスなどに対抗する中心勢力という意味。1936年10月，イタリアのエチオピア併合とスペイン内乱を機にドイツ・イタリアの協定が成り，ベルリン＝ローマ枢軸と称した。1937年の日独伊三国防共協定で日本も参加する。

日中戦争の勃発

塘沽停戦協定（タンクーていせんきょうてい）1933年，日本軍は満洲国の支配を安定させるため，河北省・熱河省へ進撃し，占領した。その結果，1933年5月31日に黄海沿岸の要地塘沽で，日本軍と中国の国民政府間に結ばれた停戦協定。日中軍事停戦協定ともい

う。国民政府は日本の満洲と熱河省の支配を事実上黙認した。

華北分離工作（かほくぶんりこうさく）1933年の塘沽（タンクー）停戦協定により，中国本土の万里の長城から南，北京・天津（てんしん）東方地区の華北5省を非武装地帯として国民政府の支配から切り離す政策。

華北5省

抗日救国運動（こうにちきゅうこくうんどう）満洲事変以後の日本の侵略に対する中国人の武力抵抗運動のこと。1935年8月1日，中国共産党が中国全土の組織に内戦停止・抗日統一戦線結成を呼びかける「抗日救国宣言」を発表。学生・知識人が結集・合流し，拡大した。

中国共産党（ちゅうごくきょうさんとう）1921年，陳独秀（ちんどくしゅう）によって創設。国民党と合作・離反を繰り返し，毛沢東を指導者として日中戦争を通じて抗日統一戦線を維持する。戦後，国共内戦を経て国民党に勝利し，中国統一に成功した。

毛沢東（もうたくとう）1893～1976　1927年，江西省の瑞金（ずいきん）で中華ソヴィエト政府をつくるが，蔣介石の国民党軍に包囲され，包囲網から脱出する長征（大西遷）を経て，陝西省の延安（えんあん）に新しい共産党の根拠地をつくっていた。

長征（ちょうせい）1934～36　国民党の攻撃を受けた紅軍（こうぐん）（共産党軍）が，江西省瑞金から延安を中心とする陝西・甘粛（かんしゅく）省までの約1

万2500kmを，国民党軍の包囲と戦いながら移動した行軍のこと。困難をきわめ，30万人の兵力は，新根拠地の延安到着時には約3万人になっていた。途上の1935年1月，遵義会議で毛沢東が党内での立場を強化した。

蔣介石（しょうかいせき）1887〜1975 1927年4月，蔣介石は上海でクーデタを起こして多数の共産党員や労働者を虐殺し，中国共産党を撃滅しようと，共産党の根拠地井崗山を包囲したが失敗した。共産党が新たにつくった根拠地の延安を包囲し，その総司令官に張学良を任命した。

張学良（ちょうがくりょう）1901〜2001 1928年，父の張作霖が関東軍に爆殺されると，張学良は蔣介石の国民政府支持を表明し，実権を掌握した奉天軍とともに蔣介石の国民党軍に合流した。蔣介石は張学良を延安の中国共産党を包囲する国民党軍の総司令官に任命し，それを督励するために西安に滞在した。しかし，日本の中国侵略が激しくなる中で，張学良は内戦を止めて国民党と共産党が力を合わせて日本の侵略に対抗すべきだと考えていた。

西安（シーアン）**事件** 1936 西安で蔣介石が監禁された事件。12月12日，張学良と楊虎城（ようこじょう）は，対共産党戦の督戦に訪れた蔣介石を，西安郊外の保養地華清池（かせいち）で監禁し，内戦停止と抗日戦を要求した。蔣はこれを拒んだが，延安からきた共産党の周恩来（しゅうおんらい）が解決に乗り出すと，その説得に応じ，25日に釈放された。この事件は抗日民族統一戦線結成の契機となった。

盧溝橋（ろこうきょう）**事件** 1937 北京郊外の盧溝橋で起きた日中両軍の軍事衝突。7月7日のこの事件が，日中全面戦争の発端となった。

日中戦争 1937〜45 盧溝橋事件を機に始まった日中間の全面戦争。中国では国共合作が成り，戦線は華北から華中へと拡大した。国民政府は武漢・重慶へと移って抵抗を続け，日本は，1937年12月に南京，38年10月に武漢・広州を占領したのち戦線は膠着（こうちゃく），日本は占領地の保持に苦しんだ。41年，日本とアメリカが開戦すると，この戦争は第二次世界大戦の一環となった。

北支事変（ほくしへん）**（支那事変**（しなじへん）**）** 宣戦布告した戦争にすると，アメリカなどからの軍需物資の輸入ができなくなることから，日本政府は戦争ではなく「事変」の名称を用いた。本格的な戦争であることは間違いない。当初は中国北部の戦争なので「北支事変」といったが，中国大陸全域に拡大したことから「支那事変」の名称へと変えた。

国共合作（こっきょうがっさく）**《第2次》** 1937年7月の日中戦争勃発を機に具体化した国民党と共産党の協力体制。第1次と異なり，両党は対等な立場での政策協定の形をとった。ソヴィエトは辺区（へんく）政府に，紅軍は国民党軍指揮下に八路軍（はちろぐん）・新四軍（しんしぐん）と改称された。

抗日民族統一戦線（こうにちみんぞくとういつせんせん）第2次国共合作により成立した，すべての階級による日本の侵略への民族的抵抗運動の形態。

南京（ナンキン）**事件** 1937 中国の首都南京を攻略した日本軍が住民を巻き込んだ掃討作戦を展開し，捕虜・一般市民を多数虐殺した事件。

重慶（じゅうけい）**政府** 1938〜46 重慶に首都を置いた時期の国民政府。武漢を占領されると国民政府は重慶に移り，抗戦を続けた。戦後の1946年，再び南京に遷都（せんと）した。

近衛文麿（このえふみまろ）1891〜1945 五摂家筆頭公爵。貴族院議長から首相に就任。組閣3回。軍部が台頭する中で，政治的混乱を収拾できる政治家として期待された。東亜新秩序建設・新体制運動を推進する。大政

翼賛会を創立。戦後，戦犯指名を受け，自殺した。

近衛内閣(第1次) 1937.6～39.1 軍部を抑える切札と期待されて組閣する。日中戦争勃発に不拡大方針を取ったが，軍部強硬派の圧力の中で戦争を拡大する。和平交渉に失敗して「近衛声明」を発表。国家総動員法を制定し，戦時体制を整えた。

国民精神総動員運動 1937年，政府が主導した運動。日中戦争勃発後，近衛内閣が戦争遂行のために，挙国一致・尽忠報国・堅忍持久をスローガンに燃料を節約するために銭湯・食堂を休業させるなど，国民に耐乏生活を強制し，戦勝祈願の神社参拝を町内全体でおこなって日本精神の高揚をはかった。

内閣情報局 1940年12月に内閣情報部を拡大して設置。ラジオ放送や新聞・雑誌の検閲をおこない，報道統制など国民の思想を統制する中心機関となる。

輸出入品等臨時措置法 1937年9月制定。日中戦争をおこなうために，貿易に関する物資を全面的に統制する法律。対象は輸出入品のみでなく，それを原料とする製品にまで及んだ。輸出入の制限・禁止だけでなく，配給・使用・消費・生産・価格まで命令事項に入る。国家総動員法の先駆けとなる。

企画院 1937年10月，第1次近衛内閣が設置する。企画庁と資源局を合併・創設し，戦争遂行のための物資動員を計画。統制経済の中心的な機関。「経済の参謀本部」といわれた。

大本営 戦争が起きた時に設置された作戦や用兵をおこなう最高の統帥機関。陸軍の参謀総長と海軍の軍令部長が対等の立場で戦争指導に当たった。1937年11月，戦時でなく事変で設置し，大本営は宮中に置かれた。

国家総動員法 1938年4月，第1次近衛内閣が公布。戦時に際し，労働力・物資割当てなどの統制・運用を，議会の審議を経ずに勅令でおこなうことができるようにした法律。以後，これにより各種統制法令が勅令で発布された。戦時経済体制の中心的な法律。

「国民政府を対手とせず」声明 1938年1月，日本軍の南京占領を契機に出された声明。日本政府の強硬姿勢を示し，交渉相手を無視することで和平解決の道を閉ざした。第一次近衛声明ともいう。

汪兆銘(汪精衛) 1883～1944 中国国民党左派の幹部。行政院長・国民党副総裁として蔣介石の次の地位にあった。日中戦争で共産勢力の拡大を嫌い，近衛声明に応じて1938年12月に重慶を脱出，40年3月，南京に新政府を樹立する。同年11月に正式に主席となる。1944年に名古屋大学病院で病死した。

汪兆銘工作 日中戦争続行中に日本政府と汪兆銘との間におこなわれた和平工作。反共を目指した汪兆銘は，蔣介石と対立を深め，1938年12月に重慶を脱出してハノイ・上海に向った。翌年の1939年12月に日本側の要求に譲歩して，汪兆銘政権が成立した。

東亜新秩序声明 1938年11月，近衛内閣が戦争目的を「東亜新秩序」の建設にあると示した声明で，第二次近衛声明とも呼ばれる。東亜新秩序は太平洋戦争が始まり，日本軍の占領地がアジアへ拡大するに従って，「大東亜共栄圏」構想に発展した。

汪兆銘政権 1940年3月，南京に誕生した汪兆銘の政府(南京国民政府，南京政府，新国民政府ともいう)。同年11月，日本は日華基本条約を結んで正式

に承認したが，日本の傀儡政権に過ぎず，支配が及ぶ地域は日本軍占領地が中心で弱体であった。

日米通商航海条約廃棄通告 1939年，アメリカは日本の中国侵略に抗議して条約廃棄を通告，翌40年に失効した。以後，戦略物資の禁輸・資産凍結など，対日経済圧迫を強めた。

戦時統制経済 第2次近衛内閣以来，生産から消費まで総合的な計画経済を確立。戦争に集中できる経済体制にするため衣料から砂糖・マッチに至るまで，配給制・切符制・割当制・通帳制をおこない，価格・賃金・生産・労働に強力な統制を実施。国民に耐乏生活を強制した。

公定価格 政府が決定した商品価格。物資不足によって商品価格が上昇したことに対し，政府は価格等統制令によって1939年9月18日に価格を据え置き，値上げを禁止した。

闇取引 物資不足のため，公定価格以外で販売したり，売買を禁止・統制されている品物を不正に入手して高く売買することを闇取引という。公定価格以外の値段の闇価格が生じ，正式な商業ルートを経ない闇の流通ルートで物資が取引された。

切符制 配給統制の典型的な方法。物が欲しい者に点数を決めた切符と交換し，物資を渡す方法。衣料では下着からスーツまで全体として点数化した切符制となる。下着は切符の点数が低く，スーツは点数が高く設定され，個人や家族に割り当てられた切符の点数までしか衣料を購入できない制度。生活必需品については1940年6月のマッチ・砂糖から始まる。その後，すべての日用品へ拡大された。

配給制 日中戦争・太平洋戦争期，砂糖や米など不足しがちな物資を，家族構成などに応じて配分するため取られた措置。生活必需品の割当てを目的とする消費物資の配給には，切符制が主要な方法となった。

新体制運動と三国同盟

新体制運動 1940年，近衛文麿が中心となり，ナチ党やファシスト党を模して，一国一党の国民組織を結成しようとした運動。大政翼賛会・産業報国会を結成し，全国民を戦争協力の総力戦体制に導こうとした運動。

近衛内閣（第2次） 1940.7〜41.7 米内内閣の後を受けて組閣。ただちに「基本国策要綱」を決定して，新体制運動を促進。国内では政党が解散，大政翼賛会を組織。日独伊三国同盟・日ソ中立条約を締結。改組のため総辞職した。

援蔣ルート 重慶の蔣介石政権に対するアメリカ・イギリスの軍需物資援助ルートのこと。仏印・雲南経由の仏印ルートとビルマルート，香港ルート，新疆（西北）ルート，広東ルートなどがあった。

北部仏印進駐 1940年9月，援蔣ルートの遮断と南進を目的に，北部仏領インドシナ半島（仏印，今のベトナム北部）のハノイへ日本軍が進出。日仏協定でフランスのヴィシー政府に了承させた。

日独伊三国同盟 1940年9月に調印。3国のヨーロッパ・アジアにおける指導的な地位を確認し，第3国からの攻撃に対しては相互援助を協定した同盟。これにより日本・アメリカの対立は決定的となり，太平洋戦争に至る。アメリカは調印に対抗して，航空用ガソリン・くず鉄・鉄鋼の対日輸出を禁止する経済制裁措置をとった。

大政翼賛会 1940年の第2次近衛内閣の時，新体制運動の推進を目指し，そ

の指導的組織として成立。近衛首相が総裁。立憲政友会・立憲民政党の二大政党のほか，無産政党も同調して解党し，大政翼賛会に合流した。下部組織として各種国民組織を置いた。上意下達の国民総動員体制ができる。

隣組（となりぐみ）1940年，政府の通達に基づいてつくられた大政翼賛会の最末端の協力組織。隣り近所の家が数戸から十数戸でつくられた。隣組の上に村では部落会，都市では町内会を置く。日付を決めた定例の常会を開き，連絡事項を載せた回覧板を回して，各戸を戦争協力へ動員した。

産業報国会（さんぎょうほうこくかい）1938年に結成。産業報国連盟の指導の下に工場・職場ごとに日中戦争遂行に協力する産業報国会を結成。商店も商業報国会にまとめられ，農村では農業報国会もできて農民が加入した。労働組合はしだいにこれに吸収され，1940年，大日本産業報国会に結集した。

大日本産業報国会（だいにほんさんぎょうほうこくかい）1940年，新体制運動で労働組合・労働団体は解散し，工場ごとに産業報国会が結成された。その全国連合体。総裁は厚生大臣。最大の労働組合組織の全日本労働総同盟（1936年結成）もこの過程で解散した。

大日本婦人会（だいにほんふじんかい）1942年，大日本国防婦人会・愛国婦人会・大日本連合婦人会の傷夷軍人や戦死した軍人の遺族への慰問など業務が重なっていた3団体を統合。20歳以上の女性を強制加入させ，約2000万人の女性を会員に加えた。貯蓄増強・廃品回収・防空訓練に動員した。

大日本翼賛壮年団（だいにほんよくさんそうねんだん）1942年1月の創立。1941年1月に創立の大日本壮年団を大政翼賛会の傘下に組織化。翼賛運動の実践部隊となり，団員は約130万人に達した。

大日本青少年団（だいにほんせいしょうねんだん）1925年に結成さ

れた大日本連合青年団を中心に，女子青年団・少年団などの青少年団体を併合し，41年，大日本青少年団に改組した。

国家主義教育（こっかしゅぎきょういく）国家にすべてを捧げなければならないことを強制する教育。戦争遂行の中で国家に尽すことを最優先とする教育。そのための初等教育学校が国民学校。

国民学校（こくみんがっこう）1941年4月に小学校を改称。ナチズムの教育制度を模倣したもの。「皇国の道」に基づいて戦時体制を支える「小国民」の育成を目指し，義務教育を8年制に延長（実施されず）。教科も国民科・理数科・体練科・芸能科に変更。戦後の1947年4月に再び小学校に戻る。

皇民化政策（こうみんかせいさく）植民地統治下の台湾人や朝鮮人に対する同化政策。朝鮮では皇国臣民化・内地との一体化がねらい。朝鮮神宮（天照大神・明治天皇）などへの神社参拝，宮城遙拝（ようはい），日本語常用の強制，創氏改名などを強要した。1937～39年に実施された。

創氏改名（そうしかいめい）朝鮮人固有の姓を日本式氏名に変えさせること。1940年2月から実施。法制上は任意の届出制だが，実際は強制した。

皇国臣民の誓詞（こうこくしんみんのせいし）1937年制定。朝鮮人に天皇の臣民としての意識を植え付けるために暗唱させた文章。

朝鮮神宮（ちょうせんじんぐう）朝鮮神宮は，1925年に「京城」（現在のソウル）郊外につくられた朝鮮における中心的な神社。今はなく，その跡地は植物園になっている。

神社参拝（じんじゃさんぱい）学校や職場では，各種の行事ごとに神社への参拝がおこなわれ，神社神道による日本精神が強調された。

日本語常用の強制（にほんごじょうようのきょうせい）朝鮮では1938年から学校における朝鮮語教育が廃止され，日本語によって日本の国語や日

本歴史の授業がおこなわれた。

志願兵制度〈しがんへいせいど〉《台湾・朝鮮》日本陸軍
では、徴兵年齢前の17歳以上20歳未満の
男子を志願兵として採用していた。朝鮮
では1938年、台湾では1942年から特別志
願兵制度が導入された。

徴兵制度〈ちょうへいせいど〉《台湾・朝鮮》朝鮮では、
日本人と同じような徴兵制度が1943年か
ら、台湾では1944年から始まった。

朝鮮人の動員〈ちょうせんじんのどういん〉1939〜45年の間、日
本人男性の労働力不足を補うため、多数
の朝鮮人が日本内地・樺太・南洋諸島へ
送られた。1944年からは日本内地と同じ
ように、男性には国民徴用令が適用され
た。朝鮮人の女性も女子挺身隊として工
場へ動員されたり、慰安施設へ送られた
者もいた。

中国人の強制的動員〈ちゅうごくじんのきょうせいてきどういん〉1943〜
45年の間に約4万人が占領地から強制的
に動員され、日本の鉱山や港湾で危険な
重労働に従事させられた。

❺ 第二次世界大戦と太平洋戦争

第二次世界大戦の勃発とドイツの攻勢

ドイツのポーランド侵攻〈しんこう〉1939年9月
1日に開始。ドイツ軍の電撃戦の成功、
ソ連の侵攻もあり、短期間でポーランド
軍を制圧した。イギリス・フランスは、
9月3日にドイツへ宣戦布告したが、準
備不足もあり軍事的支援はできなかった。

第二次世界大戦の開始 1939年9月1日
のドイツのポーランド侵攻に対し、ポー
ランドの同盟国イギリス・フランスが9
月3日、ドイツに宣戦布告したことから
始まった。

第二次世界大戦 1939〜45 ドイツ・イタリ
ア・日本を中心とする枢軸国と、アメリ

カ・イギリス・ソ連を中心とする連合国
が対立、世界中の国々を巻き込んだ戦争。
ヨーロッパから始まり、1941年の太平洋
戦争勃発により世界規模の戦争に拡大し
た。また、同年の独ソ戦開始によって、
戦争はファシズム対反ファシズム（民主
主義）の対決の様相を強めた。第一次世
界大戦時よりも殺傷力の高い兵器が使用
され、非戦闘員を含めて多数の犠牲者を
出した。

ソ連のポーランド侵攻 1939年9月17日、
ソ連系諸民族保護を名目に、ドイツ軍の
侵攻に呼応して東部へ侵攻した。不可侵
条約の秘密条項に従い、ドイツとともに
ポーランドを分割、東側を占領した。

ソ連＝フィンランド戦争（冬（ふゆ）戦争）
1939〜40 領土交換交渉がもつれ、ソ連が
仕掛けた戦争。ソ連はフィンランドの抗
戦に苦しみ、イギリス・フランスはフィ
ンランド支援を表明した。ソ連も戦争終
結を望み、1940年3月に休戦協定が成立
した。しかし、この戦争でフィンランド
南東部からロシア北西部にまたがる北極
圏に近いカレリア地方がソ連に割譲され
た。

バルト3国併合〈へいごう〉《ソ連》1940 ソ連は
1939年9〜10月、エストニア・ラトヴィ
ア・リトアニアと個別に相互援助条約を
締結、40年8月に併合した。

国際連盟のソ連除名〈こくさいれんめいのソれんじょめい〉国際連盟
は、1939年12月、フィンランドの提訴を
認め、ソ連を侵略国として除名した。

デンマーク・ノルウェー侵入〈しんにゅう〉《ドイ
ツ》1940年4月 ドイツによる中立国デン
マーク・ノルウェーへの侵攻。ノルウェ
ー支援に失敗したイギリスでは、チェン
バレンに代わり対独強硬論者のチャーチ
ルが内閣を組織した。

チャーチル Churchill 1874〜1965 イギリス

保守党の首相（在任1940〜45，51〜55）。早くからナチス＝ドイツの強大化を警戒し，宥和政策を批判していた。1940年5月，チェンバレンに代わって首相に就任，ローズヴェルト・スターリンとともに連合国の指導者として活躍した。

オランダ・ベルギー侵入《ドイツ》 1940年5月　ドイツは，両国の戦略的重要性から，永世中立を無視して侵入。両国を降伏させると，翌月パリに向けて総攻撃を仕掛けた。

イタリア参戦 1940年6月10日　ドイツ軍の優勢をみて，イギリス・フランスに宣戦布告した。しかし，エジプト・ギリシアへの侵攻が失敗するなど，有効な作戦を展開することはできなかった。

フランス降伏 パリが1940年6月14日にドイツ軍に占領された。内閣が総辞職し，首相となったペタン元帥がドイツに降伏を申し入れ，22日に休戦協定が調印された。

ペタン Pétain 1856〜1951　フランスの軍人・政治家。第一次世界大戦で活躍した「ヴェルダンの英雄」。1940年，フランスがドイツに敗れると，ヴィシー政府の国家主席となった。戦後，対独協力の罪に問われ，服役中に没した。

ヴィシー政府 Vichy 1940〜44　権威主義的新憲法に基づき，ペタンを首班として中部フランスのヴィシーに成立したフランス政権。これにより第三共和政は崩壊した。ドイツが国土の5分の3を支配する中，南部を統治したが，ドイツの支配に協力を余儀なくされ，レジスタンス勢力の攻撃も受けた。1944年8月，パリ解放とともに崩壊した。

ド＝ゴール de Gaulle 1890〜1970　フランスの軍人・政治家。第二次世界大戦でフランスの降伏に反対してロンドンに亡命し，自由フランス政府を建て，対独レジスタンス運動を展開した。

自由フランス政府 France libre 1940　ド＝ゴールがロンドンで樹立し，対独レジスタンスを指導した政府。ヴィシー政府が親ドイツの性格を深め，レジスタンスが活発化すると，承認する国が増えた。1944年9月，パリで臨時政府に発展解消，第四共和政成立までフランスを指導した。

ゲットー Ghetto　ヨーロッパの都市や村々において，強制隔離されたユダヤ人の集合居住区。ユダヤ人の隔離居住は，中世後期に差別・迫害が強まる中で始まった。

ホロコースト Holocaust　600万人が殺されたといわれる，ナチス＝ドイツによるユダヤ人虐殺のこと。この用語は『旧約聖書』に由来する。ユダヤ人絶滅を目指し，アウシュヴィッツなど各地の収容所で計画的に虐殺がおこなわれた。

強制収容所 Konzentrationslager　ナチス＝ドイツが政治犯やユダヤ人などを大量に収容するために設置した拘禁施設。1941年以降はユダヤ人問題の「最終的解決」を目的とし，大量虐殺がおこなわれた。

杉原千畝　ナチスの迫害を逃れたユダヤ人らに，日本通過のビザを発給した。

アウシュヴィッツ Auschwitz　ポーランド南部の小都市。1940年にナチス＝ドイツの強制収容所が建てられた。ユダヤ人絶滅政策の中心となり，150万人以上が虐殺されたといわれる。79年，「負の世界遺産」に認定された。

ロマ Roma　ジプシー・ジタンなどと呼ばれてきたヨーロッパ最大の少数民族。ナチ党政権下でユダヤ人とともに迫害を受

けた。起源はインドと考えられ，移動生活で知られるが，現在は大半が定住している。

レジスタンス Résistance 第二次世界大戦中，枢軸国の占領を受けた地域で起こった抵抗運動。フランスでおこなわれたドイツ軍とヴィシー政府に対する抵抗は，戦後の第四共和政の基礎となった。また，ユーゴスラヴィアやアルバニアの抵抗組織は，戦後に社会主義国家を樹立する母体になるなど，各国のレジスタンスは戦後の政治・社会に大きな影響を及ぼした。

パルチザン Partisan 非正規的武装勢力，またはゲリラ的な戦術形態。第二次世界大戦中の，ユーゴスラヴィアの対独パルチザン，朝鮮の対日パルチザンなどが知られる。

独ソ戦

独ソ戦 1941年6月 ドイツが独ソ不可侵条約を破り，ソ連を攻撃して始まった戦争。ソ軍を過小評価したドイツは短期決戦をねらって大軍を投入，イタリアやルーマニアなどの同盟国軍も加わった。10月，ドイツはモスクワに迫ったが，11月，モスクワ攻撃が失敗し，12月に入るとソ連の反攻が始まり，戦争は長期化した。また，独ソ戦が始まると，イギリス・アメリカはソ連支持を表明，アメリカは武器貸与法をソ連にも適用することを決定，第二次世界大戦はファシズム勢力対反ファシズム勢力の戦いという性格を帯びることになった。

赤軍 ロシア革命の時に，労働者・農民によって組織されたソヴィエト政権の軍隊。第二次世界大戦当時は，ソ連軍のことを赤軍ということもある。

英ソ軍事同盟 独ソ戦開始でドイツが両国の敵となり，1941年7月にイギリスとソ連が相互援助と単独講和禁止を約束した軍事同盟。42年5月には内容を強化した条約が結ばれた。

コミンテルン解散 1943 5月の独ソ戦開始でアメリカ・イギリス・ソ連の反ファシズム連合が成立すると，アメリカ・ソ連の協力を推進するために解散した。

ドイツ・イタリア，対米宣戦 1941年12月 日本の対米戦開始後に宣戦。三国同盟の規定上は，両国に対米宣戦の義務はなかったが，長期的判断から参戦した。これにより，中立条約に従い開戦しなかった日本・ソ連間を除き，ヨーロッパの戦争と，アジア・太平洋の戦争が一体化した。

枢軸国 第二次世界大戦で連合国と戦った，ドイツ・イタリア・日本とその同盟諸国。「枢軸」の名称は1936年のムッソリーニの演説に由来する。

連合国 第二次世界大戦で，ドイツ・イタリア・日本など枢軸国と交戦し，1942年1月，連合国共同宣言に参加した国々をいう。

中立法《アメリカ》Neutrality Act 1935 交戦国への武器，軍需品の売却の禁止などを取り決めたアメリカ合衆国の法律。イタリアのエチオピア侵略で世界戦争勃発が危惧される中，戦争に巻き込まれることを防ぐために制定された。41年に武器貸与法が成立し，空文化した。

武器貸与法 Lend-Lease Act 1941 ローズヴェルトの提案で成立した連合国への軍事援助法。中立法を改め，大統領に外国政府に対する武器・軍需物資を提供する権限を与えた。以後，アメリカは事実上連合国の一員となり，総額約500億ドルの武器・食糧を貸与し，勝利に貢献した。

太平洋戦争の勃発

日ソ中立条約〔にっソちゅうりつじょうやく〕 1941年4月 日本とソ連が相互不可侵・中立維持を約束した条約。日本はアメリカ・イギリスを牽制〔けんせい〕し、南方進出に備えるため、ソ連は日本・ドイツとの両面戦争を避けるために締結した。1945年8月8日、ソ連がヤルタ協定に従い日本に宣戦布告、有効期間中にソ連によって破棄された。

松岡洋右〔まつおかようすけ〕 1880～1946 1932年、国際連盟の主席全権として日本を連盟脱退に導いた。のち、満鉄総裁から第2次近衛内閣の外相となり、大東亜共栄圏を提唱。1940年9月、日独伊三国同盟を結び、アメリカ・イギリスを牽制しようとしたが、反対にアメリカ・イギリス関係を悪化させた。松岡洋右は外相として日独伊三国同盟にソ連を加えて、四国同盟でアメリカ・イギリスに対抗することを構想し、1941年4月、日ソ中立条約を結んだ。しかし6月に独ソ戦が始まり、その目論みは崩壊した。ソ連のスターリンにとって、日ソ中立条約は独ソ戦をおこなうために日本との戦争を一時的に回避する方便だった。

日米交渉〔にちべいこうしょう〕 1941年4～11月 日米関係を調整するための交渉。日本の中国撤兵や三国同盟の無力化が議論されたが難航、日ソ中立条約、仏印南部への進駐はアメリカの態度を硬化させた。10月、近衛文麿内閣の総辞職後に成立した東条英機内閣は交渉を打ち切り、12月の御前会議で対米開戦が決定された。

南部仏印進駐〔なんぶふついんしんちゅう〕 1941年7月 石油・ゴム・燐酸〔りんさん〕・アルミ資源など、戦略物資の開発・調達のために、南部仏印(現在のベトナム南部)に日本軍が進駐。態度を硬化させたアメリカは在米日本人の資産を凍結し、石油の対日輸出禁止などの措置を採り、イギリスは日英通商航海条約の廃棄を通告した。

在米日本人の資産凍結〔ざいべいにほんじんのしさんとうけつ〕 資産とは、現金や預貯金、有価証券、土地・建物、工場や機械などを指す。凍結とは、没収とは異なり、そのまま使用や売買などができないようにすること。

対日石油全面禁輸〔たいにちせきゆぜんめんきんゆ〕 日本向けの石油の輸出を禁止すること。日本は石油資源をアメリカから輸入できなくなったため、南方のボルネオ・スマトラの油田を確保するためいっそう開戦へ傾く。

「ABCDライン」 アメリカ・イギリス・中国・オランダ4カ国が貿易制限による対日包囲網をつくっている、という日本の主張。国民の危機感をあおり、自衛のための戦争を印象付けることをねらった。Aはアメリカ(America)、Bはイギリス(Britain)、Cは中国(China)、Dはオランダ(Dutch)の頭文字〔かしらもじ〕。

近衛〔このえ〕**内閣(第3次)** 1941.7～41.10 第2次内閣に引き続き組閣。「帝国国策遂行要領」を決定。日米交渉に失敗。対米強硬を主張する東条陸相と対立し、総辞職した。

御前会議〔ごぜんかいぎ〕《開戦》 明治憲法では政府と軍部は別々に天皇に属していたため、軍事行動を伴う政策は、天皇臨席の下に両者の連絡会議で決定する必要があった。特に、大本営政府連絡会議や最高戦争指導会議に天皇が臨席する時は御前会議という。

東条英機〔とうじょうひでき〕 1884～1948 陸軍大将。関東軍参謀長、第2次・第3次近衛内閣の陸相を歴任。1941年10月に首相、太平洋戦争開始の直接の責任者として参謀総長を兼務。戦後、A級戦犯として絞首刑になる。

東条内閣 1941.10〜44.7 第3次近衛内閣の総辞職後に組閣。太平洋戦争に突入。翼賛選挙を実施、東条英機は首相・陸相・参謀総長を併任して独裁体制を固める。サイパン陥落の責任により総辞職した。

「ハル＝ノート」 Hull-Note 1941年11月 日米交渉末期にアメリカ国務長官ハルが提示したアメリカ側の対案。内容は日本の中国・フランス領インドシナからの全面撤退、汪兆銘政権の否認、日独伊三国同盟の実質的廃棄などで、日本側が絶対に飲まないだろうと想定したもの。事実上のアメリカからの最後通牒である。この文書により日米交渉は事実上決裂した。

マレー半島上陸 1941年12月8日 日本軍がマレー半島北部のイギリス領コタバルに、真珠湾攻撃より早く奇襲上陸した。12月10日、マレー沖でイギリス東洋艦隊の戦艦2隻を撃沈。自転車を使用した銀輪部隊などで急速に南下して、翌42年2月、シンガポール（日本は昭南と改称）を占領した。

真珠湾（パールハーバー）攻撃 Pearl Harbor 1941年12月8日未明に、日本海軍航空部隊がおこなったハワイ、真珠湾のアメリカ海軍基地への攻撃。この攻撃から太平洋戦争が始まった。日本からの宣戦布告が遅れたため「奇襲」とされ、国際法違反と非難を受けた。

カーティス／タンジール、フォード島、ネバダ、アリゾナ、ベスタル、テネシー、ウェストバージニア、メリーランド、オクラホマ、ネオショー、カリフォルニア

児島襄『太平洋戦争（上）』（中公新書より）

真珠湾に停泊中のアメリカ太平洋艦隊

太平洋戦争 1941〜45 第二次世界大戦の一部をなす、太平洋域を主戦場とした日本と連合国との戦争。日本の真珠湾攻撃から始まった。当初、日本が優位に立ち、南太平洋の制海権を握り、東南アジア諸国を支配した。しかし、1942年のミッドウェー海戦の敗北を機に、戦況は逆転、45年に日本軍の降伏で終了した。戦争中に起こった中国や東南アジア民衆の日本への抵抗は、戦後の植民地体制打破につながった。

アジア・太平洋戦争 中国・東南アジア地域を含む戦争という意味で使われる太平洋戦争の呼称。

「大東亜戦争」 日本の政府・指導者層が用いた日中戦争と太平洋戦争とを併わせた呼称。

ミッドウェー海戦 1942年6月 日本とアメリカの中間点にあたるミッドウェー諸島沖での海戦。日本連合艦隊は主力空母4隻と多数の航空機・搭乗員を失い、壊滅的大打撃を受けた。以来、海上・航空戦力で劣勢となり、日本海軍は太平洋における制海権を失った。

大東亜共栄圏 太平洋戦争中、日本の中国・東南アジアに対する侵略政策を正当化するために唱えられたスローガン。これらの地域から欧米支配を排除し、日本を中心とする共存共栄の大東亜新秩序を説いた。

大東亜会議 1943年11月 日本の勢力下にあった中華民国（汪政権）、満洲国の張景恵、タイのワンワイ＝タヤコン、フィリピンのラウレル、ビルマのバー＝モウ、自由インド仮政府の代表を東京に集めて開いた会議。大東亜共同宣言を採択し、内容は大東亜共栄圏の結束を誇示しようとしたもの。

配給制 米や砂糖、酒などの不足する物資を家族の人数などに応じて、政府が

配分して支給する制度。

総合衣料切符制（そうごういりょうきっぷせい） 1942年から始まる。すべての衣料を点数化し、制限内の点数分しか衣料を購入できない制度。

学徒出陣（がくとしゅつじん） 1943年9月 法文系学生の在学中の徴兵猶予制を停止し、将校不足を補い、戦争に参加させた。12月1日、第一陣入隊。同時に徴兵適齢は19歳となる。

勤労動員（きんろうどういん） 多くの男性が徴兵されて労働力不足になると、学生・生徒や女性を徴用し、軍需産業に動員すること。

学童疎開（がくどうそかい） 本土への空襲が激化する中、それまでの親類などを頼って疎開する縁故疎開に加え、大都会の学童を小学校ごとに集団で強制的に地方の旅館や寺院などに疎開させる集団疎開がおこなわれた。1944年8月に始まる。

朝鮮人の徴用・中国人の強制連行（ちょうせんじんのちょうよう・ちゅうごくじんのきょうせいれんこう） 1944年から、朝鮮人にも国民徴用令が適用され、日本内地・樺太・南洋諸島での労働に従事させられた。占領地の中国人も、鉱山や港湾労働などの危険な作業に従事させられた。

朝鮮人・台湾人の徴兵制（ちょうせんじん・たいわんじんのちょうへいせい） 朝鮮では1938年から、台湾では1942年から特別志願兵制度が始まった。朝鮮では1943年から、台湾では44年から、徴兵制を施行した。

慰安施設（いあんしせつ） 日中戦争・太平洋戦争中に、日本人・朝鮮人・中国人の女性たちが、日本軍向け兵士の相手をする施設。

泰緬鉄道（たいめんてつどう） インドに侵攻する作戦のため、タイ西部の山岳地帯を横断してビルマに通じるよう敷設された軍用鉄道。泰はタイ、緬はビルマのこと。1942年11月に建設命令が出され、多くの連合国軍捕虜とアジア人労務者を酷使しておこなわれ、多数の死者を出し、「死の鉄道」ともいわれた。

ファシズム諸国の敗北

スターリングラードの戦い Stalingrad 1942～43 スターリングラード（現在のヴォルゴグラード）でおこなわれた、ドイツとソ連の戦い。ドイツは市の大半を占領したが、ソ連軍が反攻に出てドイツ軍を逆包囲した。ヒトラーは軍の撤退を許さず、結局9万人のドイツ軍がソ連に降伏した。この戦いは独ソ戦の転換点となり、ソ連が反攻に転じ、ドイツは守勢に回った。

シチリア島上陸《連合国軍》 1943年7月 イタリア本土上陸の前段階としておこなわれた連合国の作戦。シチリアが制圧されると、孤立するムッソリーニはファシズム大評議会で解任、逮捕された。

イタリア新政府無条件降伏 1943年9月 バドリオ政府が無条件降伏を申し出た。しかし、ドイツ軍がイタリア北部を制圧し、救出（きゅうしゅつ）されたムッソリーニが傀儡政権を樹立した。国王と新政府はイタリア南部に逃れてドイツに宣戦、内戦は1945年4月まで続いた。

ノルマンディー上陸 Normandie 1944 アメリカ・イギリス連合軍による北フランス上陸作戦。6月に敢行された。これによりイタリア方面についでドイツに対する第二戦線が形成され、西方からのドイツへの反攻が開始された。

パリ解放 1944年8月 レジスタンスと自由フランス軍がドイツ軍占領下のパリを解放した。25日、ドイツ軍は破壊を避け、パリをほぼ無傷で明け渡し、26日にド＝ゴールが凱旋（がいせん）した。

ドレスデン大空襲 Dresden 1945年2月 イギリス・アメリカ軍がドイツの古都ドレスデンを壊滅させた夜間無差別爆撃で、死者約2万5000人。ドレスデンはドイツ

中東部の都市で，統一後はザクセン州の州都。

ベルリン陥落 1945年5月2日 ソ連赤軍の攻撃による。激しい市街戦がおこなわれ，ベルリン市は破壊された。また，ヒトラーは首都陥落直前の4月30日に自殺した。

ドイツ無条件降伏 1945年5月7日 ヒトラーにより後継者に任命されたデーニッツ提督が降伏し，ヨーロッパの戦争が終結した。

日本の敗北

サイパン陥落 マリアナ群島にあるサイパン島に，1944年6月，アメリカ軍が上陸。激戦の末，7月，日本軍は玉砕。以来，同島はB29爆撃機などのアメリカ軍機の日本爆撃の基地となる。

B29爆撃機 B29は，アメリカが開発した4発の長距離重爆撃機。「超空の要塞」といわれ，最高高度約1万m，最高速度576km，航続距離6500km，最大爆弾搭載量9tの当時世界最大の爆撃機。サイパン島から給油なしで，東京，名古屋，大阪などまで往復できた。

前部爆弾倉　後部爆弾倉
機関士席
正操縦士席
爆撃手席　副操縦士席

絶対国防圏 日本が太平洋戦争を遂行する上で，戦略上「絶対確保すべき圏域」のこと。1943年9月30日の御前会議で決定。戦線を縮小させて防衛圏を強固にしようと企図した。しかし，サイパン島陥落により，東京はB29の爆撃圏内に入ったため，この構想は崩れた。

レイテ島海戦（比島沖海戦） 1944年10月，アメリカ軍のレイテ島上陸作戦を阻止するために日本海軍がおこなった海上決戦。日本は戦艦「武蔵」を失う。

神風特別攻撃隊（特攻隊） 陸・海軍航空機・小艇による空母などへの体当り戦法。フィリピン作戦・沖縄作戦で出動。海軍の神風特攻隊が初めて出撃した。

本土空襲 アメリカ軍の大型爆撃機B29が中国基地から北九州を爆撃したのに始まり，1944年11月にはマリアナ基地から東京を初爆撃するなど，県庁所在地などの主要都市のほとんどが敗戦まで連続的に爆撃された。アメリカ側記録で出撃約3万機。日本人は庭などに防空壕を掘り，防空演習をおこなったが無力であった。

東京大空襲 1945年3月10日，アメリカ空軍が，B29爆撃機約300機で東京に加えた夜間無差別爆撃。隅田川から東の下町一帯は廃墟と化し，約10万人の死者を出した。

焼夷弾 太平洋戦争中に，アメリカ軍が日本の木造家屋を焼き払うために開発した空中からの投下爆弾。筒状で，中にはゼリー状にしたガソリンを入れ，地上に落下した時の衝撃で発火するようになっていた。

沖縄戦 1945年4月 約18万人のアメリカ軍上陸部隊が沖縄本島に上陸，6月には日本の守備軍約10万人は壊滅した。さらに沖縄住民も戦闘に巻き込まれ，自決者も含めて約10万人の犠牲者を出した。

広島に原爆投下《アメリカ》 1945年8月6日 世界最初の核兵器の実戦使用となった攻撃。広島市に壊滅的打撃を与えた。

被災者数の把握は困難であるが，1945年12月末の時点で約14万人が死亡したと推定される。

ソ連の対日宣戦 1945年8月8日 ソ連はヤルタ協定に従い，日ソ中立条約の破棄を通告。ポツダム宣言を黙殺する日本に対し，宣戦した。ソ連軍は中国東北地方・朝鮮・樺太・千島に侵入し，降伏文書調印の9月2日まで戦闘を継続し，占領地を拡大した。多数の居留日本人が死亡し，約60万人がシベリアなどに抑留された。

長崎に原爆投下《アメリカ》 1945年8月9日 長崎市に壊滅的打撃を与えた。被災者数の把握は困難であるが，1950年7月の時点で約7万人以上が死亡したと推定される。

日ソ中立条約の破棄 条約は1941（昭和16）年4月13日，日ソ間で調印。有効期限は5カ年で，満了期限は1946年4月であったが，ソ連側が45年4月に不延長を通告していた。1945年8月8日，一方的に条約を破棄して日本に宣戦布告した。

鈴木貫太郎 1867～1948 海軍大将。昭和天皇の侍従長の時，二・二六事件で襲われて重傷。小磯内閣の後を受けて組閣。

鈴木貫太郎内閣 1945.4～45.8 戦争終結をはかるために成立。同年8月，主戦派を抑えてポツダム宣言受諾を決定。「玉音放送」後，総辞職した。

ポツダム宣言 1945年7月 ポツダム会談中，アメリカ・イギリス・中国の3国（8月にソ連も参加）が発表した日本に対する降伏勧告宣言。終戦の条件として，軍国主義の除去，領土の制限，民主主義の確立，軍隊の武装解除などを列挙した。

ポツダム宣言の受諾 ポツダム宣言は，アメリカ・イギリス・中国の3国が発した対日降伏勧告である。1945年7月

28日，鈴木貫太郎内閣は軍部の圧力により「黙殺する」との声明を出したため，拒否と受け取った連合国側のアメリカの原爆投下，ソ連の対日参戦を招いた。8月9日の御前会議で，ポツダム宣言受諾を聖断で決定。翌10日にアメリカ・イギリス・ソ連・中国に通告された。

御前会議《終戦》 1945年8月9日，最高戦争指導会議の御前会議を開催。国体護持の条件のみを付してポツダム宣言の受諾を主張する東郷外相と，本土決戦を主張する阿南陸相が対立，天皇の聖断で外相案の受諾を決定。翌10日，アメリカ・イギリス・ソ連・中国4カ国に通告。14日の御前会議で確認されて最終決定された。

聖断 昭和天皇の最終決定のこと。明治憲法で統帥権を持つ最高指揮官として天皇が戦争終結を決断したことをいう。

玉音放送 1945年8月14日，終戦の昭和天皇の詔勅が作成され，詔勅を天皇みずからレコードに吹き込んだ。天皇の声を玉音という。8月15日正午にそのレコードを放送し（玉音放送），国民全体に終戦を知らせた。

無条件降伏 国体護持（天皇制を維持すること）以外の条件なしに，ポツダム宣言を完全受諾することで降伏した。

降伏文書調印 1945年9月2日，東京湾上のアメリカ戦艦ミズーリ号上で調印。全権は政府代表重光葵外相・軍部代表梅津美治郎参謀総長。

重光葵 1887～1957 外交官。東条・小磯・東久邇・鳩山内閣の外相。戦犯として服役後，改進党総裁。保守合同後，自民党に入党。日ソ交渉や日本の国際連合加盟に活躍した。

シベリア抑留 第二次世界大戦終了後，満洲などでソ連軍の捕虜となっていた推

定約57万人の日本軍人や開拓団員が，ソ連領内のシベリア収容所に連行され，ソ連の労働力不足を補う不当な強制労働に従事させられたこと。極寒の中で粗悪な食事，重労働で約6万人の死者を出した。

原爆ドーム(旧広島県産業奨励館) 1915年に，広島県物産陳列館として建築された。設計者はチェコ人のヤン・レツル。地下1階，地上3階の建物は，当時，最新流行の「セセッション様式」を採用した最先端の建築であった。原爆の悲惨さを伝える負の世界遺産。

平和祈念像 長崎出身の彫刻家北村西望が製作。1955(昭和30)年に長崎平和公園内に完成した。右手は天を指して原爆の恐ろしさを，左手は水平に伸ばして平和を希求している男神像である。

第7章 戦後の国際秩序と日本の改革

❶ 新たな国際秩序と冷戦の始まり

新たな国際秩序の形成

大西洋上会談(たいせいようじょうかいだん)(米英首脳会談)
1941年8月，アメリカ大統領ローズヴェルトとイギリス首相チャーチルが大西洋上の艦船でおこなった会談。その後の連合国首脳会談の端緒(たんしょ)となった。

大西洋憲章(けんしょう) Atlantic Charter 1941年8月，大西洋上会談の結果，発表された8項目の共同宣言。領土不拡大，領土不変更，民族自決，貿易の機会均等，労働・生活環境改善，軍備縮小，海洋の自由，国際安全保障の確立から成る。この憲章は連合国の戦争目的を明確にし，その後の連合国共同宣言や，国際連合憲章に継承された。

連合国共同宣言(れんごうこくきょうどうせんげん) 1942年1月1日，連合国26カ国が発表した宣言。ファシズムとの戦いという，第二次世界大戦の目的を明示した。

カイロ会談(かいだん) Cairo 1943年11月 エジプトのカイロでローズヴェルト・チャーチル・蔣(しょう)介石が開いた首脳会談。対日戦の協力と戦後処理を議題とした。

カイロ宣言(せんげん) 1943年11月に調印。日本の無条件降伏と降伏後の領土について，第一次世界大戦後に獲得した太平洋上の諸島の剝奪(はくだつ)，中国東北地方・台湾・澎湖(ほうこ)諸島の中国返還，朝鮮の独立などの方針を決定した。

テヘラン会談 Teheran 1943年11〜12月 イラ
ンのテヘランでローズヴェルト・チャーチル・スターリンが開いた首脳会談。中心議題はイタリア戦線についでドイツとどこで戦うのかという第二戦線の問題。アメリカ・イギリス両国が1944年5月を期限に北フランス上陸作戦の実行を約束した。また，スターリンはドイツ降伏後の対日参戦を約束した。

ダンバートン＝オークス会議 Dumbarton Oaks 1944 国際連合憲章の原案をつくった会議。ワシントン郊外のダンバートン＝オークス邸で開催され，アメリカ・イギリス・ソ連(後半は代わりに中国)が参加した。

ヤルタ会談 Yalta 1945年2月 ソ連のクリミア半島の保養地ヤルタでローズヴェルト・チャーチル・スターリンが開いた首脳会談。枢軸国の扱いなど，戦後処理を議論した。一連の取決めは戦後国際政治体制の出発点となったが，そこには東ヨーロッパの扱いを巡るアメリカ・イギリスとソ連の対立など，冷戦(れいせん)勃発(ぼうはつ)の萌芽(ほうが)もみられた。

ヤルタ協定 1945年2月 ヤルタ会談による協定。ドイツの共同管理と戦争犯罪の裁判，東ヨーロッパ・中ヨーロッパ諸国の扱い，国際連合設立準備と安保理の権限などで合意した。秘密協定としては，ソ連の対日参戦と南樺太・千島の占領について合意した。

トルーマン Truman 1884〜1972 アメリカ第33代大統領(在任1945〜53)。1945年4月，ローズヴェルト大統領の急死で副大統領から昇格，原子爆弾の使用を命じ，

太平洋戦争を終結させた。第二次世界大戦後は封じ込め政策など、ソ連に対する強硬路線を取った。

ポツダム会談 Potsdam 1945年7～8月 ベルリン近郊のポツダムでトルーマン・チャーチル(政権交代により途中からアトリー)・スターリンが参加したアメリカ・イギリス・ソ連の首脳会談。ドイツの戦後処理、日本軍の降伏条件や戦後処理など、大戦終結後をにらんだ諸問題を討議した。

国際連合の成立

サンフランシスコ会議 1945 国際連合憲章を採択した会議。連合国側50カ国によって4～6月に開かれ、ダンバートン＝オークス会議で懸案として残った安全保障理事会常任理事国の拒否権を決定した。なお、ポーランドの参加についてアメリカ・イギリスとソ連の意見が対立した。

国際連合憲章けんしょう Charter of the United Nations 1945 6月に調印された、国際連合の基本原則と基本組織を定めた条文のこと。

国際連合 United Nations 1945 10月に発足した国際平和機構。本部はニューヨーク。「連合国」の名称をそのまま使用し、原加盟国は51カ国。戦争を防止できなかった国際連盟の失敗を教訓とするべく、総会での多数決制、安全保障理事会の権限強化、及び拒否権などを採用した。「冷戦」終結後は、地域紛争や内戦への対応が主な課題となった。2002年には永世中立国であるスイスも加盟した。

安全保障理事会あんぜんほしょうりじかい 国連主要6機関のうち、最も強大な権限を持つ機関。国際紛争の解決に必要な経済的・外交的・軍事的制裁や諸措置をおこなうために、加盟国を法的に拘束する「決定」ができる。

常任理事国5カ国、非常任理事国6カ国で構成され、常任理事国は国連憲章に国名が明記されているので、構成を変えるには国連憲章の改正が必要となる。非常任理事国はのちに10カ国となった。

常任理事国じょうにんりじこく 安全保障理事会の理事国のうち、拒否権を持つ、アメリカ・イギリス・フランス・ソ連・中国の5大国。中国の代表権は1971年に中華民国から中華人民共和国へ移り、ソ連の代表権は92年にロシア連邦へ変更された。

拒否権きょひけん 5常任理事国が持っている権利。大国一致が原則で、1国の反対で否決ができる。冷戦時代から現在に至るまで数多く行使された。

非常任理事国ひじょうにんりじこく 2年を任期として選出される安全保障理事会の理事国。当初は6カ国であったが、1966年から10カ国となった。

経済社会理事会けいざいしゃかいりじかい 経済・社会・文化・教育などを取り扱う国連主要6機関の1つ。任期3年で理事国は54カ国。国際労働機関(ILO)を始め、多数の専門機関と連携して施策をおこなう。

国際司法裁判所こくさいしほうさいばんしょ 国際紛争の法的処理をおこなう国連主要6機関の1つ。国際連盟の常設国際司法裁判所を継承してオランダのハーグに設けられた。国際紛争の解決には紛争当事国の合意が必要となっている。

ユネスコ(国際連合教育科学文化機関、UNESCO) 教育・科学・文化を通じて国際理解を促進し、世界平和と安全に貢献することを目的とする、国連の専門機関。1946年ユネスコ憲章が発効して設立された。

国際労働機関こくさいろうどうきかん(ILO) 国際連盟に設けられた組織を受け継いだ、国連の専門機関。1946年に設立され、ILO憲章に

基づき，労働条件の改善など，労使問題について加盟各国政府と使用者・労働者の代表が意見を交換し，協定を結んだ。

世界保健機関（せかいほけんきかん）(WHO) World Health Organization 1948年に設立された国際連合の専門機関。すべての人々が可能な最高の健康水準に到達することを目的に，保健衛生問題に取り組む。本部はスイスのジュネーヴ。

戦後の国際金融体制

ブレトン＝ウッズ会議 第二次世界大戦後の国際通貨制度を決定した会議。1944年7月，連合国側の44カ国がアメリカのブレトン＝ウッズに集まり，各国通貨を安定させるために米ドルを基軸通貨とすること，国際通貨基金(IMF)と国際復興開発銀行(IBRD)を設立することに合意した会議。

ケインズ Keynes 1883～1946 イギリスの経済学者。自由放任経済では失業を無くし，完全雇用を実現することはできないと考え，雇用水準や生産水準は国全体の有効需要の大きさで決まるから，政府が積極的に経済に介入し，公共投資によって有効需要を増やすことが完全雇用につながることを論じた。ケインズの経済学は，「ケインズ革命」と呼ばれる衝撃を与え，さらには第二次世界大戦後の世界各国の経済政策に大きな影響を与えた。

ハリー・デクスター・ホワイト Harry Dexter White 1892～1948 ハリー・デクスター・ホワイトは，アメリカの財務次官補としてケインズとともにブレトン＝ウッズ体制を構築し，戦後の国際金融体制をつくり上げた。しかし，いっぽうでは，1930年代中頃より，ホワイトはソ連のスパイとして裏からローズヴェルト政権を動かしていた。日本に日米開戦を決意さ

せたハル＝ノートは，彼の原案であった。1948年夏，ソ連の秘密工作員であるとの告発を受けたアメリカ下院非米活動委員会に召喚され，出席した3日後に死亡。自殺といわれている。

ブレトン＝ウッズ国際経済体制（こくさいけいざいたいせい） Bretton Woods 1944～73 ブレトン＝ウッズ協定に基づき，国際通貨と世界経済を調整する体制。1944年7月，アメリカのニューハンプシャー州ブレトン＝ウッズで開かれた会議で，国際通貨基金と国際復興開発銀行を設立する協定が結ばれた。第二次世界大戦後，2つの機関を中心に形成された経済体制は，基軸通貨の米ドルと各国通貨との交換(兌換)比率を固定する金ドル本位制で，為替安定をはかると同時に貿易自由化を進め，各国経済の発展を目指した。しかし，1970年代初頭に進行したドル危機で，73年に為替が変動相場制へ移行し，この体制は崩壊した。

金ドル本位（ほんい）**制** 基軸通貨の米ドルと金を基準に，各国通貨との交換(兌換)比率が決められた，固定為替相場制。ブレトン＝ウッズ会議で，金1オンス(31.1035g)＝35ドルという交換比率を定めた。

国際通貨基金（こくさいつうかききん）(IMF) 国際通貨体制の確立と為替の安定を目的とする，国連の専門機関。1945年，ブレトン＝ウッズ協定に基づき，国際復興開発銀行とともにつくられた。

国際復興開発銀行（こくさいふっこうかいはつぎんこう）(世界銀行せかいぎんこう，IBRD) 戦後復興と発展途上国への融資を目的とする，国連の専門機関。1945年末に設立され，IMFを補完する立場にある。

『関税及び貿易に関する一般協定』（ガット〈GATT〉) 1947 国際的な自由貿易の維持・拡大を目的として，23カ国によ

って調印された取決め。関税の引下げや，各種の輸出入規制の撤廃に合意した。1955年に，権限のより強い組織として世界貿易機関（WTO）が設立され，とって代わられた。

世界貿易機関せかいぼうえききかん**（WTO）** World Trade Organization 1986年から始まったGATTの多角的貿易交渉であるウルグアイ＝ラウンドで，GATTに代わってWTOを設立することで合意した。ウルグアイ＝ラウンドで合意されたすべての成果を実施するための，国際的な貿易機関。1994年，マラケシュ会議で合意され，1995年に設立された。中国は2001年，ロシアは2012年に加盟した。

東西冷戦の始まり

「冷戦」れいせん Cold War 第二次世界大戦末期から1989年末のマルタ会談に至るまでの，自由主義陣営と社会主義陣営の対立。アメリカ・ソ連両国の直接戦争にまで至らない対立を表した言葉で，47年にアメリカ人ジャーナリストの間で使われ始めた。戦後，核兵器で軍事的優位に立ったアメリカのソ連封じ込め政策と，ソ連の核開発，東ヨーロッパ・アジアにおける社会主義圏の拡大で対立が激化した。のち，マルタ会談でアメリカ・ソ連首脳により冷戦終結が宣言された。

資本主義陣営しほんしゅぎじんえい**（西側陣営**にしがわじんえい**）** 政治的には自由主義体制，経済体制では資本主義を採るアメリカを軍事的・経済的な中核に据えた西ヨーロッパ諸国をいう。敗戦国ドイツはアメリカ・イギリス・フランスの占領下にあった西ドイツ（ドイツ連邦共和国，1949年5月に成立）が西側に組み込まれた。

「封じ込め政策」ふうじこめせいさく Containment Policy アメリカが採ったソ連圏の拡大を阻止す

る外交政策。1947年にトルーマン＝ドクトリンやマーシャル＝プランを発表し，49年にNATOを結成した。

トルーマン＝ドクトリン Truman Doctrine 1947 アメリカ大統領トルーマンによる「封じ込め政策」開始の表明。内容は，ギリシアとトルコの共産主義化を阻止するための軍事支出を，連邦議会に要請したもの。

マーシャル＝プラン（ヨーロッパ経済復興援助計画けいざいふっこうえんじょけいかく**）** 1947 103億ドルにのぼるアメリカの援助によるヨーロッパの経済復興計画。ヨーロッパに豊かな生活を取り戻すことで共産主義化を防止するのが目的であったため，ソ連・東ヨーロッパは受入れを拒否した。1948～51年に実施された。

マーシャル Marshall 1880～1959 アメリカの軍人・政治家。国務長官として1947年に提案したマーシャル＝プランの功績で，53年ノーベル平和賞を受賞した。

社会主義陣営しゃかいしゅぎじんえい**（東側陣営**ひがしがわじんえい**）** ソ連の衛星国としてソ連型の共産主義や社会主義体制を樹立した東ヨーロッパ諸国をいう。ドイツのソ連占領地域は東ドイツ（ドイツ民主共和国，1949年10月に成立）として東側に入った。首都ベルリンはアメリカ・イギリス・フランス占領下の西ベルリンとソ連占領下の東ベルリンに分割され，東西ベルリンはのちにベルリンの壁で完全に分断された。ソ連は1948年6月～49年5月まで西ベルリンの封鎖をおこなった。

コミンフォルム（共産党情報局きょうさんとうじょうほうきょく**）** Cominform 1947 国際的な共産党の情報交換の機関。ソ連・東ヨーロッパ6カ国・フランス・イタリアの共産党で組織された。当初，ベオグラードに本部を置いたが，48年のユーゴスラヴィア除名以

降，ルーマニアのブカレストに移した。スターリン批判ののち，56年に解散した。

経済相互援助会議（コメコン〈COMECON〉） 1949 マーシャル＝プランに対抗するため，ソ連・東ヨーロッパ諸国が設立した経済協力機構。ソ連が原油を輸出し，東ヨーロッパ諸国が工業製品・消費財などをその対価として輸出する構造をつくった。1962年以降，モンゴル・キューバ・ベトナムなども参加したが，「冷戦」終結後の91年6月に解体された。

チェコスロヴァキア＝クーデタ 1948 共産党政権樹立のクーデタ。マーシャル＝プランを受け入れようとしたチェコスロヴァキアの非共産党勢力が，共産党とそれを支援するソ連によって閣内から一掃された。「東西の架け橋」をはたすという大統領ベネシュの理想は頓挫した。

ベネシュ Beneš 1884〜1948 チェコスロヴァキアの独立運動家。第二次世界大戦前のチェコスロヴァキア解体によって，アメリカへ亡命する。大戦中はフランス・イギリスでナチスへの抵抗運動を指導し，1946年の自由選挙で大統領となる。1947年，アメリカのマーシャル＝プラン受れを決定したが，共産党のゴットワルトを首班とする内閣は，ソ連の圧力を受けてベネシュの決定を取り消した。共産党によるチェコスロヴァキアのクーデタ成功により，大統領を辞任した直後に病死した。

人民民主主義 ソ連が主導した反ファシズム民族統一戦線により成立した政治体制と理念をいう。冷戦の進行で東ヨーロッパ諸国がソ連の衛星国となるにつれて，共産党指導によるソ連型の政治体制をこう呼ぶようになった。「人民」を唯一代表するのが共産党であるという論理から，「人民民主主義」とは共産党の一党独裁となる。

ユーゴスラヴィア Yugoslavia 第二次世界大戦中にパルチザンで活躍したティトーの指導の下，1945年に連邦人民共和国を宣言した。ほぼ独力でユーゴスラヴィアをナチス・ドイツから解放したため，ソ連に対して自主的な態度を採ることが多く，48年コミンフォルムを除名された。

ティトー Tito 1892〜1980 ユーゴスラヴィアの首相（在任1945〜53）・大統領（在任1953〜80）。第二次世界大戦中はドイツに対するパルチザン運動を指導し，1945年東ヨーロッパ初の人民共和国を建設した。複雑な民族問題を抱えるユーゴスラヴィアで，スターリン支配を拒否し，労働者の自主管理と地方分権を特徴とする，独自の社会主義建設を指導した。

コミンフォルムのユーゴスラヴィア除名 1948 ソ連から距離を置くティトーが，ブルガリアと独自に同盟交渉をおこなったのをきっかけに，除名された。ユーゴスラヴィアは社会主義圏で孤立し，独自の路線を進んだ。

「鉄のカーテン」 Iron Curtain チャーチルが，ヨーロッパにおける東西両陣営の境界を象徴して用いた表現。1946年にアメリカのミズーリ州でおこなわれた演説で，ソ連がバルト海のシュテッティンからアドリア海のトリエステを結ぶラインから東側に，勢力圏をつくり強力な支配をおこなっているとの非難を込めて使用した。

敗戦後のドイツ

ニュルンベルク裁判 Nürnberg 1945〜46 連合国がナチス＝ドイツの戦争責任者を裁くためにおこなった軍事裁判。22名の被告のうち，ゲーリング航空相・リッベントロップ外相ら12名に絞首刑が宣

言された。

ドイツ４カ国分割占領ぶんかつせ（分割管りょう
理）1945 ベルリン陥落後に，アメリカ・
イギリス・フランスとソ連の４カ国が開
始したドイツ本土の軍事分割管理。ドイ
ツはヒトラーの自殺によって政府そのも
のが消滅したため，直接占領下に置かれ
た。翌1946年に，アメリカとイギリスが
占領地域の経済統合に合意するなど，西
側占領地区では統合が始まった。

ベルリン分割管理ぶんかつかんり アメリカ・イギ
リス・フランス・ソ連の４カ国が，首都
ベルリンの地域を分割して占領した分割
管理。アメリカ・イギリス・フランスが
占領管理した地域が西ベルリン。ソ連占
領地域が東ベルリンとなった。

西ベルリン封鎖ふう 西側占領地区の通貨
改革に対抗して，ソ連が1948年６月に東
ドイツ領内に位置する西ベルリンへの交
通を封鎖した措置。電力供給の停止や鉄
道の全面遮断などで「飛び地」西ベルリン
を孤立させた。しかし，西ドイツを占領
する３国は，アメリカ・イギリスを中心
に燃料・食料など必要なすべての物資を
空輸して対抗した。ヨーロッパで東西の
緊張が高まり，問題は国連に持ち込まれ，
49年５月にソ連が封鎖を解除した。

ドイツ連邦共和国（西ドイツ）1949 ５月
にアメリカ・イギリス・フランスの西側
占領地区に建国された国家。西ドイツと
呼ばれる。1990年のドイツ統一は，西ド
イツが東ドイツを吸収する形態でおこな
われた。

ドイツ民主共和国（東ドイツ）1949 10月
にドイツ連邦共和国に対抗してソ連占領
地区に樹立された国家。ドイツは東西２
つの国家に分裂した。首都は東ベルリン。

❷ アジア諸地域の独立

中華人民共和国の成立

国共内戦こっきょうないせん《中国》日本が降伏したあ
とに再開された国民党と共産党の内戦。
1946年７月から本格化した。国民党はア
メリカの支援を受けたが，腐敗や経済混
乱で大衆の支持を失った。いっぽう，共
産党は農村での土地改革で支持を広げて
勝利した。

中国国民党 第二次世界大戦の直後，アメ
リカ・ソ連両国から中国を代表する政権
として認められていた政党。インフレへ
の無策や住民から物資を収奪することが
多く，党幹部の腐敗がいちじるしかった。
中国共産党により大陸から追われ，台湾
へ逃れた。

蔣介石しょうかいせき 1887～1975 中国国民党の指導
者。国共内戦で共産党に敗れて台湾に逃
れた。1950年３月，総統に復帰すると，そうとう
アメリカの支援を受けて「大陸反攻」を唱
えた。

中華民国政府《台湾》1949 内戦に敗れて
1949年12月に台湾に逃れた蔣介石の政権。
当初，国連の代表権を持っていたが，
1971年に中華人民共和国に移った。88年
に成立した李登輝国民党政権の下で総統りとうき
選挙の導入など民主化が進められた。

二・二八事件 1947 台湾の台北を起点に発
生した，民衆の抗議やデモなどに対する
国民党軍の弾圧事件。外省人がいしょうじん（1945年の
日本統治終了後，中国大陸からきた
人々）の警官が暴力的にヤミタバコを摘
発したことから，民衆の不満が爆発した。
大陸から国民政府が軍隊を送り，鎮圧し
た。民衆に多数の死者が出たが，いまだ
に死者の数は不明。戒厳令が布告された。かいげんれい

この戒厳令は，40年間施行，ようやく1987年に解除された。背景に，中国大陸を追われ台湾に逃げてきた外省人と本省人（台湾の住民）の対立があった。

大陸反攻（たいりくはんこう） 台湾の国民党政府（中華民国政府）が，もう一度，中国共産党に勝利して中国大陸の支配を取り戻そうというスローガン。

中国共産党 第二次世界大戦中に，毛沢東を中心として抗日戦争を指導した政党。農村に浸透し，中国農民の支持が拡大していた。中国国民党に勝利し，中国大陸に中華人民共和国を樹立した。

毛沢東（もうたくとう） 1893〜1976 中国共産党の指導者。中華人民共和国の主席（在任1949〜59）。社会主義国家建設を進めたが，「大躍進（だいやくしん）」政策の失敗で，1959年に国家主席を辞任。66年からのプロレタリア文化大革命では紅衛兵（こうえいへい）を扇動し，国家主席の劉少奇（りゅうしょうき）を追放，実権を取り戻した。

中華人民共和国 1949 中国共産党が中国国民党との内戦に勝利し，10月1日に北京を首都として建設した国家。建国宣言を天安門広場でおこなった毛沢東は主席となり，周恩来が首相に就任した。建国後は，国内外の情勢により，国家建設の社会主義化が加速した。

新民主主義（しんみんしゅしゅぎ） 中国共産党が，中国国民党以外の中国大陸に残った諸政治勢力とともに政治運営を目指すという理念。中国共産党による政治体制が強固になるとともに，中国共産党以外の政治勢力は無力化され，中国共産党の一党支配を隠蔽（いんぺい）する理念となった。

台湾解放（たいわんかいほう） 台湾を中華人民共和国の中に組み込み，統一しようとする中国共産党のスローガン。

中華人民共和国の承認 建国した直後に，ソ連・東ヨーロッパ諸国・インドが，西側の主要国では1950年にイギリスが承認した。64年にはフランスが，72年に日本が承認をおこない，アメリカの承認は72年のニクソン訪中で事実上はたされ，正式には79年におこなわれた。

中ソ友好同盟相互援助（そうごえんじょ）条約 1950 中国とソ連が「日本および日本と結託する国（アメリカ）」を仮想敵国とし，相互の安全保障を目的として結んだ軍事同盟。1960年には有名無実化し，80年に解消された。

第1次五カ年計画（ごかねんけいかく）《中国》 1953〜57 重工業化による軍需産業の振興と農業の集団化をはかる計画経済政策。技術者の派遣や中国技術者の訓練など，ソ連に依存しておこなわれ，当初は比較的大きな成果を収めた。

朝鮮戦争

北緯38度線（ほくいさんじゅうはちどせん） 1945 第二次世界大戦後の朝鮮半島の分断ラインのこと。これより北側をソ連が，南側をアメリカが占領し，「冷戦」期に国境として固定されていった。

大韓（だいかん）民国 1948年，朝鮮南部に成立した国家。アメリカ支援の下，制憲議会選挙で初代大統領に李承晩を選出した。首都はソウル。

李承晩（イスンマン） 1875〜1965 大韓民国の初代大統領（在任1948〜60）。1904年に渡米して以降，ワシントン・ハワイ・上海（シャンハイ）から朝鮮独立運動を指導した。45年に帰国し，韓国建国後は大統領として朝鮮戦争を戦うなど，反共親米政策を独裁的に進めたが，60年の学生革命で失脚した。

朝鮮民主主義人民共和国（北朝鮮） 1948 大韓民国に対抗して朝鮮北部に成立した国家。建国当初はソ連の強い影響下にあった。首都はピョンヤン。

金日成(きんにっせい)(キムイルソン) 1912〜94 朝鮮民主主義人民共和国の初代首相(在任1948〜72)。中国東北地方における抗日戦に参加後，日本の降伏で帰国し，初代首相として朝鮮戦争を戦った。反対派の粛正(しゅくせい)，主体思想(チュチェ)の確立ののち，72年に主席(在任1972〜94)となった。個人崇拝を背景に息子の金正日を後継者とするなど，独裁的権力を持った。

朝鮮戦争(ちょうせんせんそう) 1950〜53 朝鮮民主主義人民共和国(北朝鮮)から大韓民国(韓国)への侵攻で始まった戦争。北朝鮮軍に対し，アメリカ軍を中心とした国連軍が，敗北寸前の韓国軍を支援して介入した。戦況が逆転して国連軍が鴨緑江(おうりょくこう)に迫ると，中国が人民義勇軍を派遣し，のち北緯38度線を挟んで戦局が膠着(こうちゃく)した。1953年に休戦協定が結ばれ，朝鮮半島の分断は固定化された。

国連軍出動(こくれんぐんしゅつどう) 1950 朝鮮戦争における大韓民国を支援する国連軍の派遣のこと。アメリカ軍が中心で，統一指揮をおこなった。ソ連が中国の国連代表権を巡って安全保障理事会を欠席していたため，拒否権は行使されなかった。また，これは「国連軍の出動」と呼ばれてきたが，国連憲章に照らすと厳密な意味では「多国籍軍の出動」である。

中華人民共和国の人民義勇軍(じんみんぎゆうぐん)**派遣** 1950 国連軍の中国国境接近に対する中国の対応。正式な戦争になるのを避けるため，自発的な「義勇軍」であるとしたが，ほぼ正規の中華人民共和国の軍隊である。これに対し，アメリカが原子爆弾の使用を検討する事態となった。

休戦会談(きゅうせんかいだん) 朝鮮戦争が膠着(こうちゃく)する中で，1951年7月10日，開城(ケソン)で始まったが話し合いは難航し，南北軍事境界線上にある板門店(はんもんてん)(パンムンジョム)で再開され，休戦協定の調

印まで2年間かかった。

朝鮮休戦協定 1953 板門店(はんもんてん)(パンムンジョム)における休戦会談で成立した協定。捕虜送還の問題で長期間話し合いが難航し，ソ連のマリク国連代表の停戦提案から2年経って成立した。

板門店(はんもんてん)(パンムンジョム) 1951年10月，国連軍と北朝鮮軍は北緯38線上にある停戦地域の道の両側に4〜5軒の家があった所から直径1km以内の地域を会談場所とし，公式名称を板門店とした。名前は会談場所近くにあった飲み屋と旅館を兼ねた店の名に由来するといわれている。

軍事停戦委員会(ぐんじていせんいいんかい) 軍事停戦委員会は，10名の高級将校で構成される。国連側の5名は国連軍司令官が任命し，北朝鮮側の5名は北朝鮮軍司令官と中国人民義勇軍司令官により任命される。5名のうち，3名は将校，2名は中将・少将・大佐と同等の者が任命され，原則として毎日，軍事停戦委員会が開会される。

東南アジア諸国の独立

宗主国(そうしゅこく) 他国に対して，その相手国の内政・外交を支配・管理する権限(宗主権)を持つ国のこと。一般的には，植民地とそれを支配している国の関係において，植民地を支配している国を指す。

────《フィリピン》────

抗日人民軍(こうにちじんみんぐん)(**フクバラハップ**) フィリピン共産党が組織した武装ゲリラ集団のこと。フィリピンの日本軍にゲリラ戦を展開した。アメリカ極東軍(ユサッフェ)はゲリラと地下で連絡し合い，対日作戦を共同でおこなった。

フィリピン共和国の独立 1946 7月にアメリカから独立する。第二次世界大戦中の日本の占領・降伏を経て，1944年に亡命先のアメリカから帰還していたフィリ

ピン独立準備政府が，46年に共和国とし
て独立した。

──────《インドネシア》──────

スカルノ Sukarno 1901〜70 インドネシア
独立運動の指導者。第二次世界大戦中は
日本軍に協力したが，日本の降伏直後に
多くのグループを代表して独立宣言に署
名し，大統領に選ばれた。独立を認めな
いオランダとの戦いは，アメリカの支援
を得る。国連の調停で1949年に独立承認
を勝ち取った。対外的には1955年にアジ
ア＝アフリカ会議を主催するなど，非同
盟諸国のリーダーとなり，国内では軍と
共産党のバランスの上に「指導された民
主主義」をおこなった。

インドネシア共和国の独立 1945 8月17
日にオランダから独立する。スカルノら
が独立を宣言すると，これを認めないオ
ランダと武力闘争となったが，1949年の
ハーグ協定でオランダから主権を委 譲
された。

──────《ミャンマー（ビルマ）》──────

アウン＝サン Aung San 1915〜47 ビルマ独
立運動の指導者。1940年までタキン党書
記長。第二次世界大戦中，対日協力を余
儀なくされたが，44年に反ファシスト人
民自由連盟を結成し，抗日運動を展開し
た47年にイギリスのアトリー首相と独立
協定を結んだが，独立を目前に右翼政治
家に暗殺された。

ビルマの独立 1948 ビルマ連邦共和国とし
てイギリス連邦から完全に独立。1962年
に軍部クーデタでネ＝ウィンが政権を掌
握し，軍人による強権的な社会主義化が
進んだ。

ネ＝ウィン Ne Win 1911〜2002 ビルマの軍
人・政治家・首相（在任1958〜60，62〜
74）・革命評議会議長（在任1962〜74）・
大統領（在任1974〜81）。軍を率いてクー

デタで全権を握ると，「ビルマ式社会主
義」建設を目指した。

──────《マラヤ連邦》──────

マラヤ連邦れんぽう Malaya 1957 マレー人・中
国人・インド人の連邦党が，1995年の総
選挙の勝利を背景に，イギリスから完全
独立を達成した。

──────《ベトナム》──────

ホー＝チ＝ミン Ho Chi Minh 1890〜1969
ベトナムを独立に導いた政治家。ベトナ
ム独立同盟会を基盤として，日本降伏直
後の1945年9月にベトナム民主共和国の
独立を宣言した。初代大統領に就任（在
任1945〜69）し，インドシナ戦争・ベト
ナム戦争で，フランス・アメリカと戦っ
た。

ベトナム独立同盟会どくりつどうめいかい**（ベトミン）**
Viet Minh 1941 独立を目指して結成され
た民族統一戦線。インドシナ共産党を中
核として諸党派が結集し，ホー＝チ＝ミ
ンを中心に1945年9月，日本の敗戦を受
けて独立をはたした。その後，植民地支
配復活をはかるフランスとも戦った。

ベトナム民主共和国 1945 日本の敗戦後，
すぐに独立を宣言したベトナムの国家。
旧宗主国フランスとの間にインドシナ戦
争が起こり，1954年にジュネーヴ協定が
成立し，北緯17度の軍事境界線以北で社
会主義国家の建設を目指した。南北統一
を目指して南ベトナム解放民族戦線と協
力し，65年から南ベトナム政府を支援し
て本格的に介入したアメリカを撃退した。
1976年に南北を統一したベトナム社会主
義共和国が成立した。

バオダイ Bao Dai 1914〜97 阮朝げん最後の王
（在任1925〜45），ベトナム国元首（在任
1949〜55）。第二次世界大戦中，日本に
協力して独立を宣言し，日本の敗戦で退
位したが，1949年3月フランスに担ぎ出

されて，ベトナム国の元首となった。フランス撤退後，介入してきたアメリカとゴ＝ディン＝ジエムによって，55年に排除された。

ベトナム国 1949〜55 フランスがバオダイを擁立してベトナム南半部に建てた国家をいう。

インドシナ戦争 1946〜54 日本降伏と同時に独立したベトナム民主共和国が，再植民地化をねらうフランスと戦った戦争。1954年のジュネーヴ会議で休戦協定が成立した。

ディエンビエンフー Dien Bien Phu ベトナム北西部の町。インドシナ戦争の時，ラオス防衛のためにフランスが建設した巨大軍事基地。1954年5月，この地が陥落し，フランスの敗北が明らかとなり，インドシナ戦争の休戦が実現した。

ジュネーヴ休戦協定 1954 インドシナ戦争の休戦協定。北緯17度線の暫定軍事境界線と南北統一選挙の実施が決められた。フランスは撤退したが，アメリカがこれに調印しなかったことで，その後のベトナム戦争の原因となった。

北緯17度線 ジュネーヴ会議で決定されたインドシナ戦争の暫定軍事境界線のこと。アメリカの直接参戦を避けるため，ベトナム民主共和国は境界設定を受け入れ，幅10km の非武装地帯がつくられた。

東南アジア条約機構(SEATO シト) 1954年9月成立。反共の一翼を担った地域安全保障機構。アメリカ・イギリス・フランス・オーストラリア・ニュージーランド・タイ・フィリピン・パキスタンが加盟した。ベトナム戦争後，77年に解散した。

ゴ＝ディン＝ジエム Ngo Dinh Diem 1901〜63 ベトナム共和国の初代大統領(在任1955〜63)。アメリカの軍事・経済援助

を受け，大土地所有者を保護し，独裁政治をおこなった。政権は腐敗し，北ベトナム・南ベトナム解放民族戦線の共産主義勢力と戦うにはあまりにも弱体だった。

ベトナム共和国 1955〜75 ゴ＝ディン＝ジエムが南北分割の恒久化をはかって樹立した国家。アメリカの軍事・経済援助を背景に，ベトナム民主共和国と対立したが，土地改革に失敗して小作人の反乱を招いた。さらに，金権政治に反発が集まる中，ベトナム戦争が始まった。アメリカの援助を受けても，みずからの力で共産主義勢力と戦う力はなかった。

————《カンボジア》————

カンボジアの独立 1953 フランスからの正式な独立のこと。シハヌーク国王はフランス連合国内での不完全な独立を国際世論に訴え，独立式典をおこなった。翌1954年のジュネーヴ会議では，国際的な承認を獲得した。

シハヌーク 1922〜2012 カンボジア国王(在位1941〜55，93〜2004)，国家元首(1960〜70)。カンボジアを独立に導いたのち，諸派の対立やベトナムの干渉で政情が混乱すると中国に亡命した。国連の介入でカンボジアに和平が成立したのち，再び国王となり，国民を統合する役割をはたした。

————《ラオス》————

ラオスの独立 1949 フランス連合内で独立が認められ，ルアンパバーン王がラオスを代表したが，主権は制限された。1953年，フランスとの条約で完全独立を達成，54年にジュネーヴ会議で国際的に承認された。

————《インドの独立》————

全インド＝ムスリム連盟 All India Muslim League ムスリムの政治団体。1937年以降，ヒンドゥーと分離する「パキスタン（清らかな国）」樹立の計画を進めた。パキスタンの分離・独立後は政権を担当したが，ジンナーの死後は弱体化した。

ジンナー Jinnah 1876〜1948 パキスタンの初代総督（在任1947〜48）。1910年代にはイギリスからの独立のために国民会議派と協力したが，のちに分離・独立を主張した。パキスタン建国の父といわれる。

ガンディー Gandhi 1869〜1948 インド独立運動の指導者。イギリスからの独立に際して，苛酷な弾圧・投獄にもめげずに非暴力・不服従を貫いてインドの独立を勝ち取った。真理を求める清貧で厳格な生涯を送り，「マハトマ」（偉大なる魂）といわれた。独立後，イスラーム教徒（ムスリム）との融和を訴え，それに反対する急進的なヒンドゥー教徒の青年に暗殺された。

インド独立法 1947 アトリー内閣の時，民族運動の高まりをみてイギリス議会が認めた法。連邦制を採り，パキスタンとの分離・独立を定めた。

インドの独立 1947 イギリス連邦内の自治領として独立。パキスタンと分離したため，ヒンドゥー教徒が多数を占める国家となった。

インド連邦 1947〜50 イギリス連邦の1国として独立したインドのことで，1950年にインド憲法が施行されて共和国となるまでの時期を指す。中央と州がそれぞれ議会と政府を持つ連邦制をとり，周辺の藩王国もこの連邦に加盟した。

パキスタンの独立 1947 イスラーム教徒を中心に，イギリス連邦内の自治領としてインドと分離・独立した。建国時の首都はカラチ（1947〜60年）。その国土は東部（1971年に分離・独立した現バングラデシュ）と西部の2地域に分かれていた。

ガンディー暗殺 1948 ガンディーは，ヒンドゥー教徒の急進派により暗殺された。犯人はガンディーが唱えるイスラーム教徒との融和を認めなかった。

ネルー Nehru 1889〜1964 インドの初代首相（在任1947〜64）。五カ年計画を実施するなど社会主義型の経済建設を目指した。対外的には1954年に周恩来との間で平和五原則を確認し，55年にアジア＝アフリカ会議を主導するなど，非同盟政策推進の中心となった。『父が子に語る世界史』などの著作を残した。

インド共和国 1950年に成立した連邦共和国。ネルーが新憲法を発布してイギリス王室への忠義を否定。自治領から共和国となった。

アンベードカル Ambedkar 1891〜1956 不可触民出身のインドの政治家。不可触民差別撤廃運動に献身し，独立後は憲法起草委員長を務めた。1956年，身分差別を批判し多くの不可触民とともに仏教に改宗した。

ヴァルナ varna インド社会に残存する身分階層。「種姓」と訳されるが，もとは「色」という意味の語。古代，インド平原に進入したアーリヤ人が，先住民との肌の色の違いから，人間集団を区別・編成する際に利用した。当初はバラモン・クシャトリヤ・ヴァイシャ・シュードラの4つであったが，グプタ朝期に，その枠外に不可触民が置かれるようになった。10世紀頃から，職業を基準とした内婚集団であるジャーティと結び付き，インドの社会生活を規定する重要な要素となった。近代以前にはインド社会に安定をもたらした半面，近代的発展を阻害する要因ともなり，1950年の憲法で出生による差別は禁止された。

カースト制度 4つのヴァルナにジャーティを結び付けて成立した、インド独特の社会制度。イギリス支配の時代に排他的な身分制度として強化され、現在に至る。

不可触民(ふかしょく/くぜみん) dalit ヴァルナの枠外に置かれ、最も差別された人々。動物の死体処理や清掃などが主な仕事。ガンディーは彼らをハリジャン(神の子)と呼び、差別撤廃を目指した。

──────《スリランカ(セイロン)》──────

スリランカ(セイロン)の独立 Sri Lanka 1948 イギリス連邦内の自治領として独立。世界初の女性首相バンダラナイケ(在任1960〜65、70〜77)は、1972年に国名をセイロンから古来のシンハラ語の呼称スリランカへと改称し、完全独立をはたした。

シンハラ人 Sinhala スリランカの多数を占めるアーリヤ系民族。前5世紀頃、北インドから移住し、アショーカ王の布教以来、上座部仏教徒が多数を占める。ヒンドゥー教系のタミル人との抗争が古来より続いた。仏教徒でスリランカの多数勢力。

タミル人 Tamil ヒンドゥー教徒で、スリランカの少数勢力。1970年代以降、シンハラ人中心の政府から独立を求めた。

スリランカの内戦 多数派のシンハラ人優遇に、タミル人が反発して起こした内戦。1983年に激化し、長期化した。2009年、政府はタミル勢力の主な拠点を制圧した、と発表した。

┃ イラン民族運動の挫折 ┃

国際石油資本(こくさいせきゆしほん)**(メジャー)** 石油の探鉱・開発・生産から精製・輸送・販売まで、世界的規模で展開する欧米の多国籍企業。以前はアメリカ5社、イギリス1社、イギリス・オランダ1社をセブン

シスターズ、フランス1社を加え、8大メジャーとも呼んだ。現在、合併が進み、4社にまで再編された。

アングロ=イラニアン石油会社 イランの油田は、1908年、中東で最初に発見された。その開発・経営に当たったのが、イギリスの国策会社であるアングロ=イラニアン石油会社。アングロ=イラニアン石油会社は、イランのパフレヴィー朝と結び付き、その利益を独占していた。

ロイヤル=ダッチ=シェル オランダのハーグに拠点を置くイギリス・オランダ(英・蘭)のスーパーメジャー。1890年設立のオランダのロイヤル=ダッチが60%、1897年に北ボルネオの石油利権獲得で発展したイギリスのシェルトランスポートトレーディングが40%を出資しているメジャー。

資源と(げん)**ナショナリズム** 石油などの豊富な資源を有する国が、自国の資源を自分たちで管理しようとする動きのこと。多くの先進国が、産業革命以降に植民地の資源を開発し、それを独占してきたことに対する反発が背景にある。

イラン石油国有化 1951 モサデグ首相によるイギリス系アングロ=イラニアン石油会社の接収。資源ナショナリズムの先駆けであったが、国際石油資本が反撃し、世界的にイラン原油を締め出すと、その混乱による石油減産などで、イランは財政難に陥った。モサデグが失脚すると、国際石油会社が経営に乗り出し、国有化は失敗に終わった。

モサデグ Mossadegh 1882〜1967 イランの首相(在任1951〜53)。1951年に石油資源の国有化をはかったが、財政難を招き、53年の国王派のクーデタで失脚した。

パフレヴィー2世 Pahlavī 1919〜80 イラン国王(在位1941〜79)。モサデグ政権と

対立して一時国外退去していたが，クーデタでこれを倒し，石油問題を解決した。アメリカの影響を強め，農地改革，国営工場の払下げなどを含む「白色革命」と呼ばれる国王による上からの強権的近代化をおこなった。いっぽうで，反対派を弾圧したため，1978年には専制に反対する運動が起こり，79年に亡命した。

中東（ちゅうとう） 極東・近東などとともに，ヨーロッパを中心としてみた時の地域の呼称。狭義では小アジア（アナトリア）半島付近を近東，イラクより東を中東と呼んだが，最近はあいまいで，近東・中近東とも同義。第二次世界大戦後の国際政治の動きの中で定着した。

イスラエルの成立とパレスチナ戦争

パレスチナ ヨルダン川西岸から地中海東岸までの地域。古くはカナーンと呼ばれ，「海の民」の一派で実用的な鉄器技術を持ったペリシテ人が定住したので，パレスチナと呼ばれた。今日のイラスエルとヨルダン川西岸地区，及びガザ地区。この地域に住んでいたアラブ人をパレスチナ人という。ユダヤ教・キリスト教発祥の地。1948年，イスラエルの建国以後，イスラエルとアラブ諸国の間でその支配を巡って対立，4回の中東戦争などの抗争が繰り返されてきた。歴史的な和平合意もあったが，依然として対立・抗争が続いている。

シオニスト ヨーロッパにおけるユダヤ人差別や虐殺を背景に，ユダヤ人の祖先の地エルサレムを中心としたパレスチナにユダヤ人国家を建設しようとしたユダヤ人。語源となったシオンの丘は，ダビデの墓や「最後の晩餐」の部屋があり，エルサレムの象徴である。

ヘルツル Herzl 1860～1904 近代シオニズム

の提唱者。ブダペスト生まれのユダヤ人ジャーナリスト。パリでドレフュス事件における反ユダヤ主義に衝撃を受け，ユダヤ人国家の設立を提唱した。

パレスチナ分割案（ぶんかつあん） 1947年11月の国連総会で決議された，地中海東岸のパレスチナ地域の分割案。パレスチナを，イギリスの委任統治が終了した後，ユダヤ人とパレスチナ（アラブ）人の国家に分割する内容。アメリカ・ソ連の思惑が一致して，56％の土地にユダヤ人の国家を建設するとした。

イスラエル Israel 1948 パレスチナに建国されたユダヤ人国家。シオニズム運動が結実したといえるが，建国後もパレスチナ人や彼らを支援するアラブ諸国との間に紛争が絶えない。

ナクバ（大災厄）（だいさいやく） 1948年5月14日はイスラエルが独立を宣言した日であるが，パレスチナ人はその翌日5月15日をパレスチナを追われたナクバ（アラビア語で大災厄）として記憶する日にしている。1948年12月11日の国連総会決議194号では，「パレスチナ人が故郷へ帰還するか，帰還を望まない場合は財産を補償すべきだ」との決議文を採択している。

アラブ連盟（アラブ諸国連盟） Arab League 1945 カイロのパン＝アラブ会議で成立した地域機構。エジプト・レバノン・シリア・イラク・ヨルダン・イエメン・サウジアラビアの7カ国で結成された。1970年代まではパレスチナ問題でアラブ民族運動の中心となったが，イラン＝イラク戦争や湾岸戦争では加盟国間の対立が激しくなり，機能不全に陥った。

パレスチナ戦争（第1次中東戦争） 1948～49 国連のパレスチナ分割案に基づいて建国したイスラエルと，建国を認めないアラブ諸国との間の戦争。イスラエルが，

委任統治を放棄して撤退を始めたイギリ
ス軍などから武器を調達し，アメリカの
支持も得てアラブ側を圧倒した。戦後，
イスラエルは分割案の約1.5倍，パレス
チナ全域の8割を領土とした。

中東戦争〔ちゅうとうせんそう〕 1948年のイスラエル建国
以来，4回に及ぶイスラエルとアラブ諸
国との戦争。第二次世界大戦後，パレス
チナにユダヤ人の移住が増加。アラブと
ユダヤの対立抗争が激化し，1947年に，
国連がパレスチナをユダヤ人国家とアラ
ブ人国家に分割，エルサレムを国際管理
下に置くことを提案したパレスチナ分割
案を決議したが，アラブ諸国は拒否した。
翌年，イスラエルの建国とともに第1次
中東戦争が勃発。その結果，イスラエル
は分割案より広い領土を支配し，多くの
パレスチナ難民が生じた。1956年の第2
次中東戦争は，エジプトのスエズ運河国
有化に端を発した。また，1967年の第3
次中東戦争ではイスラエルがゴラン高
原・ヨルダン川西岸地区・ガザ地区・シ
ナイ半島(1982年エジプトに返還)を占領
した。占領地の拡大によってさらに多く
の難民が生じた。1973年第4次中東戦争
は石油ショックの要因となった。1987年
末にはイスラエル占領地でパレスチナ人
の反イスラエル闘争(インティファーダ)
が激化した。

パレスチナ難民〔なん〕 パレスチナを中心と
したイスラエルの支配地区・占領地区か
ら郷土を追われ，近隣諸国に流出したア
ラブ系民族。第1次中東戦争の際には90
万人余りのアラブ系住民が難民となり，
第3次中東戦争の際にはイスラエルの占
領下から41万人余りの難民が流出した。
この結果，難民の総数は自然増も含め約
150万人に達し，約60万人が難民キャン
プでの生活を余儀なくされている。

PLO〔ピーエルオー〕**(パレスチナ解放機構**〔かいほうきこう〕**)**
Palestine Liberation Organization アラブ人
によるパレスチナ国家再建を目指す機関。
パレスチナ人の代表機関として国際連合
でも認められている。

❸ 占領下の日本と民主化

初期の占領政策・東京裁判

占領政策〔せんりょうせいさく〕 1945年9月，アメリカは
「初期の対日方針」で日本が再びアメリカ
の脅威にならないように，非軍事化と民
主化を推進すること，その際の最高権力
は最高司令官が握ることなどを明確にし
た。アメリカ統合参謀本部指令などに示
されたこの対日政策は，のちに冷戦が強
まる中で大きく転換する。

非軍事化・民主化〔ひぐんじか・みんしゅか〕 アメリカの初
期の日本占領政策の目標。非軍事化と民
主化を通じて日本社会を改造して，日本
が再びアメリカの脅威となることを防ぐ
こと。

マッカーサー MacArthur 1880～1964 アメ
リカ陸軍元帥。アメリカ極東軍司令官と
して対日戦を指揮。連合国軍最高司令官
に就任。日本占領をおこなう。朝鮮戦争
に際しては，国連軍最高司令官に任じら
れるが，作戦の指導権を巡ってトルーマ
ン大統領と対立し，1951年に解任された。

連合国軍最高司令官総司令部〔れんごうこくぐんさいこうしれいかん
そうしれいぶ〕**(GHQ**〔ジーエイチキュウ〕**)** General Headquarters
of the Supreme Commander for the Allied
Powers ポツダム宣言に基づき，日本占
領のために設けた連合国軍の最高司令官
総司令部。アメリカのマッカーサーが最
高司令官。多くの部局が設けられ，マッ
カーサーは情報局らの保守派と民政局ら
の革新派の両者をバランスよく利用した。

アメリカの単独占領〔たんどくせんりょう〕 日本降伏と同時に、アメリカ政府は主要連合国の了解の基に、南太平洋方面軍司令官マッカーサー元帥を連合国軍最高司令官に任命し、その下にアメリカ軍のみで日本占領をおこなうための管理機構として総司令部（GHQ）を設置した。そのため、連合国軍による占領とはいえ、実質的にアメリカの単独占領であった。また、ソ連は北海道の分割占領を提案したが、マッカーサーに拒否された。

極東委員会〔きょくとういいんかい〕 1946年、連合国による日本占領政策の最高決定機関としてワシントンに設置。アメリカ・イギリス・フランス・ソ連・中国・オランダ・カナダ・オーストラリア・ニュージーランド・インド・フィリピンの11か国で構成。1949年、パキスタン・ビルマ（現在のミャンマー）も参加。日本占領に関して、アメリカは特別の地位を保障され、中間指令を出せた。

対日理事会〔たいにちりじかい〕 日本占領に関し、連合国軍最高司令官に対する諮問機関。1946年、アメリカ・イギリス・ソ連・中国の代表で構成し、東京に開設する。議長はアメリカ。

直接軍政〔ちょくせつぐんせい〕 南樺太・千島はソ連軍が占領し、南西諸島・小笠原諸島はアメリカ軍の占領下に入ったため、直接軍政となった。

間接統治〔かんせつとうち〕 日本では政府が無条件降伏という条件で降伏したため、政府が残り、ドイツのように政府が消滅したわけではなかった。そのため、日本本土では最高司令官が日本政府に指令や勧告を出し、日本政府がそれに基づく命令を公布して占領政策を実施する間接統治がおこなわれた。

東久邇宮稔彦〔ひがしくにのみやなるひこ〕 1887～1990 幕末の活

動家久邇宮朝彦親王の第9子に生まれ、稔彦王と称す。東久邇宮家を創立。陸軍大将。敗戦後、軍部の不満を抑える役割を担って皇族として内閣を組織し、敗戦処理に当たる。1947年に皇族身分を離脱し、東久邇稔彦となる。

東久邇宮〔ひがしくにのみや〕**内閣** 1945.8～45.10 東久邇宮稔彦を首班とする戦後初、史上唯一の皇族内閣。「一億総懺悔」〔ざんげ〕「国体護持」を唱えて敗戦処理に当たり、軍の解体・降伏文書の調印などをおこなう。しかし、人権指令の実行をためらい、総辞職した。

人権指令〔じんけんしれい〕 1945年10月4日にGHQが出した「政治的、公民的及宗教的自由に対する制限の撤廃に関する覚書」の俗称。GHQは人権確保のため、治安維持法、宗教団体法などの法律を廃し、政治犯・思想犯の釈放、特高警察の解体と内務大臣らの幹部罷免を指令した。東久邇宮首相はその実行ができずに総辞職した。

幣原喜重郎〔しではらきじゅうろう〕 1872～1951 駐米大使・外相を歴任。1920年代に立憲民政党内閣で協調外交を推進。その実績を買われ、東久邇宮内閣の後を受けて首相に就任する。約半年で退陣。進歩党総裁・衆議院議長などを歴任した。

幣原〔しではら〕**内閣** 1945.10～46.5 五大改革指令を実行し、憲法草案を作成。公職追放・金融緊急措置令などをおこない、女性参政権を認めた戦後初の総選挙を実施したが、自由党が第1党となり、総辞職した。

五大改革指令〔ごだいかいかくしれい〕 1945年10月、マッカーサーが幣原首相に口頭で指示した5項目。(1)参政権付与による婦人の解放、(2)労働組合の結成奨励、(3)教育制度の自由主義的改革、(4)秘密警察など圧政（制）的諸制度の撤廃、(5)経済機構の民主化の5つをいう。

天皇の人間宣言〔てんのうのにんげんせんげん〕 1946年1月1日

に出された，昭和天皇の詔書。平和主義に徹し，新日本を建設せよと述べ，天皇そのものが神であると考える現御神思想は根拠のない考え方であるとして，みずからの神格を否定した。

公職追放こうしょくついほう 1946年1月，GHQの指令で，戦争協力者・職業軍人・国家主義者らを公職から排除すること。政・官・財・言論界に及び，1948年までに約21万人を追放。1950年秋から追放解除が始まる。

極東国際軍事裁判きょくとうこくさいぐんじさいばん（**東京裁判**とうきょうさいばん） 東条英機らA級戦犯28人に対する連合国の裁判。1945年のロンドン協定で決まった，ドイツと日本への戦犯裁判として実施。1946年5月〜48年11月に東京で審理。首席検察官はアメリカのキーナン，裁判長はオーストラリアのウェッブ。アメリカのブレークニーが弁護人となる。インドのパル判事は全員無罪と主張し，オランダのレーリンク判事はこの裁判を平和探求の手掛かりにとの意見を出した。

戦争犯罪人せんそうはんざいにん（**戦犯**せんぱん） 侵略戦争の計画者として「平和に対する罪」に問われたA級，捕虜虐待など非人道的行為の「人道に対する罪」のB級（命令者・士官），C級（実行者・下士官以下）に分かれた。B・C級は横浜地方裁判所などの国内外の各地で裁かれ，起訴約5700人，うち984人が死刑となった。

戦時国際法せんじこくさいほう 戦争開始から終戦までの間，各交戦国が守らなければならない国際法規のこと。交戦国相互間に適用される交戦法規と，交戦国と中立国との間を規定した中立法規とに分けられる。敵側に交渉に赴く使節が白旗を持つこと，捕虜の虐待の禁止などが代表的例である。

平和に対する罪へいわにたいするつみ 満洲事変や日中戦

争・太平洋戦争を計画し，実行・指令した者に対する罪。特に，1928年に結ばれた不戦条約違反とされた。

人道に対する罪じんどうにたいするつみ 捕虜の虐待や占領地住民に対する暴力・殺人に対する罪が問われた。

日本の民主化

————《政党政治の復活》————

日本社会党にほんしゃかいとう 1945年11月，旧無産政党の各派を糾合して結成。書記長は片山哲てつ。1947年6月から約9カ月間，片山哲内閣として政権を担当。1951年11月，サンフランシスコ平和条約と日米安全保障条約への対応を巡り左右両派に分裂，55年10月に統一し，55年体制を担った。

日本自由党にほんじゆうとう 1945年11月，鳩山一郎を総裁に旧立憲政友会系を糾合して結成した保守政党。反共を唱え，1946年の選挙で第1党となる。現在の自由民主党の母体である。

日本進歩党にほんしんぽとう 1945年11月，戦時中に旧立憲民政党と旧立憲政友会中島知久平ちくへい派を核として結成された大日本政治会のグループが，旧立憲民政党の町田忠治まちだちゅうじを総裁として保守政党を結成。1947年3月，民主党と改称。

日本共産党にほんきょうさんとう 1945年10月，「獄中18年」から釈放された徳田球一きゅういち・志賀義雄よしおらにより，合法政党として再建。書記長は徳田球一。1946年1月，亡命中の野坂のさか参三さんぞうが中国から帰国して参加した。

衆議院議員選挙法改正しゅうぎいんぎいんせんきょほうかいせい 1945年12月，幣原内閣は選挙法を改正。選挙資格を満20歳に引き下げ，女性参政権を認めた。

女性議員じょせいぎいん 1946年4月の総選挙で78人が立候補し39人の女性議員が誕生した。女性議員は超党派の婦人議員クラブを結

成する。

吉田茂よしだしげる 1878〜1967 東京生まれ。戦前は親英米派の外交官として軍部ににらまれた。鳩山一郎の公職追放の後を受け，1946年5月〜54年12月まで日本自由党・民主自由党・自由党総裁。その間，延べ7年間政権を握り，対米協調政策を堅持する。サンフランシスコ平和条約を締結し独立を回復。

吉田よしだ**内閣（第1次）** 1946.5〜47.5 日本進歩党の協力を得た，日本自由党内閣。1946年5月，幣原喜重郎内閣に代わって組閣。新憲法を公布。傾斜生産方式をとって経済再建に努めるが，二・一ゼネスト中止後の総選挙で第2党となり，退陣。

政党内閣の復活せいとうないかくのふっかつ 1931（昭和6）年の五・一五事件で犬養毅内閣（立憲政友会）が倒れてから第1次吉田茂内閣（日本自由党）の成立で復活した。

――――――――《新憲法の制定》――――――――

憲法改正要綱けんぽうかいせいようこう 1945年10月，GHQの指示によって幣原内閣の下で，松本烝治国務相が委員長となる憲法問題調査委員会（顧問に美濃部達吉も入る）で作成されたが，明治憲法の焼き直しに過ぎないとGHQに拒否された。松本試案ともいわれる。

マッカーサー草案そうあん**（GHQ草案**そうあん**）** GHQが「憲法改正要綱」を拒否し，1946年2月に政府に示した英文の改正草案。民政局のスタッフが，マッカーサー3原則（天皇は元首，戦争放棄，華族の政治権力の否定）を踏まえて作成。政府はこれを基に「帝国憲法改正草案要綱」を発表，国会審議に乗せた。

日本国憲法にほんこくけんぽう 「帝国憲法改正草案要綱」は，1946年5月から吉田内閣の下で議会審議された。1946年11月3日公布，47年5月3日施行。11章103条。国民主

権・平和主義（第9条）・基本的人権の尊重などの3原則を定めた。その上で，天皇は国民統合の象徴（象徴天皇制）とされた。憲法改正は国会で発議の上，国民投票で決定する。

国民主権こくみんしゅけん 国家の意志を決定する最高の権力としての主権が，国民に存するという近代憲法の基本原則。主権在民ともいう。日本国憲法も前文と第1条で規定している。

象徴天皇制しょうちょうてんのうせい 日本国憲法第1条で，天皇を「日本国の象徴であり日本国民統合の象徴」とした戦後の天皇制。国民主権主義の下，天皇は国政に関する権能を実質的に持たないということも含まれている。

戦争放棄せんそうほうき**（平和主義）** 日本国憲法第9条1項の「国権の発動たる戦争と，武力による威嚇又は武力の行使は，国際紛争を解決する手段としては，永久にこれを放棄する」という規定。戦争の放棄が自衛戦争を含むすべての戦争を放棄したものか，侵略戦争のみを放棄し，自衛戦争を認めたものかについては説が分かれている。

基本的人権の保障きほんてきじんけんのほしょう 日本国憲法は，基本的人権を「侵すことのできない永久の権利」（第11条）とし，「立法その他の国政の上で最大の尊重を必要とする」（第13条）としている。これは，基本的人権が憲法以前の自然権であり，基本的人権の尊重がすべての国家活動の指導原理であることを意味している。

国会こっかい 国権の最高で唯一の立法機関。衆議院と参議院とからなり，国民が選挙した議員で構成される。

衆議院しゅうぎいん 日本国憲法では，法律案・予算案の議決，条約の承認，総理大臣の指名などにおいて参議院に優越する権限を

持つ。任期4年ですべて改選する。

参議院（さんぎいん） 日本国憲法で設けられ、衆議院と並ぶ最高立法機関。戦前の貴族院に代わって設置。任期6年で解散はない。3年ごとに半数改選。

議院内閣制（ぎいんないかくせい） 議会の多数を制する政党が内閣を組織する制度。日本国憲法では、内閣総理大臣は国会で国会議員の中から指名され、国務大臣の過半数は国会議員の中から選ばれなければならないとする。

―――――《財閥解体》―――――

財閥解体（ざいばつかいたい） 1945年、GHQの指令で財閥の資産を凍結、46年に持株会社整理委員会が財閥の持株を譲り受けて公売、株式の民主化をおこなった。さらに1947年、指定財閥家族の財界追放を実施して、人的支配を切断した。

持株会社（もちかぶがいしゃ） 財閥内やグループ内の会社の株式を所有して、グループ全体の中核となっている会社のこと。傘下（さんか）の会社の事業活動を支配することを主たる事業とし、株式を所有する会社の配当が収入となる。

持株会社整理委員会（もちかぶがいしゃせいりいいんかい） 1946（昭和21）年、GHQによる財閥解体を進めるためにつくられた特殊法人。持株会社を指定し、財閥家族として誰れを指定するかを首相に上申し、指定された持株会社や財閥家族の財産の管理や処分、指定持株会社を解散させる業務をおこなった。1951（昭和26）年の解散までに83の持株会社と10の財閥家族を指定した。

過度経済力集中排除法（かどけいざいりょくしゅうちゅうはいじょほう） 財閥解体の一環として、巨大独占企業を分割する法令。1947年12月に成立。経済力を過度に集中している企業325社を指定したが、実際に分割されたのは日本製鉄・王子製紙・三菱重工業など、11社の

みであった。

独占禁止法（どくせんきんしほう） 財閥解体の一環として将来にわたる市場の独占を予防する法。1947年4月に成立。独占的企業結合、及び排他的・不公正な取引を禁止する法律。公正取引委員会が監視する。

カルテルの禁止 カルテルは同一産業の複数の企業が高い利潤を確保するために、価格や生産量、販路について協定を結ぶこと。企業規模が拡大してくると、大企業同士が自由競争を避けて、自分たちだけが高い利潤を獲得しようとするため、独占禁止法で禁止された。

トラスト（企業合同（きぎょうごうどう）**）の禁止** トラストは、同一産業・業種で企業が合併すること。企業規模が大きくなると、一般的に生産コストが低下して利潤が大きくなるため、企業は合併する。合併は原則として自由であるが、競争を実質的に制限する場合、日本では独占禁止法で禁止されている。

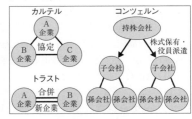

―――――《農地改革》―――――

寄生地主制（きせいじぬしせい） みずからは直接に農業経営をしていない地主が、土地を小作農に貸し付けて高額な小作料を徴収する戦前の土地制度のこと。貧しい小作農の存在が海外に土地を求める日本の植民地拡大とアジア侵略の原因であるとGHQは考えた。

小作農（こさくのう） 高額小作料を収穫から地主に払う土地を持たない農民のこと。小作農そのものの存在と小作農の次男・三男や

娘が都市に出て工場の低賃金労働者になることが日本社会の不安定化を招き，日本の侵略行動の原因であるとGHQは分析した。

農地改革（のうちかいかく）　1945年12月のGHQの指令による。GHQは寄生地主制と高額小作料から農民を解放し，自作農を創設することで日本社会を安定させ，再び侵略行動に出ることを予防する目的で，1945年から第一次・第二次改革を実施した。これにより，全小作地の83%が解放された。

農地調整法（のうちちょうせいほう）　小作農より自作農の方が生産性を上げて食料増産に努めると考えた日本政府が，日中戦争開始後の1938年，自作農の創設と小作争議を抑制するために，戦時体制の一環として制定した。戦後に改正され，1946年の第一次農地改革の中核となった。

自作農創設特別措置法（じさくのうそうせつとくべつそちほう）　1946年10月に成立。第二次農地改革実施の細目を定めた基本法。不在地主の貸付農地全部，在村地主の1町歩（北海道は4町歩）を超える部分を強制的に買い上げ，売り渡すことで小作農を自作農にする法律。小作料の金納も定めた。1952年の農地法施行により廃止される。

不在地主（ふざいじぬし）　寄生地主の中で，農村に暮らさず，都会で暮らし，まったく農業経営からは離れて小作料収入のみを徴収していた地主。

在村地主（ざいそんじぬし）　寄生地主の中で，農村に暮らしていた地主。自分でも耕地を経営していた地主も多い。

―――《労働運動の再開》―――

労働三法（ろうどうさんぽう）　労働者を保護する3つの基本法。1945～47年に次の3法が公布された。

労働組合法（ろうどうくみあいほう）　1945年12月，幣原内閣が制定。労働者の団結権・団体交渉権・

争議権（労働三権）の保障，労働委員会の規定などを含む。

労働関係調整法（ろうどうかんけいちょうせいほう）　1946年9月，第1次吉田内閣が制定。斡旋（あっせん）・調停・仲裁（ちゅうさい）などの争議調整方法や争議行為の制限を規定。その機関として中央・地方の労働委員会が設置された。

労働基準法（ろうどうきじゅんほう）　1947年4月に第1次吉田内閣が制定。週48時間労働，年次有給休暇，女子・年少者の深夜就業禁止など，労働条件の最低基準を規定。監督機関として労働基準局，労働基準監督署が置かれた。

二・一ゼネスト計画（にいちゼネストけいかく）　1947年2月1日に予定された戦後最大の労働闘争の計画。ゼネスト決行直前の1月31日に，GHQの中止命令が出て不発に終った。全官公庁共同闘争委員会の議長伊井弥四郎（いいやしろう）は，ラジオ放送で「一歩退却，二歩前進」とし，労働者の団結を呼びかけた。

国家公務員の争議権否定（こっかこうむいんのそうぎけんひてい）（**政令201号**（せいれい201ごう））　1947年7月，GHQの指令で芦田内閣は国家公務員のストを禁止する政令201号をポツダム政令として公布。同年11月，国家公務員法を改正。公務員のスト禁止が明記された。

―――《教育の民主化》―――

アメリカ教育使節団（アメリカきょういくしせつだん）　1946年3月，GHQの招請で，教育民主化を勧告するため来日した。日本側は1947年2月に南原繁（なんばらしげる）を委員長とする教育家委員会を組織して協力し，ついで内閣に教育刷新委員会（きょういくさっしんいいんかい）をつくって教育基本法の審議など，新教育の推進に当たった。1952年，教育刷新委員会は中央教育審議会の設置とともに廃止された。

教育基本法（きょういくきほんほう）　1947年3月，第1次吉田内閣の高橋誠一郎文相の下で制定。教育の機会均等，義務教育9年制，男女共

学などを規定する。2006年12月，第1次安倍内閣のもとで改正された。

学校教育法〔がっこうきょういくほう〕 教育基本法とともに1947年3月に成立。六・三・三・四の単線型の学校系列を規定。4月，新制中学校が発足した。

国定教科書の廃止〔こくていきょうかしょのはいし〕 文部省が著作権を持つ国定教科書は，1904(明治37)年に始まり，終戦直後の7期まで45年間使用された。小学校の歴史教育で，科学的な歴史観で書かれた『くにのあゆみ』は第7期の最後の国定教科書。その後は，各教科書会社がつくり，文部省が検定した検定教科書となった。

墨塗り教科書〔すみぬりきょうかしょ〕 新しい教科書が間に合わず，戦前の教科書で軍国主義を賛美したり，戦争にかかわる不都合な部分を墨で塗って使用したもの。

国家主義教育の否定〔こっかしゅぎきょういくのひてい〕 天皇に対する忠君愛国を説いた教育勅語の失効が，1948年6月，衆参両院で決議された。各学校へ配布されていた教育勅語は回収された。

社会科の新設〔しゃかいかのしんせつ〕 1947年4月，新学制発足の際に設けられた新科目。軍国主義・国家主義教育を担った従来の修身・歴史・地理・公民に代わり，日本の民主主義社会を担う自立した国民の育成を目指した社会科が生まれた。

教育委員会〔きょういくいいんかい〕 教育行政の地方分権化をはかるため，1948年7月に教育委員会法を公布，11月発足。都道府県と市町村に置かれ，学校設置・人事・教科書採択の権限を持つ。教育の民主化を目指した。当初，公選制であったが，1956年6月から任命制となる。

PTA〔ピーティーエー〕 Parent-Teacher Association の略。父母と教師の会のこと。保護者と教師が教育現場で連携をはかる団体。

──────《法律の民主化》──────

地方自治法〔ちほうじちほう〕 1947年4月公布。地方公共団体の民主的で能率的な行政を確保する目的で制定。地方首長の公選制，リコール制などを含む。これに伴い，地方行政・警察を支配してきた内務省は廃止された。

都道府県知事の公選〔とどうふけんちじのこうせん〕 明治憲法下の府県知事は，天皇大権の1つである行政大権の文武官の官制で定められていた。具体的に内務省の高級官吏が任命され，各府県へ赴任していた。地方自治法では，都道府県知事は住民の直接選挙と定められた。

刑法改正〔けいほうかいせい〕 1947年10月，旧刑法を改正・公布。日本国憲法の実施に伴い，皇室に対する大逆罪・不敬罪の廃止，妻の不倫のみを罰する姦通罪の廃止などをおこなった。

大逆罪の廃止〔だいぎゃくざいのはいし〕 大逆罪は，1880(明治13)年公布の旧刑法に規定された皇室に対する罪の1つ。天皇・三后(皇后・皇太后・太皇太后)・皇太子に対し，危害を加えるか，危害を加えようとした者は死刑となる。1907年の刑法にも踏襲された。1947年の刑法改正で削除された。

不敬罪の廃止〔ふけいざいのはいし〕 不敬罪は，1880(明治13)年公布の旧刑法に規定された皇室に対する罪の1つ。天皇・三后・皇太子・皇陵に対して，「不敬の行為」があった者に対しては，重禁錮や罰金が課された。1907年公布の刑法では，重禁錮が懲役に改められ，罰金規定がなくなった。また，皇陵と同列に神宮が追加された。1947年の刑法改正で削除された。

民法改正〔みんぽうかいせい〕**(新民法**〔しんみんぽう〕**)** 1947年12月，旧民法を改正して公布された。日本国憲法の個人尊重の理念に従い，家や戸主権の廃止，男女平等の婚姻，財産の均分相

続など，近代的な内容に改めた。

戸主制廃止（こしゅせいはいし） 旧民法で戸主が家族を統率・支配する家督相続制度が，民法改正で戸主が廃止されて消滅した。

男女同権（だんじょどうけん） 財産の均分相続制が定められ，妻の財産相続が明文化された。結婚や家族関係でも男女平等になった。

ベアテ＝シロタ＝ゴードン Beate Sirota Gordon 1923〜2012 家族生活における男女平等を規定した日本国憲法第24条は，日本育ちのアメリカ人女性ベアテ＝シロタ＝ゴードンが，GHQ民政局員として起草した。

難航する戦後復興

復員（ふくいん） 陸・海軍人が兵役などの軍事動員を解除されて各自の家庭に戻ること。敗戦時には外地約310万人，内地約350万人の陸・海軍人がいた。

引揚げ（ひきあげ） 海外の植民地や占領地の民間人が内地へ帰ること。敗戦時の中国・南方地域在留の民間日本人は約320万人と推定される。アメリカ・イギリス占領地からの引揚げは，1947年末にほぼ終了。ソ連・中国地域からの引揚げは1956年まで続き，残留孤児問題などが残った。

買出し（かいだし） 都市住民が，農村へ食糧購入に出かけた現象。米の配給の遅配・欠配が続いて深刻な食糧不足をきたしたため，各家庭は買出しなどで不足を補った。都会の人が和服や洋服を持って地方で食糧と交換するのを，自分の衣料をはいで食料を得るので，「たけのこ生活」という。

闇市（やみいち） 戦後の混乱の中，各地の焼け跡などに生まれた露店（ろてん）形式の市場。配給機構や公定価格などの統制を無視した闇取引きが公然とおこなわれた。旧日本軍の隠し持っていた物資やアメリカ軍の横流し品などが売られ，高価だが，何でも入手

できた。

メーデーの復活（ふっかつ） 1946年5月1日，戦後初めて労働者の祭典であるメーデーが復活した。さし迫った労働者の要求は，食料の確保であった。

食糧（しょくりょう）**メーデー** 1946年5月19日，皇居前広場で開かれた飯米獲得人民大会（はんまい）は，食糧メーデーと呼ばれ，約25万人が集まった。

金融緊急措置令（きんゆうきんきゅうそちれい） 1946年2月，インフレを阻止するため，幣原内閣は新円を発行し，従来の旧円の預金を封鎖して一定額の新円のみを引き出させ，通貨量の縮減をはかった。この際，財政再建・戦時利得吸収・インフレの抑制を目指して，富裕者に財産税が課せられた。

預金封鎖（よきんふうさ） 戦後の急激なインフレに対処するために，金融緊急措置令によってあらゆる金融機関の預金が支払い停止（預金封鎖）となった処置。預金封鎖後の引出しは，世帯主が1カ月300円，家族は100円を限度とした。通貨を強制的に回収・封鎖することで通貨量を収縮させ，インフレの高進を喰い止めようとした政策。

新円切換（しんえんきりかえ） 1946(昭和21)年2月の金融緊急措置令に基づき，3月3日以降に通用させた新日本銀行券を新円という。旧円を金融機関に預け入れさせて預金封鎖とし，1人100円を限度に新円と交換した。

傾斜生産方式（けいしゃせいさんほうしき） 傾斜とは重点を置くという意味。戦後の復興に最も重要な石炭と鉄鋼に重点的に資金を投入することで，他の産業部門へも資金が流れるようにする政策。有沢広巳（ありさわひろみ）の発案で，第1次吉田内閣で閣議決定された。片山内閣もこれを継承した。

占領政策の転換と日本の独立

中道政権の誕生

中道政権 政治的位置では保守的でも革新的でもなく，政策的には保守政治の良い所と革新政治の良い所を取り入れた政治を目指そうとする政権。

連立内閣 単一の政党だけでは安定多数の議席を獲得できない場合，複数の政党が各党の独自性を維持したまま政策協定を結んでつくる内閣のこと。

片山哲 1887〜1978 弁護士として活躍。1930年の第2回普通選挙より無産政党議員として活動。戦後，日本社会党結成に加わり，1947年5月，片山内閣を組織した。

片山内閣 1947.5〜48.3 初の日本社会党首班の内閣。社会・民主・国民協同の中道勢力3党連立で，中道内閣として歓迎された。1947年，国家公務員法を定め，内務省を廃止したが，3党連立のために日本社会党員が望む積極的な社会主義政策を実行できず，炭鉱国家管理法案などの問題で左派に攻撃されて退陣した。

日本社会党 戦前の労働者・小作農の意見を代表する無産政党が，戦後になり合同して日本社会党を結成した。戦前の社会民衆党の書記長であった片山哲が党首となった。新憲法下の内閣を組織する衆議院議員総選挙で143議席を獲得し，第1党となる。

芦田均 1887〜1959 外交官。1932年より立憲政友会議員。戦後，日本自由党の結成に加わり，1947年に脱党して民主党を結成，48年3月に芦田内閣を組織した。

民主党《1947年結成》 1947年3月，進歩党に自由党脱党派，国民協同党の一部が合流して修正資本主義を掲げて結成する。総裁は芦田均。1947年4月の衆議院議員総選挙で124議席を獲得し，第3党となる。

国民協同党 1947年3月に結党。協同民主党と国民党との合同で成立する。書記長は三木武夫。1947年4月の衆議院議員総選挙で31議席を取る。中道政治を主張し，1950年に民主党野党派と合同して国民民主党となる。

三木武夫 1907〜88 徳島県出身。戦前から衆議院に議席を持ち，戦後は国民協同党書記長の時に片山哲内閣の逓信大臣に入った。その後，改進党幹事長などを経て，自民党・政府の要職を歴任する。第7代自民党総裁として内閣を組織した。

芦田内閣 1948.3〜48.10 民主・社会・国民協同の中道3党連立の内閣。中道政治を進めたが，公務員のスト権を奪う政令201号を公布，昭和電工事件で退陣する。

昭和電工事件 1948年 化学肥料をつくる昭和電工の日野原社長が復興金融金庫からの融資を巡って政界・官界に広く賄賂を贈っていたとされた贈収賄事件。芦田内閣の副総理西尾末広（日本社会党）まで逮捕され，芦田内閣は総辞職した。

吉田内閣（第2次） 1948.10〜49.2 民主自由党内閣。1949年1月の総選挙で過半数を占め，安定政権となった。池田勇人を始め，官僚出身の若手有力議員が多数当選した。インフレ克服を目指して経済安定九原則の実施に着手した。

民主自由党 日本自由党が民主党脱党派を吸収して1948年3月に発足。吉田茂が総裁。1950年3月に自由党と改称した。

自由党 1950年3月，民主自由党が民主党連立派の一部を吸収して党名を変更する。総裁は吉田茂。1955年，自由民

党に発展する。

占領政策の転換と朝鮮戦争

ロイヤル陸軍長官の演説 東西の冷戦が深まる中で，アメリカ陸軍長官のロイヤルは，1948年1月，「日本の経済自立を促し，共産主義の防壁にせよ」との演説をおこなった。同年3月，陸軍次官ドレーパーが来日し，日本経済の復興のためには日本の賠償を軽減して，財閥解体のための企業分割を緩めるようにGHQに進言し，占領政策の方針を非軍事化・民主化から日本を共産主義の防波堤にするための経済復興を優先するように求めた。

ドッジ＝ライン 経済安定九原則の実施に当たって，GHQはデトロイト銀行頭取ドッジ（Dodge 1890～1964）を招請して，日本経済を安定させるための具体策の立案に当たらせた。赤字を許さない超均衡予算，単一為替レートの設定など，一連の施策をドッジ＝ラインという。ドッジ＝ラインの実施やシャウプ税制改革などでインフレは収まったが，反対に深刻なデフレ不況となった。

超均衡予算 ドッジは，「日本経済は両足を地につけていない竹馬に乗っているようなものだ」として，竹馬の両足であるアメリカの援助と日本政府による補助金の支出を切り落とし，税収だけで政府支出を賄うまったく赤字を許さない超均衡予算の作成を求めた。

単一為替レート 戦後の貿易では，円とドルの換算比率は品目別に異なる複数の為替レートでおこなわれていた。1949年，それを一律に1ドル＝360円に定め，円を国際社会に復帰させた。1ドル＝360円の為替レートは輸出を促進し，輸入を抑制する絶妙の為替レートであり，経済の高度成長を支えた為替レートであった。1952年，日本のIMF加盟時の固定レートとされた。

累進所得税 所得が高くなるにつれて，税率が高くなるような課税の仕組みのこと。高所得者から多くの税金を徴収することで，富の再分配効果が生まれる。日本税制調査団団長のシャウプが，ドッジ＝ラインに沿っておこなった税制に関する勧告（シャウプ勧告）で，直接税中心主義とともに累進所得税も導入された。

日本国有鉄道をめぐる怪事件 当時，日本の労働運動の中心として活動していた日本国有鉄道労働組合（国労）の組合員の犯行とされた，下山事件・三鷹事件・松川事件の3事件をいう。ドッジ＝ラインによるデフレで不況が深刻化し，労働運動が活発化したことに対して，それを封じ込めようとしたアメリカ軍の謀略説もある。

下山事件 1949年7月6日，国鉄総裁下山定則が常磐線の綾瀬駅付近で死体で発見された事件。真相は不明だが，国鉄職員の人員整理発表の直後だけに，国鉄労組員に嫌疑が向けられた。

三鷹事件 1949年7月15日，東京の三鷹駅構内で無人電車が暴走した事件。国鉄労組員の犯行とされた。

松川事件 1949年8月17日，福島県の東北線松川駅付近で起こった列車転覆事件。国鉄労組員・日本共産党員20人が逮捕・起訴された。

レッド＝パージ Red Purge 1950年の朝鮮戦争勃発の直前，GHQの指令で日本共産党中央委員24人全員を公職から追放。ついで第3次吉田内閣は，政府機関・報道機関・教育界・産業界などで広範な共産主義者の追放を実施。アメリカでは1950～54年に「赤狩り旋風」（マッカーシ

ズム)が起こった。

朝鮮戦争^{ちょうせんせんそう} 1950年6月～53年7月 北朝鮮軍が北緯38度線を侵犯して南下したのをきっかけに,朝鮮民主主義人民共和国と大韓民国との対立が戦争に突入,冷戦が軍事衝突へと変化した。アメリカ軍を主とする国連軍が大韓民国側に立って参戦すると,中国人民義勇軍が朝鮮民主主義人民共和国を応援し,一進一退の戦闘を続けた。1953年7月,板門店で休戦協定が調印された。

国連軍出動^{こくれんぐんしゅつどう} ソ連が中国の国連代表権を巡って安全保障理事会出席をボイコットしていたため,アメリカ軍を中核とする国連軍派遣にソ連は拒否権を行使できなかった。国連軍の統一指揮権はアメリカ軍にあった。

警察予備隊^{けいさつよびたい} 1950年6月の朝鮮戦争勃発に伴い,日本に駐留するアメリカ軍が朝鮮半島に出動したため,日本に軍事的空白が生まれた。その軍事的空白を埋めるために,マッカーサーの要請で8月に警察予備隊令が公布されて設置された。定員7万5000人。1952年,保安隊に改組された。

特需景気^{とくじゅけいき●} 特需はアメリカ軍の特別需要のこと。朝鮮戦争を契機として起こったので朝鮮特需といい,アメリカ軍が発注した武器・車両の修理や弾薬の製造が中心。1950～53年の朝鮮戦争の4年間に特需景気が発生した。これにより日本経済は,ドッジ=ラインによる経済不況から一気に回復した。

平和条約締結と日本の独立

トルーマンの対日講和検討開始^{たいにちこうわけんとうかいし} アメリカ大統領トルーマンは,1950年9月,対日講和交渉の開始を指示し,1951年3月には条約草案が内示された。

それには,講和条約締結後のアメリカ軍の日本駐留を認める「安全保障」の条項が提案されていた。

ダレス Dulles 1888～1959 講和特使として,1951年1月より来日し,講和・安保の2条約締結に努力する。のちにアメリカ国務長官となる。

単独講和論^{たんどくこうわろん} 冷戦下で,アメリカとソ連の妥協ができない情勢では,西側・自由主義陣営の国とのみ平和条約を締結するのも已むを得ないとする,政府・保守党の主張のこと。多数講和論ともいう。

全面講和論^{ぜんめんこうわろん} 平和条約を東側・社会主義陣営のソ連・中国を含める全連合国と締結せよという主張のこと。安倍能成・大内兵衛・矢内原忠雄らの学者たちや,日本共産党・日本社会党などが運動を展開した。

サンフランシスコ講和会議^{こうわかいぎ} 1951年9月の対日講和会議。サンフランシスコのオペラハウスで開かれた。調印は日本を含む49カ国。中国は招かれず,インド・ビルマ・ユーゴは不参加,ソ連・ポーランド・チェコは調印を拒否。日本の首席全権は吉田茂,池田勇人らが全権代表となった。

サンフランシスコ平和条約^{へいわじょうやく} 日本と連合国との講和条約。草案はアメリカの対日講和七原則に基づく。1951年9月8日締結。1952年4月28日発効。戦争終結,領土の範囲,賠償を規定。日本は主権を回復したが,領土は限定され,沖縄・小笠原諸島は信託統治が予定されていたが,アメリカの施政権下に置かれた。

小笠原諸島と沖縄の信託統治^{おがさわらしょとうとおきなわのしんたくとうち} 信託統治とは,国際連合の信託統治理事会の監督の下,ある国がその地域の自治・独立をはかるために一定地域を統治すること。アメリカは,小笠原諸島・

沖縄の信託統治を国連に提議せず, 施政権を行使した。

賠償協定〔ばいしょうきょうてい〕 平和条約で, 多くの国は賠償請求権を放棄したが, 戦後独立の東南アジア諸国とは賠償協定を締結した。フィリピン5.5億ドル, ビルマ2億ドル(のち追加1.4億ドル), インドネシア2.2億ドル, 南ベトナム3900万ドルを支払う。ほかに民間借款などもある。インドネシアとの平和条約・賠償協定は, 1958年にスカルノ大統領が来日しておこなわれた。

日華平和条約〔にっかへいわじょうやく〕 1952年4月, 台北で台湾の国民政府と平和条約を調印する。いわゆる日台条約。1972年の日中国交正常化により無効となる。

日印平和条約〔にちいんへいわじょうやく〕 1952年6月, 東京で調印する。両国の友好関係を宣言し, インドは賠償請求権を放棄した。

日ビルマ平和条約〔にちビルマへいわじょうやく〕 1954年11月, ビルマのラングーン(現在のミャンマーのヤンゴン)で調印する。友好関係を樹立。賠償・経済協力協定も併せて調印した。

日米安全保障条約〔にちべいあんぜんほしょうじょうやく〕 1951年9月 平和条約とともに日米間で締結された日本を防衛するための条約。アメリカ軍の駐留, 侵略や内乱の際の出動が内容。期限はなく, アメリカの日本防衛義務は明示されず, 日米対等の条約ではなかった。

日米行政協定〔にちべいぎょうせいきょうてい〕 1952年2月に締結された安保条約の細目協定。アメリカ駐留軍施設の無償提供や分担金の負担, アメリカ軍人の犯罪の裁判権など, 日本側に不利な事項が決められた。

社会党分裂〔しゃかいとうぶんれつ〕 1951年10月, サンフランシスコ平和条約賛成・日米安保条約反対の右派と両条約ともに反対の左派とに分裂した。1955年10月の日本社会党の統一まで, 右派社会党と左派社会党に分裂していた。

占領期の文化

笠置シヅ子〔かさぎシヅこ〕 1914~85 香川県生まれの歌手。作曲家服部良一に見出され, 1947年, 「東京ブギウギ」で大ヒット。ブギのエネルギッシュで爆発的な歌と踊りが庶民の心をつかんだ。その後, 「大阪ブギウギ」「買物ブギ」をヒットさせ, ブギの女王といわれた。

「東京ブギウギ」 1948年1月に発表された鈴木勝作詩, 服部良一作曲で, 笠置シヅ子が歌ったブギウギのヒット曲。強烈なリズムと激しく踊り回りながら歌う笠置シヅ子の「東京ブギウギ」は戦後の明るい開放感を表わしている。

竹山道雄〔たけやまみちお〕 1903~84 東京帝国大学独文科を卒業し, 第一高等学校講師から教授となった。太平洋戦争中, 多くの教え子を戦地へ送ったことから, 平和への思いを込めて『ビルマの竪琴』を書いた。

『ビルマの竪琴』〔ビルマのたてごと〕 1948(昭和23)年に刊行された。多くの犠牲者を出したビルマ戦線を舞台に, 戦死した人々を鎮魂する物語である。『ビルマの竪琴』は毎日出版文化賞と芸術選奨文部大臣賞を受賞した。

『きけわだつみの声』〔きけわだつみのこえ〕 『きけわだつみの声』は, まだ戦争の惨禍の記憶が生まましかった1949(昭和24)年に刊行された。学徒出陣によって戦死した大学生や専門学校生たちの手紙や遺書を集めた遺稿集である。

ノーベル賞 ダイナマイト発明者。スウェーデン人ノーベルの遺志で，1901年に創設。人類の平和・福祉に貢献した人々に与えられ，物理学・化学・医学＝生理学・文学・平和・経済学の6部門がある。

湯川秀樹（ゆかわひでき） 1907〜81 物理学者。1935年，中間子理論の論文を発表。1943年，文化勲章。1949年，日本人最初のノーベル物理学賞を受賞。京大教授。京大基礎物理学研究所所長。「世界平和7人委員会」に加わるなど，平和運動に積極的に関与する。

古橋広之進（ふるはしひろのしん） 1928〜2009 戦後の食糧難の中で，1948年8月の日本選手権で1500m自由形で世界新記録を樹立。1950年8月の全米選手権に参加し，400m・800m・1500mの自由形でそれぞれ世界新記録を出し，「フジヤマのとびうお」といわれた。

第 **III** 部 グローバル化と私たち

概観年表

年代	世界	日本
1900		
52	ヨーロッパ石炭鉄鋼共同体（ECSC）結成	主権，回復
54	ジュネーヴ国際会議。平和五原則	自衛隊発足
55	アジア＝アフリカ会議	1955年体制開始。高度経済成長，始まる
56	スターリン批判。第2次中東戦争	日ソ共同宣言。国際連合加盟
57	ソ連，スプートニク1号打上げ	
58	ヨーロッパ経済共同体。中国，大躍進運動	
60	「アフリカの年」	日米新安全保障条約調印
61	ベルリンの壁建設。第1回非同盟諸国首脳会議	
62	キューバ危機	
63	部分的核実験禁止条約。アフリカ統一機構	
64	公民権法成立	開放経済体制へ移行。オリンピック東京大会
65	ベトナム戦争，本格化	日韓基本条約調印
66	中国，プロレタリア文化大革命	
67	第3次中東戦争。EC結成。ASEAN結成	公害対策基本法成立
68	核拡散防止条約調印。プラハの春	
70		日本万国博覧会
71	ドル＝ショック	
72	ニクソン訪中	沖縄の日本復帰。日中共同声明調印
73	パリ和平協定。第1次石油危機	高度経済成長，終る
75	南ベトナム，サイゴン陥落。先進国首脳会議	
79	米中国交正常化。イラン＝イスラーム革命。戦略兵器制限交渉	第2次石油危機
80	イラン＝イラク戦争	
82	フォークランド戦争	
85	ソ連，ペレストロイカ開始。プラザ合意	日米貿易摩擦
87	中距離核戦力全廃条約	
89	中国，天安門事件。東欧革命。マルタ会談	消費税導入
91	湾岸戦争。ソ連崩壊	バブル経済の崩壊
92		PKO協力法成立
93	EU発足	55年体制，崩壊
95	WTO発足	阪神・淡路大震災
97	香港の返還	京都議定書
2000		
01	アメリカ同時多発テロ事件。アフガニスタン戦争	自衛隊，インド洋へ派遣
02	アフリカ連合発足	日朝，ピョンヤン宣言
03	イラク戦争	自衛隊，イラク派遣決定
08	リーマン＝ショック	
09		自衛隊，ソマリア沖派遣
10	「アラブの春」	
11		東日本大震災
15	パリ協定	
20	イギリス，EU離脱	

冷戦と世界経済

① 集団防衛体制と核開発

集団防衛体制の構築

集団防衛体制 自国と密接な関係や同盟関係にある他国が武力攻撃を受けた時、その武力攻撃を自国の安全に対する脅威とみなして実力で共同防衛する体制。

――――《西側陣営の集団防衛体制》――――

北大西洋条約機構（**NATO**ナトー）1949 北大西洋条約に基づく西側の集団安全保障機構。ベルリン封鎖など東西対立の激化を受け、ワシントンでアメリカ・カナダと西ヨーロッパ連合条約 5 カ国などの12カ国により成立した。冷戦中は東側諸国への軍事政策に大きな存在感を示し、1991年ワルシャワ条約機構が解体したのち、東ヨーロッパや旧ソ連構成諸国の加盟で東方拡大が実現した。

米州機構（OAS）1948 第 9 回パン＝アメリカ会議で成立した、南北アメリカ21カ国による反共協力組織。アメリカが「裏庭」とみなすカリブ海地域での社会主義運動や革命を抑える役割をはたした。

東南アジア条約機構（SEATOシアトー）1954年 9 月に成立。中華人民共和国やベトナムの共産主義化に対する反共の一翼を担った東南アジアの地域安全保障機構。アメリカ・イギリス・フランス・オーストラリア・ニュージーランド・タイ・フィリピン・パキスタンが加盟した。ベトナム戦争後の1977年に解散した。

バグダード条約機構（中東条約機構、METO）1955 トルコ・イラク・イラン・パキスタン・イギリスが結成した安全保障機構。1958年のイラク革命の結果、イラクは翌59年に脱退した。

中央条約機構（CENTOセントー）1959 バグダード条約機構からイラクが脱退したあとの、中東の安全保障機構。1979年、イラン革命によってイラン・トルコ・パキスタンが脱退し、崩壊した。

日米安全保障条約 1951 サンフランシスコ平和条約とともに調印された、日米間の条約。アメリカ軍に日本国内の基地を貸与することが決められ、アメリカ軍が日本の治安維持へ参加する条項を含む内容であった。

太平洋安全保障条約（ANZUSアンザス）1951 アメリカを中心に、オーストラリア・ニュージーランドの 3 カ国が締結した安全保障条約。日本を警戒する 2 カ国に配慮して、サンフランシスコ平和条約調印の前に締結された。

米韓相互防衛条約 1953 アメリカを中心とする反共安全保障条約の 1 つ。朝鮮戦争休戦の直後に結ばれ、北朝鮮や背後にある共産主義国の脅威から大韓民国を守るとした。

――――《東側陣営の集団防衛体制》――――

ワルシャワ条約機構（東ヨーロッパ相互援助条約）1955 東側諸国が調印した条約によって設立された安全保障機構。西ドイツの NATO 加盟に対抗してつくられ、ソ連・ポーランド・東ドイツ・チェコスロヴァキア・ハンガリー・

ルーマニア・ブルガリアとアルバニア（1968年に脱退）によって構成され，統一軍指令部はモスクワに置かれた。ペレストロイカや「東欧革命」，ソ連の解体が進む中，1991年7月に解散した。

米・ソの核開発競争

核兵器開発競争（かくへいきかいはつきょうそう）1950〜60年代に，アメリカ・ソ連両国は核兵器をより強力な大量破壊兵器化する核兵器開発競争を展開した。核兵器は原子爆弾・水素爆弾などの戦術核兵器と，ミサイルを用いて遠距離の目標を攻撃する戦略核兵器とに分けられる。

原子爆弾（げんしばくだん）**(原爆)** atomic bomb 核分裂によって発生するエネルギーを利用した爆弾。ウランやプルトニウムを原料とし，莫大な破壊力を持つ。アメリカが1945年8月に広島・長崎に投下した。

水素爆弾（すいそばくだん）原子爆弾の発する高熱を用いて核融合反応を引き起こし，その際に発する高熱と放射能を利用した爆弾。原子爆弾の1000倍の威力がある。1952年にアメリカが実験に成功。ソ連・イギリス・フランス・中国も続く。

アメリカの核実験（かくじっけん）1945年7月に初めて原爆の実験に成功し，52年には水爆実験に成功した。

ソ連の核実験（れんのかくじっけん）1949年9月に原子爆弾（原爆）の開発に成功し，アメリカの核独占を打ち破った。1953年にはアメリカに1年遅れて水素爆弾（水爆）の実験に成功した，と公表した。

マッカーシー McCarthy 1908〜57 アメリカで「赤狩り」と呼ばれた反共扇動活動をおこなった共和党の上院議員。強引な情報収集や虚偽の発言を批判され，失脚した。

「赤狩り」（あかがり）1950〜54年にかけて共和党上

院議員マッカーシーがおこなった，極端な反共主義と反共扇動活動のこと。1949年のソ連の核実験成功や中華人民共和国成立を背景に，アメリカ社会に共産主義を脅威（きょうい）とする世論が高まり，支持を集めた。「赤狩り」と呼ばれるこの動きにより，進歩的なリベラル派が多数弾圧される結果となった。

ビキニ水爆実験（すいばくじっけん）Bikini 1954〜58 アメリカが南太平洋でおこなった水素爆弾の実験。ビキニ環礁（かんしょう）は，第二次世界大戦後にアメリカの信託統治領となった地域で，核実験の結果，「死の灰」と呼ばれる放射性降下物で汚染された。54年の水爆実験の被害は第五福竜丸事件として知られ，島民も強制的に島から退去させられた。

負の世界遺産（ふのせかいいさん）人類が犯した二度と犯してはならない悲劇を記憶する世界遺産。ビキニ環礁，アウシュヴィッツ強制収容所，広島の原爆ドームなどが「負の世界遺産」といわれている。

第五福竜丸事件（だいごふくりゅうまるじけん）1954 アメリカのビキニ水爆実験によって日本漁船が放射性降下物（死の灰）による放射能汚染を受けた事件。乗組員23人全員に放射線障害が現れ，半年後に1人が死亡した。この事件は，原水爆禁止運動のきっかけとなった。

原水爆禁止運動（げんすいばくきんしうんどう）第二次世界大戦後の核開発競争に反対する国際的な運動。1950年のストックホルム＝アピールで核実験禁止の署名が集められ，第五福竜丸事件後の日本でも，東京都杉並区の主婦が始めた署名運動が広がりをみせた。1955年，第1回原水爆禁止世界大会が被爆地の広島で開催された。

原水爆禁止世界大会（げんすいばくきんしせかいたいかい）核反対運動の大会のこと。1955年に第1回大会が，

被爆地広島で開催された。以後，毎年8月6日に開催されていたが，1960年代半ば以降になると，核軍縮条約に対する意見の対立から大会が分裂した。

ラッセル・アインシュタイン宣言
Russell-Einstein 1955　ラッセルと「相対性理論」で知られるアインシュタインが中心となり，日本の湯川秀樹ら世界の科学者11名が，核兵器廃絶と戦争廃止を訴えた声明のこと。

バートランド＝ラッセル Bertrand Russell 1872〜1970　イギリスの数学者・哲学者。第二次世界大戦後は反戦・平和・核軍縮の運動に積極的にかかわり，反核の象徴的存在となった。

アインシュタイン Einstein 1879〜1955　物理学に大きな変革をもたらした理論物理学者。1921年にノーベル物理学賞を受賞した。ドイツから亡命したのち，アメリカで核開発を大統領に説いたが，第二次世界大戦後は核兵器禁止の平和運動を進めた。

パグウォッシュ会議 Pugwash 1957　カナダのパグウォッシュで開かれた，核兵器の脅威や科学者の責任を議題とする会議。日本の物理学者湯川秀樹らを含む22名が参加した。世界各地を舞台とする会議でもこの名称が継承され，核兵器禁止の世論形成に寄与した。

湯川秀樹 1907〜81　1935年に発表した中間子理論で，1949年，日本人最初のノーベル賞(物理学賞)を受賞した。その後，核兵器廃絶を訴える「世界平和7人委員会」に加わり，原水爆禁止運動に参加した。

朝永振一郎 1906〜79　物理学者。量子力学を研究し，超多時間理論を完成した。1952年に文化勲章を受け，65年にノーベル物理学賞を受賞する。

コールダホール原子力発電所
1956年10月17日に運転を開始したイギリスのカンブリア州にある西側諸国では，最初の原子力発電所である。原発基数は4基で，発電量は24万キロワット。天然ウランを原料とし，減速材に黒鉛，冷却材に炭酸ガスを使用するコールダーホール型原子炉はイギリスが開発・実用化した。日本の東海原子力発電所1号炉はこの改良型である。

❷ 米ソ両大国と平和共存

戦後のアメリカ社会

アイゼンハワー Eisenhower 1890〜1969　アメリカの軍人・第34代大統領(在任1953〜61)。第二次世界大戦後にNATO軍の最高司令官となり，共和党から大統領に当選した。「巻き返し政策」で反共の立場を採るが，朝鮮戦争の休戦やジュネーヴ4巨頭会談への参加，フルシチョフとの会談などもおこなった。

「黄金の60年代」 アメリカの「豊かな社会」化を表現する言葉。1950年代から60年代のアメリカは，工場労働者(ブルーカラー)よりも事務職(ホワイトカラー)の人口が上回り，1920年代の大量生産・大量消費社会が再現され，その豊かさを謳歌した。いっぽう，こうした既存の道徳観や生活様式に反抗し，ひげや髪を伸ばし，ジーンズや変った服装で，ロック音楽と東洋的な瞑想にあこがれるピッピーと呼ばれる若者が出現した。

「軍産複合体」 軍と軍事産業の相互依存によって軍備拡大に向かう構造をいう。1961年，アメリカ大統領アイゼンハワーが離任に際しての告別演説の中で警告した。

ロッキード航空会社(こうくうがいしゃ) 1912年に設立され、1926年からロッキード社となるも、世界恐慌で倒産し、再建。第二次世界大戦で軍用機を生産し、特にP38は「双胴の悪魔」と称された重戦闘機で、日本の山本五十六連合艦隊司令長官を撃墜したのは有名である。大戦後も軍用機を生産するも、ジェット化に乗り遅れて最終的に旅客機から撤退した。

ソ連の「雪どけ」

スターリンの死 1953 死後の1956年に、ソ連国内でスターリン批判が起こり、国際的には東西協調の傾向が現れた。

スターリン批判(ひはん) 本人の生前には秘密にして隠されていた、スターリンの個人独裁と大量の人が殺されていた粛清(しゅくせい)が表面化した。死後、スターリン時代の大弾圧が明らかになった。

ソ連、ユーゴと和解(わかい) 1955 スターリン時代に関係が悪化した、ユーゴスラヴィアとの和解をいう。両国間で主権・独立・領土不可侵・平等の諸原則を確認した。

『雪(ゆき)どけ』 スターリン死後の、解放感が生まれたソ連社会を表した言葉。その後、ソ連がとった東西対話の国際協調路線をも表現した。スターリン時代を生きたエレンブルクの小説『雪どけ』(1954年発表)に由来する。

平和共存政策(へいわきょうぞんせいさく) 東側の社会主義陣営と西側の資本主義陣営の平和的な共存を目指す政策。フルシチョフが実現に努力した。中国はこの考え方を「修正主義」と非難した。

フルシチョフ Khrushchyov 1894～1971 ソ連の共産党第一書記(在任1953～64、58～64は首相兼任)。1956年の平和共存政策を発表、59年に訪米、62年のキューバ

危機収束後の米・ソ間のホットライン創設などで、アメリカとの関係改善をおこなった。いっぽう、この間に中国との関係は悪化し、キューバ危機への対応や国内での農業政策の失敗を批判され、失脚した。

ジュネーヴ4巨頭会談(よんきょとうかいだん) 1955 ジュネーヴにアメリカ(アイゼンハワー大統領)・イギリス(イーデン首相)・フランス(フォール首相)・ソ連(ブルガーニン首相)の首脳が集まって開催された会談。スターリンの死やオーストリア国家条約調印を受け、ドイツの統一問題や軍縮を議題とした。具体的な合意には至らなかったが、ポツダム会談以来のアメリカ・イギリス・ソ連の首脳が集まった会談は、緊張緩和への第一歩となった。

ポズナニ暴動(ぼうどう)(ポーランド反政府反ソ暴動(はんせいふはんそぼうどう)) 1956年6月 労働者が待遇改善を、学生が民主化を要求して、ポーランド西部のポズナニで起こした運動。ソ連の軍事介入を回避するため、ポーランド政府がみずからこの反乱を鎮圧した。

ハンガリー事件(ハンガリー反ソ暴動) 1956 学生・労働者が起こした民主化運動。首都ブダペストから始まったデモが全国に及ぶと、ソ連軍が介入した。改革派のナジが首相に就任し、複数政党制の導入やワルシャワ条約機構からの脱退を掲げたが、再び侵入してきたソ連軍に逮捕された。その後はソ連の支持するカーダール政権が成立した。

ナジ=イムレ Nagy Imre 1896～1958 ハンガリー首相(在任1953～55、56)。1953年に首相となったが、農業集団化政策の緩和や宗教的寛容が「右翼的偏向」と批判され、失脚した。ハンガリー事件で事態収拾を期待されて再び首相になったが、ソ連の軍事介入を招き、自身も逮捕・処

刑された。1989年に名誉回復がおこなわ
れた。

スプートニク1号 Sputnik 1957年にソ連
が打ち上げに成功した世界初の人工衛星。
「同行者」の意味。アメリカを中心とする
西側諸国は，ソ連の予想外に高い技術力
に衝撃を受け，「スプートニク＝ショッ
ク」と表現された。

ガガーリン Gagarin 1934〜68 旧ソ連の軍
人で，1961年に世界で初めての有人宇宙
飛行を宇宙船ボストーク1号で成功させ
た。彼が帰還後に語った「地球は青かっ
た」の言葉は有名である。

フルシチョフ訪米_{ほうべい} 1959 ソ連の指導者
による初めての訪米。アイゼンハワー大
統領と会談をおこない，紛争の平和的解
決に合意し，緊張緩和に踏み出した。

ベルリンの壁_{かべ} 1961 ベルリンの東ドイツ
側から建設された越境防止の壁。西ドイ
ツの経済発展が明らかになると，東ドイ
ツの人々は西ドイツの豊かさと自由への
あこがれを強めた。東ベルリンから西ベ
ルリンへの亡命を防ぐため，最初は境界
に沿って有刺鉄線が張り巡らされ，その
後，石やコンクリートで「壁」が建設され
た。さらに東ドイツ側が警備兵を置き，
完全に東ベルリンと西ベルリンとの通行
を遮断した。

Ｕ2型機撃墜事件_{ユーにがたきげきついじけん} 1960年5月，
ソ連が領空で，2万mの高空からソ連の
写真をとっていたアメリカ偵察機Ｕ2型
機を撃墜した事件。アメリカは厚木基地
からのスパイ飛行の事実を認めた。アメ
リカとソ連の対立が表面化し，冷戦下の
緊張が高まった。

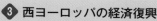

❸ 西ヨーロッパの経済復興

第二次世界大戦後のヨーロッパ

――――《戦後のイギリス》――――

社会民主主義_{しゃかいみんしゅしゅぎ} 資本主義社会で社
会主義の理想に共鳴しつつも，暴力的に
資本主義を打倒する革命を否定し，議会
制民主主義を通して社会を変革すること
で社会主義を実現させようとする政治思
想。例えば，第二次世界大戦後のイギリ
スのアトリー内閣は，石油・鉄道・電
気・ガスなどの主要産業を国有化するこ
とで社会主義の実現を目指し，「ゆりか
ごから墓場まで」をスローガンに社会福
祉政策を充実させることで，社会主義の
理想に近づこうとした。

アトリー内閣 Attlee 1945〜51 1945年7月
の総選挙で成立した労働党内閣。マーシ
ャル＝プランを受け入れてイギリスの経
済再建に努めるとともに，内政では福祉
国家の実現・重要産業の国有化をおこな
った。対外的にはNATOへの参加，イ
ンドなど植民地の独立承認，パレスチナ
委任統治権の放棄などをおこなった。

**社会福祉制度の充実（「ゆりかごから墓
場まで」）**第二次世界大戦中に発表され
たベヴァリッジ報告を基礎とした，アト
リー内閣の福祉国家施策をいう。失業保
険と疾病保険からなる国民保険法を制定
するなど，「ゆりかごから墓場まで」の福
祉を目指した。

重要産業国有化_{じゅうようさんぎょうこくゆうか} イギリスで戦
後数年間におこなわれた，石炭・鉄道・
電気・ガスなど主要な産業の国有化政策
のこと。イングランド銀行も国有化され
た。

ヨーロッパ自由貿易連合_{じゆうぼうえきれんごう} (EFTA

$^{エフ}_{タ}$）1960 イギリスがEECに対抗して組織した共同市場。アメリカやイギリス連邦諸国と密接な関係を持ち，EC加盟国に比べて工業比率が圧倒的に高いイギリスが，オーストリア・スイス・ポルトガル・デンマーク・ノルウェー・スウェーデンを誘って結成した。加盟国間の結び付きは緩やかで，結成直後からEECへの接近を模索した。

イギリスのEC加盟^{かめい} イギリスは，ヨーロッパ大陸諸国と一定の距離を取る外交が伝統であったが，1973年，デンマーク・アイルランドとともにECに加盟した。

――――《戦後のフランス》――――

第四共和政^{だいよんきょうわせい} 1946〜58 ド＝ゴール臨時政府に代わって発足したフランスの共和政。小党が分立し，連立政権内閣も短命で，インドシナ・アルジェリアなど旧植民地の独立運動に対応できず，崩壊した。

アルジェリア戦争 1954〜62 アルジェリアがフランスから独立を勝ち取った戦争。多数のフランス人がアルジェリアに入植していたため，フランス政府は，当初この戦いを「（フランス）国内の秩序維持」と呼び，独立を巡ってフランスの世論は2分され，第四共和政は崩壊した。第五共和政の下，1962年にアルジェリア独立が承認されて戦闘は終結した。

アルジェリア民族解放戦線^{みんぞくかいほうせんせん}（FLN）1954年に結成された，フランスからの独立を目指して結成されたアルジェリアの武装組織。62年に独立を実現したあと，長期間政権を握った。

コロン フランス領アルジェリアに植民したフランス人入植者の子孫をいう。約100万人のコロンがアラブ人の上に立ってアルジェリアを支配した。アルジェリ

アの独立運動が激化すると，1958年5月，コロンと結び付いた現地フランス軍が反乱を起こし，フランス国内の軍部にも反乱に同調する動きがあり，フランスは内乱の危機に陥った。事態に対応できない第四共和政府は倒れた。ド＝ゴールの復活で危機を乗り越えた。

ド＝ゴール de Gaulle 1890〜1970 フランスの第五共和政の大統領（在任1959〜69）。終戦直後の第四共和政では政権を離れたが，アルジェリア紛争の危機で1958年に組閣し，新憲法を制定した。翌年，大統領に就任，「フランスの栄光」を掲げて独自外交を展開して，フランスの国際的地位を高めた。アルジェリアの独立を認めたが，68年の五月危機で権威を失墜し，翌年に退陣した。

第五共和政^{だいごきょうわせい} フランスで1958年から現在まで継続する，第一共和政から数えて5番目の共和政のこと。

アルジェリアの独立 Algeria 1962 7年余りに及ぶアルジェリア戦争後にフランスから独立した。ド＝ゴールがフランス人入植者（コロン）を後援する軍の反対を抑え，エヴィアン協定で独立を承認した。

フランスの核保有^{かくほゆう} 1960 サハラ砂漠でフランスは初の核実験を成功させた。アメリカ・ソ連・イギリスについで4番目の核保有国となった。

フランスのNATO軍事機構脱退^{ナトーぐんじきこうだったい} 1966 フランスの独自外交を掲げるド＝ゴールが，フランス軍をNATOの指揮権から離脱させた。

五月危機^{ごがつきき}（五月革命）1968 フランスで，学生運動をきっかけに起こった広範な社会的異議申立ての運動。パリ大学の学生が大学改革を要求したことに端を発し，労働者のゼネストや知識人のデモがおこなわれた。ド＝ゴールは解散・総選挙で

事態を沈静化したが，政権に対する信頼は回復せず，翌1969年に辞任した。

ゼネラルストライキ 労働者がすべての産業・交通を止めて，経済活動を全面的に停止することで政府（権力）に譲歩を迫るストライキの最高段階。フランス政府の大幅な譲歩で，事態は収拾された。

──────《戦後のイタリア》──────

イタリアの王政廃止おうせいはいし 1946 国民投票によって，1861年以来のイタリア王国は消滅した。憲法制定国民議会の選挙と同時におこなわれた。

──────《アイルランド》──────

エールのイギリス連邦離脱りだつ 1949 エールのイギリス連邦からの公式離脱のこと。第二次世界大戦中，エールはイギリスの激しい非難にもかかわらず，中立を貫いていた。

アイルランド Ireland イギリス連邦から離脱したエールの正式な国名をいう。共和政となった。

──────《西ドイツの発展》──────

アデナウアー Adenauer 1876〜1967 キリスト教民主同盟の党首・初代西ドイツ首相（在任1949〜63）。OEECやNATO・EECへの参加などで，西ドイツの西側諸国の一員としての立場を築いた。西ドイツは「経済の奇跡」と呼ばれる高い経済成長，失業率の低下，物価安定を実現した。

キリスト教民主同盟みんしゅどうめい 1945 旧中央党を中心にキリスト教系の組織や工業資本家，右派の労働組合が結集した西ドイツの政党。経済復興を実現し，西側陣営としての立場を確立した。

「経済の奇跡」けいざいのきせき 1950年からの10年間に西ドイツが達成した経済の発展をいう。アデナウアー政権下で，東ドイツからの労働力の流入にも支えられ，大衆消費社

会への変化が進行した。

西ドイツ再軍備にしドイツのさいぐんび パリ協定に基づいて実施された。国内には反対もあったが，1956年7月に一般兵役義務法（徴兵制法）が可決された。

西ドイツのNATO加盟 1955 パリ協定の発効で5月に正式に加盟した。ヨーロッパにおけるNATOの中心となり，1966年，フランスのNATO軍事機構脱退により，西ドイツの重要性がさらに高まった。

ヨーロッパ統合の開始

ヨーロッパ経済協力機構けいざいきょうりょくきこう（OEEC）マーシャル＝プランによるアメリカからの援助資金を受け入れるために設立された機関。1948年に西ヨーロッパ16カ国が結成し，その後の国際経済構造の変化とともに，61年，経済協力開発機構（OECD）に改組された。

経済協力開発機構けいざいきょうりょくかいはつきこう（OECD）Organization for Economic Cooperation and Development 1961年，ヨーロッパ経済協力機構が発展・改組したもの。自由主義諸国の発展途上国への援助や開発を促進させるための機関。1964年に日本も加盟し，資本の自由化を促進した。2018年現在，36カ国が加盟し，先進資本主義国はすべて加盟している。

ベネルクス関税同盟かんぜいどうめい ベネルクス3国はオランダ・ベルギー・ルクセンブルクをいう。第二次世界大戦期に，ロンドンにあった亡命政権によるベネルクス関税協定が始まり，1948年，ベネルクス3国間で対外共通関税を設定し，3国間では関税を撤廃して経済的統一を目指した。1960年には労働力と資本も自由化したベネルクス経済連合となり，ヨーロッパ統合の実験室となった。

シューマン Schuman 1886～1963 第二次世界大戦後のフランス首相(在任:1947～48)・EEC初代議長(58)。経済学者ジャン＝モネの策を受けて、外相としてヨーロッパ石炭鉄鋼共同体(ECSC)設立を提案し、フランスとドイツの和解に努めた。

シューマン＝プラン 1950 シューマンが発表した石炭と鉄鋼業の共同管理を含む提案。提案が発表された5月9日は、のちにヨーロッパ連合によってヨーロッパ統合を象徴するヨーロッパ＝デイと定められた。

ヨーロッパ石炭鉄鋼共同体(ECSC) シューマンの提案で1952年に発足した組織。フランス・西ドイツ・イタリア・ベネルクス3国で基幹資源を共同管理し、経済再建とフランスとドイツの融和を含む地域協力をはかった。

ローマ条約 1957 ヨーロッパ経済共同体とヨーロッパ原子力共同体(EURATOM)の設立に合意した条約。フランス・西ドイツ・イタリア・ベネルクス3国で調印された。

ヨーロッパ経済共同体(EEC) 1958 ヨーロッパの共同市場化と共通経済政策を推進するために発足した組織。ECSC6カ国の実績を基に、域内関税の撤廃で自由な市場をつくり、いっぽうで非加盟国との貿易に共通関税をかける政策を目指した。アメリカの影響力拡大の懸念が強まる中、経済面の結束で西ヨーロッパ地域の発展と結合に寄与した。

ヨーロッパ原子力共同体(EURATOM ユーラトム) 1958 EECと同じ6カ国のメンバーで、原子力の平和利用を共同で研究するためにつくられた組織。

ヨーロッパ共同体(EC) European Communities 1967 1950年代に発足したECSC・EEC・EURATOMを発展的に統合し、成立した組織。3つの組織が共通の行政管理機構を設立した。

拡大EC 1973 イギリス・デンマーク・アイルランドが加わって9カ国に拡大したECのこと。その後、1980年代にギリシア・スペイン・ポルトガルも加盟し、ヨーロッパ統合が前進した。

④ 第三世界の連携と試練

第三世界の台頭

第三世界(第三勢力) 東側(社会主義陣営)・西側(自由主義陣営)のどちらの陣営にも属さない、積極的に中立を掲げた勢力。植民地支配から独立したアジア・アフリカ・ラテンアメリカ諸国を指す。

新植民地主義 先進資本主義国が圧倒的な経済力によって、今も旧植民地であった第三世界の開発途上地域から富を吸い上げているという開発途上地域からの批判。

コロンボ会議 Colombo 1954 スリランカ(当時セイロン)のコロンボで開かれ、アジアの平和構築を主体的におこなうことを表明した会議。ビルマ・インド・パキスタン・インドネシア・セイロンの5カ国首脳が、インドシナ戦争の早期解決などを宣言した。

ネルー・周恩来会談 1954 インドを訪問した中国首相の周恩来とインド首相のネルーの会談をいう。平和五原則が確認され、翌1955年の第1回アジア＝アフリカ会議の基礎をつくった。

平和五原則 1954 ネルー・周恩来会談で確認された平和実現のための原則のこと。(1)領土の保全・主権の尊重、(2)相互不侵略、(3)内政不干渉、(4)平等互恵、

(5)平和的共存を内容とした。翌1955年の平和十原則を初め，この五原則はその後の第三世界の協力に影響を与えた。

アジア＝アフリカ会議（バンドン会議） 1955 インドネシアのジャワ島西部の都市バンドンに29カ国のアジア・アフリカ諸国が集まっておこなわれた会議。この会議では，反植民地主義と平和共存を基本に，「平和十原則」が採択された。

平和十原則 アジア＝アフリカ会議で確認された，平和共存を訴える宣言。(1)基本的人権と国連憲章の尊重，(2)主権と領土保全の尊重，(3)人種と国家間の平等，(4)内政不干渉，(5)自衛権の尊重，(6)軍事ブロックの自制，(7)侵略の排除，(8)国際紛争の平和的解決，(9)相互協力，(10)正義と国際義務の尊重，を内容とした。それまでの欧米諸国主体の国際政治体制に転換を迫るものであった。

非同盟諸国 東側陣営と西側陣営のどちらにも属さない，アジア・アフリカ・ラテンアメリカ諸国のこと。第三世界に同じ。

非同盟諸国首脳会議 1961 旧ユーゴスラヴィアの首都ベオグラードで開かれた，第三勢力の国々による国際首脳会議。ユーゴスラヴィアのティトー，エジプトのナセルらの呼びかけによって25カ国が参加した。非同盟・反帝国主義・反植民地主義をうたった。その後，1970年代には参加国の経済格差から対立が生まれ，80年代以降は西側経済先進国との対話と協力を目指す路線に近付いた。

ティトー Tito 1892〜1980 ユーゴスラヴィアの首相（在任1945〜53）・大統領（在任53〜80）。自身はクロアチア人でありながら，ユーゴスラヴィアの多数派民族であるセルビア人からも尊敬を集めた。カトリック，セルビア正教，イスラーム教

が混在するユーゴスラヴィアを統一国家としてまとめたのはティトーの力による。エジプトのナセルらと非同盟諸国首脳会議の開催を呼びかけた。しかし，ティトーの死後，ユーゴスラヴィアは民族・宗教の対立が激化し，解体した。

印パ戦争と中印国境紛争

カシミール紛争 インド西部のカラコルム山麓のカシミール地方の領有権を巡るインドとパキスタンの紛争。イギリス領インドが，第二次世界大戦後にヒンドゥー教徒を主体とするインド連邦とイスラーム教徒によるパキスタンに分れた時，カシミールの藩主がヒンドゥー教徒であったため，住民の多くがイスラーム教徒であるにもかかわらず，インドへの帰属を求めたことによる領有権紛争。両国の争いは，その後，戦争と核開発競争にまで及んでいる。

インド＝パキスタン（印パ）戦争 1971 東パキスタンの独立を支援するインドとパキスタンとの戦争。以前にも，1947年と65年にカシミール藩王国の帰属を巡って2度のインドとパキスタンの衝突が起こっていた。3度目の戦争は，パキスタンが降伏し，東パキスタンがバングラデシュとして独立して終った。

バングラデシュの独立 1971 パキスタンからのバングラデシュ人民共和国の分離・独立のこと。1947年に独立したパキスタンでは，西パキスタンが経済的・政治的優位にあり，東パキスタンよりも優先する政策が採られていた。さらに，パキスタンがウルドゥー語を国語にしようとしたため，主にベンガル語を使用している東パキスタンがインドの支援を得て独立を宣言した。

チベット動乱 1959 17世紀以来，独立

を保っていたチベットは，1951年，中華人民共和国の支配下に入った。その後，中国政府によって漢人への同化や社会主義化が強制されたため，それに反発するチベット民衆の反乱が各地で発生していた。1959年3月にはラサ市民が反乱を起こした。中国人民解放軍がこれを軍事的に制圧し，仏の生まれ変わりとされ，チベット人の象徴であったダライ＝ラマ14世はインドへ亡命した。

ダライ＝ラマ14世 Dalai Lama 1935～
チベットの政治・宗教の最高責任者（在任1940～　）。1959年，中国政府がチベット動乱を鎮圧するとインドへ亡命し。89年ノーベル平和賞を受賞した。

中印国境紛争ちゅういんこっきょうふんそう 1959～62 ダライ＝ラマ14世のインド亡命を契機に中印国境で起きた武力衝突。1962年10月に大規模な戦いとなり，優勢だった中国が和平提案をしたのち撤退した。2006年にこの地域を通じての貿易が再開されたが，国境の画定(かくてい)には至っていない。また，カシミール地方における中国とインドの国境紛争も決着がついていない。

アフリカ諸国の独立

アルジェリアの独立 1954年に結成されたアルジェリア民族解放戦線のフランスに対する武装闘争（アルジェリア戦争，1954～62）で，フランスからの独立を達成した。

ガーナの独立 Ghana 1957 イギリス連邦内で，最初の黒人国家として独立した。1960年に共和国となる。

エンクルマ（ンクルマ） Nkrumah 1909～72 ガーナの首相（在任1957～60）・大統領（在任1960～66）。パン＝アフリカニズム運動を推進してガーナを独立に導き，アフリカ合衆国構想を唱えた。1966年，軍

部のクーデタで失脚した。

「アフリカの年」 1960年にアフリカで17の独立国が成立したことから，1960年をこう呼んだ。

アフリカ諸国首脳会議しょこくしゅのうかいぎ 1963 エチオピアのアジスアベバにアフリカの独立30カ国の首脳が集まり，アフリカ統一機構憲章に調印した会議のこと。

アフリカ統一機構とういつきこう（OAU）1963 パン＝アフリカニズムを掲げて設立された，アフリカの地域機構。植民地主義の根絶，紛争の平和的解決，非同盟路線の堅持などを目指した。首脳会議・閣僚会議・事務局・各種専門機関で組織された。2002年に発足したアフリカ連合（AU）に基本理念が引き継がれ，消滅した。

コンゴ動乱どうらん 1960～65 コンゴがベルギーから独立した直後に起きた内乱。中央集権派と地方分権派が国家運営を巡って激しく対立する中，カタンガ州の銅・ウラン・コバルトなどの資源を確保したい旧宗主国(そうしゅこく)ベルギーの支援を受けた同州が，独立を宣言したことにより勃発した。首相ルムンバがソ連に支援を求めると，コンゴの共産化を恐れたアメリカも介入するなど戦いが国際化した。

エジプトの台頭と中東戦争

アラブ連盟 1945年のカイロのパン＝アラブ会議で成立した。エジプト・レバノン・シリア・イラク・ヨルダン・イエメン・サウジアラビアの7カ国で結成。1970年まではパレスチナ問題でアラブ民族運動の中心であったが，イラン＝イラク戦争や湾岸戦争で利害対立が激化し，まったく機能不全となった。

ヨルダン＝ハーシム王国 1923年，イギリスの委任統治下にトランスヨルダン首長国が成立。第二次世界大戦後の1946年

にイギリスが委任統治権を破棄し，トランスヨルダン王国として独立。1949年，王家の名を冠したヨルダン＝ハーシム王国と改称した。

ムハマンド＝アリー朝 1805〜1952 オスマン帝国のエジプト総督ムハマンド＝アリーが創始したエジプト最後の王朝。1914年にイギリスの保護国となり，22年に独立したが，1952年，ナセルなどのエジプト革命で打倒され，エジプトは共和制へ移行した。

ナセル Nāṣir 1918〜70 エジプト革命の中心となった軍人・政治家。大統領就任後（在任1956〜70），アスワン＝ハイダムの建設に着手し，スエズ運河国有化でイギリスの支配を排除した。アラブ世界のリーダー，非同盟主義外交の推進者として国際政治に影響力を持ち，シリアとの合邦（1958〜61）を実現した。第3次中東戦争の大敗北で威信が低下する中で死亡した。

エジプト革命 1952 ナギブとナセルを中心とするエジプト軍の改革派である自由将校団の軍人による王政廃止のクーデタ。国王ファルークを国外へ追放し，イギリスの影響力排除と近代化を目指した。

アスワン＝ハイダム Aswan High Dam エジプトの近代化をはかるため，ナイル川中流に建設されたダム。当初援助を予定していたイギリス・アメリカはナセルがソ連への接近をはかると援助計画を撤回した。第2次中東戦争の後，ソ連の援助を受けて1970年に完成した。

スエズ運河国有化 1956 ナセルが宣言したスエズ運河会社の接収案のこと。イギリス・アメリカがアスワン＝ハイダム建設の資金援助を撤回すると，スエズ運河会社の国有化で建設資金を確保しようとした。

スエズ戦争（第2次中東戦争） 1956〜57 スエズ運河国有化宣言をきっかけにおこなわれた，イスラエル・イギリス・フランスのエジプトに対する侵攻。アメリカとソ連が3カ国に撤退を求め，国連も即時停戦を決議するなど，国際世論の非難ですぐに停戦となった。ナセルはアラブ民族主義の指導者として威信を高めた。

アラブ民族主義（アラブ＝ナショナリズム） アラビア語を中心とする文化的伝統を持つ人々と地域を統合する思想・運動。第二次世界大戦後，複数の国家にバース党（バースは復興の意）が生まれ，運動が高揚した。第2次中東戦争後は，エジプトのナセルが指導的な地位を占め，シリアとの合邦などがおこなわれた。

国連緊急軍 国連が，平和維持活動を目的に編成した軍隊。エジプトによるスエズ運河国有化に対して，イギリス・フランスがイスラエルと共同出兵したスエズ戦争において，国連軍派遣がイギリス・フランスの拒否権にあったため，1956年に初の国連緊急軍が設立された。1973年にエジプトとイスラエルの戦闘が激しくなり，2回目の緊急軍がつくられ，スエズ運河周辺及びシナイ半島周辺の安定化に貢献した。

第3次中東戦争（6日戦争） 1967 イスラエルとエジプト・シリア・ヨルダンとの間に戦端が開かれ，6日間で停戦となった戦争。背景には，ナセル指導下のアラブ民族主義の高まりやパレスチナ解放機構（PLO）の結成があった。戦闘の結果，空軍による圧倒的勝利を収めたイスラエルがシナイ半島・ガザ地区・東イェルサレムを含むヨルダン川西岸・ゴラン高原を占領した。

第4次中東戦争 1973 エジプト・シリア

両軍が第3次中東戦争の失地回復を目指して、イスラエル攻撃をおこなった戦争。イスラエルがアメリカから武器援助を受けて応戦したので、失地奪回はならなかった。この時、OAPECが取った石油戦略が第1次石油危機を引き起こし、世界経済に打撃を与えた。終戦後、エジプトのサダト大統領はアラブ諸国の反発を受けながら、イスラエルとの和平に転じた。

エジプト＝イスラエル平和条約 1979 第4次中東戦争後、エジプトが、アラブ諸国で初めてイスラエルを公式に承認した条約。エジプトのサダト大統領と、イスラエルのベギン首相との間で締結された。アラブ18カ国とパレスチナ解放機構(PLO)はこれを裏切りと考え、エジプトと断交した。

ムスリム同胞団(どうほうだん) Ikhwān al-Muslimīn イスラーム教の価値観を基礎に、列強からの独立を目指し、1928年にイギリス支配下のエジプトで結成された組織。1950年代以降ナセルの弾圧を受け、非合法な野党勢力として活動してきたが、2010年末から北アフリカから中東のイスラーム諸国に広く伝わったアラブの民主化運動(「アラブの春」という)で大きな役割を果たした。

パレスチナ解放機構(かいほうきこう)**(PLO**ピーエルオー**)** 1964 パレスチナの解放を目的とする組織。イスラエルに対抗していたゲリラ組織を統合して、イェルサレムでの第1回パレスチナ国民会議で結成された。1974年のアラブ首脳会議において、パレスチナ人を代表する正当な組織として認められ、同年、国連総会におけるオブザーバーとしても認められた。

アラファト 'Arafāt 1929〜2004 パレスチナ解放機構議長(在任1969〜2004)、アラブ民族運動の指導者。パレスチナ人の代表

機関として国連にPLOを認めさせ、1993年にはパレスチナ暫定自治協定を結んだ。94年、イスラエルのラビン首相・ペレス外相とともにノーベル平和賞を受賞した。

ラテンアメリカとキューバ革命

米州相互援助条約(べいしゅうそうごえんじょじょうやく)(リオ協定) 1947 ブラジルのリオデジャネイロで結ばれた集団安全保障条約。アメリカを中心とした南北アメリカ大陸諸国の反共体制の始まりとなった。

パン＝アメリカ会議 Pan American conference アメリカ大陸諸国家の国際会議。1826年にボリバルの指導で開かれたパナマ会議に始まる中南米会議を引き継ぐ形で、1889年アメリカ合衆国主催の第1回会議がワシントンで開かれた。以後、ほぼ定期的に開かれて域内の共通の問題が話し合われたが、事実上アメリカ合衆国の外交的指導下にあった。1948年、米州機構(OAS)と改変された。

米州機構(べいしゅうきこう) 1948年に発足した、アメリカを始め中南米やカリブ海などアメリカ・カナダを含む南北アメリカ35カ国(2017年にベネズエラが脱退を表明)が加盟している。反共的な性格が強かった。本部はアメリカのワシントンにある。

――――《アルゼンチン》――――

ペロン Perón 1895〜1974 アルゼンチン大統領(在任1946〜55、73〜74)。外国資本の国有化や初等教育の拡大など、民族主義的政策をおこなった。独裁的な政治で、地主やアメリカ資本と対立し、1955年に軍部のクーデタで失脚・亡命した。73年の帰国後に再び大統領となるが、1年足らずで病没した。

――――《グアテマラ》――――

グアテマラ左翼政権(さよくせいけん) 1951〜54 グア

テマラで成立した，民族主義的なアルベンス政権。農地改革やアメリカ資本の接収をおこなった。

―――――《キューバ》―――――

バティスタ政権 Batista 1940〜44，52〜58 キューバに成立した親米政権。サトウキビの栽培などでアメリカ資本と結び付き，独裁をおこなったため貧富の差が拡大し，キューバ民衆の不満が高まった。キューバ革命で倒され，バティスタはドミニカに亡命した。

キューバ革命 1959 カストロ・ゲバラに指導され，ゲリラ闘争を中心におこなわれた親米バティスタ政権を打倒する闘争。首相となったカストロは農地改革，アメリカ資本を含む大企業の国有化をおこなった。アメリカが1961年に国交を断絶，武力侵攻を試みると，カストロは社会主義国化を宣言した。

カストロ Castro 1926〜2016 キューバの革命家・首相(在任1959〜2008)。1953年にバティスタ政権下での蜂起に失敗したのち，亡命先のメキシコでゲバラと出会い，革命組織を創設し，59年1月にキューバ革命を成功させた。民族主義者であったが，反アメリカの立場を強めてソ連に接近し，軍事・経済援助を受けて，社会主義国家建設をおこなった。

ゲバラ Guevara 1928〜67 アルゼンチン生まれの革命家。キューバ革命を含めラテンアメリカ各地の革命に参加し，ゲリラ闘争を指導した。ボリビアで革命の指導中に，ボリビア軍に捕らえられて射殺された。

ソ連型社会主義 政治的には共産党の一党独裁体制，経済的には計画経済によって社会主義国家を目指すキューバなどの考え方。

アメリカ，キューバと断交 1961 キュ

ーバにあったアメリカ資産の没収を理由に，アイゼンハワー大統領がケネディ就任の17日前におこなった。

キューバの社会主義宣言 1961 アメリカの軍事介入を排除したあと，カストロ首相が宣言したもの。ラテンアメリカで初めての社会主義国となり，中南米地域の革命の拠点となった。米州機構(OAS)はキューバを資格停止にした。

「進歩のための同盟」 Alliance for Progress 1961 アメリカのケネディ大統領が提唱したラテンアメリカ諸国との協力・団結を目指す計画。キューバ革命の波及を恐れて，ラテンアメリカ諸国の社会発展に関する協力を提案した。

❺ 55年体制の成立

日本社会党の再統一と保守合同

吉田内閣(第3次・第4次・第5次) 1949.2〜54.12 自由党内閣。第3次吉田内閣の時に血のメーデー事件が起こり，破壊活動防止法が成立し，海上警備隊・保安隊が発足した。第4次・第5次の時に新警察法公布・自衛隊創設をおこなうが，1954年の造船疑獄で世論の批判をあび，日本民主党の鳩山一郎に政権の座を明け渡した。

「逆コース」 1950年代前半の流行語。保守政権による再軍備・破防法・新警察法，その他一連の国家権力強化の動きを，戦前・戦中への復古と捉えた革新勢力が吉田内閣を非難した言葉。

血のメーデー事件 第3次吉田内閣の1952年5月1日，独立回復後，初のメーデーで，デモ隊と警察官とが皇居前広場で衝突，流血の大乱闘になった事件。

破壊活動防止法 1952年7月に成

立。暴力的破壊活動をおこなった団体の取締りを規定した法律。その調査機関として，公安調査庁が置かれた。同1952年5月のメーデー事件を契機に，49年に公布された団体等規正令を補強して法律としたもの。

保安隊（ほあんたい）第3次吉田内閣の1952年7月，保安庁法の公布で保安庁が発足し，警察予備隊を改編した保安隊と警備隊とがその組織下に入った。

海上警備隊（かいじょうけいびたい）1952年，第3次吉田内閣が海上保安庁内に海上警備隊を新設し，まもなく警備隊と改称した。

MSA協定（エムエスエーきょうてい）（**日米相互防衛援助協定**（にちべいそうごぼうえいえんじょきょうてい））1954年3月に成立。アメリカの相互安全保障法によって，経済援助を受ける代わりに日本の防衛力を漸増するよう定めたもの。農産物購入協定・経済措置協定・投資保証協定も結ばれ，合わせてMSA4協定という。

自衛隊（じえいたい）MSA協定の成立に伴い，第5次吉田内閣は1954年7月，従来の保安庁を発展・改組して防衛庁とし，この統轄下に陸・海・空の3自衛隊を設置した。

基地反対闘争（きちはんたいとうそう）政府は日米安全保障条約・日米行政協定に基づいてアメリカ軍基地(施設・区域)の拡大を余儀なくされ，それに反対する住民や革新団体の基地反対闘争が起こった。沖縄の伊江島での闘争では，これを機に祖国復帰運動が高まった。

内灘事件（うちなだじけん）1952〜53年におこなわれた石川県内灘村(現在の内灘町)のアメリカ軍試射場反対運動。反対運動が全国化するきっかけとなった。

砂川事件（すながわじけん）東京都立川のアメリカ軍基地の拡張に対する砂川住民の反対運動。1956年10月には，強制測量を阻止するピケ隊と警察官とが衝突する流血事件に発

展した。基地反対闘争の頂点となった。

第五福竜丸事件（だいごふくりゅうまるじけん）1954年3月，中部太平洋のビキニ環礁で，アメリカが水爆実験をおこない，日本漁船の第五福竜丸が放射能の灰(死の灰)をあび，乗組員の久保山愛吉（くぼやまあいきち）が死亡した。

原水爆禁止運動（げんすいばくきんしうんどう）1954年のビキニ水爆実験の被災後，東京都杉並区の主婦が始めた原水爆禁止運動は急速に全国に拡大した。この運動から1955年8月，第1回原水爆禁止世界大会を広島で開催した。

日本民主党（にほんみんしゅとう）造船会社と政治家の贈収賄が暴露された造船疑獄事件で，自由党が分裂し，第5次吉田内閣が倒れた。1954年11月に改進党・自由党反吉田派・日本自由党が合同して結党する。総裁は公職追放を解除された鳩山一郎がなった。

鳩山一郎（はとやまいちろう）1883〜1959 東京都出身。1915年より立憲政友会の所属議員として活躍し，斎藤内閣の文相時代では滝川事件に関係した。戦後，日本自由党を創設したが，公職追放となった。1951年に追放解除となり，政界に復帰して日本民主党総裁となり，54〜56年に政権を担当した。

鳩山一郎（はとやまいちろう）**内閣** 日本民主党総裁の鳩山一郎が1次(1954.12〜55.3)・2次(1955.3〜11)内閣を組織した。保守合同後，自由民主党の第3次内閣(1955.11〜56.12)を組織し，自衛力漸増（ぜんぞう）・憲法改正を唱え，また「自主外交」をうたって日ソ国交回復・国連加盟を実現した。

社会党再統一（しゃかいとうさいとういつ）1951年，左右両派に分裂した日本社会党は，55年10月，憲法改正阻止・革新陣営の結束を目指して再統一した。非武装中立を唱え，特に日本国憲法第9条を尊重する護憲を主張した。委員長は左派出身の鈴木茂三郎（もぎさぶろう）。

保守合同（ほしゅごうどう）1955年11月，10月の社会党再統一に刺激され，経済界の支援の下に日本民主党と自由党とが合同して自由民主党を結党した。

自由民主党（じゆうみんしゅとう）1955年，自由党・日本民主党の保守合同によって成立した政党。略称は自民党。鳩山一郎が初代総裁。以後，1993年まで長期にわたり一党支配をおこなった。その後も政界の主流である。

55年体制（ごじゅうごねんたいせい）1955年，日本社会党の再統一と保守合同以後，衆議院の議席の3分の2を占める自民党が政権を保持し，3分の1を占める野党の日本社会党が国会で対立する体制。1993年まで継続した。自民党は安定した政策立案を推進して経済の高度成長を実現する。いっぽう日本社会党は，衆議院の3分の1議席を維持して憲法改正を阻止した。

国際社会への復帰と日ソ国交回復

日ソ共同宣言（にっソきょうどうせんげん）日本とソ連の戦争終結の宣言。1956年10月，鳩山一郎首相とソ連のブルガーニン首相がモスクワで調印して成立。戦争状態の終了，将来の歯舞群島・色丹島の返還，日本の国連加盟支持など10項を内容とする。

北方領土問題（ほっぽうりょうどもんだい）ヤルタ協定によるソ連の千島列島占領に対し，日本は択捉島以南の北方四島は日露和親条約に基づいた固有の領土と主張した。ソ連は日ソ共同宣言で歯舞群島・色丹島の平和条約締結後の返還は約したものの，今だに歯舞群島・色丹島の返還には応じず，国後島・択捉島の返還にも応じていない。

国際連合加盟（こくさいれんごうかめい）第3次鳩山内閣の1956年12月に加盟した。1958年以後，日本はしばしば安全保障理事会の非常任理事国に選ばれ，村山富市内閣の1994年，常任理事国入りの意志を表明した。

戦時賠償交渉（せんじばいしょうこうしょう）サンフランシスコ平和条約によって，日本は交戦国の戦争被害に対して賠償の義務が定められた。フィリピン，ベトナム(南ベトナム)，インドネシア，ビルマ(ミャンマー)の東南アジア4カ国には国交回復と同時に(ビルマは国交回復前から)当時の金額で総額約3600億(10億ドル)の賠償が支払われた。

役務の供与（やくむのきょうよ）戦争被害に対する賠償支払いは，現金だけでなく，日本企業が現地でおこなう建設工事や日本の物資を提供する形を採ったため，日本企業の東南アジア進出の足掛かりともなった。

借款（しゃっかん）国家が他国に資金を貸し与えること。他国に対する利権獲得のねらいを持った政治的借款と，自国の物資・商品購入を条件とする経済的借款とがある。

日米安保条約の改定

岸信介（きしのぶすけ）1896〜1987 山口県出身。戦前，農商務省の官僚として出発。東条内閣の商工大臣。戦後，A級戦犯となるが不起訴。公職追放解除後は政界に復帰し，日本民主党創立に参加。自由民主党第3代総裁。首相となり，安保条約改定に当たった。

岸内閣（きしないかく）自由民主党総裁の岸信介が，1次(1957.2〜58.6)・2次(1958.6〜60.7)内閣を組織。経済力・自衛力の強化に努めるとともに，「日米新時代」を唱えて日米関係の強化と対等を目指し，1960年日米安全保障条約を改定し，批准成立直後に総辞職した。

日米新時代（にちべいしんじだい）日米関係における日本の従属的な立場を脱却し，日米関係を対等な同盟関係に引き上げようとする立場。

集団的自衛権（しゅうだんてきじえいけん）同盟関係にある国が，第三国から攻撃を受けた場合に，自

国が直接に攻撃されていなくとも同盟国とともに，あるいは同盟国に代わって反撃する権利のこと。

相互防衛義務（そうごぼうえいぎむ）　同盟国同士が，第三国からのいずれかいっぽうへの武力攻撃に対しても，共同して防衛する義務があることをいう。

日米相互協力及び安全保障条約（にちべいそうごきょうりょくおよびあんぜんほしょうじょうやく）**（日米新安全保障条約**（にちべいしんあんぜんほしょうじょうやく）**）**　1960年1月，岸首相が訪米，調印。10条。新しく経済協力も約束され，アメリカの日本防衛義務，在日アメリカ軍の日本と極東での軍事行動に関する事前協議制，条約期限10年などを規定。日本も自衛力増強を義務付けられた。

日本防衛義務（にほんぼうえいぎむ）　旧安保条約では，アメリカの日本防衛義務は明文化されていなかったが，新安保条約ではそれが明文化された。それに伴って，日本の施政権下にある領域に限って共同防衛が明示された。

「極東」の平和（きょくとうのへいわ）　在日アメリカ軍の行動範囲とされる「極東」については，明確に定められていないが，台湾・フィリピンを含むものとされている。

事前協議制（じぜんきょうぎせい）　日米安全保障条約第6条の交換公文に基づき，在日アメリカ軍の配置や装備の重要な変更，日本からお

こなわれるアメリカ軍の戦闘作戦行動のための基地として，日本国内の施設・区域を使用する場合に，事前に日米両国政府がおこなう協議のこと。

日米地位協定（にちべいちいきょうてい）　1960年，新安保条約に基づいて，日米行政協定を引き継いだもの。日本に駐留するアメリカ軍の日本国内における地位・施設・区域の使用などを具体的に定めた。

60年安保闘争（ろくじゅうねんあんぽとうそう）　1959～60年の安保条約改定の反対運動。安保改定阻止国民会議を中心に，反対運動が展開された。特に1960年5月，自民党が条約批准を強行採決したため激化した。国会へは全国の大学の自治会で組織された全学連などが連日デモをかけた。予定されていたアイゼンハワーアメリカ大統領の訪日も中止された。7月，岸内閣は総辞職した。

安保条約反対運動（あんぽじょうやくはんたいうんどう）　1959～60（昭和34～35）年に，全国的な規模で展開された日米安全保障条約改定の反対運動。60年安保闘争ともいう。日本近代史上最大規模の大衆運動といわれる。

日本労働組合総評議会（にほんろうどうくみあいそうひょうぎかい）**（総評**（そうひょう）**）**　産別会議の日本共産党の指導に反対する産別民主化同盟が1948年に生まれ，50年に反共民主労組として総評が全国組織として結成された。「連合」の発足で1989年に解散した。

全日本学生自治会総連合（ぜんにほんがくせいじちかいそうれんごう）**（全学連**（ぜんがくれん）**）**　全国の大学・学部の自治会が全国的に結集した学生団体。1948年，145の大学の学生自治会で結成されたが，その後に加盟した学生自治会は不明。60年安保闘争では大きな影響力を持ったが，その後は分裂状況で，目立った活動はできていない。

池田勇人内閣の所得倍増計画

池田勇人 1899～1965 広島県出身。大
蔵省官僚として出発。1949年，第3次吉
田内閣の蔵相となり，税制改革を推進す
る。岸内閣の通産相を経て内閣を組織し，
「所得倍増」を唱えて高度経済成長政策を
推進した。

池田内閣 自由民主党の総裁池田勇人の
内閣で，1次(1960.7～12)・2次(1960.12
～63.12)・3次(1963.12～64.11)と続く。
「寛容と忍耐」を唱え，60年安保闘争で国
内が分裂した岸内閣時の政治的対立の克
服を目指した。最初の女性大臣も実現。
IMF8条国への移行や貿易の自由化を推
進し，経済の高度成長を促進させた。

所得倍増政策 1960年，池田内閣
が打ち出した経済成長率をいちじるしく
高めようとする政策。1961～70年間の10
年間で，一人当たりの国民所得を2倍に
しようということを，国民にわかりやす
く「所得倍増」と表現した。安保闘争のよ
うな政治的対立から経済的豊かさへ政治
目標を転換した。

全国総合開発計画 池田内閣は
1962年に新産業都市建設促進法を公布し
て，産業の大都市集中を緩和しようとは
かった。これにより，指定された15地区
が地方開発の拠点なり，それらの新産業
都市にコンビナートをつくる計画が策定
された。

LT貿易 1962年，廖承志・高碕達之
助の間で覚書が調印され，これによっ
て始まった日中準政府間貿易のこと。
LT貿易の名称は廖・高碕の名の頭文字
を取ったもの。日中貿易は1952年の第1
次貿易協定以来，民間貿易としておこな
われていたが，第2次池田内閣は「政経
分離」の方針で，準政府間の方式となっ

廖承志 1908～1983 中国の政治家。父
は国民党の元老で，両親が日本亡命中に
東京で生まれた。中国共産党の長征に参
加し，1935年，中国共産党出版局長とな
り，1949年以降に統一戦線部副部長の要
職に就いた。高碕達之助とLT貿易を実
現し，中国の中日友好協会会長も務めた。

高碕達之助 1885～1964 戦時中，満
洲重工業開発総裁を務め，戦後，電源開
発総裁に就任した。1955年，経済企画庁
初代総裁となる。その後，鳩山内閣や岸
内閣の閣僚となり，日ソ漁業交渉や日中
LT貿易の実現に尽力した。

準政府間貿易 国交が正常化され
ていないにもかかわらず，日本政府と中
国政府とが貿易品目や数量を協定するこ
とによっておこなわれた貿易。日本側は
化学肥料・鋼材・プラントを輸出し，中
国側は石炭・鉄鉱石・大豆を輸出した。

政経分離の方針 政治的には国交
が結ばれていないので貿易関係もおこな
うことはできないが，政治と経済関係を
分けて考えて，互いの利益になるような
貿易はおこなうという方針。

ベトナム戦争

ベトナム戦争 ジュネーヴ休戦協定で撤退
したフランスに代わるアメリカの軍事介
入で発生した戦争。南北ベトナム間の内
戦という性格を持つ。戦争期間について
は，アメリカがかかわった時期との関連
から，(1)ジュネーヴ休戦協定以降とする
1954～75年説，(2)南ベトナム解放民族戦
線が結成されて内戦が本格化した1960～
75年説，(3)アメリカが北爆開始で本格的
に介入した1965～75年説などを挙げるこ
とができる。またアメリカの本格的介入
から撤兵までとすれば，65～73年ともい

える。アメリカ軍撤退後の内戦は，75年に南ベトナム解放民族戦線と北ベトナム軍が，南ベトナムのサイゴンを占領して終了した。この戦争でアメリカは強い国際的批判をあび，その威信を低下させる要因となった。

ベトナム民主共和国（北ベトナム） 1945年，日本の敗戦後すぐに独立を宣言したホー＝チ＝ミンを指導者とするベトナムの国家。旧宗主国フランスがその独立を阻止するために起こしたインドネシア戦争の停戦協定であるジュネーヴ協定で北緯17度の軍事境界線以北で社会主義国家建設を目指した。南北統一を目指して南ベトナム解放民族戦線を南ベトナムに浸透させ，新たに介入してきたアメリカ軍と戦った。

南ベトナム解放民族戦線 1960 親米ゴ＝ディン＝ジエム政権打倒と南北統一を目指して成立した組織。ベトナム労働党（北ベトナムの共産党）と協力して，ベトナム戦争ではゲリラ戦を展開した。のち，南ベトナム解放民族戦線はベトナム労働党の下部組織であったことがわかった。

トンキン湾事件 Tonkin 1964 アメリカがベトナム戦争への本格的な介入を意図した捏造事件。北ベトナムのトンキン湾の公海上で，アメリカの駆逐艦が北ベトナムの魚雷艇の攻撃を受け，反撃したと発表された。のちにアメリカは，でっちあげ事件であったと発表した。

北ベトナム爆撃（北爆） 1965 トンキン湾事件を口実に，アメリカが開始した北ベトナムへの本格的な攻撃のこと。

B52爆撃機 B52ストラトフォートレスが正式名称の戦略爆撃機。1955年に実戦配備され，現在も約70機が現役で配備についている。全長48m，全幅56mで，

最大爆弾搭載量16ｔ，航続距離約１万6000km。ベトナム戦争では，グアムや沖縄のアメリカ軍基地からベトナム爆撃をおこなった。

ナパーム弾 パーム油から抽出した成分をゼリー状化して充填した爆弾。着弾地周辺を広範に焼き尽す爆弾である。ナパームは増粘剤の成分を表す。ベトナム戦争ではベトナムの村や家屋，森林を焼き尽した。

嘉手納基地 沖縄県中頭郡嘉手納町・沖縄市・中頭郡北谷町・那覇市・糸満市にまたがるアメリカ軍の基地。総面積は約20km²，約4000m滑走路を２本有し，200機近くの軍用機が常駐するアメリカの極東最大の基地。

ベトナム反戦運動 アメリカのベトナム軍事介入への反対運動。学生を中心に高揚し，ヨーロッパや日本でも起こり，世界中に反戦世論を広げた。日本では「ベトナムに平和を！市民連合」（ベ平連）が活発な活動をおこなった。アメリカ軍撤退への大きな後押しとなった。

ニクソン Nixon 1913〜94 アメリカ第37代大統領（在任1967〜74）。内政では保守的な政策を掲げて共和党から当選。1971年，金＝ドル兌換停止を発表し，72年には訪中を実現する。また，ベトナム戦争への介入を縮小させることを進め，73年ベトナムからの撤退を実現させたが，ウォーターゲート事件で引責辞任した。

ニクソン＝ドクトリン 1969 アメリカ大統領のニクソンが発表した外交方針。アジアでのアメリカの軍事介入を縮小することを提唱した。

ベ平連 1965年に生まれたベトナム反戦運動の組織。小田実らがつくった「ベトナムに平和を！市民連合」の略称。1969年には東京新宿で「反戦フォーク演

奏会」(新宿フォークゲリラ)を毎週土曜日に開いて，ベトナム反戦を呼びかけた。

沖縄の返還

佐藤栄作 さとうえいさく 1901〜75 山口県出身。岸信介 のぶすけ の実弟。運輸次官から政界に入り，池田勇人と並んで吉田茂に重んじられ，自民党・政府の要職を歴任。1964年から7年8カ月の長期政権を維持する。1974年，ノーベル平和賞を受賞した。

佐藤 さとう 内閣 自由民主党総裁の佐藤栄作が，1次(1964.11〜67.2)・2次(1967.2〜70.1)・3次(1970.1〜72.7)と組閣。1次内閣で日韓基本条約を調印，2次で小笠原諸島返還を実現，3次で沖縄の祖国復帰を実現して退陣した。

非核三原則 ひかくさんげんそく 被爆国である日本が，原子爆弾などの核兵器を「もたず，つくらず，もち込ませず」という方針を堅持しようと掲げた方針のこと。1967年の佐藤首相の国会答弁に始まる。

祖国復帰運動 そこくふっきうんどう アメリカ施政権下にあり，嘉手納基地など多くの基地を抱える沖縄で起きた，日本復帰を求める運動。1951年，沖縄群島議会は日本復帰を決議し，同年の日本復帰促進期成会と60年の沖縄県祖国復帰協議会が母体となり，1960年代に活発化した。本土でも1956年に超党派の沖縄問題解決国民運動が始まった。

島ぐるみ闘争 しまぐるみとうそう 1956年にアメリカ下院軍事委員会のプライス調査団が，沖縄に対する絶対所有権の獲得，新しい土地の接収を勧告したことに対して，沖縄の人々が全面的に反対して闘った運動をいう。

沖縄県祖国復帰協議会 おきなわけんそこくふっききょうぎかい アメリカ施政権の下，沖縄の人々の平和と祖国復帰への願いは1950年代後半からしだ

いに強まった。1960年には，教職員会や沖縄県青年団協議会，沖縄県官公庁労働組合が中核となって，ほとんどの政党や団体を網羅して結成された。

琉球政府 りゅうきゅうせいふ 戦後，沖縄はアメリカの直接軍政下に置かれた。沖縄には琉球アメリカ軍政府が置かれ，1946年に日本人を知事とする沖縄民政府が発足した。1952年，アメリカ軍政府は琉球列島アメリカ民政府に代わり，その下に琉球政府を置いた。琉球政府の立法院(議会)は公選だが，行政府主席はアメリカ人の民政府長官が任命した。さらに1957年には，最高責任者としてアメリカ軍人の高等弁務官が置かれることになった。

琉球政府主席公選 りゅうきゅうせいふしゅせきこうせん 1968年，初めて琉球政府主席公選が実施され，革新勢力の屋良朝苗 やらちょうびょう が当選した。直接軍政下にあった沖縄にとっては画期的なことであった。屋良朝苗は，1972年，沖縄の日本復帰後，初の沖縄県知事に当選した。

日米共同声明 にちべいきょうどうせいめい 1969年11月，佐藤首相が訪米し，佐藤・ニクソン会談の結果，発表した声明。安保堅持の上で，1972年「核抜き・本土並み」の沖縄返還に合意した。

沖縄返還協定 おきなわへんかんきょうてい 1971年6月17日，ワシントンと東京で調印。1972年5月15日発効。アメリカは施政権を日本に返還したが，改めて軍事基地の使用権を得たので，沖縄県民は強く反発した。

沖縄の祖国復帰 おきなわのそこくふっき 1960年代に祖国復帰運動が高まり，67年佐藤首相とジョンソンアメリカ大統領との会談で，3年内の返還決定が合意された。1968年に琉球政府主席公選，69年に日米共同声明の発表，70年に国政選挙参加，71年沖縄返還協定に調印，72年5月に返還が実現し

た。

日韓国交正常化

日韓会談(にっかんかいだん) 1951年に吉田内閣が李承晩政権と交渉を開始する。翌1952年の第1次会談から交渉は断続し，64年末からの第7次会談で合意した。佐藤内閣は日韓基本条約と漁業，請求権・経済協力，在日韓国人の法的地位，文化協力の4協定に調印した。

海洋主権宣言(かいようしゅけんせんげん) 韓国大統領李承晩が設定した公海上にも韓国の主権があるという宣言。これに基づいて李承晩ラインを設定した。

李承晩ライン(りしょうばんライン/イスンマンライン) 1952年1月，李承晩大統領が韓国の主権の範囲として示した公海上の水域のライン。日本漁船を捕え，漁船員を抑留する問題が頻発した。1965年の日韓漁業協定で撤廃された。

李承晩(りしょうばん/イスンマン) 1875〜1965 1948年に発足した大韓民国の初代大統領。独裁政権の性格を強めたため，1960年の民主化革命でアメリカに亡命した。

竹島(たけしま) 隠岐諸島の北西約157kmの日本海上にある群島。日本は17世紀半ばに領有権を確立し，1905(明治38)年には竹島を島根県に編入した。サンフランシスコ平和条約の起草過程で，韓国は日本が放棄すべき領土に竹島を含めるように要請するものの，アメリカは竹島が日本の管轄下にあるものとして拒否している。1952(昭和27)年には在日アメリカ軍の爆撃訓練区域として指定されている。1954年6月，韓国の警備隊が上陸・占拠して常駐し，韓国による実効支配が続いている。

日韓基本条約(にっかんきほんじょうやく) 1965年6月，佐藤内閣が朴正煕政権との間で調印。両国の外交関係の再開，韓国併合条約などの失効を確認，韓国政府を「朝鮮にある唯一の合法的な政府」とする，国連憲章の遵守(じゅんしゅ)などを規定している。

朴正熙(ぼくせいき/パクチョンヒ) 1917〜79 軍人。1961年，韓国軍事革命を指導。1963年に民主共和党から大統領に当選する。強権政治と政治腐敗などへの反発が高まり，1979年10月に暗殺される。

日韓漁業協定(にっかんぎょぎょうきょうてい) 1965(昭和40)年に締結・発効した日韓の漁業に関する協定。日韓基本条約の締結に伴って成立。両国間では200カイリ水域が設定されず，相互に12カイリ内の漁業専管水域を設けること。韓国の専管水域の外側に日韓漁業共同規制水域を設け，域内での出漁隻数，漁船規模，漁獲量，操業規制を漁業種別に定めることを内容としている。

韓国の賠償請求権放棄(かんこくのばいしょうせいきゅうけんほうき) 1961年5月の軍事クーデタにより成立した朴正熙政権は，韓国の経済復興に大きな役割をはたしていたアメリカの経済援助の減少を埋めるため，日本の経済援助に期待した。1962年10月，大平正芳外相と金鐘泌中央情報部長との会談での「大平・金メモ」を土台として，韓国が賠償請求権を放棄する代わりに，日本が無償・有償援助を合わせて5億ドルの経済協力をおこなうこととなった。

日中国交正常化

ニクソン訪中(ほうちゅう)**(米中国交正常化**(べいちゅうこっこうせいじょうか)**)** 1972年2月，ニクソンアメリカ大統領が突然に中国を訪問し，周恩来・毛沢東と会談し，共同声明を発した。1979年1月，国交を正常化した。

田中角栄(たなかかくえい) 1918〜93 新潟県出身。土木建築業から地方財界を地盤に，衆議院に進出する。池田・佐藤内閣の蔵相を務めて高度経済成長政策を進め，自民党第6代総裁となって内閣を組織。「決断と実

行」の政治を推進し，「今太閤」「庶民宰相」などと評されたが，金脈問題で批判をあびて退陣した。

田中角栄内閣　自由民主党総裁の田中角栄の内閣で，第1次（1972.7〜12）・第2次（1972.12〜74.12）と続く。第1次内閣で日中国交正常化を実現する。「日本列島改造」を掲げたが，物価高騰が激しく，保革伯仲となった1974年に金脈問題で総辞職した。

日中共同声明　1972年9月，田中首相が訪中して発表する。日本側が過去の戦争責任を痛感・反省した上で，日中国交正常化を声明した。これにより台湾と断交したが，1973年1月に日台交流民間協定を結び，経済関係などは維持した。

台湾との国交断絶　1972（昭和47）年9月29日，日中国交正常化を受けた大平正芳外相の台湾に関する「共同声明の中には触れられておりませんが，日中関係正常化の結果として，日華平和条約は存続の意義を失い，終了したものと認められる」との声明を受け，同日，台湾外交部は日本政府との外交関係の断絶を宣言した。

日台交流民間協定　台湾と断交した翌1973年1月，民間交流を維持するため，日台交流民間協定が結ばれた。日本側は財団法人交流協会，台湾側は亜東関係協会（のち，台北駐日経済文化代表処）が事務をおこなっている。

福田赳夫　1905〜95　群馬県出身。大蔵官僚として出発する。昭和電工事件の際に退官。政界入りして自民党・政府の要職を歴任。三木武夫のあと，第8代自民党総裁として内閣を組織した。

福田赳夫内閣　1976.12〜78.12　自民党総裁の福田赳夫の内閣。議席の過半数を取れず，保革伯仲状況の中で，円高不況の

克服・欧米諸国との経済摩擦解消に努める。78年8月，懸案の日中平和友好条約に調印した。79年6月，元号法を公布・施行する。

日中平和友好条約　日中共同声明後，中国がソ連のアジアにおける影響力を排除する「覇権条項」を本文に入れることに固執して交渉が難航したが，1978年8月，福田内閣の時に北京で園田外相と黄華外相により調印された。

❻ 日本の高度経済成長

特需景気から高度経済成長へ

特需　アメリカ軍の朝鮮戦争における戦時の特殊需要のこと。朝鮮戦争において，アメリカ軍は繊維・自動車・石炭などを日本から購入し，戦車・航空機の修理なども発注した。ドッジ＝ラインの緊縮予算で不況下にあった日本は，この輸出急増で経済復興をはたした。

国民総生産（GNP）　1国の国民が生産した付加価値の合計。近年では，人の国際化が進んでいるため，国民よりも領土に着目して計算する国内総生産（GDP）が用いられるようになった。

高度経済成長　経済成長率がいちじるしく高いこと。日本は1955年から約20年間にわたり，技術革新・設備投資がおおいに進み，年平均10%前後の成長率を示した。この過程で第二次・第三次産業の地位が高まり，産業構造が高度化した。

経済白書　1947年に経済安定本部が発行し始め，55年に経済企画庁が継承した1年ごとの日本経済の報告書。1956年の経済白書は「もはや戦後ではない」と記した。

「もはや戦後ではない」 日本経済が戦後の混乱や復興から新たな経済発展の段階に入ったことを象徴した言葉。1956年度の経済白書以来、この言葉が使われるようになった。日本の工業技術の高さを表現する言葉となった。

神武景気 1955～57年の好景気が、日本の歴史が始まって以来の好景気という意味で初代の天皇である神武天皇名を付けた。MSA協定や朝鮮復興資材の輸出、世界的な好況などの影響による好景気をいう。

岩戸景気 1958～61年の好景気をいう。神武景気をしのぐ大型のものであったところから、天照大神が天岩戸から出現して以来の意味でこの呼称を用いた。

いざなぎ景気 1966～70年の長期間続いた好景気をいう。天岩戸神話以前、いざなぎといざなみが日本列島をつくったという国生み神話の伊弉諾尊にちなんだ呼称。

東京オリンピック 1964年10月10～24日に、東京で開かれた第18回オリンピック大会。1940年に開催予定だった東京大会が、日中戦争の泥沼化で中止されたので、アジア最初の大会となる。参加93カ国・地域、各国の選手・役員などの参加人員5541人。

日本万国博覧会 1970年3～9月、大阪府吹田市千里丘陵で開催された。国際博覧会条約に基づく世界的な博覧会。日本の高度経済成長を世界へアピールすることになった。統一テーマは "Progress and Harmony for Mankind"（「人類の進歩と調和」）。略称はEXPO'70。中央広場の「太陽の塔」がシンボルであった。

高度経済成長のメカニズム

技術革新 原子力の平和利用、オートメーション化などに代表される産業・経済上の画期的な変革のこと。日本では設備投資。工場や機械などの生産設備を近代化するための投資をいう。最新設備をつぎつぎに導入することで生産性が向上し、技術革新と並んで日本経済の高度成長を支えた。設備投資ブームは、「投資が投資を呼ぶ」という形で高まった。

日本的経営 諸外国とは異なる日本の企業にみられる特有の経済方式のこと。終身雇用制、年功序列型賃金、労使協調などの特徴をいう。

終身雇用制 企業が従業員を入社から定年退職で企業を去るまで雇用し続ける制度。従業員は企業によって安定した生活を保障される。

年功序列型賃金 勤続年数が長い会社員ほど高い賃金をもらい、会社での役職や地位が上っていく制度。勤続年数の長さが職務や能力より重視される賃金制度のこと。

労使協調 企業の生産活動を円滑におこなうことで企業の繁栄をはかるために労働者と使用者（企業）とが対立を避け協力し合う労働慣行。日本の労働組合の大部分が企業または事業所別に組織されていたために可能となった労使関係。

集団就職 高度経済成長の中で、都市の労働力不足により農村部への求人が増えた。中学を卒業したばかりの若者が、集団で地方から都会に就職すること。

金の卵 高度経済成長期に地方から都市へ集団就職してきた若者を指す言葉。初めは未熟でも将来には貴重な労働力、または人材になることを期待する意味が込められている言葉。

エネルギー革命 1950年代半ばから60年代にかけて、中東の安価な石油が輸入

されて，工場の動力源や火力発電所のエネルギー源が石炭から石油へ転換したことをいう。

三井鉱山三池炭鉱（みついこうざんみいけたんこう） 江戸時代から石炭の採掘がおこなわれており，1873（明治6）年，明治政府の官営事業となった。三池炭鉱は1888・89（明治21・22）年に三井へ払い下げられた。エネルギー革命により石炭の需要がなくなり，1997年3月30日に閉山した。2015年，明治日本の産業革命遺産の1つとして世界文化遺産に登録された。

三井三池炭鉱争議（みついみいけたんこうそうぎ） 1960年1月〜11月，282日間にわたった大争議。三池闘争とも呼ぶ。エネルギー革命で石炭産業は斜陽化し，炭鉱の整理が進んだ。その中で，1959年12月，三井鉱山三池鉱業所が大量の指名解雇を通告したことに始まる。解雇容認，労働側の敗北で終結する。

春闘（しゅんとう） 春季闘争の略称。繊維産業・電機産業・私鉄・自動車産業などの産業別組合が，その年の賃金を上げるため，毎年3月頃に共同歩調でおこなう賃上げ要求の統一行動。1956年から総評指導で定着。労働者の賃金上昇に貢献し，高度経済成長期における労働者の購買力を高め，経済発展の原動力の1つとなった。

農業基本法（のうぎょうきほんぽう） 1961年，第2次池田内閣が公布。食糧需要調整と農業所得の安定化を目指して，農業の近代化と構造改善をはかる法律。1960〜67年に農業生産は約30%上昇し，1人当りの農業生産は年率7%の伸びを示した。しかし，高度経済成長により農村の若者が都市へ流出し，農村は兼業化と老齢化が進み，米の生産過剰によって農業基本法は破綻した。

1ドル＝360円の固定為替相場（こていかわせそうば） 1949年4月から1971年8月に1ドル＝308円に切り上がるまで，日本は1ドル＝360円の固定相場であった。安定した為替相場は，日本の経済発展を支えた。

経済協力開発機構（けいざいきょうりょくかいはつきこう）（OECD） 1961年，ヨーロッパ経済協力機構（OEEC）を改組して発足した国際機関。目的は，通貨の安定維持と高度経済成長の達成，発展途上地域の健全な経済発展の支援，多角的・無差別的な世界貿易の拡大などである。発展途上地域への援助については，開発援助委員会（DAC）が設けられている。2018年現在，36カ国が加盟し，先進資本主義国は，すべて加盟している。日本は1964（昭和39）年に加盟した。

資本の自由化（しほんのじゆうか） 外国資本の流出入の制限をなくし，自由にすること。日本は国内企業を保護するため，外資導入を禁じていたが，OECDへ加盟したことにより，資本取引の自由化が義務付けられた。

三菱重工の再合併（みつびしじゅうこうのさいがっぺい） 戦艦「武蔵」の建造，「零戦」の開発など，艦船・機械・航空機製造をおこなっていた戦前の三菱重工業は，財閥解体で3社に分割された。1964年に新三菱重工業・三菱日本重工業・三菱造船の3社が合併して三菱重工業が再発足した。国際競争力を強めるための大型合併の典型例である。

新日本製鉄（しんにほんせいてつ） 1934年，戦前の製鉄会社大合同により創立された日本製鉄は，財閥解体によって八幡製鉄と富士製鉄に分割された。1970年，八幡製鉄・富士製鉄の両社が再度合併した新日本製鉄は，日本最大の鉄鋼会社となる。生産規模は

世界１位となり，三菱重工の再合併とともに，企業の大型合併の典型例である。

企業集団(きぎょうしゅうだん) 開放経済体制の下での国際競争激化に対応し，六大都市銀行が系列企業への融資を通じて形成した。社長会による情報の共有，株式の持合いにより結束した。六大銀行(六大企業集団)は三井・三菱・住友・富士・三和・第一勧銀(1971年第一と勧銀の合併)である。

<hr>

消費の拡大と流通の変容

中流意識(ちゅうりゅういしき) 上流でも下層でもなく，平均的な人並みの生活階層に属しているとの意識をいう。日本人の80〜90％が中流意識を持った。高度経済成長と消費革命が進展する中で，同じような生活様式・感覚を持ったという意識から生じた。

核家族(かくかぞく) 一組の夫婦と少人数の子どもで構成する家族のこと。家庭第一のマイホーム主義の考え方が広まり，両親が共働きのため，家の鍵を持っている「カギっ子」も増えた。

「三種の神器」(さんしゅのじんぎ) 「電化元年」と呼ばれた1953年以降に，家庭電化製品が急速に普及した。中でも白黒テレビ・電気洗濯機・電気冷蔵庫は，神話で皇位継承の象徴と伝える宝物にちなんで，「三種の神器」と呼ばれた。

「新三種の神器」(３Ｃ(さん)**)** 1960年代後半から70年代にかけて普及したカラーテレビ・クーラー・カー(自動車)のこと。英語の頭文字をとって３Ｃと称された。

耐久消費財(たいきゅうしょうひざい) テレビ，電気冷蔵庫，自動車などの比較的高額で，長期の使用に耐えるような商品をいう。耐久消費財の保有は，物質的な豊かさを表すものとして取り上げられてきた。高額な耐久消費財の購入には割賦(かっぷ)販売制度が用いられた。

松下幸之助(まつしたこうのすけ) 1894〜1989 ９歳で丁稚(でっち)奉公に出て，一代で松下電器(現，パナソニック)グループを築き上げた。日本を代表する企業経営者で，「経営の神様」といわれた。

パナソニック 1917(大正６)年，松下幸之助が電球用ソケットの製造販売から発展させた日本を代表する電機メーカー。旧称は松下電器産業株式会社。2008年に商号をパナソニック株式会社へ変更した。

割賦販売制度(かっぷはんばいせいど) 高額な商品の代金を月ごとに割りふって，数カ月・数年をかけて支払う制度のこと。月賦(げっぷ)販売制度ともいう。

スーパーマーケット 今までの商店を超える大量の日用品や食料品をそろえ，流通をカットすることで安価に販売し，セルフ＝サービスで購入できるようにした大規模小売店。

ダイエー 1957年，中内 功(なかうちいさお)が大阪市旭区に開店した「主婦の店ダイエー」から発展したスーパーマーケット。大量の仕入れで通常価格よりも格段に安い価格で販売することで価格破壊を起こし，流通革命をおこなった。

三越(みつこし) 江戸日本橋にあった三井家の越後屋呉服店から発展した百貨店(デパート)。三越の百貨店化は都市の有力呉服店のデパート化の先駆となり，三越は日本のデパートの代表となった。

<hr>

社会の変貌

モータリゼーション《日本》自動車が生活の中に入り込み，交通手段の主力になること。高度経済成長期に自家用車が急速に普及して「マイカー時代」が到来し，高速道路網の建設も始まり，日本は自動車社会になった。

マイカー 高度経済成長の時代に個人で使用する自動車を持つことができた人が，誇らしく自分の自動車をこう呼んだ。

名神高速道路（めいしんこうそくどうろ） 愛知県の小牧（こまき）から兵庫県の西宮（にしのみや）まで1965年に開通した日本最初の自動車専用高速道路。名前は名古屋と神戸を結ぶという意味。

東名高速道路（とうめいこうそくどうろ） 東京の世田谷から愛知県の小牧まで1969年に開通した自動車専用高速道路。小牧インターチェンジで名神高速道路に接続する。名前は東京と名古屋を結ぶという意味。

新幹線（しんかんせん） 1964年10月，オリンピック東京大会直前に東海道新幹線が営業を開始した。標準軌（レール幅，1.435m）を用い，自動列車制御装置など最新の技術を導入，開業時は東京―新大阪間を約4時間でつないだ。

インスタント食品（しょくひん） 1958年，日清食品が発売したチキンラーメンは，丼（どんぶり）の中にチキンラーメンを入れ，熱湯を注ぐだけで食べられるインスタントラーメンとして発売された。

減反政策（げんたんせいさく） 自民党政権は，農村を政権基盤としていたため，米の政府買入れ価格を高くしたが，生活の洋風化などで米の消費量は減少し，米価は低迷した。そのため，政府の食糧管理特別会計は赤字となった。その対策として，政府は米の作付面積を強制的に縮小する減反をおこなった。

高度経済成長のひずみ

石油化学コンビナート（せきゆかがくコンビナート） 1950年代半ばに，石炭から石油へエネルギーの転換が進み，太平洋側を中心に原油の精製や石油を原料とする化学工業の石油コンビナートなどの新工場建設が続いた。重化学工業地帯（太平洋ベルト地帯）が出現

した。

太平洋ベルト地帯（たいへいようベルトちたい） 京浜・中京・阪神・北九州の4大工業地帯を始め，その間に位置する東海・瀬戸内海などの工業地域を含めた太平洋沿岸に帯状につながった重化学工業地帯をいう。

過疎化（かそか） 農・山・漁村から都市への人口流出が激しくなり，農・山・漁村の人口が減少し，地域社会の活力が低下したことをいう。

過密化（かみつか） 大都市への人口集中が起こったこと。交通機関のラッシュアワーが厳しくなり，車の交通渋滞や住宅不足が深刻となり，病院も不足するなど，都市問題が山積した。

ニュータウン 高度経済成長期の都市の過密化対策として大都市の郊外に建設された大規模な団地のこと。大阪の千里（せんり）ニュータウン・泉北（せんぼく）ニュータウン，東京の多摩（たま）ニュータウンなどが有名である。

交通戦争（こうつうせんそう） 高度経済成長期には交通事故の死者が1万5000人を超え，戦争での戦死者数のようになったことから，交通戦争と呼ばれた。

公害問題（こうがいもんだい） 生産・消費活動によって発生する自然環境・生活環境の破壊によるさまざまな被害をいう。産業公害と都市公害があり，健康・生命にかかわる公害病は特に重大となる。四大公害訴訟のほか，各地で多くの問題が発生した。

光化学スモッグ（こうかがくスモッグ） 光化学スモッグとは，光化学オキシダント濃度が高くなり，空気中に白いもやがかかったようになる。光化学スモッグが発生すると，目やのどの痛み，頭痛，吐き気，呼吸困難となる。光化学オキシダントは，自動車や工場の排気ガスに含まれる窒素酸化物や炭化水素が太陽光の紫外線に反応して発生する。スモッグとは煙（smoke）と霧（fog）から

イギリスでつくられた合成語。

四大公害訴訟_{よんだいこうがいそしょう} 熊本県水俣湾周辺の水俣病患者が新日本窒素肥料に，富山県神通川流域のイタイイタイ病患者が三井金属に，新潟県阿賀野川流域の新潟水俣病患者が昭和電工に，三重県四日市のぜん息患者が四日市石油コンビナートに，それぞれ損害賠償を求めた訴訟。1971〜73年にいずれも原告側が勝訴した。

水俣病_{みなまたびょう} 新日本窒素肥料の熊本県水俣工場からたれ流されたメチル水銀に汚染された魚介類を食べた住民がかかったメチル水銀中毒症。1956年，最初の患者が発見され，68年に公害病に認定される。裁判は1969年提訴，73年原告側勝訴で終った。水俣病は，1965年に新潟でも発生した。

四日市ぜんそく_{よっかいちぜんそく} 三重県四日市市の石油コンビナートを中心とする工場群から硫黄酸物などが排煙され，これによって市民にぜんそくなどの呼吸器疾患が多発した。

イタイイタイ病_{イタイイタイびょう} 三井金属神岡鉱山から神通川に流出した重金属のカドミウムによって発生した公害病。神通川の流域の富山県民に腎臓障害とともに骨がもろくなる症状が発生。骨がもろくなると全身に痛みが発生し，「イタイイタイ」といいながら死亡する人が多発した。

新潟水俣病_{にいがたみなまたびょう} 熊本の水俣病と同じような有機水銀中毒により神経障害や内臓疾患が起こった。昭和電工鹿瀬工場から阿賀野川へ有機水銀を含んだ排水を流したのが原因。

公害対策基本法_{こうがいたいさくきほんほう} 1967年制定。大気汚染・水質汚濁など７種の公害を規制し，事業者・国・地方公共団体の責務を明らかにした。1993年，地球環境問題も盛り込んだ環境基本法に引き継がれた。

環境庁_{かんきょうちょう} 1970年，政府は中央公害対策本部を置き，71年には環境庁を設置した。各省庁のばらばらな公害行政と環境保全施策の一本化をはかった。2001年，中央省庁再編で環境省となる。

革新自治体_{かくしんじちたい} 日本社会党や日本共産党などの革新政党が支援する知事や市長が首長となっている地方公共団体をいう。高度経済成長のひずみが拡大するに従い，保守政治への批判が地方公共団体から表面化してきた。1967年，東京都知事に日本社会党と日本共産党が推薦する美濃部亮吉が当選したのが始まり。

美濃部亮吉_{みのべりょうきち} 1904〜84 天皇機関説の美濃部達吉の長男。マルクス主義経済学を学び，人民戦線事件で治安維持法違反に問われて検挙された。戦後，東京教育大学教授の時に東京都知事選挙に立候補し，当選した。革新知事として公害対策をおこない，福祉政策を充実させたが，そのために東京都の財政赤字が深刻化した。

❼ 核戦争の恐怖から軍縮へ

キューバ危機

キューバ危機_き 1962 アメリカとソ連の戦争が危惧されるに至った，キューバを巡る対立。ソ連のキューバにおけるミサイル基地建設が覚知すると，アメリカののど元にソ連の核ミサイルが配備されることに怒ったアメリカは，キューバを海上封鎖し，ソ連との戦争が一触即発となった。ソ連のフルシチョフはキューバのミサイルを撤去し，アメリカとの戦争が回避された。

ケネディ Kennedy 1917〜63 カトリック教徒で初めてのアメリカ大統領(在任1961〜63)。ニューフロンティアをスローガ

ンに掲げ，政権を共和党から民主党に取り戻した。キューバ危機でソ連との武力衝突回避に成功してからは平和共存を進め，部分的核実験禁止条約の締結をおこなった。内政では公民権運動の高揚を背景に，公民権法案成立に着手したが，1963年11月，ダラスで暗殺された。

ニューフロンティア政策 New Frontier Policy ケネディ大統領が掲げたスローガン，及び目指した政策。公民権拡大などを実施するにあたって，アメリカ国民に新たなる開拓者としての自覚を持ち，協力することを求めた。

フルシチョフ Khrushchyov 1894～1971 1953年，ソ連共産党第一書記となって党と政府の実権を掌握し，56年スターリン批判をおこなう。1958年首相。アメリカのアイゼンハワーやケネディと会談し，特にキューバ危機以後には平和共存政策を推進した。

直通通信協定（ホットライン） 1963 キューバ危機のあとに，緊急事態に対応するため，アメリカ・ソ連両国首脳間に直接通話回線を設けることを決めた協定。

緊張緩和と西ドイツの東方外交

緊張緩和（デタント） 1970年代にアメリカ・ソ連間で進められた核軍縮などの対立緩和のこと。西ドイツのブラント政権の「東方外交」により，ヨーロッパでも東西対話の気運が高まった。

ヘルシンキ宣言 Helsinki Final Act 1975 ヨーロッパ諸国・ソ連・アメリカ・カナダなど35カ国がフィンランドのヘルシンキでおこなった全欧安全保障協力会議（CSCE）における，首脳会議の最終合意文書のこと。人権尊重を国際行動原則に取り入れ，全ヨーロッパの安全保障，東

西間の関係改善をうたった。

ドイツ社会民主党 Sozialdemokratische Partei Deutschlands ドイツの社会主義政党。第二次世界大戦後，西ドイツで再建されたが，1959年にマルクス主義と訣別した。

ブラント Brandt 1913～92 デタント（緊張緩和）を進めた社会民主党出身の西ドイツ首相（在任1969～74）。戦後，西ベルリン市長としてベルリンの壁建設（1961年）を経験し，首相に就任すると東ドイツを初めて国家として認めるなど「東方外交」を展開した。ソ連・ポーランドとの関係改善をはかり，1971年にノーベル平和賞を受賞し，73年に東西ドイツ国連同時加盟を実現した。74年の辞任は秘書のスパイ事件の責任をとるものであった。

東方外交 ブラントが冷戦体制下で，方針を転換しておこなった西ドイツの外交。東ドイツ・ソ連を始めとする東側諸国との関係改善でつぎつぎと成果を挙げた。

東西ドイツ基本条約 1972 東西ドイツ両国の関係正常化を承認した条約。西ドイツは単独代表権の主張を放棄し，善隣関係の構築をうたった。双方の権利の平等や，相互の独立と自主性尊重を決めた。

東西ドイツの国連同時加盟 1973 1970年にモスクワで調印された条約に始まる一連のブラントによる東方外交・東方諸条約を締結した結果，実現した。73年のうちに，西ドイツはチェコスロヴァキア・ブルガリアとも国交を樹立した。

核軍縮へ

中国の核実験（核保有） 原爆は1964年，水爆は67年におこなわれた。こ

れらに先き立って63年の部分的核実験禁止条約への参加を拒否した。

ミサイル＝ギャップ論 1950年代後半，ソ連のミサイル実験や人工衛星の打ち上げ成功によって，ソ連がアメリカよりミサイル技術で優位に立っていると恐れた考え方。アメリカは1950年代末から1960年代初頭にかけてミサイルを実戦配備し，またソ連のミサイルが実は少数であることが判明して，この考え方は否定された。

部分的核実験禁止条約ぶぶんてきかくじっけんきんしじょうやく 1963 アメリカ・イギリス・ソ連がモスクワで調印した核実験禁止に関する条約。大気圏内・大気圏外の空間及び水中での実験を禁止したが，地下実験は除かれ，地下での核実験はできたので部分的核実験禁止条約という。フランス・中国は，アメリカ・イギリス・ソ連による核の寡占であると批判し，参加しなかった。

核拡散防止条約かくかくさんぼうしじょうやく(NPT) 1968 すでに核兵器を持っているアメリカ・ソ連・イギリス・フランス・中国以外の国の核保有を禁止した条約。1970年に発効し，核保有国の中国とフランスが92年に加盟し，95年に条約の無期限延長が決定した。93年に北朝鮮が脱退を表明し，98年に核実験を実施したインドとパキスタン，及び核を保有していると考えられているイスラエルは未加盟である。

戦略兵器制限交渉せんりゃくへいきせいげんこうしょう《第1次》 SALT I 1969～72 アメリカ・ソ連間における戦略核兵器の軍縮交渉。モスクワでソ連のブレジネフとアメリカのニクソンは，大陸間弾道ミサイル(ICBM)と潜水艦発射弾道ミサイルを，当時の水準で凍結することに合意した。また，弾道弾迎撃ミサイル(ABM)の配備をそれぞれの国内2カ所に限定することとした。

戦略兵器制限交渉せんりゃくへいきせいげんこうしょう《第2次》 SALT II 1972～79 戦略兵器の性能向上に伴っておこなわれたアメリカ・ソ連間の核軍縮交渉。戦略核兵器の発射台数やミサイルに搭載する核弾頭とうさいの数について上限を決めた。なお，妥結の半年後にソ連がアフガニスタンに侵攻したため，アメリカは批准ひじゅんしなかった。

スリーマイル島原子力発電所事故スリーマイルとう 1979年3月，アメリカのペンシルヴァニア州のスリーマイル島原子力げんしりょく発電所はつでんしょ2号炉で発生した事故。原子炉を冷却するための吸水ポンプ系統が故障し，緊急冷却装置は作動したが，運転員がそれを止めてしまうミスが重なり，原子炉が暴走して炉心の20％が溶解し，放射能漏れが生じた事故。さらに，炉心の溶解が進行していた場合，より大事故になる危険性があった。

---

⑧ 冷戦構造のゆらぎ

中ソ対立と中国の混乱

「大躍進」だいやくしん 1958年から毛沢東が強引におこなった政策とそのスローガン。精神主義に基づいて，急速な農工業の発展を人海戦術的な方法で遂行すいこうしようとした。労働者や農民は疲弊し，生産意欲の減退により運動は失敗に終った。約2000万～4500万人の餓死者が出たと推計される。

毛沢東もうたくとう 1893～1976 1949年10月1日に中華人民共和国が成立すると，中華人民共和国主席(在任1949～59)に就いた。しかし，強引な工業化・農業集団化政策で人々の不満が高まり，中国共産党への批判も表面化すると，急激な社会主義建設を目指した「大躍進」や，農村では人民公社の設立を進めた。しかし，失敗し大きな犠牲を出した。

人民公社 じんみんこうしゃ 1958年に，農村で「大躍進」を実行するために編成された組織。強制的に農機具を共有したり，無理な集団的農作業による集団生産活動は，農民の労働意欲と農村の実態を無視したものだった。また，行政・教育活動の一体化が強力に進められたが，それは地方の共産党員の横暴と専制を助長した。農業生産力が停滞し，農村でも餓死者が出た。82年，憲法によって廃止が決定された。

土法高炉 どほうこうろ 「大躍進」の下に，毛沢東が農村に無数につくらせた原始的な溶鉱炉。鉄鉱石は溶かすことはできたが，できた鉄鋼は粗悪でまったく使いものにならず，ほとんどが廃棄され，農村を疲弊させた。

劉少奇 りゅうしょうき 1898〜1969 中国共産党の幹部・国家主席（在任1959〜68）。現実的な社会主義国家の建設を目指したが，プロレタリア文化大革命の中で毛沢東から「資本主義の道を歩む者」（走資派）として批判され，毛沢東を妄信する大衆からも執拗な吊るし上げを受けて失脚し，獄死した。1980年に名誉回復された。

鄧小平 とうしょうへい 1904〜97 中国共産党の幹部，政治家。劉少奇とともに中国の工業力を高めることによって着実な社会主義建設を目指したが，いっそうの共産主義革命の発展を目指した毛沢東から資本主義路線だと批判され，失脚した。

プロレタリア文化大革命（文化大革命） ぶんかだいかくめい 1966〜77 毛沢東が劉少奇などから政治権力を奪い返すために発動し，中国全土と国民を巻き込んだ政治権力闘争。表面的には社会主義をつくるための社会変革だとしたが，伝統文化を破壊するだけの社会・文化闘争で中国全土を混乱に巻き込んだ。大衆動員を利用した権力闘争により，1968年には国家主席の劉少奇らが失脚し，71年には毛沢東の後継者とさ

れていた林彪も飛行機が墜落し，死亡。全国的に社会機能は混乱し，流血を伴う武力闘争も多発し，数百万人の死傷者が出たとされる。76年毛沢東の死によって終息した。81年，中国共産党は文化大革命を完全に否定した。

紅衛兵 こうえいへい 文化大革命の初期に毛沢東とその革命思想に忠誠を誓い，大衆運動に動員された学生・青年男女の組織。文革開始の翌年に彼らが毛沢東の意図を超えた激しい闘争を開始すると，毛沢東はこれを極左派であると批判に転じると，その正統性を争う紅衛兵同士の武力闘争が全国的に拡大し，文化大革命の混乱はいっそう深まった。

毛沢東語録 もうたくとうごろく 毛沢東の著作や演説から重要な文章や言葉を集めた毛沢東思想の聖書。紅衛兵は必ず携帯し，行動や学習の拠所にした書籍。

中ソ対立 ちゅうそたいりつ フルシチョフのスターリン批判を契機として起こった中国とソ連の社会主義国同士の深刻な対立。ソ連におけるスターリン批判を中国の毛沢東は社会主義国ソ連の変質だと非難し，安全保障・領土を巡っても対立した。大国ソ連への中国の反発など複雑な要素を含んでいた。1963年には公開論争となり，東側で中国を支持する国はアルバニアのみとなった。69年には両国の国境紛争で双方に死者が出たが，89年5月のゴルバチョフ訪中で終止符が打たれた。

中ソ国境紛争 ちゅうそこっきょうふんそう 中国とソ連の対立により，1960年代に散発した両国間の国境を巡る紛争。69年にウスリー川の中洲の珍宝島（ダマンスキー島）で，双方50名

以上の死者を出す衝突が起きた。

毛沢東の死（もうたくとうのし）1976 9月に死亡。その直後，後継者とされた華国鋒首相が，毛沢東の権威と文化大革命を利用して権力を握り，政敵を排除してきた4人の政治家グループの「四人組」を失脚に追い込み，建国以来の絶対的最高権力者であった毛沢東の時代を終らせた。

「プラハの春」とソ連の停滞

フルシチョフ解任（かいにん）1964 農業政策の失敗と共産党の機構改革への反発が背景となった。突然，党と政府の役職からの解任されて失脚した。

ブレジネフ Brezhnev 1906〜82 ソ連の共産党第一書記（在任1964〜82，66年の改称後は書記長）。フルシチョフを失脚に追い込み，1964年に第一書記となり，非スターリン化を抑え，共産党体制の強化に努めた。77年には最高会議幹部会議長を兼任し，チェコスロヴァキアの民主化を阻止するなど，国内外の自由化を抑圧した。また，ブレジネフの独裁強化と権威主義はソ連の社会主義経済の停滞を招き，ソ連崩壊の遠因ともなった。

「プラハの春」（チェコスロヴァキアの民主化運動）（みんしゅかうんどう）1968 改革派のドプチェクが第一書記に就任し，共産党指導の下で進めた，チェコスロヴァキアの民主化運動を「プラハの春」と呼ぶ。チェコとスロヴァキアの連邦制の導入や経済自由化を求め，民主化と自由を求める「二千語宣言」に7万人が署名して改革を後押しし，ほとんどすべてのチェコスロヴァキア国民がドプチェクの民主化を支持した。しかし，ソ連が動員したワルシャワ条約機構軍の軍事介入を受け，改革は挫折した。

ドプチェク Dubček 1921〜92 チェコスロヴァキアの第一書記（在任1968〜69），東ヨーロッパ革命後の連邦議会議長（在任1989〜92）。1968年に「人間の顔をした社会主義」を掲げて，非スターリン化・民主化を進めた。ソ連が動員したワルシャワ条約機構軍の介入で解任され，長くビルの管理人・掃除夫として暮らしたが，20年後に名誉回復と政界復帰をはたした。

ワルシャワ条約機構軍（じょうやくきこうぐん）**のチェコスロヴァキア軍事介入**（ぐんじかいにゅう）1968 ブレジネフ書記長の指示による，チェコスロヴァキアへの大規模な軍事侵攻。ソ連軍を中心としたワルシャワ条約機構軍が投入され，ドプチェクを逮捕した。プラハの人々は戦車の前に立ちはだかり，ソ連軍戦車の大砲にバラの花を指し込んで抵抗したが，軍事的に制圧された。これにより改革は挫折，後任のフサークによってソ連との関係「正常化」がはかられた。

ブレジネフ＝ドクトリン（制限主権論（せいげんしゅけんろん）**）** チェコスロヴァキアへの軍事介入を正当化するために，ブレジネフが唱えた「制限主権論」。ソ連を中心とする社会主義陣営の利益のためには，東ヨーロッパ諸国の国家主権は条件付き，制限付きであるとする考え方。西側が非難の意味を込めてこのように呼んだ。

ベトナム戦争

ベトナム戦争（せんそう）ジュネーヴ協定が成立したあと，アメリカは南のベトナム共和国を支援。1961年，ベトナム共和国政府と南ベトナム解放民族戦線との間に内戦が始まる。北ベトナムがアメリカ艦艇を攻撃したというトンキン湾事件を機に，アメリカ軍は1965年2月より北爆を開始，地上戦闘に拡大した。枯葉剤を撒くなどしたが敗北し，1968年から和平会談を開始，73年1月，和平協定に調印した。

ベトナム民主共和国（みんしゅきょうわこく）1945年，日本の敗戦後，すぐに独立を宣言したホー＝チ＝ミンを指導者とするベトナムの国家。旧宗主国フランスとの間で起きたインドシナ戦争に勝利するも，1954年のジュネーヴ協定で北緯17度の軍事境界線以北の統治しか認められなかった。南北統一を目指して南ベトナム民族解放戦線と協力し，アメリカの支援を受けたベトナム共和国(南ベトナム)と戦った。軍事介入したアメリカを撤退に追い込み，1976年に南北ベトナムの統一をはたし，ベトナム社会主義共和国となった。

ベトナム共和国（きょうわこく）**(南ベトナム)** 1955〜75 インドシナ戦争後，南ベトナムに成立した国家。アメリカの支援を受けた政権は，ベトナム民主共和国(北ベトナム)と結ぶ南ベトナム解放民族戦線と戦った。1973年にはアメリカ軍が撤退し，北ベトナム軍・解放民族戦線側の攻勢により75年4月に崩壊した。

ゴ＝ディン＝ジエム Ngo Dinh Diem 1901〜63 ベトナム共和国の初代大統領(在任1955〜63)。同族支配で政権は腐敗し，南ベトナム解放民族戦線の拡大を招いた。最後はアメリカにもみはなされ，軍部のクーデタで暗殺された。

南ベトナム解放民族戦線（みなみベトナムかいほうみんぞくせんせん）南北ベトナムの統一をはかるため，ベトナム共和国(南ベトナム)とそれを支援するアメリカ軍とゲリラ戦を戦った組織。ベトナム戦争終結後，南ベトナム民族解放戦線の幹部・兵士はともに北ベトナム軍であったことが明らかになった。

枯葉作戦（かれはさくせん）南ベトナム山岳地帯の密林に身を隠す南ベトナム解放民族戦線と戦うために，密林に枯葉剤を散布して樹木の葉を枯らして落すアメリカ軍の作戦。枯葉剤の薬品は，ベトナムの人々に多くの後遺症を発症させた。

北爆（ほくばく）1965年，ベトナム戦争におけるアメリカ軍による北ベトナム爆撃。北ベトナム沿岸の公海上で，アメリカの駆逐艦（くちくかん）が北ベトナムの魚雷艇から攻撃されたことを口実に，北ベトナムへの本格的な攻撃を始めた。

ベトナム(パリ)和平協定（わへいきょうてい）1973 停戦とアメリカ軍の撤退を決めたベトナム戦争の和平協定。南ベトナム政府は，1975年のサイゴン攻略で崩壊した。

アメリカ軍（ぐん）**のベトナム撤退**（てったい）1973 ベトナム(パリ)和平協定に基づくアメリカ軍の全面撤退をいう。国内外のベトナム戦争反対の世論が高揚するのを背景に，ニクソンが「名誉ある撤退」を掲げておこなった。

サイゴン攻略（こうりゃく）1975 南ベトナム解放民族戦線と北ベトナム軍による南ベトナムの首都を占領。アメリカ軍の撤退後，弱体化がはなはだしい南ベトナム政府を崩壊させ，南北分断に終止符を打った。

ベトナム社会主義共和国（しゃかいしゅぎきょうわこく）1976 南北統一選挙が実施され，成立した社会主義共和国。首都ハノイ。建国を進める過程で社会主義になじめない人々が海外へ脱出し，多数の難民が発生した。

キッシンジャー Kissinger 1923〜 アメリカの国務長官。大統領補佐官として1972年にニクソン大統領の訪中を実現した。73年にはベトナム和平の功績でノーベル平和賞を受賞した。

ニクソン訪中（ほうちゅう）1972 ベトナム戦争への介入が泥沼化したのを打開するためにおこなわれた外交。前年にキッシンジャーが秘密裡（ひみつり）に訪中して交渉したのち，アメリカ大統領初の訪中が公表され，世界を驚かせた。共同宣言が発表され，事実上の相互承認がおこなわれた。

アメリカの動揺

ベトナム反戦運動（はんせんうんどう） アメリカのベトナムへの軍事介入が深まると，非人道的なアメリカ軍の枯葉剤散布，焼土作戦の実態が明らかにされ，アメリカ兵の戦死者も増加した。アメリカの学生から全世界にベトナム反戦運動が拡大した。ベトナム反戦運動はアメリカでは黒人差別撤廃運動などの反体制運動と結び付き，アメリカ社会の変革を迫った。

ベビーブーマー 第二次世界大戦直後に生まれた若者を指すアメリカの言葉。第二次世界大戦から多数の兵士が帰還し，結婚することによって各国ともに出生率が急上昇した。日本では，1947〜49年には年間約270万人が出生した。日本ではこの世代を「団塊の世代」という。

カウンター＝カルチャー counter culture 1960年代のアメリカで生まれた若者たちの文化。伝統的・支配的な大人の文化を否定し，対抗する文化のこと。若者による既存の価値感に対する挑戦でもある。音楽ではロック，映画ではニューシネマ，行動ではヒッピーといわれるそれまでの常識的な生活様式の否定など，多様なカウンター＝カルチャーが生まれ，ベトナム反戦運動や公民権運動と結び付いた。

ケネディの暗殺（あんさつ） 1963 狙撃による現役大統領の暗殺事件。11月にテキサス州ダラスでオープンカー乗車中に銃撃され，犯人も護送中に射殺されたので背後関係などはいまだに不明である。

ジョンソン Johnson 1908〜73 アメリカ第36代大統領（在任1963〜69）。「偉大な社会」建設を掲げ，公民権法を成立させたが，ベトナム戦争への介入拡大は社会の分裂を招いた。

黒人解放運動（こくじんかいほううんどう） 学校・鉄道・食堂などにおける白人と黒人の人種隔離や差別をなくす運動。キング牧師によって指導され，大きく前進した。

キング牧師（ぼくし） King 1929〜68 アメリカ黒人解放運動の指導者。南部キリスト教指導者会議を結成し，非暴力主義を掲げて黒人の公民権運動を指導した。1963年8月，公民権法成立を訴えるワシントン大行進で演説をおこない，アメリカ独立宣言にうたわれた「平等」の完全な実現を訴えた。64年にノーベル平和賞を受賞。68年，テネシー州メンフィス訪問中に暗殺された。

公民権運動（こうみんけんうんどう） 南北戦争後も州法などに残った黒人差別を撤廃させる運動。1960年代に高揚した背景には，アフリカにおける新興独立諸国の誕生やベトナム反戦運動の高まりがあった。

公民権法（こうみんけんぽう） Civil Rights Act 1964 投票・教育・公共施設利用上の人種差別を禁止した法律。ケネディ政権下で準備され，ジョンソン大統領が就任直後に成立させた。制定後も黒人の有権者登録が人種差別主義者に妨害されたので，さらに公民権運動が高まった。

❾ 世界経済の転換

ドル＝ショックによる世界経済の転換

金・ドル本位制（きん・ドルほんいせい） 資本主義諸国の国際通貨（基軸通貨）を米ドルとし，米ドルの価値を金で裏打ちした（金1オンス＝35ドル，1オンス＝28.3495ｇ）とし，各国通貨は米ドルで表示する。米ドルを中心として各国の為替レートを固定することによってIMF加盟国の通貨はすべて交換レートが固定することになり，国際貿易の安定がはかられていた。

ドル＝ショック アメリカの国際収支は，

1958年以来，赤字を続けていたが，ベトナム戦争の軍事支出の増加でさらに悪化し，ドルの信用は下落した。ニクソン大統領は，1971年，金とドルの交換停止など新経済政策を発表し，ドルの価値が揺らいだ。

金・ドル交換停止<ruby>きん<rt></rt></ruby> IMF 協定の金1オンス＝35ドルの交換を停止したこと。アメリカは1960年代には各国のドル保有額がアメリカの金準備を超過したため，ドル防衛策を取らざるを得なくなった。1971年，アメリカは赤字財政の自国経済の立て直しをはかるために，交換を停止した。この決定は，世界にショックを与え，決定した大統領の名をとって，「ニクソン＝ショック」と呼ばれた。

変動相場制 外国為替相場が外国為替手形や外国通貨に対する需要と供給によって決定される為替相場のこと。1973年，各国は固定相場制から変動相場制に移行した。日本は第2次田中角栄内閣の1973年2月から変動相場制へ移行した。IMF(国際通貨基金)は1976年のキングストン会議でこの制度を正式に承認した。

輸入課徴金の導入 ニクソン大統領はアメリカの財政赤字に対応するため，金とドルの交換停止とともに輸入品に対して10％の輸入課徴金を導入し，貿易赤字を喰い止めようとした。

ブレトン＝ウッズ体制の崩壊 第二次世界大戦後のブレトン＝ウッズ協定に基づく国際通貨体制は，米ドルと各国通貨の交換比率を固定(固定相場制)することで国際貿易を安定させ，世界経済を発展させることを目指した。しかし，ドル＝ショック以後，多くの国が変動相場制を採用し，ブレトン＝ウッズ国際金融体制は終りを迎えた。

石油危機

第4次中東戦争 1973 エジプト・シリアのイスラエルに対する奇襲で始まった戦争。軍事的にはイスラエルの勝利であったが，アラブ側が OAPEC による石油戦略を取り，第1次石油危機が世界中に及んだ。

石油危機《第1次》(オイル＝ショック) 1973 第4次中東戦争で OAPEC が取った石油戦略により，世界中に影響した経済混乱のこと。オイル＝ショックともいう。原油高が急激な物価高を引き起こし，世界的不況が蔓延した。サミット(先進国首脳会議，第1回は1975年)開催の背景となった。

石油戦略 産油国が原油を武器とする政策のこと。石油の生産量や価格をコントロールすることにより，資源を必要とする輸入国に政治的圧力をかけた。

アラブ石油輸出国機構(OAPEC オアペック) 1968 サウジアラビア・クウェート・リビアによって設立されたアラブ系産油国の協力組織。第4次中東戦争が始まると，イスラエルの友好国に石油の全面禁輸を宣告する，石油戦略を取った。現在は10カ国が加盟している。

石油輸出国機構(OPEC オペック) 1960 イラン・イラク・サウジアラビア・クウェート・ベネズエラによって設立された産油国の協力組織。国際石油会社による原油の公示価格の引下げに抵抗し，協調政策を取った。第4次中東戦争の勃発後，原油価格を引き上げた。その後，加盟国は増えたが，内部対立や非OPEC 諸国の産油量増加などで，影響力は相対的に小さくなっている。

国際石油資本 石油の採鉱・開発・生産から精製・輸送・販売まで，世界的

規模で展開する欧米の多国籍企業。メジャーともいう。以前はアメリカ系5社、イギリス系1社、イギリス・オランダ系1社の7社をセブンシスターズ（7大石油会社）といった。また、フランス系1社を加えて8大メジャーといった。石油危機以来、OAPEC・OPECに原油価格の主導権を奪われたため、国際石油資本（メジャー）の再編・合併が進み、4社にまでなった。

先進国首脳会議せんしんこくしゅのうかいぎ（**サミット**）summit 1975 第1次石油危機を契機に、世界経済の主要問題を討議するために開かれた先進諸国間での会議。「頂上」を表す呼称の下、フランス・アメリカ・イギリス・西ドイツ・イタリア・日本の先進国首脳がフランスのランブイエに集まった。日本は三木武夫首相が参加した。1976年にカナダ、97年にはロシアが正式に加わり、参加国はG8と呼ばれる。ロシア参加後は主要国首脳会議と呼ばれる。

三木武夫みきたけお 1907〜88 1937年の衆議院議員総選挙に当選して以来の政治家。敗戦後、国民協同党の書記長となり、片山哲内閣の逓信大臣となる。自民党幹事長を経て、岸・池田・佐藤内閣で閣僚を歴任する。田中角栄内閣が金脈問題で総辞職すると、「クリーン三木」の政治的清潔さが買われて三木内閣を組織し、サミットに参加した。

「福祉国家」から「小さな政府」へ

「イギリス病びょう**」** 1960年代のイギリスの深刻な経済不振と国際競争力の低下に対する呼称のこと。戦後、実現した福祉国家の構造そのものが、不況の原因とされ、抜本的な改革が期待されるようになった。サッチャー政権を生み出す原因となった。

福祉国家ふくしこっか 経済的な弱者を保護するために、社会保障制度の整備を最重要の課題とする国家。そこでは、国政の財政支出を拡大し、積極的に国民経済に介入した。累進課税や社会保障費の充実によって、所得の再分配をおこなう。財政赤字を招くとともに、社会の活力を低下させる面もあるため、問題点も指摘されている。

新自由主義しんじゆうしゅぎ 政府の経済的役割を見直し、福祉政策への支出増大などで大きくなり過ぎた政府の役割を小さくしようとする考え方の政策。自由競争を重視し、民間の経済的活力を引き出し、政府が市場における経済活動に介入するのを少なくして小さな政府を求める動き。日本の中曽根康弘内閣、イギリスのサッチャー政権、アメリカのレーガン政権らがおこなった政策。

「小さな政府」ちいさなせいふ 自由主義市場経済に信頼を置き、社会福祉政策の増加を抑え、経済への介入を最小限にする政府。1970年代末からアメリカ大統領レーガンやイギリス首相サッチャーが新自由主義を掲げ、財政規模の縮小を目指した。

サッチャー Thatcher 1925〜2013 イギリス初の女性首相。福祉の縮小や国有企業の民営化などによる「小さな政府」を目指し、自由競争によるイギリスの経済再建に努めた。

レーガン Reagan 1911〜2004 アメリカ第40代大統領。映画俳優から転身する。1966年にカリフォルニア州知事、80年に民主党カーター大統領を破って共和党政権を樹立。「強いアメリカ」を唱えて対ソ強硬政策を推進した。

中曽根康弘なかそねやすひろ 1918〜2020 群馬県出身。岸・佐藤・田中内閣の閣僚や党の要職を務め、鈴木首相の後を受けて第11代自民党の総裁。3度の組閣で長期政権を保つ。

新保守主義の立場を貫き，外交ではレーガンとの信頼関係が厚く，西側陣営の立場を鮮明にする。

⑩ アジア諸地域の経済発展と市場開放

開発独裁とアジアの経済発展

開発独裁（かいはつどくさい） アジア・アフリカ，ラテンアメリカの発展途上国にみられ，軍部など少数の権力者が強圧的手段を用いて急速な経済発展と近代化を目指す政治。また，その政治を正当化するいい方。

モノカルチャー経済（けいざい） 1国の経済が特定の農産物や鉱物資源の生産や輸出に依存する経済体制。生産量や国際価格の変動によって国全体の経済が左右されやすいという欠点を持つ。スリランカの茶，キューバの砂糖，中東諸国の石油などがその例である。

南北問題（なんぼくもんだい） 主に地球の北半球に位置する先進工業国と南半球に位置する発展途上国との間の経済格差と，そこから派生するさまざまな問題のこと。国連を中心にしてさまざまな格差是正の努力と国際協力がおこなわれているが，格差はむしろ拡大する傾向にある。

南南問題（なんなんもんだい） 発展途上国のうち，石油などの資源を持っている国やNIESと，資源を持っていない国との間の経済格差の拡大に伴う問題。1970年代の石油を中心とする一次産品価格の値上げは，発展途上国間の経済格差を拡大した。南南問題は発展途上国の足並みを乱す要因であり，南北問題の解決をいっそう困難にしている。

新興工業経済地域（しんこうこうぎょうけいざいちいき）**（NIES** ニーズ**）** 発展途上国の中でも，アジアのシンガポール・韓国・香港・台湾や中南米のアル

ゼンチン・メキシコ，そしてヨーロッパのポルトガルのように，急速に経済発展を遂げた国や地域をいう。

アジアNIES NIESの中でも，韓国・台湾・香港・シンガポールを特にアジアNIESという。アジアNIESの発展はめざましく，OECD（経済協力開発機構）は上記の4つの地域にタイ・マレーシアを含めた6つの地域を，ダイナミック＝アジア経済地域と呼んでいる。

東南アジア諸国連合（とうなんアジアしょこくれんごう）**（ASEAN** アセアン**）** 1967 インドネシア・マレーシア・フィリピン・シンガポール・タイによって設立された地域協力機構。初め反共同盟的性格を持ったが，1971年に東南アジア中立地帯宣言をおこない，ベトナム戦争後は地域紛争の自主的・平和的解決と政治・経済協力を前面に掲げた。ブルネイ（84年）・ベトナム（95年）・ラオス（97年）・ミャンマー（97年）・カンボジア（99年）ものちに加盟した。

ASEAN地域（ちいき）**フォーラム（ARF）** アジア・太平洋地域の政治・安全保障に関するフォーラム。1994年に開始された。アジア・太平洋地域の安全保障の環境を向上させることを目指している。2000年7月の第7回閣僚会合において，北朝鮮が新しく参加したことで注目を集めた。信頼醸成の促進，予防外交の進展，紛争へのアプローチの充実という3段階のアプローチを設定している。

1960～70年代のアジア諸地域

《韓国》

李承晩政権打倒（りしょうばん（イスンマン）せいけんだとう）**の軍部**（ぐんぶ）**クーデタ** 1961 李承晩政権が倒れた後の民主化政権を倒した無血クーデタ。朴正煕が実権を握り，開発独裁による経済発展への道筋を付けた。

朴正熙〔ぼくせいき(パ クチョンヒ)〕 1917〜79 韓国の軍人・大統領(在任1963〜79)。1961年にクーデタで政権を握り，63年大統領となった。アメリカの軍事援助や日本の経済援助を得るため，両国との関係を重視し，国内の反対を押し切って日韓基本条約を締結した。62年からは五カ年計画で高い経済成長率を達成したが，73年の金大中〔キム デジュン〕事件後に高揚した民主化運動を弾圧した。79年，側近に射殺された。

日韓基本条約〔にっかんきほんじょうやく〕 1965(昭和40)年6月，日韓国交の基本問題を規定した条約。この条約で，外交関係，旧条約の失効，国連憲章の尊重，貿易・海運・通商・航空協定の締結交渉の開始などが締結され，日韓関係の正常化がはかられた。

維新体制〔いしんたいせい〕 朴正熙が非常事態をちらつかせながらおこなった強権独裁体制。1972年10月からは韓国全土に非常戒厳令を発し，国会の解散や政党・政治集会の禁止も発令した。

朴大統領の暗殺〔ぼく(パク)だいとうりょうのあんさつ〕 1979 側近である中央情報部長による朴正熙韓国大統領の射殺をいう。10月に起こったこの事件後，政治的自由を求める民主化運動が全土に広がった。

────《台湾》────

蔣介石〔しょうかいせき〕 1887〜1975 中国国民党の指導者。国共内戦に敗れて台湾に逃れた。1950年3月，国民党の総統に復帰すると，「大陸反攻」を唱えてアメリカの支援を受けた。1975年に死去。中華民国総統は副総統の厳家淦〔げんかかん〕が継ぎ，長男の蔣経国は1978年に総統となった。

蔣経国〔しょうけいこく〕 1910〜88 蔣介石の長男，ソ連留学を経験し，社会主義を体験した。妻はロシア人。1978年に総統に就任しても国民党の「大陸反攻」を放棄せず，独裁体制は継続したが，李登輝〔りとうき〕などの本省人

(台湾出身者)を登用し，台湾社会の安定へ舵を切った。1987年に台湾の戒厳令を40年ぶりに解除した。その死後，1988年，副総統の李登輝が初めて本省人として総統に就任した。

────《マレーシア・シンガポール》────

マラヤ連邦 Malaya 1957年，マレー半島南半分に居住するマレー人・中国人・インド人の連盟党が1955年の総選挙勝利を背景に，イギリスから完全独立を達成した。

マレーシア Malaysia 1963 マラヤ連邦を中心にシンガポールや北ボルネオのサラワク・サバを合体して成立した国。ブルネイは石油管理などを巡って利害が対立し，加わらなかった。

マハティール Mahathir 1925〜 第4代マレーシア首相(在任1981〜2003, 18〜)。統一マレー人国民組織から首相となり，マレー人中心政策であるブミプトラ(「土地の子」の意)政策や，日本の経済成長に学ぶ，「ルックイースト」政策を進めた。

シンガポールの分離・独立〔ぶんり・どくりつ〕 1965 中国系住民の多いシンガポールがマレー人優遇政策に不満を持ち，リー=クアンユーの指導でマレーシアから分離・独立した。

リー＝クアンユー Lee Kuan Yew 1923〜2015 シンガポールの政治家・首相(在任1959〜90)。1959年の自治政府成立とともに首相となり，面積わずか716km²(ほぼ日本の淡路島の面積)のシンガポールを自由貿易港・工業都市国家として成長させ，観光開発にも力を入れた。

────《インドネシア》────

スカルノ Sukarno 1901〜70 インドネシア独立運動の指導者として，日本が降伏した後，インドネシア大統領となった。対

外的には1955年にインドネシアのバンドンでアジア＝アフリカ会議を開催するなど，第三世界のリーダーとして活躍した。しかし，国内では軍部と共産党の危ういバランスの上にあった。インドネシア共産党は歴史的には，1920年に植民地下オランダでコミンテルン指導下で成立したアジア最古の共産党であり，最大350万人の党員がいたからである。1965年，軍部により政権を追われた。

九・三〇事件 1965 9月30日，インドネシアで起こった政治事件。陸軍幹部6名による反スカルノ＝クーデタを阻止したとされる軍の共産主義的な革命評議会に対し，軍人のスハルトがその活動を封じ込めた。また，これを機に共産党勢力を大虐殺して壊滅させ，スカルノに代わって実権を握り，68年大統領に就任した。以後，スハルトは長期独裁政権を樹立した。

スハルト Suharto 1921〜2008 インドネシアの軍人・大統領(在任1968〜98)。オランダからの独立戦争で活躍し，陸軍で実績を積んだ。1965年，インドネシア軍における軍部容共派のクーデタ未遂事件である九・三〇事件を機にインドネシア共産党に対する大虐殺によって実権を握り，スカルノを失脚させた。長期政権で開発独裁をおこなった。97年の通貨危機・経済混乱に対応できず，98年辞任した。

──────《フィリピン》──────

マルコス Marcos 1917〜89 フィリピンの政治家・大統領(在任1965〜86)。親米路線を取り，長期政権の下で腐敗が進んだ。軍の支持を失って，1986年にハワイに亡命したのち，在任中の不正について起訴されたが，判決を待たずに病没した。

──────《中国》──────

周恩来の死 1976 1月に死亡。これ

により，後ろ盾を失った鄧小平が再度失脚し，権力闘争が加熱した。また，天安門広場で市民が周恩来の追悼をおこない，警官と衝突する事件が起きた。

毛沢東の死 1976年9月，周恩来の死から8カ月後に死亡した。毛沢東からその後継者に指名されていた華国鋒首相が毛沢東の権威を後ろ盾として，文化大革命をあおっていた4人のグループ(四人組)を逮捕し，文化大革命の混乱に終止符が打たれた。

鄧小平 1904〜97 中国の政治家。文化大革命の際，「資本主義の道を歩む者」と批判されて失脚したが，1973年に国務院副総理として復活した。周恩来の死で再失脚。「四人組」逮捕後に再復活してからは，「四つの現代化」路線を受け継ぎ，改革・開放路線を定着させた。外交ではアメリカと国交を回復し，イギリスとの間に香港返還合意をおこなうなど，中国の国際的地位向上をはたした。

「四つの現代化」 1975年に周恩来が提起した，農業・工業・国防・科学技術の近代化のこと。本格的な実現は，「四人組」失脚後，鄧小平を中心におこなわれた。

改革・開放政策 1978年以降，鄧小平の指導下でおこなわれた経済改革と対外経済開放政策のこと。人民公社の解体，農産物価格の自由化などに加え，対外経済開放の拠点として「経済特区」が設けられ，外資や技術の導入が進んだ。

日中平和友好条約 1978 日中共同声明に基づいて調印された，両国関係の発展と交流促進を内容とした条約。

高度経済成長から安定成長へ

石油危機《第1次》1973年秋，アラブの石油戦略で原油価格が高騰し，世界経

済に深刻な影響を及ぼした。第2次田中内閣の下で，日本も原油価格上昇による，異常な物価高騰（狂乱物価）に苦しみ，1974年の経済成長率はマイナスとなった。

田中角栄(たなかかくえい)内閣 田中角栄は，池田・佐藤内閣の蔵相として高度経済成長政策を進めた。第1次(1972.7〜12)，第2次(1972.12〜74.12)と続く。第1次で日中国交正常化を実現した。「日本列島改造」を掲げたが，狂乱物価を招いた。また，1974年には田中角栄の政治資金の出所(でどころ)に疑惑が持たれるいわゆる金脈問題が起きて総辞職した。

日本列島改造論(にほんれっとうかいぞうろん) 新幹線網と高速道路網によって，地方都市と大都市を結び付け，大都市の人口集中を抑え，工業の地方分散化をはかって，地方を振興さ

せる政策論。現実には，この政策によって地方都市の地価は急上昇し，狂乱物価の中でいっそうの経済混乱を招いた。

狂乱物価(きょうらんぶっか) 「列島改造」による地方都市の地価の暴騰や，第1次石油危機による原油価格の上昇によって引き起こされた激しい物価の上昇をいう。トイレットペーパーなどがなくなり，消費者はパニックに陥った。金融の引締めで，1974年，経済成長率は戦後初のマイナス成長となり，日本経済は深刻な不況に突入した。

安定成長(あんていせいちょう) 経済成長が急激な変動を伴わず，一定の速度で進むこと。1976年より不況を脱した日本は，低成長の中でも安定した伸びを示した。

減量経営(げんりょうけいえい) 安定成長期の経営手法をいう。企業は省エネルギーや人員削減，コンピュータ・産業用ロボットなどの

ME(マイクロエレクトロニクス)技術を利用した工場・オフィスの自動化などを進めた。

ハイテク産業(さんぎょう) 先端技術・高度技術による産業部門。1980年代を通じて，日本の産業構造は重化学工業からコンピュータ，光ファイバー通信，セラミックスなどに代表されるハイテク産業などに転換した。「重厚長大」から「軽薄短小」への変換である。

省(しょう)エネ(省エネルギー) 省資源・省エネルギーを目指す政策や行動をいう。人間の活動，特に経済活動において資源やエネルギーの消費量を節減すること。石油危機以来，経済性・資源には限りのあるという観点から，先進国で政策として進められるようになった。

省エネルック(しょうえねルック) 省エネのため，冷房を弱くしても暑さに耐えられるように背広の袖を半袖にした洋服。センスが悪く，ほとんど誰も着用しなかった。

サービス残業(ざんぎょう) 規定労働時間以外で働く場合は，一定の手当を支給しなければならない。サービス残業は手当が支給されない時間外労働のこと。日本の労働者が必ずしも働いた実態通りに残業を申請していない事実がある。サービス残業をなくすためには，企業側だけでなく，労働者側の意識改革も必要。

過労死(かろうし) 業務上の疲労が原因で死亡すること。サラリーマンが過労を原因として脳卒中や心筋梗塞(こうそく)に倒れた場合，1987(昭和62)年から労働災害の「過労死」と認められ，労災補償されるようになった。省エネ・減量経営を過重な労働でカバーしようとして起きた。

日本の経済大国化と貿易摩擦

経済大国(けいざいたいこく) 日本は1968年，アメリカに

ついで国民総生産（GNP）世界２位の経済力を持った。1980年以降，日本人の一人当たり国民所得はアメリカを抜き，貿易黒字により世界最大の債権国となったことを指す言葉。

政府開発援助（ODA） 政府またはその援助実施機関によって，発展途上地域の経済開発や福祉向上の充実を目指す援助資金のこと。1985年以降，日本のODAは急増した。

中村哲 1946〜2019 NGO法人・ペルシャワール会のアフガニスタンの現地代表。日本人医師でアフガニスタンで長年にわたり人道支援をおこなっていた。アフガニスタンで用水路をつくり，耕地の拡大に取り組んでいたが，2019年12月４日，現地で何者かに銃撃されて殺害された。

貿易摩擦 貿易を巡る経済上の摩擦をいう。自国内の産業保護政策や海外に対する競争力強化，貿易収支の不均衡などが原因として起こる。日本では，戦後，1960年代の繊維摩擦，1970年代の鉄鋼・カラーテレビ，1980年代の自動車・半導体など，年代ごとに日米間を中心とするさまざまな貿易摩擦があり，深刻な問題となった。

日米貿易摩擦 1980年代，日本は，「双子の赤字」と呼ばれる巨額の財政赤字と貿易赤字とに苦しむアメリカへの輸出を増やし，貿易は黒字を続けたため，日米間に貿易・経済摩擦が激化した。アメリカは日本に内需拡大と自動車・鉄鋼などの輸出自主規制，市場開放を求めた。日本製自動車を叩き壊して抗議するなど，ジャパン＝バッシングも起こった。

ジャパン＝バッシング Japan Bashing アメリカやヨーロッパ諸国による日本叩きのこと。1980年代に，日本の保護主義政策が問題視されたことにより起こった。日

本車や日本製品を，ハンマーで叩き壊すといった，パフォーマンスが報道された。

農産物の市場開放 アメリカはアメリカの農産物，特にオレンジ・牛肉・木材・米などの関税を引き下げ，日本の輸入制限を撤廃するように求めた。

牛肉・オレンジの輸入自由化 日本はアメリカの要求に応じ，1988年，輸入数量制限を撤廃し，関税化によって制限するが，その関税も段階的に引き下げて自由化を進めることとする牛肉・オレンジの輸入自由化を定めた（1991年実施）。

コメ市場の部分開放 GATTのウルグアイ＝ラウンドで，農産物の関税化が合意されたが，日本の米（コメ）の関税化は2000年まで猶予され，その代わり国内消費量の４％まで輸入することに努力し，順次８％まで拡大することになった。しかし，1999（平成11）年から日本も米（コメ）の関税化を実施した。

太平洋経済協力会議（PECC） Pacific Economic Cooperation Council 政府・企業・学者の３者で構成する経済開発の民間機構。1980年，大平首相とオーストラリア首相フレーザーの合意の下に，日本・韓国・アメリカ・オーストラリア・カナダ・ニュージーランド・ASEAN６カ国の12カ国で発足した。2016年現在，24カ国・地域のメンバー委員会で構成される。

アジア太平洋経済協力閣僚会議（APEC） Asia-Pacific Economic Cooperation Ministerial Meeting 1989年，オーストラリア首相ホークの提唱で，PECC会議の環太平洋12カ国間の政府間公式協議体として発足する。1998年，加盟21カ国・地域に拡大した。

双子の赤字（ふたごのあかじ） 1980年代，アメリカのレーガン大統領がおこなった戦略防衛構想や対ソ強硬姿勢で増大した国防費や減税によって起こったアメリカの経済状態をいう。「双子の赤字」とは財政赤字と貿易赤字のこと。財政赤字が高金利につながってドル高となり，これによって貿易赤字がさらに拡大するという悪循環に陥ってしまった。

5カ国財務相・中央銀行総裁会議（ごかこくざいむそうこうちゅうおうぎんこうそうさいかいぎ）**（G5**ジーファイブ**）** IMFの5大国（アメリカ・日本・西ドイツ・フランス・イギリス）の財務相と中央銀行総裁の会議。G5（Group of five）と略称。1985年9月，ニューヨークのプラザホテルでドル高是正の介入に合意（プラザ合意）。これ以後，円高が急速に進行し，日本は不況となった。

プラザ合意（ごうい） Plaza Accord 1985 アメリカ・イギリス・西ドイツ・フランス・日本の先進5カ国による，ドル高是正のための協調介入をおこなうという合意。ニューヨークのプラザホテルで開かれたG5（先進5カ国財務相・中央銀行総裁会議）で決定されたため，この呼称がある。円の価値は2年余りで2倍になり，日本のバブル経済，アメリカの株価大暴落（1987年）の背景となった。

7カ国財務相・中央銀行総裁会議（ななかこくざいむそうこうちゅうおうぎんこうそうさいかいぎ）**（G7**ジーセブン**）** G5にカナダ・イタリアを加えた財務相と中央銀行総裁の会議。1987年2月，パリのルーブルに集まったG7は，円高ドル安の行き過ぎを調整することに合意した。

G20（ジートゥエンティー）**（20カ国・地域首脳会合**にじゅっかこく・ちいきしゅのうかいごう**）** 金融と世界経済に関する首脳会合のこと。金融サミット，20カ国・地域首脳会合やG20ともいわれている。アメリカから世界に広がったリーマン＝ショックによる世界金融危機に対応するために，2008年に開催された。

円高・ドル安（えんだか・ドルやす） 円の対外的価値が上がること。その逆が円安。円高になると輸入取引きは有利だが，輸出取引きは不利となる。円高が原因で不景気となるのが円高不況。円相場は1ドルが，1985年に240円台，86年に160円台，93年には100円台，94年に100円を割り込み，95年には80円を割るまでになった。

内需の拡大（ないじゅのかくだい） 一般的には，国内需要を喚起して輸出依存度を低下させ，輸入を拡大して対外貿易の不均衡を是正しようとする政策。今日では，対外貿易摩擦を緩和するために，達成すべき政策目標としての意味で使用されている。

金融緩和（きんゆうかんわ） 低金利政策のこと。円高によって不況となった景気後退期に，中央銀行（日本銀行）が公定歩合を引き下げ，市中金利を低下させて，企業の投資活動を喚起し，景気回復をはかる経済政策のこと。1985（昭和60）年のプラザ合意を受けて，1987年2月から1989年5月まで2年3カ月間，内需拡大のために，公定歩合が年利2.5％と低い水準で維持された。

バブル経済（ばぶるけいざい） 1986～91年。地価と株価の異常高騰でふくらんだ経済。超低金利政策と金余りのため，行き先を失った巨額の資金が土地と株に流れ込み，株価の上昇と，地価の高騰を招いた。実態とかけ離れた泡のように膨張した経済好況だという表現。バブルは52カ月続いたのち，1991年より日本経済は長期不況に入った。

地上げ（じあげ） ビルやマンション建設などの大規模開発をおこなうため，所有者が分かれて細分化されている土地を，不動産業者などが個別に土地所有者から強引な手

法でまとめて土地を買収すること。バブル経済に突入した1980年代半ば，将来の値上がりを見込んで，東京都心を中心におこなわれた。不動産業者が暴力的な手段で借地人らを追い出したり，「土地転がし」により地価を吊り上げるなど，悪質な業者の行為が問題となった。

土地転がし_{とちころがし} 地価の上昇を見込んで土地を購入し，地価が高くなると転売してもうける土地売買の方法。バブル経済の頃，土地(不動産)は将来，必ず値上りするという土地神話があった。

財テク_{ざいテク} 財務テクノロジーの略称。企業が資金を運用し，株取引きなどの金融取引きにより利益の獲得をねらったことをいう。円高による金融緩和によって市中にあふれた余剰資金をこの頃値上りがいちじるしい株式に投入し，利益を得ようとした企業が多かった。

産業の空洞化_{さんぎょうのくうどうか} バブル経済の崩壊後，国内の規制やコスト高を嫌い，アジア諸国に工場を移す企業が増え，国内産業が衰退する現象。日本の技術が海外へ流出し，国内における技術の伝承も失われつつある。

中曽根康弘_{なかそねやすひろ}**内閣** 鈴木内閣の後を受けて第1次(1982.11〜83.12)・第2次(1983.12〜86.7)・第3次(1986.7〜87.11)と組閣。「戦後政治の総決算」を唱え，行・財政改革，教育改革を推進する。電電・専売・国鉄の民営化を実施。1985年，首相として初めて靖国神社に公式参拝した。アメリカの戦略に同調して，日本列島の「不沈空母」化を表明した。

行財政改革_{ぎょうざいせいかいかく} 新自由主義の立場に立った中曽根首相がおこなった老人医療費の減額や年金・社会保障費の支出削減

を指す。

電電・専売・国鉄の民営化_{でんでん・せんばい・こくてつのみんえいか} 電電は電話事業を単独でおこなっていた日本信電話公社，専売は塩とたばこを専売していた日本専売公社，国鉄は日本国有鉄道の3社をいう。第2次中曽根内閣は，1985年4月，電電公社を日本電信電話株式会社(現在のNTT)に，専売公社を日本たばこ産業株式会社(現在のJT)として民営化した。また，第3次中曽根内閣は国鉄を民営化して，JR北海道，JR東日本，JR東海，JR西日本，JR四国，JR九州のJR6旅客会社と，JR貨物1社の7社に分割した。

竹下登_{たけしたのぼる}**内閣** 1987.11〜89.6 中曽根内閣の後を受けて組閣。1989年1月，昭和天皇が死去し，明仁親王_{あきひと}が皇位を継ぎ，年号は平成となった。2月に大喪の礼_{たいそうのれい}を挙行する。4月，消費税を実施するが，新税への反発と，リクルートコスモス社の上場前の未公開株が政界・官界に譲渡されたというリクルート事件で退陣した。

消費税創設_{しょうひぜいそうせつ} 中曽根内閣が大型間接税(売上税)の導入に失敗したのを受け，1989年4月，竹下内閣が消費税(税率3%)を実施した。1997年に5%，2014年に8%。1949年のシャウプ税制の直接税中心主義から40年を経た大改革となった。

第 9 章 グローバル化する世界

① 冷戦の終結と国際情勢

ソ連の行き詰まり

アフガニスタン侵攻 1979 ソ連による
アフガニスタンへの軍事介入のこと。ア
フガニスタンを，ソ連の衛星国にするこ
とが目的。背景として，1978年4月，ア
フガニスタンで社会主義を目指す親ソ派
の人民民主党が政権を握り，反政府勢力
との対立が激化したため，ソ連が人民民
主党政権を支援した。侵攻したソ連軍と
反政府勢力との戦いは泥沼となり，ソ連
の弱体化を招いた。侵攻したソ連軍は
1989年に完全撤収した。

イスラーム主義ゲリラ イスラームの教
えに基づいた国家や社会を理想と考える
民衆が，ソ連のような外国からの侵入に
対して小規模な戦闘集団を組織して戦っ
た。

ムジャーヒディーン アラビア語で「ジハ
ード(聖戦)を戦い，イスラームを防衛す
る者」をいう。ソ連軍とそれに支援され
たアフガニスタンの社会主義政権と戦っ
た民兵のこと。アフガニスタンの民衆だ
けでなく，イスラーム世界からの志願兵
も集まった。

レーガン Reagan 1911〜2004 共和党出身の
アメリカ第40代大統領(在任1981〜89)。
外交で混乱したカーター政権に代わって，
「強いアメリカ」を望む世論を背景に当選
した。当初，戦略防衛構想(SDI)の発表
や対ソ強硬姿勢をとったが，ゴルバチョ

フの登場で，中距離核戦力(INF)全廃条
約締結やアフガニスタン和平協定など協
調政策に転じた。国内では，競争推進と
貨幣供給量操作で物価上昇を抑制しよう
とする，レーガノミクスと呼ばれる経済
政策をおこなったが，「双子の赤字」に悩
まされた。

戦略防衛構想(SDI エスディーアイ) Strate-
gic Defense Initiative 1983年にレーガン大
統領が打ち出したアメリカの防衛構想。
別名は「スターウォーズ計画」という。ソ
連からアメリカ本土をねらう大陸間弾道
弾(ICBM)に対して，アメリカは宇宙に
配備した兵器で迎撃・破壊する防衛網を
計画した。

モスクワ＝オリンピックのボイコット
ソ連のアフガニスタン侵攻に抗議するた
め，アメリカのカーター大統領が呼びか
けた。中越戦争中の中国を含め，西側諸
国の大半の60カ国がオリンピックをボイ
コットした。報復のため，ソ連はつぎの
1984年のオリンピック＝ロスアンゼルス
大会を東側諸国とともにボイコットした。

チェルノブイリ原子力発電所事故 旧ソ連のウクライナ共和国(現，ウ
クライナ)の首都キエフ北方にある原子
力発電所での事故。1986年4月に4号炉
で事故が発生，炉の自動停止装置や安全
装置を切るなどのミスが重なり，出力が
暴走状態となり，原子炉が爆発し，それ
を覆っていた建物も崩壊した。放射性物
質がヨーロッパ全域に飛び散った。直接
の死者は31人であるが，放射性物質拡散
による人的被害は数十〜数百万人ともい

第
9
章

われている。

新思考外交と冷戦の終結

ゴルバチョフ Gorbachev 1931〜　ソ連共産党最後の書記長(在任1985〜91)，ソ連唯一の大統領(在任1990〜91)。1986年からペレストロイカを進め，ソ連社会の改革を目指した。国内の民主化と同時に，アメリカとの協調，軍縮など「新思考外交」を打ち出した。ソ連に大統領制を創設し，複数政党制や市場経済の導入をおこなった。91年の保守派によるクーデタで指導力を失い，共産党解散・大統領辞任に追い込まれた。

「新思考外交」(しんしこうがいこう)　ゴルバチョフによる本格的な軍縮路線を含む協調外交のこと。短期間で中距離核戦力(INF)全廃条約(1987年)，中国との和解，アフガニスタンからの撤退などを進めた。

中距離核戦力(INF)全廃条約(ちゅうきょりかくせんりょくぜんぱいじょうやく)　1987　ワシントンにおいてレーガンとゴルバチョフの首脳会議で署名された核軍縮条約。1981年からの交渉は一度は中断したが，悪化した国内経済によって軍事費を捻出(ねんしゅつ)できないゴルバチョフ書記長の提案で，すでに配備され，ヨーロッパに不安を与えていた中距離核兵器を廃棄するという画期的な条約であった。

ソ連のアフガニスタン撤退(てったい)　1989　国が弱体化したソ連は，軍事費の削減を目指すゴルバチョフにより実行された。前年から開始された撤退は1989年2月に完了し，軍縮の実行を世界に示した。

ブッシュ(父) Bush 1924〜2018　共和党出身のアメリカ第41代大統領(在任1989〜93)。レーガンの副大統領を務め，後継の大統領となった。就任した1989年に，ゴルバチョフとのマルタ会談で冷戦終結を宣言するいっぽう，91年からの湾岸戦争では，多国籍軍の主力としてイラクのフセイン政権に大打撃を与え，クウェートから撤退させた。国内では経済状況の困難を解消できず，2期目の選挙ではクリントンに敗れた。

マルタ会談(かいだん)　1989　シチリアの南方にある地中海のマルタ島沖のソ連客船内でおこなわれ，アメリカのブッシュ大統領(父)とソ連のゴルバチョフ共産党書記長が冷戦終結に合意した会談。直前にベルリンの壁が解放されたことを受け，東西ドイツ統一についても話し合われた。

冷戦の終結(れいせんのしゅうけつ)　1947年頃から続いていた西側(自由主義陣営)と東側(社会主義陣営)の対立が終りを迎えたこと。1989年12月のアメリカ・ソ連の首脳によるマルタ会談で，冷戦の終結が宣言された。

イラン＝イスラーム革命

白色革命(はくしょくかくめい)　イランで1963年から国王パフレヴィー2世によって開始された上からの強権的な近代化のこと。アメリカを後ろ盾とした国王権力が土地改革や女性参政権の実施などの社会改革を断行したが，かえって貧富の格差が広がり社会不安が拡大した。国王の独裁政治にイスラーム教の宗教指導者(ウラマー)などの宗教界は反発を強めた。

イラン＝イスラーム革命(かくめい)　1979　パフレヴィー朝を打倒したイスラーム革命。近代化による社会不安と経済格差の拡大に対する不満から，1978年末より反王政の運動が高まり，79年に入り，国王パフレヴィー2世が亡命し，亡命先のパリから帰国し，熱狂的に迎えられたホメイニが，臨時革命政府の樹立を宣言した。革命政権は，反ソ連・反アメリカを唱え，周辺のイスラーム主義勢力に活気を与えた。また，この革命は第2次石油危機を引き

起こして世界経済にも大きな影響を与えた。

ホメイニ Khomeynī 1902〜89 イランのシーア派の指導者。1979年のイラン＝イスラーム革命により、イスラーム法の最高権威として公選の大統領をも指導する最高指導者となり、イスラーム法と国政の一体化に努めた。

イラン＝イスラーム共和国（きょうわこく） Jomhūrī-ye Eslāmī-ye Īrān 1979 イラン革命で成立した共和国。憲法で、イスラーム法学者を最高指導者として、イスラーム教の価値観を重視する国家を目指した。

石油危機（せきゆきき）《第2次》 当時、世界第4位の石油産出国であったイランにおける革命を契機に、中東の産油国がおこなった減産や価格引上げによって発生した経済危機のこと。原油価格の上昇は、先進国のみならず発展途上地域の経済にも大きな打撃を与え、政治不安につながった。

イラクと湾岸戦争

サダム＝フセイン Ṣaddām Ḥussayn 1937〜2006 イラク共和国大統領（在任1979〜2003）。就任後、当初はアメリカの支援を受けて中東の軍事大国となった。独裁体制をつくると反米化し、イラン＝イラク戦争（1980〜88）・クウェート侵攻（90）・湾岸戦争（91）を起こした。大量破壊兵器の保有疑惑により、2003年にアメリカ・イギリス軍の攻撃を受け、同年末アメリカ軍に拘束（こうそく）された。イラク特別法廷で死刑判決を受け、06年執行された。

イラン＝イラク戦争（せん） 1980〜88 イラン＝イスラーム革命の混乱に乗じて、油田地帯を取ろうとしたイラクからの侵攻で始まった戦争。イラクはシャトルアラブ川を境とする国境問題の解決を掲げ、イラン革命の波及を恐れるアラブ諸国や西側

諸国の支持を得て戦った。しかし、イラン側も祖国防衛を掲げて反撃したため、長期化した。1988年に国連安全保障理事会の決議を受けて停戦したが、両国に経済的疲弊と過剰な軍備を残した。

クウェート侵攻（しんこう）《イラク》 1990 イラン＝イラク戦争による疲弊を、石油資源の豊かな隣国クウェートへの侵略で解消しようとしたサダム＝フセインの軍事行動のこと。多国籍軍による圧倒的反撃を招いた。

湾岸戦争（わんがんせんそう） Gulf War 1991 イラクのクウェート侵攻に対して、多国籍軍が派遣された戦争。多国籍軍は、1〜4月の戦いでイラク軍をクウェートから撤退させるとともに、ハイテク兵器によってイラク軍に壊滅的打撃を与えた。

多国籍軍（たこくせきぐん） multinational forces 国連の安全保障理事会の決議に基づいて派遣される連合軍。湾岸戦争では、アメリカを中心として、イギリス・フランス・アラブ諸国により組織された。安保理が指揮権を執る国連軍とは異なる。

❷ ソ連の崩壊と経済のグローバル化

ソ連の崩壊

グラスノスチ（情報公開） glasnost' ロシア語で「ガラス張り」のこと。共産党の秘密主義政治を打破すること。ゴルバチョフにより推進された、言論の自由化。メディアによる報道の自由化、検閲（けんえつ）廃止、結社の自由化が進んだ。批判的言論も活発になった。

ペレストロイカ（改革） perestroika ロシア語で「立て直し」の意味。ゴルバチョフによって1986年以降に進められ、経済分野での自由化・民主化に始まり、共産党

支配体制を根底から見直す動きへと進んだソ連の改革。情報公開，政治改革，「歴史の見直し」，外交政策の転換を大胆に進め，結果としてソ連邦を崩壊に導いた。

連邦人民代議員（れんぽうじんみんだいぎいん） 1988年の憲法改正でソ連の最高機関として設置された人民代議員大会を構成する代議員。ソ連初の複数候補・自由選挙で選出された。91年8月のクーデタ直後に人民代議員大会はみずからの廃止を決めた。

大統領制（だいとうりょうせい）《ソ連・ロシア》 1990年にソ連で導入された，共産党支配に代わる元首制。人民代議員大会でゴルバチョフが大統領に選出されたが，ソ連の崩壊で一代限りとなった。ロシア共和国でも91年6月に初めての大統領選挙がおこなわれ，エリツィンが選ばれた。

共産党保守派（きょうさんとうほしゅは）**のクーデタ** 1991年8月，ソ連共産党保守派がソ連邦存続の危機を感じて国家非常事態委員会をつくって権力奪取をはかったが，エリツィンらの急進改革派がこれを鎮圧した。これ以後，ソ連共産党の力はなくなった。

ソ連消滅（それんしょうめつ） 1991 独立国家共同体の成立で，ソ連は存在意義を喪失し，12月にソ連大統領ゴルバチョフが辞任した。

東欧革命

東欧革命（とうおうかくめい） 1989年に，東ヨーロッパ諸国の社会主義が，「自由化」「民主化」を求める「東欧革命」によって崩壊したこと。共産党指導者の退陣が相つぎ，各国で自由選挙と複数政党制が導入された。

――――《ドイツ》――――

ヨーロッパ＝ピクニック計画（けいかく） 社会主義政権下の東ドイツ市民が，西ドイツへ脱出するルートのこと。ハンガリーの民主化で，チェコ＝スロヴァキアとハンガリーの国境が開放されると，東ドイツ→チェコ＝スロヴァキア→ハンガリー→オーストリア→西ドイツの脱出ルートができあがり，大量の東ドイツ市民が西ドイツを目指して東ドイツから脱出した。

ホネカー退陣（たいじん） Honecker 1989 東ドイツで硬直した社会主義を堅持していたホネカー書記長の解職のこと。国家元首・国防会議議長の役も解かれ，東ドイツの社会主義独裁体制は崩壊した。

ベルリンの壁開放（かべかいほう） 1989 1961年に壁がつくられてから壁を越えて東ベルリンから西ベルリンへ命がけの脱出を試みる人々が後を絶たなかった。東ドイツ市民が第三国を経由して不法に出国する事態に直面した東ドイツ政府は，11月9日，「ベルリンの壁」を解放した。その後，ベルリン市民の手によって壁は破壊された。冷戦体制崩壊を象徴する出来事であった。

東西ドイツ統一（とうざいドイツとういつ） 1990 8月に調印された統一条約で，東ドイツの5つの州がドイツの強大化を恐れていたアメリカ・イギリス・フランス・ソ連の同意を得て西ドイツに併合され，10月にドイツ連邦共和国として統一された。急激な東欧革命を背景に実現した。

コール Kohl 1930～2017 1982年，西ドイツの首相に就任し，東西ドイツの統一を実現した。1990年，最初の統一ドイツ首相となり，98年まで在職した。

――――《ポーランド》――――

ワレサ Wałęsa 1943～ ポーランド「連帯」の指導者・大統領（在任1990～95）。1980年に「連帯」の議長に選ばれたが，ソ連の圧力でヤルゼルスキ首相が戒厳令（かいげんれい）を施行し，「連帯」を非合法化すると軟禁状態に置かれた。82年に解放され，翌年にノーベル平和賞を受賞した。90年12月に，初めての直接選挙により大統領となった

が，知識人のマゾヴィエツキらとの対立で政権は安定しなかった。

ポーランド自主管理労組「連帯」 1980年に結成された共産党の指導を受けない民主的な労働組合。ポーランドの社会主義政権下で共産党独裁に反対するグダニスク造船所の労働者たちが自発的に組織した。ワレサを議長に選び，勢力を伸張させたが，1年後には活動を禁止された。89年，再び合法化され，選挙で大勝利を収めて非共産党政権を成立させた。

――――――《ルーマニア》――――――

チャウシェスク処刑 Ceaușescu 1989 ルーマニアで独裁的に君臨していたチャウシェスク大統領の処刑のこと。反政府デモへの弾圧に反発した民衆が，政権を崩壊に追い込み，軍事裁判によって，チャウシェスクと副首相であった妻は処刑された。

現代のロシア

ロシア共和国 ソヴィエト社会主義共和国連邦を構成する最大の共和国。1991年12月，ロシア共和国は改称してロシア連邦となる。

エリツィン Yeltsin 1931～2007 ロシア連邦大統領(在任1991～99)。モスクワ市共産党第一書記としてペレストロイカを推進したのち，ロシア共和国大統領となり，1991年に保守派のクーデタ鎮圧に成功した。ソ連に代わる独立国家共同体(CIS)の結成を主導し，ロシアの市場経済への移行を進めた。首相であったプーチンを後継者に指名して引退した。

ロシア連邦 Russia 1991 旧ソ連邦内のロシア共和国が改称して，12月に成立する。国連の代表権をソ連から継承し，内部に民族ごとに21の共和国と4自治区，9地方を持つ。人口約1億4000万人で，住民のほとんどはロシア人である。

ウクライナの分離・独立 1990年6月，ロシア共和国が主権宣言をおこなうと，7月にウクライナ共和国も主権宣言をおこなった。翌1991年8月に独立を宣言して，国名を「ウクライナ」とし，12月の国民投票でソ連邦からの独立が承認された。

独立国家共同体(CIS) 1991 12月に旧ソ連内の11共和国で形成された共同体。ウクライナ独立の国民投票を契機として，ロシア・ベラルーシを合わせた3国が中心となって共同体条約に調印した。共同体としての実体は希薄である。

バルト3国独立回復 1991 第二次世界大戦前にソ連によって併合されていたエストニア・ラトヴィア・リトアニアがソ連から独立したこと。1990年に3国が一方的に独立を宣言すると，ゴルバチョフは大統領令で無効を宣言した。しかし，91年ソ連でのクーデタ後，9月に3国の独立が承認された。この年，3国は国連加盟をはたし，2004年にはEUに加盟した。

プーチン Putin 1952～ ロシア連邦の大統領(在任2000～08，12～)。元KGB(旧ソ連国家保安委員会)将校で，強い国家の確立と市場経済改革を掲げ，大統領に就任した。プーチンはメドヴェージェフを後継大統領に指名し，自分は首相に就任したが，2012年に大統領に復帰し，権力を持ち続けている。

ロシアのクリミア併合 2013年11月，ウクライナの親ロシアのヤヌコーヴィチ政権がEUとの連合協定交渉を停止すると，これに反対する大規模な反政府デモが起き，ヤヌコーヴィチ大統領はロシアに亡命し，ウクライナ政府は親ヨーロッパ路線の政権となった。それに対して，

2014年，ウクライナのロシア系住民の多いクリミア半島に対して，ロシアのプーチン政権はロシア系住民の保護を名目に軍事介入し，クリミア半島を事実上の支配下に置き，「併合」した。日本やアメリカはこれを認めていない。

チェチェン紛争 Chechen 北カフカスのイスラーム系チェチェン共和国の，ロシア連邦からの独立を巡る紛争のこと。分離・独立を認めないロシアとの間に，2回の紛争（1994〜96，99〜2009）が起こった。2009年には，ロシア政府が独立派の武装組織をほぼ制圧し，反テロ作戦の終了を宣言した。

ユーゴスラヴィア内戦

ユーゴスラヴィアの内戦 ナチス＝ドイツからの解放を，ほぼ独力で独立を達成し，強力な指導でユーゴスラヴィアをまとめていたティトーの死去と冷戦の終結を背景に，ユーゴスラヴィアが解体するに至った内戦。1991年にクロアティア・スロヴェニア・マケドニアが，92年にボスニア＝ヘルツェゴヴィナがユーゴスラヴィア連邦からの独立を宣言した。連邦維持を望む多数派民族のセルビア人を中心とする新ユーゴスラヴィア連邦軍との間に紛争が起きた。95年にアメリカの仲介で停戦に合意した。

民族浄化 諸民族が混在している地域で，1つの多数派民族が他の民族を排除し，自分たちの民族だけがその地域の住民になろうとする行動。手段としては，他の民族の強制移住，追放，大量虐殺などがある。ボスニア＝ヘルツェゴビナ紛争やコソヴォ紛争におけるセルビアの行動もこれに当たる。

ミロシェヴィッチ Milošević 1941〜2006 セルビア大統領（在任1990〜97）・新ユーゴ

スラヴィア大統領（在任1997〜2000）。民族主義者で，ユーゴスラヴィアから独立運動をおこなうスロヴェニア，クロアティア，ボスニア＝ヘルツェゴヴィナ，コソヴォへ軍事介入し，旧ユーゴスラヴィアにおけるセルビア人の主導的地位を守ろうとした。2000年に大統領選挙の不正で退陣した。01年，コソヴォ紛争の際にアルバニア系住民を虐殺したとして国際戦犯裁判に提訴されたが，公判中に拘置所で死亡した。

クロアティア・スロヴェニア両共和国の独立宣言 1991 セルビア人が最も多い人口を占めていたユーゴスラヴィア連邦の中で，地理的にイタリアやオーストリアに近く，経済力のある両共和国が独立を宣言した。カトリックが過半数のスロヴェニアは2004年，カトリックのクロアティア人が大多数のクロアティアは13年にEU加盟をはたした。

ボスニア＝ヘルツェゴビナ紛争 旧ユーゴスラヴィア解体に伴うボスニア＝ヘルツェゴヴィナの独立を巡り，セルビア人（セルビア正教）・クロアティア人（カトリック）・イスラーム勢力の間で始まった内戦のこと。セルビア人とクロアティア人の民族対立は，歴史的にも根が深く，それに宗教問題が絡んで，内戦は複雑・深刻な情勢となった。ボスニアが独立を宣言した（1992年3月）ことから，セルビアによる民族浄化という名の下に虐殺がおこなわれた。そのため，1995年にNATOが人道的立場からセルビアに対して空爆をおこなった。それにより，1995年12月，和平協定が調印され，戦闘は終結した。

コソヴォ紛争 Kosovo セルビア南部のコソヴォ自治州の，独立を巡る紛争。住民の9割近くを占めるアルバニア系住民

の分離・独立要求を，セルビア軍の支援を受けたコソヴォのセルビア武装勢力が激しいアルバニア人殺戮をおこなった。この殺戮行為が非人道的であるとして，1999年にはNATO軍が国連の決議がないままにセルビア人武装勢力に対して空爆をおこない，セルビア武装勢力をコソヴォから撤退させた。2008年にコソヴォ共和国は独立を宣言した。

NATO軍のコソヴォ空爆 1993年3月，NATO軍が国連にはからず，コソヴォにいるセルビア人武装勢力に対しておこなった空爆。

ヨーロッパの統合

マーストリヒト条約 Maastricht 1992 オランダのマーストリヒトにおいて調印されたヨーロッパ連合を設立する条約。ヨーロッパ市民権が創設され，ヨーロッパ共通通貨の導入，共通安全保障政策，司法・内政分野の協力をうたった。

ヨーロッパ連合（EU） 1993 マーストリヒト条約に基づいて11月に発足した地域統合組織。2018年現在で，加盟国は28カ国となり，かつての東ヨーロッパ社会主義諸国を含むまでに拡大した。いっぽう，16年にはイギリスが国民投票でEU離脱を選択した。

ユーロ Euro EUの単一通貨の呼称。1999年から決済通貨として導入され，2002年より参加12カ国の通貨として一般の流通を開始した。2018年現在の導入国は19カ国。

EU憲法 EU大統領の選出など，政治的統合を進める条約。2004年に採択されたが，翌年にフランス・オランダが批准を拒否したため，EUの深化は09年に発効したリスボン条約を基に進められることになった。

リスボン条約 2007 12月に調印され，2009年に発効したEUの政治統合を進めた条約。条約から「憲法」の言葉を廃し，共通の旗や国歌の規定を削除した。

EU大統領 リスボン条約で新設された，最高意思決定機関であるEU理事会を主催する役職。任期は2年半。ヨーロッパ理事会常任議長ともいう。それまで議長が半年ごとの輪番であった理事会の継続性を求めて新設された。

ワルシャワ条約機構解消 1991 冷戦終結を背景に，東側（社会主義陣営）の軍事同盟であるワルシャワ条約機構は不必要となり，プラハで加盟国の首脳が解体の議定書に調印した。

イギリスのEU離脱 イギリスは2016年6月23日におこなわれた国民投票で，EU離脱が承認され，2017年3月29日にEUに対して正式な離脱通知をおこなった。そして，2020年1月31日をもってイギリスは47年間加盟していたEUを離脱した。2020年末までは移行期間。今後は自由貿易協定（FTA）を含むイギリスとEU間の移行期間後の将来に向けた関係が交渉の焦点となる。

経済のグローバル化

グローバル化 国際情勢の変化や情報ネットワークの発展により，従来の国境を越えた規模で，政治・経済・国民生活など，さまざまな分野での交流が進んでいること。グローバリゼーション（globalization）。特に1990年代以降，経済面でのグローバル化が強調され，日本でも社会構造や生活意識に大きな変化をもたらしている。また，環境破壊や貧困・戦争など，地球規模の問題解決に向け，「一つの地球」「かけがえのない地球」という意識や行動が高まったこともその背景にあ

る。同時に，グローバリゼーションは世界が均質化していく過程としても捉えられている。

高度情報化社会こうどじょうほうかしゃかい 身近な生活から経済・産業活動に至るまで，今まで「モノ」が中心であった社会から，「情報」が大きな位置を占めるようになった社会を指す。脱工業化社会と同じ。20世紀後半からの先進国の状況を指していう。情報化の進展により，人々の価値感や求められる能力も大きく変化した社会になる。

知識基盤型社会ちしききばんがたしゃかい 情報の生産・伝達などが社会の基盤となる社会。メディア関係・教育産業・情報機器・情報サービスなどが社会基盤となる工業化した後にくる社会のこと。

IT（情報技術）革命かくめい Information Technology を略して IT（情報技術）と呼ぶ。1990年代に入ってからパソコンの性能はますます高度になり，ネットワーク接続の発展によって高度で複雑な作業が可能になっていった。さらに1990年代半ば以降のインターネットの急速な世界的普及などにより，情報化がますます進展し，情報技術の進歩が情報伝達のあり方を大きく変化させ，さらには社会の構造を激変させていった。このことを，18世紀のイギリスに始まる産業革命にならって「IT 革命」という。産業面においては，IT 革命により，ネットワークを利用した e ビジネスが発展し，新たな市場を生み出し，拡大している。

サイバー攻撃こうげき 情報通信ネットワークを利用して，国家や社会に重大な損害を与える攻撃。軍事施設をマヒさせて攻撃・防御力を奪ったり，発電所や工場・銀行・病院などのコンピューターに侵入して社会的基盤を喪失させることもできる。世界中の24時間，いつでもどこでも攻撃

は可能。

経済のグローバル化けいざいのグローバルか（国際化）経済に関するグローバル化，また世界の経済・市場が単一なものに向かっていく様子を指していう。企業レベルにおいては，以前から多国籍企業による国境を越えた企業活動がおこなわれていたが，EU 統合，ソ連の崩壊と社会主義経済圏の消滅による世界的な単一市場の出現などが，グローバル経済をさらに一般化させた。資金や原材料の調達，労働者の雇用，生産と立地，販売活動がそれぞれ国境を越えておこなわれている。

多国籍企業たこくせききぎょう 複数の国に工場や研究開発部門，販売拠点などを持ち，国際的な視点で意思決定をおこなう企業のこと。

自由貿易協定じゆうぼうえききょうてい（FTA エフティーエー）自由貿易を促進するために，特定の2国間または複数国間が関税や通商協定，サービス・貿易の障壁を撤廃する取決めのこと。世界貿易機関（WTO）は多国間でルールを決めるのに対し，自由貿易協定は特定の国や地域で交渉するという違いがある。

経済連携協定けいざいれんけいきょうてい（EPA）自由貿易協定（FTA）を柱としつつ，対象を人の移動や投資といった分野にまで広げた協定のことをいう。

北米自由貿易協定ほくべいじゆうぼうえききょうてい（NAFTA ナフタ）1992 アメリカ・カナダ・メキシコの3カ国が1992年に調印し，94年に発効した自由貿易協定のこと。15年間で，相互の関税を全廃することに合意し，貿易を促進させた。

南米南部共同市場なんべいなんぶきょうどうしじょう（MERCOSUR メルコスール）Mercado Común del Sur 1995年に発足した，ブラジル，アルゼンチン，ウルグアイ，パラグアイ，ベネズエラ，ボリビアの6カ国による地域経済統合。域内の貿易自由化と域外共通関税を実施

している。チリ，コロンビア，エクアド
ル，ペルー，ガイアナ，スリナムは準加
盟国となっている。

アジア太平洋経済協力閣僚会議アジアたいへいようけいざい（**APEC** エイペック） 1989年，オースト
ラリアのホーク首相の提案で，日本・ア
メリカ・カナダ・ニュージーランド・オ
ーストラリア・韓国・ASEAN 諸国の12
カ国で発足した，アジア太平洋地域にお
ける地域経済協力を目指す財務相・外相
会議をいう。その後，メンバーが拡大し，
2019年2月の時点で21カ国・地域（中国
香港などを含むので21の「エコノミー」と
いう表現を使用する）で構成されている。

ASEAN 自由貿易圏じゆうぼうえきけん（**AFTA** アフタ）
1992年の ASEAN 首脳会議で合意された，
ASEAN 諸国内の地域内経済協力を拡大
するための自由貿易圏。EU や NAFTA
のように域内の関税の引下げなどを内容
とする。

環太平洋経済連携協定かんたいへいようけいざいれんけいきょうてい
（**TPP** ティーピーピー11） Trans Pacific Partnership
2016年，日本・アメリカを含む環太平洋
の国々12カ国で締結された包括的な経済
協定。関税の撤廃や削減，サービス貿易，
投資など広範囲な分野で合意した。しか
し，2017年，アメリカのトランプ大統領
が離脱のための大統領令に署名したため，
2018年，アメリカ抜きで，11カ国で発効
した。

世界貿易機関せかいぼうえききかん（**WTO**） 1995 GATT
を受け継いで成立した，世界の自由貿易
体制構築をはかる機関。サービスや知的
所有権も含めた貿易の国際ルールの設定，
紛争解決の手続き強化などを目指す。
2018年現在，加盟国は164の国・地域で
ある。

知的財産ちてきざいさん 知的な創意工夫によってつ
くり出された，無形の経済的価値に対す

る権利をいう。特許権・意匠いしょう権・商標
権などの工業所有権と，音楽・出版物・
コンピューターソフトなどの著作権とに
大きく分けられる。世界知的所有権機関
（WIPO）や世界貿易機関（WTO）などが
国際的ルールを審議している。

アジア＝ヨーロッパ会合かいごう 1996年に第
1回会合が開かれ，2年ごとに開催され
ている。現在，アジア側メンバー（21カ
国と1機関），ヨーロッパ側メンバー（30
カ国と1機関）の合計51カ国と2機関で
構成される。アジア・ヨーロッパ両地域
の協力関係を強化することを目的として，
政治，経済，社会・文化の3つを柱とし
てさまざまな活動をおこなっている。

3 開発途上地域の民主化と独裁政権の動揺

軍政から民政移管へ

軍事政権ぐんじせいけん 軍事力を背景とする政治権
力のこと。多くの場合，軍人がクーデタ
によって政権を奪取したあと，政権を維
持するため軍事力を誇示する。その多く
が民主化を阻止する。アジア・アフリ
カ・ラテンアメリカ諸国でみられる。

民政移管みんせいいかん 軍政から選挙で選ばれた文
官の政治指導者へ政権を移行すること。
軍政の下で民主化を求める民衆の成長が
前提となる。

ラテンアメリカの動向

──────《アルゼンチン》──────

フォークランド戦争せんそう Falkland Island
War 1982 アルゼンチン軍事政権は，国
土からほど近いイギリス領フォークラン
ド諸島（アルゼンチン側はマルビナス諸
島と呼称）へ侵攻し，アルゼンチンへの
併合をねらったが，敗北した。イギリス

軍に奪回されて終った。

アルゼンチンの民政移行（みんせいいこう） 1983 軍事政権がフォークランド戦争でイギリスに大敗し、民政に移行したこと。

―――――《チリ》―――――

アジェンデ Allende 1908〜73 チリの大統領（在任1970〜73）。左翼人民連合の支持で、史上初の選挙による社会主義政権を建てた。銀行などの主要産業の国有化をおこなったが、経済危機で軍部の台頭を許し、1973年の軍部によるクーデタの際に死亡した。

チリ軍部（ぐんぶ）**クーデタ** 1973 社会主義政策によるインフレーションと財政難で、ストライキやテロが頻発（ひんぱつ）する中、アメリカの支援を受けた軍部が政権を奪った。

ピノチェト Pinochet 1915〜2006 チリの大統領（在任1974〜90）。1973年に軍部のクーデタで大統領となり、経済自由化を進めた。左派弾圧をおこない、多く社会主義者や労働組合幹部を逮捕・殺害して国際的批判をあびた。国民投票で88年に不信任となり、90年に辞任した。

チリの民政移行（みんせいいこう） 1990 軍事政権による社会主義者や労働組合幹部の逮捕・行方不明者の続出が国際的非難をあびた。1989年の憲法改正を受け、エイルウィン大統領が就任しておこなった。新政権は軍政下での逮捕・虐殺に関する調査委員会を設置した。

―――――《ベネズエラ》―――――

ウゴ＝チャベス Hugo Cháves 1954〜2013 ベネズエラの大統領（在任1998〜2013）石油資本をバックにした親米政権に対してクーデタを起こすが失敗。「貧者の救済」を掲げて大統領に当選すると、反アメリカ姿勢と石油収入による貧民救済で国民の圧倒的支持を得る。ベネズエラを「ベネズエラ＝ボリバル共和国」に改称し

た。CIAによるチャベス排除のクーデタを封じ込めた。チャベスを中心に南米大陸は一時、反アメリカ政権一色となった。

―――――《ペルー》―――――

アルベルト・フジモリ Alberto Fujimori 1938〜 ペルーの第91代大統領（在任1990〜2000） 両親はペルーに移住した日本人移民。日系人として最初の大統領。大胆な経済政策で落ち込んだペルー経済を立て直すも、さまざまな不祥事と二重国籍問題で議会から大統領を罷免された。さらに軍特殊部隊による民間人殺害事件を問われ、禁錮25年の判決を受ける。

東南アジアの動向

―――――《フィリピン》―――――

マルコス退陣（たいじん） 1986 20年間続いたマルコスの独裁に対する反発が高まる中、政権は崩壊し、コラソン＝アキノがフィリピン初の女性大統領となった。大規模な大衆運動を背景に成立したアキノ政権であったが、期待された農地改革などは進まず、92年にはラモスに政権を譲った。

コラソン＝アキノ Corazon Aquino 1933〜2009 フィリピン大統領（在任1986〜92）。上院議員で、アメリカに亡命していた夫のベニグノ＝アキノは、1983年にマルコスと対決するために帰国した時、マニラ国際空港で暗殺された。妻のコラソン＝アキノが1986年の大統領選で、国軍改革派と市民の圧倒的支持を受けて就任。マルコスはアメリカへ亡命した。

―――――《インドネシア》―――――

スハルト政権（せいけん） 1968年から98年まで、インドネシア共和国第2代大統領スハルト（Suharto、1921〜2008）が、長期にわたり担当した政権。インドネシアが多くの島で構成され、植民地時代に分割統治されていたことを背景に、強権体制を敷

いた。この結果，経済は成長したが民主主義は抑えられ，貧富の差が広がり，汚職や腐敗が蔓延した。1997年のアジア通貨危機をきっかけに，政権への不満が高まり，長期政権は幕を閉じた。

スハルト退陣 1998 1968年の大統領就任以来，インドネシアの開発独裁体制を確立したスハルトの辞任。前年のアジア通貨危機以降，経済の立て直しや民主化を求める学生や民衆の運動が激化していた。

アジア通貨危機 1997 タイの通貨バーツの急落をきっかけに，東南アジア諸国・韓国に広がった通貨危機。1990年代，外資の導入に依存して高い経済成長率を維持していたアジアの国々に，過剰で不安定な短期資金が流れ込んだが，この危機とともに引き揚げられ，アジア諸国は極端な資金不足に陥った。混乱を背景に，インドネシアやタイなどでは政権交替がおこなわれた。IMFは各国に資金援助をおこなうとともに，経済改革を要求した。

――――――《ベトナム》――――――

ボート＝ピープル 1976年，ベトナムは南北統一が実現し，ベトナム社会主義共和国が成立した。しかし，ベトナムは南北統一後，社会主義体制になじまない旧南ベトナムの人々を中心に船で国外脱出をはかる難民（ボート＝ピープル）が続出し，ベトナム社会は不安定となった。

ドイモイ（刷新） 社会の安定成長を目指し，社会主義国のベトナムがソ連のペレストロイカの影響を受けておこなっている政治・経済の改革政策。経済再建に重点を置き，市場経済の導入，外資を受け入れる開放経済政策をおこなった。

――――――《カンボジア》――――――

ポル＝ポト政権 Pol Pot 1975年にカンボジアで成立したポル＝ポト（？〜1998）

の毛沢東思想を狂信した急進左派政権。都市を不必要とみなし農村への強制移住をおこない，通貨を廃止し，医師・教師・弁護士などの知識人層の大量虐殺をおこなった。その数は100万人以上とされている。文化大革命の影響を受けて中国に接近し，隣国のベトナム・ラオスとは対立した。

民主カンプチア（民主カンボジア） 1976〜79 親アメリカ派のロン＝ノル政権の崩壊後に成立したポル＝ポト政権の下で樹立された国。ポル＝ポト派は他派の幹部を粛清して権力を握り，集団所有を原則とする社会をつくり出した。

ベトナム軍のカンボジア侵攻 1978 ベトナム軍が，カンボジアから逃れてきた反ポル＝ポト派のヘン＝サムリン率いるカンプチア救国民族統一戦線を支援して起こした軍事行動。ヘン＝サムリンはカンボジア人民共和国を建てたが，ポル＝ポトの抵抗が続き，中国の侵攻を招いた。

ポル＝ポト政権崩壊 Pol Pot 1979 カンボジアの急進左派政権の崩壊。ベトナムの支援を受けて蜂起した，ヘン＝サムリン派にプノンペンを攻略された。

中越戦争 1979 ベトナム軍が，カンボジアのプノンペンに侵攻したことを「懲罰する」として，中国が約10万人の兵力でベトナムにおこなった攻撃。文化大革命の混乱で弱体化していた中国人民解放軍は，ベトナム軍に撃退された。

ベトナム軍のカンボジア撤退 1989 ソ連の援助が得られなくなったベトナム人民軍の，カンボジアからの完全撤退のこと。カンボジア内戦の和平合意への第一歩であった。

カンボジア和平協定 1991 パリで調印されたカンボジア内戦についての国際協定。国連カンボジア暫定統治機構

(UNTAC)による行政管理，総選挙の実施などが決められた。日本も PKO 協力法が成立し，初めて自衛隊が UNTAC の停戦監視要員や選挙要員として派遣された。

カンボジア王国 1993 新憲法が制定され，シハヌークが国王，息子のラナリットが第一首相となって成立した立憲君主国。カンボジア統一に向けておこなわれていた UNTAC の活動の成果であった。1998年から首相に就任したフンセンが，99年に ASEAN 加盟をはたした。

シハヌーク Sihanouk 1922〜2012 カンボジアの国王（在位1941〜55，93〜2004），国家元首（1960〜70）。カンボジアを独立に導いた。1970年には，親アメリカ派のロン＝ノルがシハヌークの外遊中にクーデタを起こし，中国への亡命を余儀なくされていたが，ベトナム軍のカンボジア撤退，カンボジア和平協定による国連カンボジア暫定統治機構による管理を経て，国王に復帰した。

————————《ミャンマー》————————

ミャンマー 1989年に国名をビルマからミャンマーに改称。首都はネーピードーに遷都。旧首都はヤンゴン（ラングーン）。人口は約5000万人。人口の過半をミャンマー（ビルマ）族が占めるが，そのほかにシャン族を始め多数の少数民族からなる。公用語はミャンマー（ビルマ）語。宗教は仏教（上座部仏教が中心）。

ネ＝ウィン Ne Win 1911〜2002 ビルマの軍人・政治家。首相（在任1958〜60，62〜74）。革命評議会議長（在任62〜74）・大統領（在任74〜81）。軍を率いてクーデタを起こし，全権を握ると，「ビルマ式社会主義」建設を目指した軍事政権を率いた。

アウン＝サン＝スー＝チー Aung San Suu Kyi 1945〜　ミャンマー（ビルマ）生まれ。ビルマ独立運動の指導者であるアウン＝サン将軍を父に持つ。留学ののち，海外を転々とするが，1988年に帰国。当時の民主化運動の波に乗って，国民民主連盟（NLD）を立ち上げ，90年の総選挙で圧勝するが，軍事政権はこの事実を認めず，無視。1989年から自宅軟禁を受ける中，91年にノーベル平和賞を受賞。2007年9月に反政府デモが広がるが，2010年まで断続的に軟禁状態が続いた。民主化を求めるミャンマー民衆の声が高まり，2011年に軟禁を解除され，2012年におこなわれたミャンマー連邦議会選挙に立候補して当選。2016年，ミャンマー憲法では上・下両院とも軍人の議席枠が4分の1ある中で，国民民主連盟（NLD）が8割の議席を獲得した。それにより，ミャンマー政権の事実上のトップである国家顧問に就任し，軍の主導体制から歴史的政権交代を実現した。しかし，2021年2月，軍部のクーデタで再び逮捕・軟禁された。

ロヒンギャ難民問題 ロヒンギャは，ミャンマーの西部ラカイン州に居住するイスラーム系少数民族で，人口は約100万人といわれている。ロヒンギャは独自のロヒンギャ語を話し，ミャンマー国籍を持たず，もともとミャンマーの仏教徒から迫害の標的となっていた。ミャンマー政府はロヒンギャを自国民とは認めていない。2017年，ロヒンギャの武装組織がミャンマーの警察施設を攻撃し，ミャンマー国軍から徹底的な反撃を受け，その後のミャンマー国軍の掃討作戦が一方的なジェノサイト（大量虐殺）へ拡大した。それ以後，迫害を逃れた70万人以上のロヒンギャがバングラディシュに流入し，難民となった。アウン＝サン＝スー＝チ

ーのミャンマー政府は，ロヒンギャ問題に有効な手を打てず，国際的な批判にさらされている。

―――――《インド》―――――

インディラ＝ガンディー Indira Gandhi 1917〜84 インド首相（在任1966〜77，80〜84）。初代首相ネルーの娘。首相就任後は国民会議派内の旧勢力を排除した。貧困の追放を目指す政策で民衆の支持を得て，外交ではソ連と平和友好条約を結び，バングラデシュの独立を支援した。首相の座に返り咲いたのち，分離・独立運動を強めるシク教徒に暗殺された。

インド人民党（じんみんとう）1951年に結成された大衆連盟の80年からの名称。ヒンドゥー至上主義を掲げ，宗教から離れた世俗主義を掲げる国民会議派政権に対抗し，98年には政権を掌握した。

―――――《東ティモール》―――――

東（ひがし）**ティモール独立問題**（どくりつもんだい）2002年，東ティモール民主共和国としてインドネシア共和国から独立し，同年，国連に加盟した。人口は約120万人で，99％がカトリックであり，住民の多くが独立を望んだ。初代大統領はシャナナ＝グスマン。東ティモールは1769年にポルトガル領となり，1975年にポルトガルからの独立を宣言したにもかかわらず，同年末にインドネシア軍が侵攻して制圧下に置かれ，翌1976年，強制併合させられた。インドネシア軍の強権政治に対し，1999年8月，国連主導で独立についての住民投票がおこなわれ，独立が決定した。独立まで国連東ティモール暫定統治機構がつくられ，日本の自衛隊も参加した。

韓国・台湾の動向

―――――《韓国》―――――

朴大統領の暗殺（ぼく（パク）だいとうりょうのあんさつ）1979 維新体制によって独裁政治をおこなっていた朴正煕大統領は，側近である韓国中央情報部長金載圭によって射殺された。韓国では「10.26事件」という。この事件後，政治的自由を求める民主化運動が起こったが，それを封じ込めた国軍保安司令官の全斗煥が権力を握った。

光州事件（こうしゅうじけん）1980 韓国南西部の光州市で起きた民主化を要求する運動を政府が鎮圧した際，多数の死傷者が出た事件。政府が学生デモや労働争議を抑圧する戒厳令（かいげんれい）を出し，民主化運動のリーダーであった金大中を拘束したことに対して，この年の5月に抗議運動が激化した。戒厳司令部の全斗煥が中心となって弾圧をおこなった。

全斗煥（ぜんとかん（チョンドウホァン））1931〜 韓国の軍人・大統領（在任1980〜88）。朴正煕大統領暗殺事件の後に保安司令官と中央情報部長代理を兼任して権力を握り，光州民主化運動を鎮圧し，大統領となった。開発独裁を継続し，日韓関係の強化をはかった。1997年に，かつての政権時代の腐敗と光州事件の責任で無期懲役（ちょうえき）の判決が確定したが，金泳三と金大中の合意で釈放された。

金大中（きんだいちゅう（キムデジュン））1925〜2009 韓国の大統領（在任1998〜2003）。1970年代にアメリカや日本で反政府活動を組織し，帰国後は盧泰愚や金泳三に大統領選挙で敗れ，一度は政界を引退した。97年の大統領選挙で当選，韓国史上初の与野党政権交代を実現した。

南北首脳会談（なんぼくしゅのうかいだん）2000 北朝鮮の金正（きんしょう）日（キムジョンイル）と韓国の金大中大統領がピョンヤンでおこなった会談のこと。

金日成（きんにっせい（キムイルソン））1912〜94 朝鮮民主主義人民共和国の初代首相（在位1948〜72），中国東北地方における抗日戦を戦ったのち，

日本降伏後にソ連の支援を受けて帰国。初代首相となり，朝鮮の統一を目指す朝鮮戦争を起こした。有力な反対派を続々と**粛清**して主席（在任1972〜94）となった。個人崇拝によって権力を集中し，息子の金正日を後継者とした。

金正日（キムジョンイル）1942〜2011 北朝鮮の前最高指導者。1994年に父，**金日成**（キムイルソン）が死去し，その喪が明けた97年に朝鮮労働党総書記など重要な役職を兼任した。飢饉で多数の餓死者が出ると，海外から食料援助を受けながら，弾道ミサイル（テポドン）や核兵器の開発など，国防委員会委員長として軍事優先の政策をおこない，国際的な孤立を強めた。

———————《台湾》———————

李登輝（りとうき）1923〜2020 台湾の国民党の政治家・台湾**総統**（在任1988〜2000）。国民政府の台湾への移転（1949年）ののち，中国大陸から移住した「**外省人**」が主流派を形成したが，李は台湾生まれの「**本省人**」として初の総統となった。1992年に初めての立法院委員（国会議員）選挙をおこなうなどの民主化を進め，96年には初めての総統直接選挙で当選した。これ以後，台湾では総統が直接選挙で選ばれる民主政治が定着した。外交政策では経済など実質的関係を重視し，柔軟な姿勢をみせたが，中台関係は安定しなかった。

民進党（みんしんとう）反国民党勢力を集めて1986年に結成された台湾の政党。「住民自決」を主張し，2000年の総選挙で国民党を破った。

陳水扁（ちんすいへん）1951〜 民進党から総統（在任2000〜08）に当選した台湾の政治家。2002年にWTOへの加盟を実現したが，独立志向政策で中国との対立が深まり，内外の支持を失った。家族ぐるみの金銭的不祥事もあり，政権を国民党に奪われ

た。

中国の民主化と挫折

鄧小平の改革・開放政策（とうしょうへいのかいかく・かいほうせいさく）1978年以降，中国が毛沢東時代からの歴史的転換をおこなったのは鄧小平の指導による。具体的には「四つの近代化」（農業・工業・国防・科学技術）を目指した国内改革と対外開放政策がおこなわれた。

人民公社解体（じんみんこうしゃかいたい）1982年の中国の新憲法に基づき，84年末までに全農家の96％が単独経営に移行し，85年に消滅した。毛沢東が中国の農業集団化を目指した人民公社は失敗に終わった。

農業生産の請負制（のうぎょうせいさんのうけおいせい）中国で1978年頃から開始された，事実上の個別農家経営のこと。中国は社会主義国家として耕地の所有権が国家にあるため，農家は請負料を政府に納め，余剰の生産物を自由に販売できるようになった。生産責任制ともいう。

社会主義市場経済（しゃかいしゅぎしじょうけいざい）計画経済の社会主義を掲げながら，実質的には自由企業と市場経済に移行する経済体制のこと。1993年に中国の新憲法に市場経済がうたわれたが，政治的には共産党独裁を堅持しての経済改革が進められた。

経済特別区（けいざいとくべつく）（**経済特区**（けいざいとっく））1979年以降，中国の改革・開放政策により，土地・建物・労働力を提供して，外国資本や技術を導入し，合弁企業化を進めるために輸入関税免除・所得税の優遇措置をおこない，輸出産業を育成しようと指定した地域・地区。指定されたのは，**深圳**（シェンチェン）・**珠海**（チューハイ）・**汕頭**（スワトウ）・**厦門**（アモイ）の4都市と，1988年に省に昇格した海南島を指す。

一人っ子政策（ひとりっこせいさく）14億3932万人（2020年）という世界最大の人口を抱える中国が，1979年から実施している人口抑制策。

子ども一人の家庭には，奨励金の支給，学費免除や年金割増といった優遇策が採られる。中国の死亡率の低下ともあいまって，将来の高齢化社会への対応が懸念（けねん）されている。

胡耀邦（こようほう） 1915〜1989 中国共産党総書記として改革・開放路線を推進した。しかし，改革・開放を経済分野に限定し，政治的自由は認めず，中国共産党の指導を重視する鄧小平と対立して1987年に失脚した。1989年に亡くなった時，その死を悼む学生・民衆が北京の天安門前広場に集まり，天安門事件につながった。

天安門事件（てんあんもんじけん） 1989 6月に天安門前広場で，民主化を求めて座り込みをおこなった学生や市民が，人民解放軍により鎮圧され，多数の死者と逮捕者が出た事件。改革派の胡耀邦前総書記の死や五・四運動70周年を契機とするデモの高まりを経て，民主化要求が高揚していた。中国共産党の最高指導者鄧小平は，この民主化運動を認めず，弾圧を決断した。中国共産党総書記趙紫陽（ちょうしよう）は責任を問われて失脚し，代わって江沢民（こうたくみん）が任命された。

香港返還（ホンコンへんかん） 1997 イギリスから中国への香港全域の返還。鄧小平とサッチャー首相が1984年に合意したことを受けて，1842年の南京（ナンキン）条約以来のイギリス領有を終えた。

一国二制度（いっこくにせいど） 1つの国の中に，資本主義体制と社会主義体制という，2つの社会制度が存在することを認めた制度。もともとは中華人民共和国が社会主義のままで，台湾が資本主義を維持しながら，平和的に統一しようとする試みから生まれた考え方。実際には，香港とマカオの中国返還で，この制度が採用された。香港は1997年から2047年までの50年間，資本主義体制のシステムを取り続けることになっていたが，2020年に中国共産党の香港に対する支配が強化され，香港の一国二制度はほとんど形骸化してしまった。

チベット民族問題（みんぞくもんだい） 1949年に中国（中華人民共和国）によって併合されてからの，チベット民族の民族独立を求める動き。チベット亡命政府によれば，中国の弾圧でこれまでに120万人を超える犠牲者が出ているという。チベット僧侶による中国政府への抗議の焼身自殺が相ついでいて，国際的に問題視されている。青海鉄道（せいかい）の開通以降，さらに漢民族のチベットへの流入が進み，チベット族との経済格差の広がりも問題を大きくしている。

ウイグル民族問題（みんぞくもんだい） 2009 広東省（カントン）で起きたウイグル人暴行殺害事件に反発して，ウルムチなどで発生した大規模な騒乱で多数の死傷者が生じた。新疆（しんきょう）ウイグル自治区内に急増した漢族の経済的優位への反発などを背景に，1990年代から摩擦が増大していた。しかし，それ以後，新疆ウイグル自治区ではイスラーム教のモスクの閉鎖，ウイグル人に対する強制収容所送りなどが人権問題として国際的批判をあびている。

南アフリカの変革

南（みなみ）**アフリカ共和国**（きょうわこく） Republic of South Africa 自治領南アフリカ連邦が，1961年にイギリス連邦を脱退して共和制へ移行し，成立した国家。第二次世界大戦後，オランダ人植民者の子孫であるブール人系の国民党が極端な人種隔離（かくり）政策をとり，これに反対運動をおこなうアフリカ民族会議（ANC）を60年に非合法化した。89年に大統領に就任したデクラークが，アパルトヘイト撤廃政策を開始し，94年には黒人のマンデラ大統領が誕生した。経

済制裁解除による成長を目指したが，黒人と白人の経済格差は是正されていない。

アパルトヘイト政策 apartheid 1940年代以降に法制化され，南アフリカ共和国の国民党政権下で進められた非白人に対する人種差別的な隔離政策のこと。アフリカ民族会議（ANC）の激しい抵抗や，国際的に非難をあびて経済制裁がおこなわれたことから，1991年に差別諸法が撤廃された。

アフリカ民族会議（ANC） 南アフリカ先住民民族会議を1923年に改称した組織。反人種主義とアフリカ人の権利擁護を目標とした。第二次世界大戦後に強化されたアパルトヘイト体制への抗議を組織的におこなった。60年に非合法化されたものの，90年に解除され，94年の総選挙で第一党となり，マンデラ・ムベキ・ズマら歴代の大統領を輩出した。

デクラーク De Klerk 1936～ 南アフリカ共和国大統領（在任1989～94）。白人政党である国民党の党首として大統領に就任し，アパルトヘイトの撤廃を進めた。1993年，マンデラとともにノーベル平和賞を受賞した。

マンデラ Mandela 1918～2013 反アパルトヘイト運動の指導者，南アフリカ共和国大統領（在任1994～99）。1944年，アフリカ民族会議に参加し，64年には終身刑で収監された。デクラーク政権のアパルトヘイト撤廃政策で90年に釈放され，武力闘争路線を放棄して，白人と融和を訴えて政府との対話をおこなった。94年に全人種参加の選挙で大統領となり，南アフリカ共和国の国際社会復帰を実現した。

❹ 地域紛争の激化

パレスチナ和平の困難

インティファーダ Intifāda パレスチナ人の，イスラエル政府に対する抵抗運動。イスラエル正規軍に対して，デモや投石で対抗する民衆蜂起で，1987年にガザ地区でイスラエル人のトラックがパレスチナ人の車と衝突して死亡させたことから始まった。ガザ地区やヨルダン川西岸地区に広がり，多くの犠牲者を出した。一時，オスロ合意で沈静化した（第1次インティファーダ）が，2000年にイスラエルのシャロン首相がイスラーム教の聖地でもあるアル＝アリサ＝モスクに強行入場したことで，第2次インティファーダが起こった。

パレスチナ解放機構（PLO） 1964年にパレスチナの解放を目的として結成された組織。1980年代以降は武装路線を転換し，93年，クリントンの仲介でイスラエルとの相互承認に基づくパレスチナ暫定自治協定（オスロ合意）を結んだ。

パレスチナ国家の独立宣言 1988年11月，アルジェで開催された第19回パレスチナ民族評議会の閉会式で，パレスチナ国家の独立が宣言された。パレスチナ解放機構のアラファトが大統領に選出され，首都は東イェルサレムとされた。ガザ地区とヨルダン川西岸地区をパレスチナ国とするが，ヨルダン川西岸地区の半分以上はイスラエル占領下にある。

アラファト議長 ‘Arafāt 1929～2004 イェルサレムに生まれる。PLO執行委員長兼パレスチナ暫定自治政府長官。1993年，イスラエル首相ラビンとパレスチナ暫定自治宣言に調印。1994年，ノーベル平和

賞。1996年，暫定自治政府の長官に選出される。

ラビン Rabin 1922〜95 イスラエル首相（在任1992〜95）。労働党の党首から首相となり，1993年にPLOのアラファト議長とのオスロ合意を受けて和平協定に調印した。94年にアラファトとともにノーベル平和賞を受賞したが，95年にパレスチナ解放機構との和平に反対するユダヤ教徒の急進派に暗殺された。

クリントン Clinton 1946〜 民主党出身で，初の戦後生まれのアメリカ大統領（在任1993〜2001）。国内では貧富の差の縮小に取り組んだ。北米自由貿易協定（NAFTA）の推進，ベトナムとの国交樹立，イスラエルとPLOの暫定自治協定（オスロ合意）調印の仲介など，外交政策も精力的におこなった。財政赤字の解消と経済の好調を背景に再選をはたしたが，女性問題で汚点を残した。

オスロ合意（パレスチナ暫定自治協定）1993 イスラエルとPLOが相互承認を表明して調印した協定。94年には自治が開始されたが，イスラエルのラビン首相暗殺後，イェルサレムの帰属や難民の帰還を巡って，対立が再燃している。

パレスチナ暫定自治政府 1993年の協定に基づいて94年に成立した政府。イェルサレム問題などで最終地位交渉がまとまらないまま，暫定自治期限が過ぎた99年以降も，自治をおこなっている。

ラビン首相の暗殺 1995 パレスチナとの和平に反対する，ユダヤ教急進派によるイスラエル首相の暗殺。ラビン首相の暗殺後，対パレスチナ強硬派で，和平に消極的なネタニヤフ政権が成立した。

ハマース Ḥamās パレスチナのイスラーム急進派組織。パレスチナ全土が神からイスラーム教徒への信託地であると考え，イスラエルを承認することや和平に対して反対している。イスラエルに対しては武力闘争を展開している反面，医療の提供といった福祉部門では幅広い活動をおこなっており，貧しいパレスチナ人の支持基盤は固い。

分離壁 2002年からイスラエル政府が，ヨルダン川西岸地区に建設した高さ約8mのコンクリート製の壁。全長約700kmあり，イスラエルからみれば「テロ対策用防護フェンス」という。分離壁の建設はイスラエルとパレスチナの境界につくられるだけでなく，パレスチナ人の町中に侵入して建設されている所もあり，2004年に国際司法裁判所は，占領地での壁の建設は違法であるとの判断を下している。

同時多発テロ事件

テロ テロル（Terror），テロリズム（Terrorism）の略。テロルは，暴力により政治的に対立するものを威嚇すること。テロリズムは，その政治的目標を達成するために，暗殺や暴力などを認める考え方のこと。テロリストは，この考え方を行使する人及びその実行者のこと。

同時多発テロ事件 2001年9月11日，テロリストグループが民間の旅客機4機をハイジャックし，アメリカのニューヨークにある世界貿易センタービルに2機，ワシントンの国防総省に1機が突っ込んだほか，ホワイト＝ハウスをねらったと思われる1機がピッツバーグ近郊に墜落し，約3000人の犠牲者を出した。ブッシュアメリカ大統領（子）は，ウサーマ＝ビン＝ラーディンが事件の首謀者であると断定し，彼が率いるアル＝カーイダの本拠地があるとされるアフガニスタン空爆に踏み切った。

世界貿易<ruby>せかいぼうえき<rt></rt></ruby>センタービル ニューヨーク市マンハッタンにある110階建て，ツインタワーのオフィスビルである。1973年にオープンした時は高さ世界一のビルであり，ニューヨークのシンボルとなっていた。107階にある展望ロビーは，自由の女神をみる絶好のビューポイントであった。

アメリカ国防総省<ruby>こくぼうそう<rt></rt></ruby> アメリカにおいて国防や軍事を統合する官庁。陸・海・空軍を統轄している。第二次世界大戦後に国家軍政省としてつくられたが，1949年の法改正で国防総省と名称を変更。庁舎の形が五角形なのでペンタゴンと呼ばれている。

ブッシュ（子） Bush 1946〜 第43代アメリカ大統領（在任2001〜09）。アメリカでは"Bush41"・"Bush43"として，父のブッシュ大統領と区別することが多い。2001年9月の同時多発テロ事件後に，世界的な「テロとの戦い」を発表し，ターリバーン政権打倒とアル＝カーイダの壊滅，ウサーマ＝ビン＝ラーディン逮捕を指示。イラク戦争中，大統領に再選されたが，その後は支持率の低下が続いた。

アル＝カーイダ al-qā'idah 1990年代にアフガニスタンに侵攻したソ連軍と戦ったアラブのさまざまな組織が合体して，アフガニスタンで結成された武装連合体。中東を中心に活動しており，反アメリカという共通の理念を持つ。アル＝カーイダは，アラビア語で「基地」を意味する。

ウサーマ＝ビン＝ラーディン Usama bin Lādin(Laden) 1957〜2011 サウジアラビア有数の大富豪出身のイスラーム過激派テロリスト。アフガニスタンに侵攻したソ連軍と戦うために，義勇兵として参加。その後，湾岸戦争の際，サウジアラビアにアメリカ軍が駐留する事態に直面して，反アメリカテロの組織としてのアル＝カーイダをつくったといわれる。2011年にパキスタンでアメリカ海軍特殊部隊による軍事作戦で，殺害されたと報道されている。

ターリバーン Tālibān アフガニスタン内戦で，1994年秋に出現したイスラーム原理主義武装勢力。女性の教育や就労を禁止するなど極端なイスラーム法解釈に基づく恐怖政治をおこなった。また偶像崇拝<ruby>はい<rt></rt></ruby>禁止の名の下に，バーミヤンの大仏を破壊した。世界から孤立する中で，国際的テロリストのウサーマ＝ビン＝ラーディンとのつながりを深めたが，2001年の同時多発テロ後も，彼の引き渡しを求める要求に応じず，アメリカ軍などの攻撃を受けて政権は崩壊した。

アフガニスタン戦争<ruby>せんそう<rt></rt></ruby> 2001年以降，アメリカを中心とする諸国連合とターリバーン政権などの間でおこなわれている武力衝突。2001年9月11日のアメリカ同時多発テロ事件の首謀者とされたウサーマ＝ビン＝ラーディンの引き渡し要求に，ターリバーン政権が応じなかったことから，アメリカなどが攻撃を開始した。2001年末にターリバーン政権が崩壊し，戦争は終結した。しかし，2005年頃からターリバーンの活動が活発化し，テロや戦闘が続いた。オバマ大統領は，駐留アメリカ軍について，戦闘部隊を2014年内に撤退させ，その後もアフガニスタン国軍の訓練などのため約9800人を駐留させるいっぽう，残ったアメリカ軍も段階的に減らし，2016年末までに完全に撤退する方針を明らかにした。

イラク戦争

フセイン政権<ruby>せいけん<rt></rt></ruby> イラクのサダム＝フセイン(Ṣaddām Ḥusseyn, 1937〜2006)の

政権。1979年に大統領に就任。翌年にイラン＝イラク戦争が起こった。1990年にはクウェートに侵攻し、湾岸戦争となった。1994年からは首相も兼任。2003年からの戦闘で、アメリカ軍により拘束され、06年に処刑された。

- **イラク戦争**〔せんそう〕 2003年3月、アメリカが主体となり、イギリスやオーストラリアが加わった軍がイラクと戦った戦争。湾岸戦争の停戦に際して、イラクは停戦条件として大量破壊兵器の破棄を義務付けられたが、これを監視する国連の武器査察団を批判し、また申告漏れや隠匿〔いんとく〕などもあったため、アメリカ・イギリスはこれらを理由に開戦した。しかし、実際には国連の要求通りに、大量破壊兵器はほぼ廃棄され脅威ではなくなっていたことがのちに明らかになり、ブッシュ大統領もこれを認めた。約1カ月半の攻撃ののち、5月にブッシュアメリカ大統領は戦闘終結宣言をした。

「アラブの春」とイスラーム世界の混乱

- **ジャスミン革命**〔かくめい〕 2010～2011年にかけて、チュニジアで起こった民主化運動。失業中の1人の若者が焼身自殺したことから政府批判が噴出し、独裁政権の打倒までに至った。チュニジアの国花がジャスミンだったことから「ジャスミン革命」と呼ばれている。

- **アラブの春**〔はる〕 2011年、北アフリカ、西アジア地域の各国で本格化した一連の民主化運動のこと。チュニジアやエジプト、リビアでは政権が交代し、ほかの国でも政府が民主化の要求を受け入れた。民衆のデモに端を発し、長期独裁政権が続いていたエジプトではムバラク大統領が退陣し、カダフィ政権のリビアでは反体制派との武力衝突を経た政権交代がおこな

われた。経済格差や独裁に対する民衆の不満の高まりがその背景にあった。いっぽう、シリアではアサド政権による激しい反政府運動弾圧が続き、内戦状態になっている。

- **イスラム国**〔こく〕(IS) テロリズム集団であるイスラーム過激派組織が、イランやシリアの内戦に際して、武力で確保した自分たちの支配地域を「イスラム国」と自称していたもの。イスラーム教スンニ派のアラブ人指導者を中心に組織され、極端なイスラーム教の教義を掲げ、支配地域の住民に恐怖政治をしていた。2015年5月までにシリア領の過半を制圧したが、その後は退潮し、19年3月、アメリカ政府やシリア民主軍が、シリアにおけるISの支配領域を完全に奪還したと発表した。同年10月、トランプ大統領は、指導者バグダーディがアメリカ軍によって死亡したことを発表した。

アフリカの紛争

- **ルワンダ内戦**〔ないせん〕 Rwanda 東アフリカのルワンダで、多数派のフツ族と少数派のツチ族の対立から発生した内戦。1993年に和平協定が締結されたが、翌94年にフツ族の大統領が暗殺され、内戦は激化した。国連は、国際犯罪特別法廷を設置して、内戦時の大量虐殺事件(フツ族によるツチ族の大量虐殺)の責任を追及しており、虐殺に関与した首相を始め、大臣や県知事、市長などが有罪判決を受けている。

- **フツ族**〔ぞく〕 Hutu アフリカの中央部に住んでいる民族の中で最も大きな集団の1つ。ルワンダ人の約8割を占めている。

- **ツチ族**〔ぞく〕 Tutsi ルワンダ共和国で、約1割を占める民族。牛牧畜を生業とする。

- **アフリカ統一機構**〔とういつきこう〕(OAU) Organization of African Unity 1963年、アフリカ

諸国首脳会議で創設された，アフリカが連帯するための組織。「アフリカはひとつ」の理念の下，植民地主義の一掃や紛争の平和的な解決などを目指した。2002年7月にアフリカ連合(AU)が後継組織として正式に発足し，解消した。アフリカ連合は，アフリカの政治的，経済的統合の実現と紛争の解決への取組みを強化するために発足した地域統合体。アフリカ諸国の国際的な地位向上を目的としているが，各国の発展途上に段階的な違いがあり，地域統合の道程（みちのり）は遠い。

アフリカ連合（れんごう）(AU（エーユー）) アフリカ54カ国・地域が加盟する地域機関。アフリカのいっそう高度な政治的，経済的統合の実現と紛争の予防，解決に向けた取組みを強化するために，2002年にアフリカ統一機構(OAU)から発展・改組された。エチオピアのアジスアベバに本部を置き，EUをモデルとした地域統合を目標に掲げる。総会の他，平和・安全保障理事会やアフリカ人権裁判所などの組織を構想している。

アフリカ開発会議（かいはつかいぎ）(TICAD) Tokyo International Conference African Development TICADとは，アフリカの開発をテーマとする国際会議。1993年以降，日本が主導し，国連・国連開発計画(UNDP)・世界銀行・アフリカ連合委員会(AUC)との共同で開催されている。2019年8月の第7回大会は横浜で開かれ，アフリカを始め，53カ国の首脳級レベルが集まり，1万人以上の参加者を迎えた。つぎの第8回大会は，2022年，チュニジアで開催が予定されている。

国連の活動と難民

国連平和維持活動（こくれんへいわいじかつどう）(PKO（ピーケーオー）) 国連がおこなう，政治・外交的措置と軍

事制裁措置の中間にあたる活動。第二次世界大戦後の東西対立の中で，国連憲章が想定した国連憲章第7章に定める集団安全保障制度が十分に機能しなかったために，国連が紛争地域の平和の維持をはかる手段としておこなってきたものである。第2代国連事務総長ダグ＝ハマーショルドは国連憲章の中に規定がないため，これを「憲章6章半」の措置と呼んだ。この活動は，伝統的に国連が紛争当事者の間に立ち，停戦や軍の撤退監視などをおこなうことで，事態の沈静化や紛争の再発防止をはかり，紛争当事者による対話を通して紛争解決の支援をおこなっている。

国連緊急軍（こくれんきんきゅうぐん） 国連が，平和維持活動を目的に編制した軍隊。エジプトによるスエズ運河の国有化に対して介入したフランス・イギリスが，拒否権を発動して国連軍の派遣ができなかったため，1956年に初の緊急軍が設立された。1973年にエジプトとイスラエルの戦闘が激しくなり，2回目の緊急軍がつくられ，スエズ運河周辺及びシナイ半島周辺の安定化に貢献した。いずれも，指揮は国連事務総長が執り，派遣については受け入れ側の同意が前提となっている。

国連平和維持軍（こくれんへいわいじぐん）(PKF（ピーケーエフ）) 国連平和維持活動において，紛争当事者間の兵力引離しや非武装地帯の確保，停戦監視などをおこなう軍隊。1956年のスエズ戦争に派遣されたのが最初。日本国憲法第9条との関連においては，国連PKOに参加する場合，武器使用は要員の生命などの防護のための必要最小限のものに限られており，停戦合意が破られた場合は日本の自衛隊は業務を中断，撤収することができるというPKO参加5原則という前提がある。

非政府組織（NGO エヌジーオー） Non-Governmental Organization 地域，国家，あるいは国際レベルで組織された，非営利で自発的な活動による社会貢献活動をする市民ボランティア団体のこと。市民の重大な関心事を政府に提示し，政策を監視すると同時に，コミュニティ・レベルの政治参加を進めている。国連では，1,500以上のNGOが国連広報局（DPI）と提携関係を結んでおり，重要な役割をはたしている。軍縮，飢餓救済，開発援助，人権，環境保護，保健といった専門的な分野を取り扱う団体も多数ある。

難民（なんみん） 居住地を強制的に追われた人々のこと。1951年に国連で採択された「難民の地位に関する条約」では，「人種・宗教・政治的意見を理由に迫害を受ける恐れがあるため国外に逃れ，自国の保護を受けられない人々」と定義された。経済的困窮を理由とする経済難民，飢餓や異常気象を理由とする災害難民も存在する。

国連難民高等弁務官事務所（こくれんなんみんこうとうべんむかんじむしょ）（UNHCR） 1951年にスイスのジュネーヴに設立。母国を追われて難民となった人々に，食糧支援などの国際的な保護を与える機関。世界各地の紛争地域で難民が多く発生し，急速にこの機関の任務が重要になってきている。

緒方貞子（おがたさだこ） 1927～2019 日本の国際政治学者。1991～2000年まで国連難民高等弁務官事務所（UNHCR）の第8代国連難民高等弁務官を務め，各地の難民救済活動を指揮した。

国連難民条約（こくれんなんみんじょうやく） 正式には「難民の地位に関する条約」。自国に滞在する難民の保護と定住を確保し，難民の権利を保障することを定めた国際条約。1951年に採択，1954年に発効した。日本では1982（昭和57）年に発効した。

55年体制の崩壊

平成（へいせい） 「平成」の元号は，「内平かに外成る」（『史記』），「地平かに天成る」（『書経』）の文字からとられ，制定された。

リクルート事件（じけん） 1988～89年に表面化した疑獄事件。リクルートコスモス社の公開されて上場すると一気に株価が上昇するとみられていた未公開株が，政界や官界，NTT幹部に譲渡されていたことが明るみに出た事件。事実上の賄賂であり，見返りを期待したとされる。

新生党（しんせいとう） 1993年6月，自由民主党を離党した羽田孜・小沢一郎によって結成された政党。このため，自由民主党は衆議院の過半数を割り込んだ。1994年12月，解党して新進党が結党された。

新党（しんとう）さきがけ 1993年6月，自由民主党を離党した若手改革派の武村正義・鳩山由紀夫が結成した。1994年4月の細川護熙内閣が総辞職した後，6月に発足した村山富市内閣に日本社会党・自由民主党とともに参加したが党勢は奮わず，1998年9月に事実上解党した。

日本新党（にほんしんとう） 1992年5月，細川護熙が創設した保守新党。既成政党の枠組みを超えた政治勢力を目指す。1993年の総選挙で35人。1994年に解党，新進党に参加した。

非自民8党派（ひじみんはちとうは） 細川内閣を成立させた自民党以外の7党と参議院の1会派。社会・公明・民社と社会党の分派である社会民主連合，1992年結成の日本新党，93年の新生党・新党さきがけ，そして参議院の院内会派である民主改革連合のこと。

55年体制の崩壊ごじゅうごねんたいせいのほうかい 1955年の保守合同によって成立した衆議院の議席の3分の2を占める自由民主党と，日本社会党再統一によって衆議院の議席の3分の1を占める日本社会党によって担われていた日本の政治体制である55年体制が崩れたこと。特に，自由民主党が衆議院議席の過半数を割り込み，政権政党ではなくなったことをいう場合に使用する言葉。

細川護熙ほそかわもりひろ**内閣** 1993.8〜94.4 日本新党の細川護熙を首班とする非自民8党派連立内閣で，55年体制を終らせた。1994年1月，小選挙区比例代表並立制の導入など，政治改革関連4法を成立させた。佐川急便問題など首相の個人的疑惑で総辞職した。

小選挙区比例代表並立制しょうせんきょくひれいだいひょうへいりつせい 1994年1月に成立。衆議院議員の選挙区が，小選挙区300名と比例代表区180名に分かれ，有権者は小選挙区の候補者名とは別に，比例代表区の政党名を投票できる。小選挙区に候補者を立てる政党は，小選挙区の候補者を，その選挙区が属する比例代表区の名簿にも登載できる。小選挙区の議席数は，現在は289，比例代表区は176となった。

政治資金規正法改正せいじしきんきせいほうかいせい 政治資金規正法は，政党や政治家の政治，選挙活動の公明さをはかり，民主政治の健全な発達に寄与することを目的として，1948（昭和23）年に制定された。1994（平成6）年の改正では，企業などの政治献金は大幅に制限され，企業・団体からの政治家個人への寄付は禁止された。こうして資金を透明化するため，政治資金の調達は政党中心に改められた。

政党助成制度せいとうじょせいせいど 国が政党に対して，政党活動にかかる費用の一部を政党交付金として交付する制度。政治資金規正法改正により，政党に対する企業・団体の献金を制限する代わりに，国費による助成をおこない，政治資金を巡る疑惑の発生を防止することを目的とした制度。

羽田孜はたつとむ**内閣** 1994.4〜94.6 細川内閣の後を受けた羽田孜首班の連立内閣。組閣作業中に日本社会党が連立を離脱し，少数与党で議会運営は難航し，内閣不信任案提出で総辞職した。

村山富市むらやまとみいち**内閣** 1994.6〜96.1 村山富市は，日本社会党の委員長。片山哲内閣以来の日本社会党政権。羽田内閣の後を受けた自民・社会・新党さきがけ3党の連立内閣。選挙区割り・ルワンダへの自衛隊派遣・日米経済協議・消費税増税・安保理常任理事国入り問題などで苦しみ，1996年1月に総辞職した。

社会民主党しゃかいみんしゅとう 村山内閣の時代に，日本社会党は自衛隊を容認する路線に転換。1996年2月，村山首相の退陣を受けて，党名を社会民主党（社民党）と変更。10月の総選挙は土井たか子を党首に戦ったが，議席を減らした。

橋本龍太郎はしもとりゅうたろう**内閣** 自由民主党総裁の橋本龍太郎が，村山内閣の後を受け，自民・社会・新党さきがけ3党の連立で，第1次（1996.1〜96.11）・第2次（1996.11〜98.7）を組閣。行・財政改革，北方領土問題などに取り組むが，沖縄基地問題・金融危機に苦しみ，1998年の参議院選挙での選敗北の責任をとって総辞職した。

バブル経済の崩壊

バブル経済の崩壊けいざいのほうかい 公定歩合の引上げや地価税の導入，不動産向け融資に対する総量規制などが実施されたことによって，1989（平成元）年の株価・地価の異状な上昇が修正・調整されることによっ

第9章

て資産価値が暴落した。株価や地価が50％以上も下落し，株式や土地購入に多額の融資をしていた金融機関は不良債権を抱えて経営不振に陥った。

平成不況（へいせいふきょう） 1991年から顕著になった不況のこと。バブル経済の後遺症として各種金融機関は多額の不良債権を抱えて危機に陥った。この金融逼迫（ひっぱく）が実体経済の不況に波及し，金融機関の倒産や企業の設備投資の減少，リストラなどの生活不安による消費の落ち込み，デフレなどの複合不況が平成に入ってから10年間続いた。企業の倒産や従業員の解雇など，企業の業績回復をはかるリストラによって大量の失業者が発生した。

リストラ リストラクチャリング（restructuring）のこと。不採算部門の切捨てや成長部門を拡充することによって企業の事業を再構築することをいう。しかし，一般的には，バブル経済が崩壊したあと，中高年の出向，希望退職，勧奨退職，解雇による企業経費の削減を意味することが多い。

山一証券の破綻（やまいちしょうけんのはたん） 山一証券は野村証券・大和証券・日興証券とともに当時の４大証券の１つ。バブル経済が崩壊した後の株価下落が続く中で，巨額の損失隠しが発覚し，1997年に自主廃業に追い込まれた。

市場開放と規制緩和

市場開放（しじょうかいほう） 外国からの商品や投資を制限しないで，自由に国内に受け入れること。1980年代，日本の市場は閉鎖的で，外国の商品や資本が入りにくくなっており，市場開放すべきだとの要求が，アメリカやヨーロッパなどから強く出された。

規制緩和（きせいかんわ） 政府が民間の経済活動に対しておこなっているさまざまな規制を廃止すること，または緩めること。法律による規制や許可，認可による規制を取り払い，誰もが市場に参加できるようにすること。

独占禁止法の改正（どくせんきんしほうのかいせい） 1997（平成９）年の改正では，原則禁止としてきた持株会社を，事業支配が過度に集中する場合のみ禁止するとして，原則自由に改められた。

大規模小売店舗法（だいきぼこうりてんぽほう）**（大店法**（だいてんほう）**）** 小規模な小売店の経営基盤を保護するために，大規模な売場面積を持つデパートやスーパーマーケットの出店を規制する法律。1990年，アメリカは日米構造協議において，この大店法の撤廃を要求した。また，大店法に世界貿易機関（WTO）違反の疑いがあることが明らかとなり，2000（平成12）年に廃止した。

ウルグアイ＝ラウンド 1986年，南米ウルグアイの会議から始まったGATTの多角的貿易交渉（94年まで）のこと。貿易に関する関税引下げと市場参入の問題，サービス・知的財産権の保護，GATT機能強化の３分野で協議。日本・アメリカ・ECは農業を巡って対立した。

農産物の輸入自由化（のうさんぶつのゆにゅうじゆうか） アメリカの要求に応じ，日本は1988年，牛肉・オレンジの輸入自由化（91年実施）を定め，93年にはウルグアイ＝ラウンドの交渉で，日本はコメ市場の部分開放に踏み切った。

日本の国際貢献

国連平和維持活動（こくれんへいわいじかつどう）**（PKO）** Peacekeeping Operation 平和維持軍（PKF＝Peacekeeping Forces）・軍事監視団・選挙監視団の３組織を用いて国連がおこなう平和維持活動。湾岸戦争を機に日本は積極的に関与する。

宮沢喜一（みやざわきいち）**内閣** 1991.11〜93.8 海部内閣

の後を受け，成立。1992年にPKO協力法を成立させ，自衛隊をカンボジアに派遣した。国内では佐川急便事件で政治不信が高まり，政治改革と絡んで1993年6月，野党の内閣不信任案が可決。自民党分裂，7月の総選挙で過半数を割り退陣した。

国際平和維持協力法こくさいへいわいじきょうりょくほう**（PKO協力法）** 1992年6月に成立。PKOに協力する自衛隊の海外派遣を可能にした。1992年9月，UNTACの要請を受け，自衛隊員を海外に派遣。1993年モザンビーク，94年ザイール，96年ゴラン高原，2002年東ティモール，その後も各地に派遣している。

国連カンボジア暫定統治機構こくれんカンボジアざんていとうちきこう 1991年10月にカンボジア内戦を終結させたパリ協定に基づき設置された機関。特別代表には国連事務次長だった明石康やすしが就任した。活動期間は1992年2月〜93年9月，45カ国から2万人以上が派遣された。日本の自衛隊としては初めての海外派遣となった。

自衛隊の海外派遣じえいたいのかいがいはけん 自衛隊を海外に派遣すること。本来は専守防衛の自衛隊であるが，1992（平成4）年のPKO協力法の制定により，自衛隊の国際平和維持活動参加に踏み切った。2007（平成19）年の自衛隊法改正により，自衛隊の海外派遣が従来の「付随的任務」から「本来的任務」となった。

テロ対策特別措置法テロたいさくとくべつそちほう 2001年11月に成立した2年間の時限立法。同年9月のアメリカの同時多発テロ事件に対し，積極的な支援姿勢を示すため，自衛隊の海外派遣・支援活動をおこなうことを定める。アメリカがアフガニスタンでおこなう対テロ作戦の後方支援をした。その後，3度延長されている。

イラク復興支援特別措置法イラクふっこうしえんとくべつそちほう 2003年7月成立の4年間の時限立法。イラク戦争後，復興支援のため，イラクの非戦闘地域へ自衛隊を派遣し，支援活動をすることを定める。これに基づき，陸・海・空の自衛隊員がイラクへ派遣され，非戦闘地域でイラク国民への人道的支援に当たった。2007年，2年延長された。

日米にちべい**グローバル＝パートナーシップ宣言**さんげん 1992年1月，宮沢喜一首相とブッシュ（父）大統領との会談で発表された。正式には，「日米グローバル＝パートナーシップに関する東京宣言及び行動計画」という。日米両国政府がこれによって両国間の問題について話し合い，日米同盟関係を基盤として，世界へ寄与していくとの認識を共有した。

日米安保共同宣言にちべいあんぽきょうどうせんげん 1996年4月，橋本首相と来日したクリントンアメリカ大統領との会談後に発表された宣言。アジア太平洋地域の安定のため，アメリカ軍兵力の維持を確認。これにより「日米防衛協力のための指針」（ガイドライン）も見直すことになった。

新ガイドラインしんガイドライン 1997年9月に，78年の「日米防衛協力のための指針」（ガイドライン）の見直し，日本の「周辺有事」における相互協力計画の作成を約した。

ODA大綱オーディーエーたいこう 1992（平成4）年に策定された，政府開発援助に関する日本政府の基本方針。以下の4つの原則を掲げた。(1)環境と開発の両立，(2)軍事的用途への使用回避，(3)発展途上国の軍事支出や兵器の開発・製造，武器の輸出入などに注目すること，(4)発展途上国における民主化の促進や基本的人権，自由の保障に注意すること。

阪神・淡路大震災〔はんしん・あわじだいしんさい〕1995年1月17日，淡路島を震源地とし神戸市を中心とする兵庫県南部地方で甚大な被害を出したマグニチュード7.3の大地震が発生した。約6400人の死者を出し，都市災害のすさまじさを認識させた。

オウム真理教〔しんりきょう〕カルトとは，宗教的崇拝の意味から転じて，既成の宗教集団から正統とは認められない狂信的な新興教団を指す。オウム真理教は麻原彰晃〔あさはらしょうこう〕を教祖とするカルト集団である。その宗教上の性格から弁護士一家殺害事件など，一連のオウム真理教事件から地下鉄サリン事件を引き起こした。

地下鉄サリン事件〔ちかてつサリンじけん〕1995（平成7）年3月20日，オウム真理教の信者たちによって起こされた東京の地下鉄での強毒物サリン散布によるテロ事件。地下鉄の駅員や乗客などに12人の死者，5000人以上の重軽症者が出た。重軽症者の中には現在もその後遺症に悩む人たちが多数いる。事件後，オウム真理教は教団名をアレフと変えたが，その活発な活動が問題とされている。

村山談話〔むらやまだんわ〕1995年8月15日の戦後50周年記念式で，村山富市首相が述べた言葉。太平洋戦争に対する深い反省とこれからの平和への取り組み，国際協調の促進への決意を述べたもの。

沖縄少女暴行事件〔おきなわしょうじょぼうこうじけん〕1995年9月，沖縄のアメリカ海兵隊員3人が女子小学生を拉致〔らち〕し，集団で暴行した事件。アメリカ軍兵士に対しては日米地位協定で日本の捜査権が及ばないため，沖縄県民の怒りが爆発した。1995年10月に沖縄県宜野湾〔ぎのわん〕市で開かれた沖縄県民総決起集会には8万5000人が参加した。

高速増殖炉「もんじゅ」ナトリウム漏れ事故〔こうそくぞうしょくろ「もんじゅ」ナトリウムもれじこ〕高速増殖炉とは，核燃料のプルトニウムが消費される以上のペースで新たな核燃料に転化するため，ウラン資源を増殖して燃やすことができる「夢の原子炉」といわれた。しかし，原子炉の冷却材に液体ナトリウムを使用するため水や空気に触れると発火する危険が多いと問題視されていた。そのナトリウム漏れが起き，実用化が危ぶまれ，2016年に廃炉が決定された。

小泉純一郎〔こいずみじゅんいちろう〕**内閣**　国民の圧倒的支持を得て，自民・公明・保守3党の連立で第1次（2001.4〜03.11）・第2次（2003.11〜05.9）を組閣。「聖域なき構造改革」を掲げ，派閥解消，郵政・道路公団の民営化に努めるが，反発が強く，衆議院を解散。総選挙に圧勝して第3次内閣（2005.9〜06.9）で郵政民営化を実現した。

郵政民営化法〔ゆうせいみんえいかほう〕2005年10月に成立。2003年発足の日本郵政公社を解散して，政府が株を保有する日本郵政株式会社の下に，郵便・窓口業務・貯金・保険の4事業会社ができた。法案は参議院で否決されたので，衆議院を解散して自民党大勝・法案可決に持ち込んだ。民営化は道路公団でもおこなわれた。

安倍晋三〔あべしんぞう〕**内閣（第1次）**　2006.9〜07.9　小泉内閣の後を受け，自・公連立内閣として成立。「美しい国づくり」を目指し，憲法改正・教育改革に力を入れ，教育基本法を改正した。年金問題で逆風の中，2007年の参院選で自民党は大敗し，9月に健康を理由に突然総辞職した。

福田康夫〔ふくだやすお〕**内閣**　2007.9〜08.9　みずから「背水の陣内閣」と称し，年金・高齢者医療・政治とカネの問題で，前途多難の中

第9章

でスタートした。2008年9月，総辞職した。

麻生太郎（あそうたろう）内閣 2008.9〜09.9 麻生太郎は吉田茂の孫。ねじれ国会（衆議院と参議院の多数派が異なる）の状況の中で組閣。2009年8月の総選挙で，自民党が歴史的に大敗し，総辞職した。

民主党（みんしゅとう）《1996年結成》 1996年9月，新党さきがけの鳩山由紀夫，菅直人らを中心に結成した新党。1997年，菅を代表として勢力を伸ばし，新進党の分裂後，野党第1党となる。2009年の総選挙で圧勝して政権を取り，鳩山内閣を樹立。2012年の衆議院総選挙で大敗し，政権から降りた。

鳩山由紀夫（はとやまゆきお）内閣 2009.9〜10.6 鳩山由紀夫は鳩山一郎の孫。民主・社民・国民新党の3党連立内閣。「脱官僚依存」を唱えたが，普天間基地移設問題を混乱させ，国民の信頼を失って退陣した。

辺野古移設（へのこいせつ） 1996（平成8）年4月，普天間基地を日本へ返還することで日米が合意し，その代替地として沖縄県名護市のアメリカ軍のキャンプ＝シュワブの沿岸部である辺野古を埋め立て，新しい飛行場を建設することが1999（平成11）年12月に決まった。さらに，2010年の日米会談で名護市辺野古の移設に関する共同文書が発表された。

普天間基地（ふてんまきち） 沖縄県宜野湾市にあるアメリカ海兵隊の基地。総面積は約4.8km²で市の4分の1を占め，基地の周りは住宅密集地であるため，「世界一危険な基地」といわれている。

オスプレイ ヘリコプターの垂直離着陸機能と固定翼機のような速さと長い航続距離を合わせ持った軍用機。ベル・ヘリコプター社とボーイング社が共同で開発した。軍事輸送用として開発されたが，災

害救助にも期待されている。

菅直人（かんなおと）内閣 2010.6〜11.9 民主・国民新党の連立内閣。東日本大震災に伴う東京電力福島第一原子力発電所事故への対応で，国民の信頼を失い退陣した。

東日本大震災（ひがしにほんだいしんさい） 2011年3月11日午後2時46分，東北地方沖の太平洋の海底を震源とするマグニチュード9.0の大地震が発生した。地震による巨大な津波で，東北・関東地方の太平洋沿岸部に壊滅的な被害が発生した。2018年3月時点で，死者・行方不明者は1万8434人にのぼっている。

野田佳彦（のだよしひこ）内閣 2011.9〜12.12 菅内閣の後を受けて成立した，民主党と国民新党との連立内閣。消費税を段階的に引き上げる消費税関連法案を成立させ，尖閣諸島を国有化した。2012年12月の衆議院議員総選挙で民主党が大敗し，退陣した。

安倍晋三（あべしんぞう）内閣（第2次） 2012.12〜2020.9 日本経済のデフレを解消するため，大胆な金融緩和，財政出動による景気刺激策，民間投資による成長戦略を3本の矢とするアベノミクスをおこない，経済成長を軌道に乗せた。オリンピック東京大会，大阪万博の誘致をおこない，アメリカのトランプ大統領とも個人的な信頼関係を築いた。しかし，新型コロナウィルスの世界的な流行の中で辞職した。

集団的自衛権（しゅうだんてきじえいけん） 同盟関係にある他国が武力攻撃を受けた時に，その武力攻撃を自国の安全に対する脅威とみなして，

実力で阻止行動をとる権利。第2次安倍
晋三内閣は2014(平成26)年7月に，これ
までの憲法解釈を変更して，条件が整え
ば集団的自衛権を行使できるとする閣議
決定をおこなった。

安全保障関連法^{あんぜんほしょうかんれんほう} 2015(平成27)年
9月に成立した，改正自衛隊法，改正武
力攻撃事態法，改正国際平和協力法など
10の法律を束ねた平和安全法制整備法と，
新たに制定された国際平和支援法を総称
したもの。憲法解釈を変更して集団的自
衛権の行使が認められたほか，外国軍へ
の後方支援の内容が拡大された。PKO
では駆け付け警護などの新任務が認めら
れ，武器使用権限が拡大された。

戦後レジームからの脱却^{せんごレジームからのだっきゃく} レジ
ームとは，体制または政治体制のこと。
安倍晋三首相が表明した日本国憲法の改
正とそれによって日本の根本的枠組みを
再構築しようという問題提起をいう。

❶ 現代世界の諸課題

グローバル化がもたらす問題

リーマン＝ショック Lehman Shock（世界金融危機（せかいきんゆうきき）） 2008年9月，アメリカの証券会社・投資銀行のリーマン＝ブラザーズが，サブプライム＝ローンで巨額な損出を出して破綻した。2007年からアメリカの住宅バブル崩壊に始まり，リーマン＝ブラザーズの経営破綻から，金融危機が世界的に拡大して世界同時不況となった。

サブプライム＝ローン subprime lending 返済能力が低く，信用力の低い低所得者向けの住宅ローン。債権化して市場で売られていたが，ハイリスク・ハイリターンの債権であった。アメリカの住宅バブルがはじけ，住宅価格が低落すると低所得者はローンの返済ができなくなり，サブプライム＝ローンの債権は不良債権となっていた。

リーマン＝ブラザーズ アメリカで第4位の巨大証券会社・投資銀行であった。低所得者向けの住宅融資を債権化することで巨大化したが，アメリカの住宅資産バブルが崩壊することで破綻した。

ユーロ危機（きき） ユーロの通貨価値が，崩壊に直面するという危機のこと。2009年にギリシアで起った政権交代がきっかけで，ギリシアが過去10年間にわたって巨額の財政赤字が累積していることが表面化した。ギリシア国債の格付けが急落し，そ

れに伴ってユーロの信用力が急落した。この極端なユーロ安は，世界的な経済不安を招いた。

排外主義の台頭

アラブの春（はる）（アラブ諸国の民主化） 2010年末から11年にかけて，北アフリカから中東諸国で起きた民主化運動のこと。きっかけは，チュニジアのジャスミン革命で，この波がエジプトに波及し，続けてリビア・シリア，バーレーン，イエメンで長期政権に対する民衆の抗議デモで民主化が求められた。しかし，チュニジア以外の国々では国内に対立が生じ，長期の混乱が続いている。特に，シリアではロシアの支援を受けたアサド政権下で諸勢力の激しい内戦状態となった。

イスラム国（こく）（IS） 内戦が続いているシリアや統治機能が安定しないイラクで，2014年に国家樹立を宣言したイスラーム原理主義の過激派武装勢力の組織。国際社会は独立国家として認めていない。一時，シリア・イラクに制圧・支配地域を拡大したが，あまりに暴力的な支配に民衆が離反し，アメリカに支援されたイラク政府軍やクルド人武装勢力に敗北して，ほぼ壊滅された。

アンゲラ＝メルケル Angela Merkel 1954〜 ドイツの政治家。2000〜08年，ドイツのキリスト教民主同盟（CDU）党首。2005年からドイツ連邦共和国首相を務める。アフリカなどからの難民のドイツ移入を認めたが，難民の移入がドイツ社会の不安化につながると考えるドイツ人も

増加している。

難民〔なんみん〕 戦争や政治的・宗教的な迫害により，住んでいた国を離れざるを得ない人々。1951年の難民の地位に関する条約と66年の難民と認定された人々には，一定の保護を与えることになっている。

ドナルド＝ジョン＝トランプ Donald John Trump 1946～ アメリカ第45代大統領(在任2017.1～2021.1)。ニューヨークのトランプタワーや各地のゴルフ場などを経営するアメリカの不動産王から大統領となった。アメリカの白人労働者の仕事を奪うとして移民の流入増加に反対し，大統領就任の公約として，メキシコからの不法移民の流入を喰い止めるため，メキシコ国境に壁(フェンス)をつくると表明し，白人の低所得者の支持を集めた。

アメリカン＝ファースト アメリカの利益をすべての政策の基本に据えるという考え方。政治・経済・外交の各分野の政策を，アメリカの利益のみを中心に一方的に考える発想のこと。

象のカーブ 所得の上昇傾向を表した世界銀行が発表したグラフ。象の背中の中央は新興国の中間層の所得の伸びを示し，グローバル化の中で最も恩恵を受けている。先進国では所得分配の二極化が進んでいる。トップの１％は先進国の富裕層で，アメリカの12％がここに入る。先進国の中間層は所得が伸び悩み，グローバル化で不利益を被ったのが先進国中間層であることがわかる。これに対する不満

(%) 90
所得上昇率 80 70 60 50 40 30 20 10 0 -10

新興国中間層
先進国富裕層
先進国中間層

5 15 25 35 45 55 65 75 85 95
所得分布
(パーセンタイル)
(Milanovic, *Policy Research Working Paper, no. WPS 6259* より作成)

が反グローバリズムを生み，アメリカではトランプ大統領を誕生させた。

ポピュリズム populism 大衆迎合主義〔たいしゅうげいごうしゅぎ〕と訳される。所得や学歴が相対的に低い一般国民に対して，直接にすぐ利益になりそうなわかりやすい政策で支持を集めようとすること。例えば，福祉を名目に金をばらまく公約をしたり，仕事を奪うからといって外国人や移民労働者の排撃を訴えるなどの政策を叫ぶこと。アメリカ大統領だったトランプの言説がこれに近い。

LGBT(エル・ジー・ビー・ティー) LGBT とは，女性同性愛者(Lesbian)，男性同性愛者(Gay)，男女を問わない同性愛者(Bisexual)，身体の性別と自己が考える性と同一でない者(Transgender)の性的マイノリティを表す語句。

レインボーフラッグ LGBT の尊厳を表すシンボル。人間の多様性を表現する。赤，橙，黄，緑，青，紫で構成される。

プライド＝パレード LGBT の文化を讃えるイベント。欧米では LGBT の権利擁護を求めるデモというよりは，LGBT コミュニティーの祝祭としての意味が多くなった。

地球温暖化〔ちきゅうおんだんか〕 石炭や石油などの人間のエネルギー大量消費による地球大気の温度や海水の温度が，長期にわたって上昇するという現象。その結果，海面上昇による陸地の水没，気温の上昇による植生の変化，虫害の増加，異常気象による災害などが起こることが予想される。

国連人間環境会議〔こくれんにんげんかんきょうかいぎ〕(**ストックホルム会議**〔かいぎ〕) 1972年にスウェーデン

のストックホルムで開催された，環境を
テーマとする最初の国際的会議。「かけ
がえのない地球」がスローガンとなり，
人間環境宣言が採択された。

モントリオール議定書〔ぎていしょ〕 1987年9月，
カナダのモントリオールで開かれた国連
環境計画会議で採択されたフロン規制の
協定。フロンは，エアコンの冷媒，電子
部品の洗浄，スプレーの噴射剤などに広
く利用されていたが，フロンが地上12〜
50kmの成層圏で分解する際に，地球の
オゾン層を破壊していた。オゾン層がな
くなると紫外線が強くなり，皮膚や目の
細胞を傷め，白内障や皮膚ガンになる危
険性が増大する。1990年にフロン全廃の
方針が決定し，1995年末には先進国では
生産が全廃された。

「環境と開発に関する国連会議」〔かんきょうとかいはつにかんするこくれんかいぎ〕（地球サミット） 1992 環境問題の
深刻化を受け，ブラジルのリオデジャネ
イロで開かれた会議。172カ国が参加し，
リオ宣言を採択して環境保全の原則を示
した。また，アジェンダ21（環境保護に
ついての行動計画）で，目標実現のため
のプログラムを策定した。気候変動枠組
み条約も採択され，国際的な協力体制の
下で「持続可能な開発」を目指された。

京都議定書〔きょうとぎていしょ〕 二酸化炭素などの温室
効果ガス削減の数値目標と，取組みに対
する法的拘束を決めた議定書。1997年，
気候変動枠組み条約の第3回締約国会議
（COP3，地球温暖化防止京都会議）で
定められた。二酸化炭素などの温室効果
ガスを1990年レベルから2008〜12年に
5.2％削減するとの内容であった。排出
権取引の制度を設け，地球温暖化防止の
具体的な取組みに一歩を踏み出したが，
大量排出国であるアメリカが批准〔ひじゅん〕を拒
否した。

パリ協定〔きょうてい〕 2015 パリで開かれた，国連
気候変動枠組み条約第21回締約国会議
（COP21）において採択された，温暖化
防止のための枠組み。21世紀後半に温室
効果ガスの排出量を実質ゼロにする目標
を掲げ，主要排出国を含むすべての参加
国が削減目標を5年ごとに更新すること
とした。先進国は途上地域にも同等の努
力を要求し，先進国による支援金や，よ
り柔軟な仕組みを求める途上地域との意
見の対立もある。

❷ 現代日本の諸課題

少子高齢化の社会

少子高齢化〔しょうしこうれいか〕 少子化は子どもの出生
率が激減していることをいう。また，平
均寿命が伸びることによって高齢者の人
口が増えた。そのため，1997（平成9）年
には，初めて幼年人口が老齢人口を下回
り，日本は本格的な少子高齢化を迎える
ことになった。

技能実習生〔ぎのうじっしゅうせい〕 外国人技能実習制度は，
1993（平成5）年に導入され，技能実習や
研修の在留資格で外国人が報酬を得なが
ら実習や研修をおこなうことができる制
度である。本来は，外国人が技能実習生
として日本で学んだ技能・技術・知識を
開発途上地域の経済発展に寄与しようと
する制度であるが，現実には少子高齢化
で日本人労働者が不足している中小企業
や農業の労働力補充として機能している
ことは否めない。

雇用の流動化〔こようのりゅうどうか〕 企業が社員を削減し
て契約社員を多くしたり，社員の転職や
早期退職を促すことによって，長期の安
定した雇用が不安定化することをいう。

日本の原発問題と自然災害

電源三法（でんげんさんぽう） 1974（昭和49）年に制定された電源開発促進税法・特別会計に関する法律・発電用施設周辺地域整備法の3つの法令の総称のこと。電気料金の一部として徴収される電源開発促進税を財源として、発電用施設周辺の公共施設整備の促進や地域住民の福祉を向上させ電源立地のメリットを地元へ還元する目的で制定された。原子力発電所の設置を法的に支援した。

原子力発電（げんしりょくはつでん） 原子炉の中で核分裂反応を起こし、それにより発生する熱を利用して蒸気を発生させ、タービンを回して電力を得る発電形式。全発電量に占める割合が増大してきたが、福島第一原子力発電所の事故以後、安全性などが大きな課題となった。2030年までを見通す、2018年の「エネルギー基本計画」では、政府は原子力発電を重要な基幹電源と位置付けている。

東海村臨界事故（とうかいむらりんかいじこ） 1999年に茨城県東海村の民間加工施設JCO事業所で、ウラン溶液をバケツから手動で混ぜたために核分裂を起こし、臨界事故が発生した。作業員など多数の被曝が確認され、死者も出した事故。

もんじゅ（高速増殖炉（こうそくぞうしょくろ）もんじゅ） 高速中性子を使い、燃焼した以上のプルトニウム239を炉の中で増やす高速増殖型原型炉のこと。しかし、暴走の危険、水や空気に触れるとすぐ発火する液体ナトリウムの冷却材使用、構造上からの耐震性への疑問、燃料が猛毒で核兵器の材料になるなど、危険が指摘された。「もんじゅ」は動力炉・核燃料開発事業団（動燃）が福井県敦賀市に完成。性能試験運転中の1995（平成7）年12月8日にナトリ

ウム漏れ火災事故が発生し、運転停止となった。2010（平成22）年に15年ぶりに運転を再開したものの、核燃料交換装置の炉内落下により運転休止になった。

東京電力福島第一原子力発電所事故（とうきょうでんりょくふくしまだいいちげんしりょくはつでんしょじこ） 2011年3月11日午後2時46分の東北地方沖における大地震発生から1時間で巨大な津波に襲われ、冷却水を循環させるための全電源を喪失し、原子炉を冷却できなくなったため、1号機・2号機・3号機では核燃料棒が溶ける炉心溶融（メルトダウン）を起こした。水素爆発で原子炉建屋が吹き飛ばされ、大量の放射性物質が周辺地域へ飛散した。

北海道胆振東部地震（ほっかいどういぶりとうぶじしん） 2018年9月6日、北海道胆振地方中部を震源とする最大震度7の地震が発生した。胆振地方の安平町（あびらちょう）・むかわ町で多くの住宅が倒壊した。広範囲で大規模な土砂崩れが発生し、住宅が巻き込まれた。死者72人、建物全壊462棟などの被害が出た。

国際社会への発信と防衛問題

クール・ジャパン 世界から「クール（かっこいい）」と捉えられている日本の魅力を発信する言葉。「食」「アニメ」「ポップカルチャー」などに限らず、世界の人々が関心を示すさまざまな日本の文化を発信し、世界の人々の共感を得て日本のブランド力を高める。それによって、日本を愛する外国人を増やすことで、日本のソフトパワーを強化しようとする言葉。

日本人拉致（らち）**問題** 1970年頃から80年頃にかけて、北朝鮮工作員による日本人拉致が多発した。2002（平成14）年の日朝首脳会談において、北朝鮮は日本人拉致を認め、5人の被害者が帰国したが、いまだ解決していない。「拉致問題は、国家主権及び国民の生命と安全に関わる重大な

問題であり，この問題の解決なくして日朝の国交正常化はない」というのが日本政府の立場である。

2015年の新ガイドライン 2015（平成27）年の日米防衛協力の新ガイドラインでは，日本の平和安全法制との整合性を確保しつつ，「切れ目」のない形で日本の平和と安全を確保するため，アメリカとの協力を充実・強化した。地域・グローバルや宇宙・サイバーといった新戦略的領域にも日米同盟の強化が示された。

索引

■ く ■

■ け ■

■ す ■

■ せ ■

■ ひ

■ ふ

写真所蔵・提供者一覧

p.8 ユニフォトプレス	p.169 田中本家博物館
p.10 右上ユニフォトプレス	p.169 国立国会図書館
p.20 市立函館博物館	p.172 日本近代文学館
p.22 東京都公文書館	p.192 国立国会図書館
p.71 鍋島報效会	p.201 NPO 杉原千畝命のビザ
p.82 マスプロ美術館	p.233 新潮社
p.117 大英博物館・ユニフォトプレス	p.274 日刊工業新聞社
p.137 毎日新聞社	p.304 陸上自衛隊 HP より

やまかわれきしそうごう ようごかいせつ
山川歴史総合　用語解説

2021 年 12 月 20 日　第 1 版第 1 刷印刷
2021 年 12 月 30 日　第 1 版第 1 刷発行

編者	山川歴史総合　用語解説編集委員会 代表　中里裕司
発行者	野澤武史
印刷所	明和印刷株式会社
製本所	牧製本印刷株式会社
発行所	株式会社　山川出版社 〒 101-0047　東京都千代田区内神田 1-13-13 電話 03 (3293) 8131 (営業)　03 (3293) 8135 (編集) https://www.yamakawa.co.jp/ 振替口座 00120-9-43993
表紙デザイン	水戸部 功
本文デザイン	芦澤泰偉事務所

©2021　Printed in Japan　ISBN978-4-634-05802-6